W0352197

BASTEI
LÜBBE

A. E. JOHANN

RUND UM ASIEN

Auf den Spuren meiner frühen Reisen

BASTEI LÜBBE

BASTEI-LÜBBE-TASCHENBUCH
Band 10 573

Lizenzausgabe: Gustav Lübbe Verlag GmbH, Bergisch Gladbach
Printed in Western Germany 1985
Einbandgestaltung: Manfred Peters
Satz: Fotosatz Froitzheim, Bonn
Druck: Ebner Ulm
ISBN 3-404-10573-7

Inhalt

ZWEITER TEIL

Eines nicht ganz sorglosen Mitteleuropäers Erlebnisse im Lande der aufgehenden Sonne

DRITTER TEIL

Als Steward von Shanghai nach Singapore

Lissabon
Brest
Grimsby
Golf von Biscaya
London
Havre
Amsterdam
Madrid
Bordeaux
Brüssel
Paris
Gibraltar
Köln
Hamburg
Seine
Rhein
BERLIN
Leipzig
Elbe
Oder
Weichsel
Genua
Breslau
Warschau
Leningrad
Archangelsk
Nordkap
Barents-Meer
Nowaja Semlja
Kara Str.
Dwina
Wytschegda
Petschora
Obdorsk
Korsika
Sardinien
Florenz
Rom
MITTELLÄNDISCHES MEER
Sizilien
Moskau
Tula
Nishnij Nowgorod
Kasan
Wjatka
Perm
Ural Geb.
Kiew
Dnjepr
Kursk
Charkow
Donau
Odessa
Niko-lajew
Kama
Swerdlowsk
Ufa
Saratow
Wolga
Don
Krim
Rostow
Uralsk
Orenburg
Tsheljabinsk
Konstanti-nopel
Schwarzes Meer
Stalingrad
Petropawlowsk
Tobol
Ischim
Akmolinsk
LIBYEN
Smyrna
TÜRKEI
Angora
Astrachan
Ural
Alexandrowsk
Kasalinsk
Cypern
Aral See
Hungersteppe
Aleppo
Alexandria
Port Said
Damaskus
Täbris
Kaspisches Meer
Krasnowodsk
Kairo
Jerusalem
Sues
Tigris
Euphrat
Amu Darja
ÄGYPTEN
Nil
20°
Taschkent
Teheran
Buchara
Samarkand
PERSIEN
Pamir
Jsfahan
Kabul
Medina
AFGHANISTAN
Jhelam
Pt Sudan
ROTES MEER
Mekka
Lahore
ARABIEN
Salledsch
Indus
Delhi
Karachi
Aden
Narbada
AFRIKA
ARABISCHES MEER
INDIE
Bombay
Sokotra
Madras
Colombo
KILOMETER
0 200 400 600 800 1000 200 400 1600
INDISCHER
40°
60°
80°
0°
Östl. Länge v. Greenwich

NÖRDLICHES EISMEER
BERING-SEE
Srednè Kolimsk
Werchne-Kolimsk
Kolyma
Werchojansk
Petropawlowsk
Aldansk
Ochotsk
OCHOTSKISCHES MEER
Jakutsk
Turuchansk
Untere Tunguska
Jenissei
Lena
Aldan
Witim
SACHALIN
Alexandrowsk
Ob
Jenisseisk
Obere Tunguska
Krasnojarsk
Angara
Atschinsk
Tomsk
Kansk
Nischne-Udinsk
Marunsk
Nowosibirsk
Kusnezk
Bijsk
Minussinsk
Irkutsk
Baikal-See
Obere Angara
Werchne-Udinsk
Wilim
Tschita
Amur
Chabarowsk
Blagowesch-tschensk
HOKKAIDO
Hakodate
MANDSCHUREI
Wladiwostok
Kirin
Sajan
TANNU TUVA
Tannu-ola
Kusso Gol
Kiachta
Semipalatinsk
Altai
Selenga
Urga
Irtisch
Kobdo
Uliassutai
MONGOLEI
JAPANISCHES MEER
HONDO
Tokyo
Yokohama
Fujijama
DSUNGAREI
Kuldscha
Urumtschi
Wüste Gobi
Kalgan
Mukden
Kioto
Kobe
Osaka
Peking
Tientsin
Wei-hai-wei
Schantung
Söul
Fusan
SCHIKOKU
KIUSCHIU
Tsingtau
KIAUTSCHAU
Nagasaki
Tarim-Becken
Altyn Tagh
Nan-Schan
Hoang-ho
Kuen Lun Geb.
Nanking
Schanghai
Ost-Chinesisches Meer
CHINA
TIBET
Hankau
Yangtse-Kiang
TSCHEKIANG
SCETSCHUAN
Tschungking
KIANGSI
HONAN
FUKIEN
Lhasa
Mt. Everest
HIMALAJA
NEPAL
Brahmaputra
KWEITSCHOU
FORMOSA
Benares
Allahabad
Ganges
KUANGTUNG
YÜNNAN
KUANGSI
Canton
Hong Kong
Taiping
Irawadi
Saluen
TONG-KING
Hanoi
Calcutta
BENGALISCHER MEERBUSEN
FRANZ. INDOCHINA
Mekong
Manila
PHILIPPINEN
Rangoon
SIAM
Bangkok
Saigon
SÜD-CHINESISCHES MEER
Sandakan
NORD-BORNEO
Gelbes Meer
STILLER OZEAN
Penang
Medan
Malakka
Sarawak
Singapore
Sumatra
BORNEO
Banda See
OZEAN
60°
80°
100°
120°
140°
160°
180°
40°
20°
0°

Vorwort

Soll man, oder soll man nicht – die alten Geschichten noch einmal erzählen, die man vor mehr als einem halben Jahrhundert schon erzählt hat? Von vielen Zehntausenden, ja, von Hunderttausenden sind sie damals gelesen worden und haben den Leuten Spaß gemacht, haben dem einen oder anderen ein Fensterchen aufgestoßen, durch das er einen Blick in weit entfernte Länder und auf höchst andersartige und beunruhigende Umstände werfen konnte, unter denen sich dort das Dasein der Menschen – mit anderer Hautfarbe und mit ganz anderen Vergangenheiten – abspielte.
Ungeheuer haben sich die Verhältnisse auf unserem alten Planeten in den letzten zwei Menschenaltern, also etwa seit dem Ende des Ersten Weltkrieges geändert. Das wird zum Beispiel daran deutlich, wie stark in den vergangenen Jahrzehnten die Entfernungen geschrumpft sind. Wer damals von Westeuropa nach Japan oder gar nach Neuseeland gelangen wollte, der hatte gar keine andere Wahl, als fünf bis sechs oder sieben bis acht Wochen dafür anzusetzen; so lange dauerte die Seereise dorthin. Daß man in knapp zwei Dutzend Stunden an den Ostrand Asiens oder in die Südsee fliegen konnte, wie es heute ganz alltäglich geworden ist, wagten damals ein paar verwegene und nicht recht ernst genommene Geister nur zu träumen.
Man konnte sich – am Erdboden hinschleichend zu Bahn oder Schiff oder auch zu Fuß – nur langsam fortbewegen. Der Rei-

sende lernte also die fremden Länder und Menschen rund um Asien daher viel intensiver kennen, hautnah sozusagen, als es heute geschieht, da wir in Tokio oder Manila vom Himmel herniedersteigen, um dort sofort in Obhut genommen zu werden. Nach einer Woche oder zehn Tagen wird man – wiederum durch die Luft – fortexpediert, nachdem der »Veranstalter« uns durch die Fenster eines Rundfahrt-Autos einige Ansichtskarten-Motive aus dem fremden Land vorgeführt hat. Viel Abenteuer und viel Erkenntnis kommt dabei nicht heraus. Dergleichen ist im Preis nur in Sonderfällen einbegriffen und muß extra bezahlt werden. Das war früher anders. Man wußte nie so recht, wo man landen würde, und Überraschungen lauerten an jeder Kreuzung und in jedem neuen Hafen.

Und trotzdem – wenn man genauer hinsieht – scheinen die Veränderungen sich nur an der Oberfläche abgespielt zu haben. Im Wesen, in ihrer Substanz haben sich die fremden Länder und Menschen kaum gewandelt; sie haben sich nur anders eingekleidet. China ist immer noch China, Japan bleibt Japan, und die Sowjetunion unserer Tage unterscheidet sich von der UdSSR der zwanziger und dreißiger Jahre nur in Nuancen. Staaten und Völker sind Lebewesen mit nur sehr begrenzt wandelbarem Charakter ebenso wie einzelne Menschen. Deshalb bringt es vielleicht einigen Gewinn, nachzulesen, was man vor einem halben Jahrhundert und mehr in Sibirien oder Sumatra erleben konnte. Man begreift dann ein wenig davon, was Geschichte ist. Du steigst zwar nie in den gleichen Strom des Geschehens; er fließt dahin und umspült dich mit immer neuen Strudeln und Wasserflechten; und doch bleibt es immer derselbe Strom.

Die Fahrt begann 1928 in Jammer, Elend und Schmutz. *Sibirien*, heute noch immer leer, öde, totes Land über Tausende von Quadratmeilen. Grau und trostlos waren die ersten Monate, in denen ich durch Sibirien gondelte. Sibirien, in Jahrzehnten – oder erst Jahrhunderten? – das große Raum- und Lebensreservoir des überfüllten, in seiner Fülle erstickenden Europa? Vorstellungen eines Phantasten!

Lange zog ich in Wladiwostok umher, hatte bald viel, bald wenig Geld; versuchte, mich auf irgendeinem ausländischen Frachtdampfer, der den Hafen anlief, aus dem roten Rußland fortzustehlen, vergeblich! Arbeit war auch nicht zu finden. Mein Geld ging auf die Neige. Ich mußte spekulieren, spekulierte glücklich und verließ das rote Land nicht viel ärmer, als ich es betreten hatte. Ist Sibirien gerade erst erglimmende Dämmerung, so ist *Japan* aufgehende Sonne. Auf die elendesten Tage meines Lebens in Sibirien folgten wie zum Ausgleich die schönsten ganz ohne Übergang: Japan umfing mich mit all seiner Anmut, hinter der sich die Lebenskunst einer alten Kultur verbirgt. Aber auch in diesem trotz allen Trubels immer noch liebenswürdigen Land lebt man nicht nur von Luft und Liebe; Hunger tut in Japan ebenso weh wie irgendwo anders. Aber bald wandte sich auch hier das Blättchen. Ein paar gute Ideen brachten mir Geld genug ein, um sehr vergnüglich durch die schöne Gegend langsam zu Fuß nach Süden zu pilgern. Die Hungertage haben sich gelohnt. Im Sprunge zurück nach *China*; Shanghai, das alte, das vergangene Shanghai, damals die brodelndste, gefährlichste aller Städte, bunter als London, phantastischer als New York, bösartiger als Chicago, das Babel des Ostens, zieht mich fast in seinen Strudel. Ich begegne seltsamen und verwirrten Menschen, Europäern, welche dem Chinesentum verfielen, und lerne an ihrem Schicksal die gefährliche Saugkraft der alten Kulturen des Ostens begreifen. Hongkong dagegen, die britische Zwingburg in Südchina, läßt mich lachen, so unchinesisch ist es, Hydepark im Fernen Osten.

Manila auf den *Philippinen* erlebe ich nur bei Nacht. Bei Tage muß ich betrunkenen Amerikanern die Kabinen saubermachen, denn ich bin Schiffs-Steward.

Singapore, Äquatorsonne, Südseegeschichten. Nach *Sumatra* hinüber. Weltferne Wochen unter braunen Malaien zwischen Dschungel und See.

Ceylon, der Indische Ozean, das Rote Meer, Suez, das Mittelländische Meer, ein paar Namen nur aus der Geographiestunde, schon halb vergessen. Sie werden Wirklichkeit, bilden den

Hintergrund zu seltsamen Schicksalen von Menschen, die zwischen Weiß und Farbig geboren wurden.
Und zu guter Letzt schaukelt ein zwar dreckiger, aber ehrbarer Fahrensmann auf einem zwar dreckigen, aber sturmfesten englischen Strolchdampfer von *Genua* über Gibraltar durch die Biskaya von Hafen zu Hafen heimwärts. In *Hamburg* schmeißt er sein Bündel über die Reling und ist wieder zu Hause; und rechnet sich erstaunt an seinen dreckigen Fingern vor, daß es wirklich 40000 Kilometer waren – was in den Jahren 1928/29 einen ganz gehörigen Haufen von Kilometern bedeutete.

Erster Teil

Vom Ural zum Pazifik quer durch Sibirien

Erstes Kapitel

Aufbruch!

Mit froststeifen Fingern entzünde ich ein Streichholz, um nach der Uhr zu sehen: schon vier Uhr morgens vorbei.

Der verdammte Halunke von Kutscher hielt natürlich nicht Wort. Um halb vier hatte er mit seinem Schlitten vorfahren wollen. Es waren mehr als 50 Werst* zurückzulegen, um die Endstation der kleinen, in den Nordural vorstoßenden Zweigbahn zu erreichen. Der in den letzten Tagen frisch gefallene Schnee, der auf den Wegen noch nicht festgefahren war, würde schlechte Schlittenbahn geben; mittags mußten die Pferde ein bis zwei Stunden gefüttert werden; außerdem hatten mich trübe Erfahrungen gelehrt, daß man im heiligen Rußland, um abends irgendwo einen Zug zu erreichen, morgens gar nicht früh genug losfahren konnte.

Das verglimmende Streichholz sengte mir die Finger. Ich ließ es fallen und versank wieder in mein dämmerndes Dahinbrüten. Das ganz leise, zarte Rieseln draußen verriet, daß noch immer Schnee fiel; blaß und bleich lag sein Widerschein in den Fenstern.

Fröstelnd starrte ich vor mich ins Dunkel. Sonderbar, höchst sonderbar, daß ich hier saß auf der Grenze zwischen Asien und Europa, in einem niedrigen russischen Blockhaus, weit im

* Werst, altes russisches Längenmaß, inzwischen auch in der Sowjetunion durch Kilometer ersetzt. 1 Werst gleich 1,067 Kilometer.

Norden des wilden und leeren Ural, gefangen vom Winter, unzählige Meilen von der Heimat entfernt, verschlagen vom Zufall, der mich schon seit Wochen umherwarf wie die wilde See ein kraft- und willenloses Stück Treibholz!

Fast ohne mein Zutun hatten sich die Umstände entwickelt, in denen ich mich nun befand: Der Verlag hatte mich nach Moskau verfrachtet mit dem Auftrage, wenn möglich auszukundschaften, wie russische Arbeiter und Bauern lebten, wenn möglich, selbst unerkannt als Arbeiter unter Arbeitern mein Glück zu versuchen; man hatte mir einen bescheidenen Batzen Geld in die Tasche gesteckt; wie ich mich damit durch die sowjetische Welt schlüge, mochte ich zusehen. In Moskau hatte mich ein Kommissariat dem andern weitergereicht, ohne daß ich mir recht klarmachte oder mich darum kümmerte, wozu. Ich hatte den Kopf von vielen anderen Sachen voll, war mit all meinen Gedanken noch vollständig in Berlin. Schweren Herzens trauerte ich mancherlei Dingen nach, die mir Berlin hatten ans Herz wachsen lassen, und kämpfte eigentlich jeden Tag von neuem gegen verführerische Einflüsterungen, die mich bewegen wollten, wieder nach Deutschland zurückzukehren. Müde und abgehetzt, wie ich war, hatte ich den Rest der Zeit verschlafen, die mir das Herumsitzen auf den Behörden übrigließ. Irgendwer hatte mir schließlich einen Reiseplan in die Tasche geschoben; halb schlafend war ich vor einer Woche im Nordural gestrandet, ohne jemals dorthin gewollt zu haben; ich war ohne klare Vorstellung der Linie des geringsten Widerstandes und der bequemsten Gelegenheit gefolgt und wunderte mich schon seit acht Tagen erheblich, wozu ich eigentlich in dieser von allen guten Geistern verlassenen Gegend im Schnee umherstapfte.

Da war nun am Tag zuvor ein Brief des Verlages bei mir eingetroffen, der mir ein furchtbares Erwachen bereitete. Meine Faulheit und mein Stumpfsinn hatten inzwischen einen Grad erreicht, der offenbar nicht mehr zu überbieten war. Das schienen die guten Leute in Berlin inzwischen gemerkt zu haben und schrieben mir – in Gedanken sah ich ordentlich das höhnisch wohlwollende Lächeln desjenigen, der den Brief diktiert hatte, vor mir –, ich sollte gefälligst und gütigst endlich anfangen, etwas zu erleben; meine Lässigkeit stänke zum Himmel; man erwarte postwendend von mir Berichte, und zwar möglichst abenteuerliche. Es war also ein Brief von der Sorte gewesen, die man sich nicht gern hinter den Spiegel steckt. Ich las das liebenswürdige Schreiben wohl fünfmal, dann hatte ich es begriffen.

Es flog zu einem Knäuel geballt in die nächste Ecke; mir war die Wut aufgestiegen. Ein fauler Hund also war ich. Ich schlug mit der Faust auf den Tisch und knirschte: »Verdammt noch mal, denen will ich's zeigen! Jetzt geht's los!«

Nun sollte es also losgehen; dazu saß ich hier, morgens um vier Uhr, frierend im Dunkel und wartete.

Ich war zur rechten Zeit geweckt worden, am Rande einer neuen Welt, die sich vor mir ins Ungeahnte dehnte. Wie ein erlösender Blitz fiel mir mein Schlachtgeschrei vom Himmel. »Ostwärts – ho!« hieß die Parole.

Geld besaß ich noch ein wenig. Bei meinen bescheidenen Ansprüchen würde der Zehrpfennig, den man mir mitgegeben, wohl bis zur Pazifischen Küste reichen; und hatte ich erst einmal wieder die hohe See vor mir, so sollte es doch mit dem Teufel zugehen, wenn ich mich nicht würde weiterschaffen können.

Während mich so bunte Fata Morganen meine kalten Füße vergessen ließen, klingelte Schellengeläut durch die Dunkelheit, schwoll an und verstummte vor der Haustür. Schon stampfte mein Mann, in dicke Schafspelze eingemummt, in den Flur, stammelte einen Gruß aus zahnlosem Munde, kratzte sich unter seiner Lammfellmütze und grinste vergnügt. Tief eingefressene Fleischwunden am Kinn und an den Mundwinkeln, die fehlenden Zähne verrieten die häßliche Krankheit, die an dem höchstens 30jährigen Menschen zehrte.

Der Gute im Schafspelz fragte, ob er mir eine Zigarette drehen dürfte, wobei er mit der Zunge eine für den eigenen Genuß gerollte zusammenklebte. Ich verzichtete unter verbindlichstem Dank und verehrte ihm eine von meinen. Mit mächtigen Strikken banden wir meine Bagage an dem winzigen Schlitten fest.

Ich packte mich, so tief es gehen wollte, ins Heu des Gefährtes, der Kutscher vor mir desgleichen; die kleinen, aber erstaunlich ausdauernden und flinken Pferde zogen an. Mit Peitschenknall und Schellenklang sausten wir im Galopp in die undurchsichtige, schneedurchstiebte Finsternis hinein.

Wohlmeinende und der Gegend kundige Leute hatten mir vorher geraten, mich mit einer Waffe zu versehen, denn es sollte auf dem weiten, einsamen Wege zur Station nicht recht geheuer sein. Wie immer nahm ich solche Ratschläge auf die leichte Schulter, wie immer mit Recht. Wohl begegneten uns ein paar verdächtige Gestalten, landstreichendes Gesindel, arbeitsloses, armseliges Volk, das, vor Kälte schaudernd, stumpf oder verbissen dem Schlitten auswich. Sie trugen entsetzlich zerfetzte Pelze, durch deren Löcher zuweilen die blanke Haut blitzte; ihre Füße waren dick mit Lumpen umwickelt, nur ein paar trugen wenigstens Bastsandalen. Ich schämte mich fast meiner warmen Kleider und Stiefel; was half's!
Vier Kerle standen plötzlich im Weg; weit und breit kein Haus, kein Mensch sonst. Sie schienen auf uns zu warten. Ich schrie dem Kutscher zu: »Los! Fahr zu!« Die Knute pfiff, die Pferde griffen mächtig aus, so daß der harte Schnee, von acht Hufen hochgeschleudert, die Kerle mit einem kleinen Bombardement überschüttete; schon waren wir an den seitwärts taumelnden Männern vorbei, die einen Schwall von Flüchen hinter uns hersandten.
Lähmend eintönig läuteten die Schellen. Der Kutscher rief von Zeit zu Zeit sein antreibendes »Ho«, der staubfeine Schnee rieselte unablässig aus einem grau verhangenen Himmel, die Zweige der hohen Tannen hingen schlaff hernieder unter drükkenden weißen Lasten, ich fror trotz des Heues und der warmen Kleider erbärmlich – und war mit einem Male eingeschlafen. Ich träumte schrecklich, wie noch nie in meinem Leben: ein Gesicht ohne Nase mit ausgezacktem Munde küßte mich fortwährend; es fühlte sich eiskalt an. Dann sprach das Gesicht zu mir; davon wachte ich auf; der Kutscher hatte mich angesprochen; das Kalte

auf meinem Gesicht war der Schnee, der während des Schlafens auf meinem zurückgefallenen Kopf getaut war.
Mittags fütterten wir in einem verdreckten Dorfe die Pferde. Bald ging es weiter, weiter bergauf und bergab. Es hatte aufgehört zu schneien; zuweilen, wenn wir einen Hügelkamm überquerten, öffneten sich weite Ausblicke über die verschneiten Hänge und Wälder des Ural, die fern und blau in sanft geschwungenen Linien sich bis zum Horizont hintereinander staffelten; dann wieder ging es steil hinab in ein stilles Tannental, in welchem das Schellengeläut des Schlittens monoton und dünn Leben vortäuschte; nirgendwo ein lebendes Wesen; gegen Abend schließlich empfing uns ein Dorf; im Schritt zockelten die abgehetzten Pferde hinein, die Kufen knirschten über ein Schienengleis, ein verschmutztes, zerbröckelndes Stationsgebäude – wir waren am Ziele. Mühselig renkte ich meine vor Frost knarrenden Glieder wieder ein, bezahlte den Kutscher und schleppte meine Koffer ins Gebäude.

Zweites Kapitel

Am Busen einer lausigen Natur

Die kleine Kerze, die in einer verrußten Laterne das große Eisenbahnabteil erhellen sollte, blakte, flackerte und stank. Stoßend und rüttelnd, unendlich langsam und gemächlich, quälte sich der Zug über die Hänge des Ural-Gebirges nach Süden. Draußen war Mondschein. Sah ich hinaus, so blitzte wohl ein einsamer Gebirgsfluß auf, der irgendwo tief unten in krummen Windungen schäumte; überall sonst nur Wald, schwarzer, verschneiter, schweigender Tannenwald. Die Holzbänke, welche in drei Etagen übereinander angebracht waren, schienen mir verteufelt hart. Die russischen Arbeiter und Bauern, die gleich mir auf dieser abgelegenen Zweigbahn von P. nach Süden bummelten, lagen wie Bleisoldaten in einer Schachtel geschichtet und schnarchten zusammengekrümmt unter ihren Mänteln und Pelzen. Wenn die Station nahte, auf der sie aussteigen mußten, kam der ewig seinen Teekessel schwenkende Schaffner, zog ihnen die wärmende Decke fort, brüllte ihnen mit aller Gewalt den Namen ihres Zieles in die Ohren und wartete so lange, bis der Schläfer oder die Schläferin sich räkelnd aufsetzten.

Ich lag mit offenen Augen auf meiner harten Bank, hatte mir meine zusammengewickelte Jacke als Kopfkissen untergeschoben und blinzelte in das trübselig flackernde Kerzenlicht. Die einfachen Leute, mit denen ich tagsüber gefahren war, hatten mich schnell an meiner Kleidung und meinem Gepäck als Ausländer erkannt, hatten sich, als sie hörten, daß ich Deutscher

wäre, mit vielen kleinen Liebenswürdigkeiten gegenseitig überboten. Dieser hatte mir Tee aufgebrüht, jener mich mit mächtigen Scheiben heimgebackenen Brotes versehen, ein dritter mir Äpfel geschenkt, ein vierter ein großes Stück aus einer Wassermelone; all das, ohne viel Aufhebens zu machen. Wir hatten vom Hundertsten ins Tausendste bis weit über Mitternacht hinaus geschwatzt. Ihr Hunger, etwas von der weiten Welt draußen zu erfahren, schien unstillbar; was das Brot, was die Milch, was das Fleisch in Deutschland kosteten, erregte ihr brennendstes Interesse, und als ich erzählte, daß bei Aschinger in Berlin Erbsen mit Speck 50 Pf. und Schellfisch mit Senfbutter 80 Pf. kosteten, daß heißt 25 bzw. 40 Kopeken, blieb ihnen allen der Mund vor Erstaunen offen stehen, und Deutschland kam in den Geruch des Landes, wo Milch und Honig fließen. Natürlich war auch kräftig und endlos politisiert worden, und das, was mir die Leute gesagt hatten, klang doch wesentlich anders als die schönen, tönenden Sentenzen, die mir die Kommissare in Moskau aufgetischt hatten. Um mich schnarchte und stank das gute russische Volk. Übermütig und erlebnisdurstig, wie ich nach den acht in Moskau verschlafenen Wochen war, schmiedete ich freche Anschläge in meinem Busen. Vor allen Dingen schlug ich sämtliche mir in Moskau aufgegebenen Reiserouten und Musterbetriebe, die ich mir ansehen sollte, in den Wind. Wie es in Musterfabriken in Rußland aussieht, hatte ich in mancher Zeitschrift zu Hause gut genug studieren können.
Der Schaffner hatte Langeweile, kam zu mir, dem einzigen, der nicht schlief; wir begannen ein flüsterndes Palaver. Bald hatte ich heraus, daß wir in der nächsten Stunde auf einer Station anlangen würden, von der aus man in drei Stunden Wagenfahrt ein neu entstehendes Bergwerk erreichen könnte. Ein Wink des Schicksals! Ich beschloß, auszusteigen und mein Glück als Arbeiter auf diesem Bergwerk zu versuchen. In einem neu entstehenden Betrieb, so kalkulierte ich, würde wohl von Kontrolle noch nicht viel zu merken sein; es dürfte auch nicht allzu schwer halten, wenn überhaupt irgendwo, dann dort Arbeit zu finden; der Hauptgrund aber, der mich bestimmte, war, daß die

ganze Sache so nebelhaft und ungewiß wie nur möglich zu sein schien.
Der Schaffner machte ein bedenkliches Gesicht, als ich ihn nach einem Hotel in U., wo ich aussteigen mußte, fragte. »Hotel, nein, so was gibt es nicht in dieser Gegend«, meinte er, »aber du kannst ja bis zum nächsten Morgen im Wartesaal bleiben.«
Na schön, dachte ich mir, warum nicht im Wartesaal, vermachte dem Schaffner als Dank für seine Auskünfte meinen ganzen Mundvorrat, der aus all den handfesten Geschenken meiner Reisegenossen bestand, und sprang in U. mit meinen bescheidenen Koffern auf den Bahnsteig. Es war gegen zwei Uhr nachts. Hier weiter im Süden schneite es nicht mehr, es regnete; ein eisiger Sturm fegte mir das Wasser ins Gesicht, bis über die Knöchel versank ich in einen undefinierbaren Morast, die Finsternis gab der berühmten ägyptischen wenig nach. Trüber Lichtschein aus der Ferne wies mir den Weg zum Stationsgebäude; vergeblich suchte ich eine Gepäckaufbewahrung, um meine Koffer loszuwerden. Also in den Wartesaal, sofern einer existiert! Ich knuffte mich mit einem Haufen anderer Leute, die aus dunklen Gründen ausgestiegen waren, durch die Tür.
Von russischen Wartesälen war ich schon manches gewöhnt, aber das hatte ich mir doch nicht träumen lassen; denn dieser Wartesaal war kein Wartesaal. Er war das Asyl für Obdachlose aus ganz U. und Umgegend, buchstäblich. Doch auch ich war obdachlos. In Regen und Modder draußen war des Bleibens gewiß nicht angenehmer; wer A sagt, muß auch B sagen. Ich packte also mein Zeug an der Wand übereinander, setzte mich darauf, ungewiß, was weiter zu tun sei. Trotz der vorgerückten Nachtstunde war alles in vollem Betrieb. Die Vorhalle, die Treppen, alle Winkel waren angefüllt vom Überfluß des russischen Volkes, von dem ein großer Teil mit sämtlichem Kleinvieh, Kindern, Großmüttern und wackligen Onkels, allem Sack und Pack sich auf Reisen zu befinden schien; alle Bahnhöfe fand ich so angefüllt. Buchstäblich blieben nur schmale Pfade offen, auf denen man sich durchs russische Volksleben hindurchzuschlängeln hatte. Jedermann schien sich häuslich eingerichtet zu

haben, schlief lang ausgestreckt auf dem schmutzigen Steinboden, rauchte, schwatzte, aß Brot, trank Tee dazu; die Muttis kratzten mit Löffelstielen und anderen Instrumenten ihren hoffnungsvollen Sprößlingen auf den Köpfen umher und sammelten fürsorglich die Läuslein ab; andere wieder entblößten ihre mehr oder weniger stolzen Mutterbrüste und stopften brüllenden, kleinen Menschlein das Maul. Soweit die Sprößlinge nicht schliefen oder saugten, krabbelten sie über die Gebirge von Bündeln, Kiepen, Kisten, zerlumpten Pelzen, schlafenden Anverwandten, balgten sich oder machten sich aus Zigarettenstummeln und den Schalen von Sonnenblumenkernen, die alle Welt kaute, auf dem bespuckten mit verdächtig nassen Flecken bedeckten Fußboden ein Spielzeug zurecht. Über allem schwebte dichter Dunst aus Zigarettenrauch, dem Dampf aus nassen Kleidern, dem Schweiß aus verschmutzten Menschenleibern, welcher den Atem abschnitt. Ich kam mir ungeheuer deplaciert vor.
Jeder Stuhl, jede Bank waren besetzt. Selbst unter dem Tisch hatten es sich ein paar Leute bequem gemacht. Viele mußten stehen, weil sie sich nirgendwo mehr niederlassen konnten; die Aussicht, die ganze Nacht in dieser Umgebung zubringen zu müssen, stimmte mich mehr als flau. Gestank und Schmutz waren mir von jeher unausstehlich. Dazu erregte ich natürlich einiges Aufsehen. Das abgerissene Volk erörterte flüsternd, was es wohl mit mir auf sich hätte; mir wurde etwas unheimlich zumute.
Während mich auf meinem Koffer schon fast der Schlaf überwältigte, fühlte ich am Halse ein leichtes Jucken. Gedankenlos und schläfrig fuhr ich mit der Hand hinauf, bekam etwas Kleines zu fassen, war plötzlich wach, besah es mir genauer: eine Wanze! Die erste von mir selber eigenhändig gefangene urrussische Wanze. »Pfui Deiwel!« sagte ich und zertrat sie am Fußboden. Ich *mußte* heraus aus diesem Nachtasyl, koste es, was es wolle! Zwei etwas vertrauenerweckender aussehenden Bauersfrauen, die nur einen Stehplatz ergattert hatten und mich um meinen Koffersitz beneideten, bot ich an, auf meinem Gepäck Platz zu

nehmen. Sie sollten es bewachen, während ich mich aufmachen wollte, mir einen Wagen oder ein Quartier zu besorgen. Sie versprachen mir, über den Koffern Wache zu halten und sie zu schützen wie Löwinnen ihre Jungen, ließen sich in ihrer ganzen Breite darauf nieder, falteten ihre Röcke fächerartig über ihnen aus, daß meine Koffer ganz darunter verschwanden. Nie waren sie so gut beschirmt, die Koffer.
Es mochte halb drei gewesen sein, als die verdienstvolle Wanze mich aus meiner Lethargie aufschreckte. Es regenete noch immer. Die Nacht war absolut schwarz. Ich ahnte nicht, ob rechts oder links der richtige Weg davonführte. Rannte also durch spritzenden Morast aus der Tür des Bahnhofsgebäudes ins Leere. Und siehe da, schon nach zehn Schritten stieß ich an einen Zaun. Hurra! Zum Zaun mußte ein Haus, zum Hause Menschen gehören. Ich tastete mich entlang, fand eine Brettertür; sie gab nicht nach, war von innen verschlossen. Ich fing an, zu bullern mit Fäusten und Stiefelabsätzen. Ein unsichtbarer Köter erhob ein wütendes Gekläff; doch nichts Menschliches regte sich. Ich stampfte weiter. Nach zehn Minuten plötzlich eine dunkle Wand, mit Fenstern in Schulterhöhe. Ich klopfte an; erst bescheiden, dann energischer, schließlich mit den Knöcheln. Endlich! triumphierte ich: ein Streichholz flammte auf, ein Lämpchen wurde entzündet, und ein bärtiger Mann im Hemde stieß das Fenster auf. Ich fragte ihn mir nichts, dir nichts, nachts um dreie, ganz bescheiden, ob er nicht anspannen und mich nach S. hinausfahren wolle. Er sah mich völlig sprachlos in meiner übel bespritzten und verregneten Montur eine Weile an, leuchtete mir vorsichtig ins Gesicht, leuchtete noch einmal, schüttelte den Kopf, bekreuzigte sich dreimal, schlug dann schnell das Fenster wieder zu, hängte von innen ein Tuch darüber und pustete die Lampe aus, ohne auch nur ein Wort zu mir gesprochen zu haben. Ich stöhnte laut auf; hielt er mich für verrückt oder nur für betrunken? Es machte keinen Unterschied. Ich mußte weiter. Eine Viertelstunde irrte ich von neuem umher. Plötzlich bemerkte ich gelben, blassen Schein, der auf eine weißgetünchte Hauswand fiel. Ich stürzte darauf zu, prallte

an ein Tor, »he, he! öffnen!« brüllte ich. Zwei wütende Hunde sprangen von innen gegen das Tor, der Riegel rasselte. Ein Mann im Schafspelz mit hoher Fellmütze hob eine Laterne hoch und fragte, was ich wollte. Er wäre gerade erst von einer Fahrt zurückgekommen, aber am Morgen könnte er sein zweites Pferd einspannen und mich abholen. Wann? Um acht Uhr. Acht Uhr, das war noch fünf Stunden; ich handelte ihn auf sechs Uhr herauf; jede halbe Stunde à 60 Kopeken. Ob ich nicht solange bei ihm kampieren könne? Nein, sagte er, und knallte die Tür zu. Ich ärgerte mich und donnerte an die Bretter; da fuhr mir plötzlich ein Köter zwischen die Beine, den er irgendwo herausgelassen hatte, und in wilden Sätzen mußte ich flüchten. Gegen vier Uhr fand ich mich triefend wieder in den Wartesaal zurück. Hier schlief jetzt fast alles. Schwaden von feuchtkaltem Dunst lagerten über dem schmierigen Raum. Meine Bauersfrauen hatten sich mit den Rücken aneinandergelehnt und schnarchten mit erschlafften Gesichtern unter ihren dicken, wollenen Kopftüchern. Ein altes, eingeschrumpftes Weiblein schlurfte ruhelos auf und ab; sie hatte vorher in der Ecke auf einer Bank gesessen, auf der sich jetzt der Länge nach ein Mann von tatarischem Typus breitmachte; er hatte sich mit einem unglaublich zerlumpten Filzmantel zugedeckt. Ich fragte die Alte leise, warum sie nicht dort sitzengeblieben wäre; sie antwortete ängstlich flüsternd, der Kerl hätte gedroht, ihr alle Knochen zusammenzuschlagen, wenn sie ihm nicht Platz machte; nun habe sie keinen Raum mehr gefunden. Ich packte einen Haufen Bündel höher übereinander, schob sie beiseite und machte so etwas Raum auf dem steinernen Fußboden frei; sie fand ein Stückchen alten Papiers, wischte sorgfältig die Steinfliesen ab und legte sich nieder. Ich fragte sie, wo sie hinwollte; nach Perm, Arbeit suchen! Ein trockener, keuchender Husten quälte den winzigen, armseligen Körper; sie schlief, mit ihrem mageren Bündelchen unter dem Kopf, bald ein. Arbeit wollte sie suchen, die hinfällige Greisin, die kaum mehr stark genug war, um betteln zu gehen. – Unter all den zerrissenen Pelzen, den Lumpen und schmutzigen Tüchern schliefen Menschen; auf den nie gekehrten Steinen

schnarchten und sprachen sie im Traum; kreuz und quer durcheinandergewürfelt lagen sie da. Dieser benutzte des Nebenmannes kotige Stiefel als Kopfkissen, jener einen ausgedienten Spucknapf. Über dem Tisch schliefen sie mit dem Kopf auf den Armen, mit offenen Mündern. Alle lagen erschlafft hingeworfen, irgendwie. Man hätte meinen können, ein Schock Tote wäre in dieser Bahnhofshalle wahl- und regellos hineingestapelt.
Ich blieb aufrecht an die Tür gelehnt stehen, allein wach unter dem röchelnden Elend; anderthalb Stunden. Um halb sechs wurden die Scheiben grau; der Morgen kündigte sich an. Aus einem schmutzigen, aufgetrennten Fuchspelz wickelte sich ein verschlafener Mann. Gähnend schälte er sich den Rock herunter, noch einen; ein schwärzliches Wollhemd kam zum Vorschein. Meine Augen wurden starr: auch das zog er herunter, zeigte einen behaarten, bleichgrauen Oberkörper und begann, in seinem Hemde die Läuse zu knacken. Ein paar schimpften; er mußte das Hemd wieder anziehen. Einer nach dem andern fing an, sich die Stiefel herunterzuziehen, sich die schmutzstarrenden Fußlappen abzuwickeln und den Läusen im Hosenbein den Garaus zu machen; als ein junger Kerl die Lappen ausschlug, verwiesen ihm dies zwei andere streng; er hätte die Läuse zu knacken und nicht auf den Fußboden zu streuen; der Bedarf eines jeden an Läusen sei gedeckt; nach fremden trüge niemand mehr Verlangen.
Ich stand steif und starr auf meinem Posten.
Nach einer endlosen dreiviertel Stunde erschien mein Mann. Aufatmend warf ich die Bauersfrauen von meinem Gepäck, der Kutscher band die zwei Koffer auf seinem gebrechlichen Wägelchen fest, und fort rasselten wir in den blaß aufdämmernden Morgen.

Drittes Kapitel

Arbeitsspionage

Ich bin zwar längst heraus aus den Landstrichen unter dem Roten Stern, kann aber trotzdem nicht unverblümt all das aufschreiben, was mir darin passiert ist, sonst kommen ein paar brave Kerle ins Loch, weil sie mir verruchtem Bourgeois verholfen haben, hinter die Kulissen zu sehen. Die GPU (Staatliche politische Polizei), die mit Recht berüchtigte, macht nicht viel Federlesens, und wenn sie den Richtigen nicht findet, so wandern einfach alle, die überhaupt in Frage kommen, ins Kittchen; vielleicht ist der Richtige darunter. So kämpfe ich einen schweren Kampf in meiner Seele. Mache ich allzu genaue Angaben, die eine Nachprüfung in jeder Einzelheit erlauben würden, so müßten ein paar arme Teufel, die mir bei meinen russischen Streichen geholfen haben, an ihrer Freiheit und ihrer Gesundheit womöglich dafür büßen. Gebe ich indessen, um das zu vermeiden, keine genauen Orts- und Zeitangaben, so riskiere ich, daß man mir nicht glaubt.

Gut, ich muß es eben riskieren! Als ich gelegentlich in der Bahn einem aus dem Sowjet von Krasnojarsk unverblümt erklärte, daß ich solche Zustände unerfreulich fände und daß mir die vielgerühmte sozialistische Menschlichkeit dabei abhanden geraten zu sein scheine, hielt er mir einen langen Vortrag darüber, daß als erstes Gesetz die politische Theorie zu gelten hätte; die Menschenrechte und das Wohlergehen des einzelnen seien belanglos, solange man sich, wie vorläufig in Rußland, in permanenter Revolution befinde. Na schön, sagte ich, fiat theoria, pereat mundus; glücklicherweise verstand er weder Griechisch noch Latein.

Man tut den Russen, besonders wenn sie nicht zur Partei gehören und eine gehobenere Stellung bekleiden, durchaus keinen Gefallen damit, wenn man sich mit ihnen anfreundet; denn kaum hat man sich verabschiedet, erscheint ein Beamter bei den Bedauernswerten und will Wort für Wort wissen, was gesprochen worden ist, und wenn dem Ausfrager irgend etwas nicht in Ordnung erscheint, dann kann es dem Befragten schlimm ergehen. Mir sind Dutzende von Fällen bekannt, in denen Leute aus fadenscheinigen Gründen bis zu einem halben Jahr in Haft behalten wurden, alles im Namen der gelobten Diktatur des Proletariats. Wenn ich also jetzt ein wenig aus der russischen Schule plaudern will, so muß ich mich in acht nehmen, nicht irgend jemand, der mir für kürzere oder längere Zeit ein guter Kamerad gewesen ist, ins Unglück zu reiten.

In S., einem bunt zusammengewürfelten Gewirr aus Holzbuden, alten Bauernhäusern und Arbeiterbaracken, befreundete ich mich mit einer deutschstämmigen Familie, welche die Verhältnisse kannte. Ich zog zu ihr, um den geringen Einkünften, die der Familienvater als Vorarbeiter in einer Sägemühle bei dem entstehenden Bergwerk bezog, aufzuhelfen. So verpflichtete ich mir die Leute, und bald bot sich mir eine Gelegenheit, trotzdem ich weder zur Partei noch zu einer Gewerkschaft gehörte, mich auf der Baustätte als einer von den vielen Arbeitern einschieben zu lassen. Zur Gewerkschaft zu gehören, war sonst mindeste Vorbedingung, um Arbeit zu finden; doch in jenem entlegenen Bezirk im Nordural war alles noch im Werden, die Arbeiter wechselten häufig; sie stammten aus den Dörfern der Umgegend, Bauern, die auf einen Nebenverdienst aus waren; wer etwas verstand, konnte hier leichter als anderswo die Arbeitsvorschriften unterlaufen.

Also trottete ich eines Morgens um halb sechs mit dem Schwarm der anderen Arbeiter ebenso verschlafen, stumm und mürrisch

wie sie auf die Bauplätze hinaus. Nicht umsonst hatte ich mir im kanadischen Urwald im Schweiße meines Angesichts die Kenntnis erworben, wie eine Sägemühle zu bedienen sei. Mein Freund, der Vormann an der Sägemühle des Schachtes, hatte dafür gesorgt, daß ich dort Beschäftigung erhielt.
Schon der erste Vormittag verlief hochdramatisch. Wir hatten vielleicht zwei Stunden gesägt, als plötzlich mit einem Ruck die Gattersäge im Stamm festsaß. Ich kannte das: die treibende Lokomobile hatte nicht genug Dampf auf; der Stamm war härter gewesen als der Dampf stark, die Sägeblätter hatten sich mit einem Ruck festgeklemmt, und der Treibriemen war abgeflogen. Schon kam der Maschinist gelaufen und jammerte, man hätte ihm zum Feuern grünes Holz geliefert, das furchtbar qualmte, aber keine Hitze gäbe; er wäre außerstande, den Dampfdruck auf der nötigen Atmosphärenzahl zu halten. Des langen und breiten wurde die schwierige Situation erörtert, und schließlich verfiel man auf die einzig mögliche Lösung, trockenes Holz anzufordern. Während der langatmigen Diskussion zwischen dem Vormann und dem Maschinisten saßen wir anderen Arbeiter, erfreut und beglückt von der langen Arbeitspause, gelassen da und rauchten. Mitten im Arbeitshof, auf dem das Rauchen streng verboten war, lag ein abgezäuntes Viereck, in welchem geraucht werden durfte; natürlich war immer jede Bank darin besetzt; alle halbe Stunde liefen die Leute von ihrer Arbeitsstelle weg, ließen sich für eine oder zwei Zigaretten im Viereck nieder und kamen nach zehn Minuten gemächlich wieder angeschlendert; ich staunte ob dieser Errungenschaft der Revolution, denn manchmal stockte der Betrieb an meiner Maschine, weil gleich zwei Mann aus dem Arbeitsgang ihre Zigaretten rauchen mußten.
Der Vormann machte sich auf den Weg zum Platzmeister, um trockenes Brennmaterial anzufordern. Er winkte mir: »Jetzt wirst du was erleben!« Der Platzmeister zuckte die Achseln, er könne nichts bestimmen, wir müßten zum Betriebsleiter gehen; der Betriebsleiter schickte uns mit dem gleichen Achselzucken zum Bauingenieur. Allmählich stellte sich heraus, daß ein riesi-

ger Posten Brennholz in den letzten Tagen angeliefert worden war, von dem aber nicht ein einziges Scheit gebraucht werden konnte, denn der Stapel enthielt ausschließlich ganz frisches Holz. Schuld an der Übernahme trug ein Mann, der früher Schneider in P. gewesen war, auf sein Parteimitgliedsbuch hin den Posten bekommen hatte, von dem er nichts verstand. Als in Gestalt dieses vorzüglichen Mannes die allmächtige Partei drohend am Horizont auftauchte, wollte auch der Bauingenieur nichts entscheiden und schickte uns zum ersten Ingenieur; aber auch der hatte Angst und schickte uns zum Betriebsrat; der zeigte uns die kalte Schulter und sagte: »Der Präsident mag entscheiden.« Nun war es glücklich so weit: Wegen des Holzes für eine Lokomobile trabten wir zum Präsidenten, dem »roten Direktor«. Mit hochgezogenen Brauen hörte sich der dicke Mann unsere Geschichte an.

Da pfiff es zur Essenspause! Das war wichtiger als alles andere. Als klassenbewußte Proletarier holten wir unser Brot hervor und ließen es uns gut schmecken. Erst nachdem es wieder gepfiffen hatte, setzten wir unsere Verhandlungen fort. Als trotz freundlichsten Zuredens das grüne Holz sich nicht in brennbares verwandeln wollte, entschied schließlich der Genosse Präsident, daß er nichts entscheiden könne; er müsse erst an die Trust-Zentrale in Swerdlowsk telegraphieren oder schreiben. Da hatten wir den Salat! Der Vormann meinte seelenruhig: gut, ihm wäre es egal, wenn die Mühle und der Lichtmotor, der auch an die Lokomobile angeschlossen war, stehenblieben; er bäte nur um ein Papierchen, auf dem ihm bescheinigt würde, daß er seine Pflicht getan hätte, sonst käme die Untersuchungskommission womöglich ihm an den Kragen. Diese Bitte war dem Genossen Präsident sichtlich unangenehm; etwas unmotiviert wurde er mit einem Male mutig, und wir bekamen plötzlich trockenes Holz. Als es glücklich so weit war, zogen wir uns die Jacken an und gingen nach Hause, denn unsere acht Stunden waren vorbei. Wenn das so bleibt, wirst du dich nicht totarbeiten, sagte ich; es blieb dabei. Am zweiten Tage krachte die Plattform, auf der ich die zugeschnittenen Bretter abnahm, unter

mir zusammen; ich rettete mich durch einen kühnen Sprung in die Sägespäne. Was war's? Die Plattform war von dem kommunistischen Schneider aus P. erbaut worden, der, wie ich im Spänehaufen kalkulierte, wohl ebenso schlechte Anzüge geschneidert hatte wie Plattformen.
Am dritten Morgen wurde plötzlich mein guter, alter Vormann abgerufen, und ein fremder, sehr junger Kerl trat an den Sägeschlitten. Der Riemen zog an, und langsam ließ der Neue den ersten Stamm in die Maschine laufen. »He!« schrie ich entsetzt von der anderen Seite, »du schneidest ja lauter Mist zusammen!« – »Mensch, halte die Schnauze«, brüllte mir mein Nebenmann ins Ohr, »der ist Kommunist!« Schnitt da der Dummkopf zwei, drei Zoll zuviel vom Stamm ab und ließ in den Abfall wandern, was noch zwei gute Bretter geliefert hätte. Ich regte mich noch ein paarmal auf, dann sah ich nicht mehr hin. Was war geschehen? Man hatte den erfahrenen Säger woanders hinkommandiert. Anstatt ihn durch einen von uns zu ersetzen, die wir alle die Arbeit kannten, stellte man einen Parteimann, der sich schon lange um den besser bezahlten Posten bemüht hatte, an seine Stelle; er richtete viel Schaden an. Wir schnitten kaum die Hälfte von dem, was wir in den ersten Tagen geschafft hatten, denn der Kerl verdarb jeden Stamm; doch keiner sagte etwas: er war in der Partei –!
Abends traf ich meinen Freund. Jammernd berichtete er mir, er wäre dazu verdonnert, eine Lieferung Langholz zu übernehmen; nach dem Vertrage müsse er 90 Prozent der Lieferung zurückweisen, denn fast kein Stück entspräche den Lieferungsbedingungen. Wir redeten hin und her und verabredeten schließlich, daß ich ihn am nächsten Abend begleiten solle, wenn er zur Sitzung ginge, um Bericht zu erstatten.
Am nächsten Abend mußte er vor dem Werksausschuß erscheinen, der ausschließlich aus Parteimitgliedern bestand. Ich blieb draußen am niedrigen Fenster der Baracke und horchte! Mein Freund sagte sein Sprüchlein auf. Lieferant des Holzes war eine andere Staatsgesellschaft. Da durfte man keinen Krach machen. Vergeblich versuchten die Versammelten, meinen Vormann zu

überreden, wider gutes Wissen abzunehmen. Der kannte die Brüder, fuchtelte mit den Händen und schrie: »Gebt mir Papierchen, wo alles drinsteht, dann übernehme ich, Genossen!« Das wollte man nicht. Man schickte ihn hinaus, um sich ungestört beraten zu können. Ich winkte ihm. Wir standen rechts und links vom Fenster und konnten jedes Wort hören: »Der Blödian wird uns alle reinlegen!« – »Wenn das nach Moskau kommt, daß wir so viele Klafter Holz zurückgewiesen haben, gibt's einen Heidenspektakel!« – »Es muß einer abnehmen, der nichts davon versteht!« Tatsächlich wurde der Vormann von der Abnahme entbunden; es fand sich ein Dummer, der die Lieferung für gut befand.

Mein Mann stand wieder am Gatter, und alles ging den gewohnten Gang. Nach drei Tagen rollten die ersten Stämme der neuen Lieferung in die Maschine. Wie vorauszusehen, ließ sich aus dem schlechten, ungeeigneten Holz nichts herausschneiden; unsere Leistung an brauchbarem Bauholz sank auf ein Drittel der Norm; ich lebte einen guten Tag, denn manchmal vergingen fünf Minuten, ehe ein einziges Brett durchkam.

Am nächsten Tage erschien fluchend der Betriebsleiter und stellte den Vormann wütend zur Rede, warum er nicht mehr liefere. Der zuckte die Achseln und fragte nur dagegen: »Habe *ich* etwa die Lieferung abgenommen? Sieh dir doch das Zeug an, was da als Bauholz geliefert worden ist!« Der Betriebsleiter verschwand ohne Antwort. Was geschah nun? Das Einfachste: der Vormann wurde weit nach Norden in den Baumschlag geschickt. An seine Stelle trat derselbe junge, unerfahrene Mann, mit dem ich mich schon einmal gezankt hatte, und tobte mit der klapprigen Maschine los, als wollte er uns alle in Grund und Boden sägen. Da er nichts verstand und die Stämme nicht richtig in das Gatter schickte, ich außerdem nicht mitansehen konnte, wie der Kerl aus dem schlechten Holz nicht einmal das Wenige herausholte, was herauszuschneiden war, er mir zu alledem die Bretter so ungeschickt zusandte, daß ich ein paarmal in Gefahr geriet, fing ich an zu schimpfen, und bald war der schönste Krach im Gange. Inzwischen hatte er wohl gemerkt oder sich

erzählen lassen, daß mit mir nicht alles stimme. Wenigstens bestellte mir ein Bote bei Arbeitsschluß, ich hätte mich am nächsten Morgen wegen der Rauferei vor dem Rutkom, dem Betriebsrat, zu verantworten.
Ich zitierte ein beliebtes Wort aus dem Götz von Berlichingen, packte noch am selben Abend meine Koffer, und am nächsten Morgen mit dem frühesten war ich schon auf dem Wege zur Bahn. Die neun Tage, die ich gearbeitet hatte, waren durchaus geeignet gewesen, mir zu zeigen, was gespielt wurde. Schon nach dieser kurzen Probe begriff ich vollauf, warum die Moskauer sich dagegen gesperrt hatten, mich irgendwo selber arbeiten zu lassen.

Viertes Kapitel

»Verdorben, gestorben –«

Wenn ich mich in jene Monate zurückversetze, die ich 1928/29 in Rußland, genauer in Sibirien, verbrachte, so erscheinen sie mir eigentümlich unwirklich. An dumpfe, trübe Träume aus kranken Tagen erinnert man sich mit der gleichen quälenden Mühseligkeit. War es nur Zufall oder lag es in der Natur des Gegenstandes, daß mir in jenen Tagen, in welchen ich mich vom äußersten Westen bis zum äußersten Osten des riesenhaften roten Rußland vagabundenhaft langsam und planlos durchschlug, nur Haß, Elend, Armut, unvorstellbarer Schmutz begegnete, daß ich nie glückliche oder unbeschwert frohe Menschen traf? Dabei waren es nicht allein die Problematik und der Druck der politischen Verhältnisse, nicht die Abgerissenheit und Stumpfheit der einzelnen und vieles andere, was man von außen her als Grund anführen könnte, um jene lastende Freudlosigkeit zu erklären, die auf all denen zu liegen scheint, welche nicht ganz unmittelbar Nutznießer des neuen Systems sind; auch diese scheinen ihrer Macht nicht froh zu sein; sie fühlen den trägen, sterilen Haß, der ihnen unterschwellig entgegengebracht wird. Irgendwie – von dieser Vorstellung kam ich damals nicht los – schien mir die Luft vergiftet zu sein, stickig und eingesperrt. Verzweifelt wehrte ich mich während meines ersten langen Aufenthalts in Rußland und Sibirien gegen eine nicht recht faßbare Unlust, die zuweilen so peinigend wurde, daß ich mehr als einmal schon meinen Kram zusammengeworfen hatte, um irgendwohin auszurücken, um endlich die russische Grenze wieder im Rücken zu wissen. Niemals, um es deutlicher auszudrücken, habe ich so viel, so ausdauernd und so aus tiefstem Herzensgrunde getrauert wie in Rußland, am meisten über mich selbst: denn ich brauche nicht länger zu verheimlichen, daß ich mich mit wahrer und echter Begeisterung für den Kommunismus im Herzen nach Moskau hatte losschikken lassen. Die Wirklichkeit hatte schon in Moskau bedenklich anders ausgesehen als die Idee und die Plakate, welche die geschickte Auslandspropaganda der Sowjet-Leute für den Westen an die Wand malen. Das großartige Moskau ist der Kopf und das Herz des russischen Kommunismus, und es nimmt nicht Wunder, daß Rußland-Reisende, die nur Moskau und ein paar andere Zentren des europäischen Rußland kennen, zudem vielleicht selbst ihrer Herkunft nach ganz und gar Stadtmenschen sind, zu einem überschätzenden Urteil gelangen. Aber Rußland ist groß, und war früher der Zar weit, so ist es jetzt das Zentral-Komitee der Partei im Kreml nicht minder. Schon wenige Fahrtstunden hinter Moskau war von dem Geist dieser einzigen Zentrale nichts mehr zu spüren. Stumpfer, verbohrter und versoffener kann es früher auch nicht gewesen sein. Und um die Bitterkeit auf die Spitze zu treiben: Hammer und Sichel bilden das Sowjet-Wappen; wenn man darüber noch eine von einer Gloriole umstrahlte Schnapsflasche anbringen würde, wäre das Wappen in Ordnung. Kühlste Reserve gegenüber allem, was nur nach russischem Kommunismus roch, bildete für mich das Fazit meines frühesten Streifzuges durch die russische Alltags-Wirklichkeit; es war der Groll eines enttäuschten Liebenden; ich versuche gar nicht, es zu leugnen. Mit kühler Sachlichkeit vorzugehen, ist nicht meines Amtes, trotzdem auch trokkene Zahlen Tragödien verraten können: Nach amtlicher Statistik sind von ungefähr 14000 im Jahre 1927 in Leningrad geschlossenen Ehen etwa 9000 wieder geschieden worden, davon 70 Prozent wegen Trunksucht eines der beiden Gatten. 70 Prozent! Und wie viele Ehen wurden nicht geschieden, weil beide Teile saufen? Das Branntweinmonopol ist eine der besten

Einnahmequellen der Regierung; die Verkaufsstellen werden ständig vermehrt. Und das in einem Staatswesen, welches vorgibt, die Sorge für das Wohl der Armen zum obersten Gesetz erhoben zu haben.
Warum verlernt man in Rußland das Lachen? Weil es so viel Jammer, Schmutz und Unehrlichkeit gibt; man verzeihe es mir, daß ich nur traurige und häßliche Geschichten davon zu erzählen weiß: ich habe keine besseren erlebt, und es sind noch nicht einmal die schlimmsten von denen, die ich mitteilen könnte. Ich berichte nun über eines von den vielen Schicksalen, die mir damals begegneten.

Im Jahre 1915 wurden auf der großen Kohlen-Zeche »Rhein-Preußen« am Niederrhein die Bergleute knapp: es gab damals wichtigere Beschäftigungen für »kriegsverwendungsfähige« Männer, als nach Kohlen zu graben. Gefördert aber mußte werden, denn ohne Kohlen blieben lebenswichtige Betriebe, wie z.B. die Munitionsfabriken, auch Truppentransport- und Lazarettzüge, stehen. Wozu steckten da die Gefangenenlager voll von Russen aus den ostpreußischen Siegen? Es gab manchen darunter, der in seiner alten Heimat Bergmann gewesen war. Auch Ungelernte meldeten sich. Viele hatten das Lagerleben satt. Die Arbeit auf den Schächten lockte; sie versprach besseres Essen und vielleicht ein paar Pfennige Löhnung.
Dem Pawel Sergejewitsch Astachow gefiel es nicht mehr in seinem Lager bei Holzminden, er meldete sich zur Arbeit und wurde bald auf die Grube »Rhein-Preußen« verschickt. Pawel Sergejewitsch stammte aus einem Dörfchen bei Salasinskoje im Gouvernement Wjatka, besaß dort ein für die Verhältnisse seines Heimatortes beträchtliches Anwesen, das er bis zum Kriege – er war noch unverheiratet – mit seiner Schwester bewirtschaftet hatte. Er war damals ein starker, hübscher Bursche, dem Verstand und Herz auf dem rechten Fleck saßen; er konnte sogar – der Pope hatte es ihm aus Vergnügen und auf manche Wurst und Speckseite aus der Räucherkammer des reichen Bauern, Pawels Vater, hin beigebracht –, er konnte sogar lesen und schreiben.

Pawel Sergejewitsch arbeitete sich schnell ein; die Steiger waren mit ihm zufrieden; die Strenge der Bewachung ließ allmählich nach; es hatte ja auch keiner der Gefangenen Lust zu entfliehen; wohin sollten sie außerdem fliehen? Pawel Sergejewitsch erhielt seinen Lohn, seine Zigaretten, sein Essen, und er wäre mit seinem Dasein voll und ganz zufrieden gewesen, wenn nur irgend etwas, was Röcke und lange Haare aufweisen konnte, in erreichbarer Nähe gewesen wäre.
Schließlich gewährte ihm ein wohlwollendes Geschick auch diese Freude, denn nach und nach wurden immer mehr Arbeitsplätze, die früher Männer innegehabt hatten, von Frauen eingenommen.
Mann ist Mann, dachte Anna Kolinski und ließ ihre blanken Augen hin und her gehen. Annas Großvater war aus Russisch-Polen ins Ruhrgebiet ausgewandert wie damals viele seiner Landsleute, hatte schließlich die deutsche Staatsbürgerschaft erworben. Seine Kinder und Enkel, darunter Anna, verstanden kein Polnisch mehr.
Pawel Sergejewitsch sprach schon ein gebrochenes Deutsch, und die Scherzworte flogen hinüber und herüber. Die Russen und andere Gefangene schliefen in großen Baracken auf dem Schachthof. Abends kam die blonde Anna wie von ungefähr vorbei; der blonde Pawel Sergejewitsch gesellte sich ebenso wie von ungefähr dazu, und sie verschwanden irgendwohin in einen stillen Winkel. Da saßen sie dann und erzählten sich vielerlei. Pawel konnte sich nicht genug tun, ihr zu schildern, wie schön es wäre, wenn in seiner Heimat der Wald im Herbst in strahlend bunten Farben brenne, wenn am Abend die Burschen und Mädel auf dem Dorfplatz zusammenkämen, um zu singen, zu lachen und zu tanzen, wenn der Frühling anbräche, mit ihm die russischen Ostern, in denen sich die Tische bögen unter der Last der Speisen und Getränke – und alles wäre ein Herz und eine Seele. Von seinem Besitztum sprach er; je länger er davon erzählte, desto größer, schöner und reicher wurde es, aus einem Pferd wurden drei, aus zwei Kühen fünf (denn inzwischen werden sie ja Kälber bekommen haben, fügte er bei sich

hinzu). Anna, die während ihres bisherigen Daseins mehr Kohlenhaufen, Fördermaschinen und Fabrikschlote gesehen hatte als Bäume und Felder und Kühe, hörte mit großen Augen zu, und die Heimat ihres russischen Liebsten erschien ihr wie ein fernes Paradies. Er sang ihr mit halblauter Stimme seine schwermütigen Lieder vor; ihr früheres Dienstmädchen-, ihr jetziges Fabrikarbeiterinnen-Dasein versank. Pawel Sergejewitsch kam ihr wie ein verwunschener Prinz aus einem sagenhaften, glücklicheren Leben vor, und verträumt gewährte sie an solchen heimlichen Abenden manches, was besser verschwiegen bleibt. Pawel Sergejewitsch war glücklich, und als 1917 die dunkle Kunde zu ihm drang, daß der Krieg mit Rußland aus, daß in seinem Vaterlande Revolution ausgebrochen und Väterchen Zar abgesetzt wäre, bewegte ihn das nicht sonderlich: Er blieb auf seinem Schacht und bei seiner blanken, sauberen Anna. Alle wußten es schon, und niemand fand etwas dabei; man machte damals nicht viel Aufhebens davon.
Doch im November 1918 ging der Krieg endgültig zu Ende. Auch in Deutschland brach die Revolution aus, die Männer kehrten von der Front zurück, die Fördermaschinen standen still. Pawel und Anna saßen auf der Straße. In Duisburg ging Pawel zum Arbeiter- und Soldatenrat und wurde dort als Russe so freundlich behandelt wie noch nie in seinem Leben; plötzlich hieß er »Genosse«; die Deutschen, von deren Überlegenheit er sich inzwischen oft genug überzeugt hatte, sprachen mit Hochachtung von seiner roten Heimat; außerdem entdeckte Anna ihr Klassenbewußtsein, marschierte in allen Demonstrationen mit und warf begeistert mit den Schlagwörtern um sich, die sie in den Versammlungen aufgelesen hatte. Angesichts all des Unvorhergesehenen entschloß sich auch Pawel Sergejewitsch, für den sowieso alles kopf stand, an die großen Aufgaben seines Volkes zu glauben; denn was die Deutschen, die alle lesen und schreiben und manches andere konnten, für wahr hielten und was seine Anna glühend vertrat, mußte wohl schließlich stimmen.
Anna war jetzt erst recht auf »ihren« Russen stolz und zog mit ihm in alle Versammlungen, wie so manche damals in dem

Glauben an eine bessere Zukunft, das rote Rußland, die Weltherrschaft des Proletariats. Doch schon nach wenigen Monaten war der Traum ausgeträumt. Die Zechen arbeiteten wie immer, wenn nicht gerade gestreikt wurde. Die Brotkarten blieben, dafür war aber für die beiden nichts mehr zu verdienen, denn die Soldaten zogen die Uniformen aus und nahmen ihre alten Plätze wieder ein. Pawel fühlte sich nicht mehr wohl in seiner Haut. Er litt unter Anfällen von Heimweh; von der Arbeitslosenunterstützung konnte niemand leben, die Kommunistische Partei wurde von Staats wegen verboten, und eines schönen Tages fragte er seine Anna, ob sie nicht mit ihm nach Rußland zurückkehren wolle; sie berieten nicht lange, heirateten noch schnell vor der Abreise und fuhren mit ihrem geringen Hab und Gut im Spätherbst 1919 nach Osten ab.
Nach vieltägiger, ermattender Fahrt erreichten sie Moskau. Stundenlang mußten sie auf den Kommissariaten anstehen um Brotmarken, stundenlang vor den Läden, um ein wenig schlechtes Brot zu erhalten. Man nahm sie durchaus nicht so mit offenen Armen auf, wie sie erwartet hatten. Pawel hätte in die Rote Armee eintreten können, die damals gerade nach dem Sieg über Judenitsch den Admiral Koltschak aus dem Ural nach Sibirien zurücktrieb. Die Soldaten der Roten Armee erhielten genügend Brot und gute Kleidung. Pawel Sergejewitsch verwies auf seine Frau. Oh, das machte gar nichts; die könnte auch in die Armee eintreten; Anna wehrte entsetzt ab. Sie fühlte sich enttäuscht und ernüchtert: wie verwahrlost erschienen ihr Moskaus Straßen und Häuser! Sie, an die sprichwörtliche Reinlichkeit des Niederrheins gewöhnt, ekelte sich vor den fleckigen Tischtüchern, der schmierigen Bettwäsche. Und vor allem hatte sie nicht bedacht, daß in Rußland alle Leute Russisch sprachen; selbst Pawel hatte sein Russisch wiederentdeckt und wurde oft unwillig, wenn sie sich weigerte, ein schwer aussprechbares russisches Wort zu wiederholen. Schließlich war ihre Geduld erschöpft; sie verlangte »nach Hause«. Doch Pawel überredete sie, mit ihm in sein heimatliches Dorf zu fahren; dort würde es ihr besser gefallen; er selbst hätte mit der Stadt nichts mehr im Sinn und

wolle heim, zu sehen, was aus seinem väterlichen Erbe geworden wäre. Anna, die immer noch versteckt hoffte, daß irgendwann das erträumte Märchen Wirklichkeit werden müßte, willigte schließlich ein.
Wieder schüttelten und rüttelten sie tagelang weiter nach Osten, gelangten schließlich nach Wjatka. Ob es überall nur Blockhäuser gäbe, fragte sie; ja, überall, antwortete er; sie schüttelte den Kopf.
Endlich erreichten sie die Bahnstation, wo sie aussteigen mußten; von dort nach Pawels Heimatdorf bei Salasinskoje war es noch ein weites Ende. Auf dem Bahnhof trieb Pawel zufällig einen Bauern aus seiner Ortschaft auf, der bei dem Anblick des längst Totgeglaubten – und gar mit einer fremden Frau kehrte er zurück! – die Hände über dem Kopf zusammenschlug und sich bekreuzigte. Ach, es wäre so viel verändert, und alles stände kopf, jammerte er. Pawel machte ein finsteres Gesicht und fuhr Anna grob an, als sie sich scheute, auf den elenden, wackeligen Bauernkarren hinter den zerlumpten, in einen schmierigen Schafspelz gewickelten Kutscher zu klettern; der Kerl stank nach Fusel und manchem andern. Sie gehorchte. Viele Stunden hockte sie auf dem Wagen, den das magere Pferdchen auf gewundenen Wegen durch tiefe Sumpflöcher, mahlenden Sand, steinige Halden geduldig unter seinem riesigen Kumtbügel hinter sich herschleppte. Pawel und der Bauer redeten unausgesetzt. Wenn Anna auch wenig verstand, so begriff sie doch so viel, daß es schlimme Dinge sein mußten, die ihr Mann erfuhr.
Sie kamen an: das also war die ganze Herrlichkeit, dieser Haufen elender Kabachen, die in Deutschland zu schlecht für das Vieh gewesen wären, die morastigen Straßen, in denen sich die Schweine wälzten, diese zerlumpten Menschen, die ungewaschenen Kinder, die sie mit offenen Mäulern wie ein Weltwunder begafften, denn ihre einfache Kleidung erschien hier wie die Ausstattung einer großen Weltdame.
In ihrem Jammer begann sie zu weinen, saß immer noch auf dem Wagen neben ihrem Koffer und wünschte sich tot.
Das Schlimmste stand ihnen noch bevor. Pawels Schwester war

gestorben; ihn selbst hatte man längst tot geglaubt; sein Besitztum war aufgeteilt worden; in seinem Hause wohnten andere Leute, die nicht die geringsten Anstalten machten zu weichen, vielmehr ihn, den früheren Großbauern, bedrohten: der Besitz wäre aufgehoben; er möge sich in Moskau beschweren, sich möglichst bald davonpacken. Die früher armseligsten Kleinbauern führten jetzt das große Wort, als sei Armut auf jeden Fall ein Ehrentitel. Keiner im Dorf hatte mehr Lust an der Arbeit, denn in jenen bösen Zeiten des Kriegskommunismus, als der junge Sowjetstaat auf Leben und Tod um seine Existenz kämpfte, wurde den Bauern das Brot fortgenommen; die niedrigsten Elemente im Dorf spielten den Angeber.

An diesem Abend erlebte Anna zum ersten Male, wie Pawel im Wirtshaus sich mit ein paar anderen in seiner Verzweiflung sinnlos betrank, grölte, um sich schlug, plötzlich wie ein Klotz zu Boden stürzte, auf dem schmutzigen, nie gekehrten Lehmfußboden sich noch einige Male umherwälzte und wie ein Toter schlief. Anna hockte auf einem Schemel, immer noch in Hut und Mantel, sie konnte sich nicht entschließen, sich auszuziehen; betrunkene Kerle taumelten auf sie zu, um sie zu küssen; sie schrie und floh in die Küche zu den Mädchen. Dort war man nett zu ihr; sie weinte lange; das Herz wollte brechen. Wenn sie doch wieder nach Hause könnte! Aber allein wagte sie die weite Fahrt nicht, durch ein unermeßliches, fremdes Land voller feindlicher Menschen, denn alles erschien ihr feindlich, alles war häßlich; sie konnte sich zu nichts entschließen.

Was sollte nun werden? In Pawel Sergejewitsch regte sich der Bauer, der sein Land will. Doch jeder Kampf war vergeblich; er blieb ausgeschlossen. Verdächtig erschien er mit seiner »deutschen« Frau als früherer Großbauer sowieso. Er verzweifelte und begann die Frau zu hassen, die in seine Welt nicht hineinpaßte, die das Dorf angewidert ablehnte, die nichts gut fand und ewig um ihr Duisburg barmte. Er schlug mit der Faust auf den Tisch und schrie sie an; dann weinte sie; davor fühlte er sich machtlos; er ging, sich zu betrinken. Sie war schon längst nicht mehr die blanke Anna.

Wochenlang drückten sie sich im Dorf umher; bald mochte ihnen keiner mehr Gastfreiheit gewähren. Der mitleidige Anführer einer Getreide-Aushebungs-Kommission, dem die abgehärmte Deutsche leid tat, erzählte ihr, daß etwas weiter östlich im Ural die Kohlen- und Erzgruben Arbeiter suchten. »Arbeit«, »Kohlenschächte«, das waren beinahe heimatliche Klänge. Sie bestürmte ihren Mann, dem nutzlosen Umherliegen im Dorfe ein Ende zu machen und auf den Kohlengruben Arbeit zu suchen. Er gab nach. So kamen sie nach G., weit nördlich von Perm, wo Pawel Sergejewitsch wirklich Arbeit fand.

Von der blanken Anna war nichts mehr übrig. Eine stumpfe, schlampige Frau schlurft um die windschiefe Hütte, worin sie, Pawel Sergejewitsch und zwei Kinder hausen; *einen* Raum nur hat das »Haus«, durch das Strohdach läuft der Regen, durch die Ritzen zwischen den Baumstämmen pfeift der Sturm, fegt der Schnee. Pawel Sergejewitsch verdient 70 Rubel im Monat auf dem Schacht, zum Sterben zu viel, zum Leben viel zu wenig. Ein Paar Schuhe kosteten 20 Rubel; Anna trug ebensolche wie die armen Bauern, aus Birkenbast und Stroh. Wenn Pawel wenigstens die 70 Rubel nach Hause gebracht hätte, aber er vertrank die Hälfte; solange er noch ein paar Kopeken in der Tasche hatte, kam er im Tran nach Hause, schlug seine Frau, wenn sie sich nicht rechtzeitig drückte oder ihn gleich auf die leere Holzpritsche stieß; Betten oder auch nur etwas Ähnliches besaßen sie nicht. Wenn er betrunken dalag, sollte sie ihn manchmal wieder schlagen, aber man wußte es nicht genau.
»Sehen Sie!« Sie schlug das schmierige und löchrige Umschlagtuch, welches sie um die Schultern trug, zurück; auf dem bloßen Oberarm saßen zwei faustgroße blaue Flecke, am Nacken zeigte sie mir eine schorfige Wunde:
»Da hat er mich das letztemal geschlagen, als er besoffen nach Hause kam.« Ich saß zuweilen bei ihr in der elenden Bude und leistete ihr in ihrem Elend Gesellschaft. Es war quälend, die Frau mit einer halb schläfrigen, halb jammernden Stimme von ihrem verlorenen Dasein sprechen zu hören. Aber ich ging trotzdem

oft zu ihr hin und vergaß das Abfahren, denn von Not und Verkommenheit geht ein geheimer Reiz aus, der dazu verführt, immer wieder davon hören zu wollen. Uns verband, so unwahrscheinlich es klingen mag, eine eigentümliche und unausgesprochene Sympathie. Vielleicht erspürte ich in dem schlampigen und schmuddligen Weibe einen Abglanz des hellen, blonden Mädchens, das Anna zehn Jahre zuvor noch gewesen sein mußte. Vielleicht verstand ich auch nur zuzuhören. Sie erzählte mir, daß vor anderthalb Jahren ein deutscher Ingenieur dagewesen wäre, der ihr partout hatte helfen wollen. Sie hätte ihn hinausgeworfen.

Sie besaß Verwandte in Bochum. Ich ließ einmal durchblicken, daß diese Verwandten sie doch wohl aufnehmen würden, wenn sie wieder nach Deutschland zurückkehren würde. Die Handbewegung aber, mit der sie diese Vermutung abwehrte, war so mutlos und so müde, daß ich jeden weiteren Versuch, ihr zu helfen, aufgab. Ich war ihr erster, wirklicher Gast seit langer Zeit, ich sprach mit ihr in der alten Sprache ohne überflüssiges Mitleid; es war das einzige Geschenk, das ich ihr machen konnte.

Ich wies sie darauf hin, daß sie nach sowjetischem Ehegesetz sich jederzeit scheiden lassen könnte und sich nicht mehr weiter von ihrem alkoholsüchtigen Gatten schlagen zu lassen brauchte.

»Wozu?« fragte sie mit gleichgültiger Stimme dagegen, »ich bin sowieso für alle Zeiten fertig, und er hat das Saufen ja auch erst richtig angefangen, als er sah, daß ihm alles kaputtgeschlagen war.«

Kurz danach – ihr Mann mußte bald vom Schacht erscheinen – verabschiedete ich mich von ihr, nachdem wir verabredet hatten, daß ich sie am nächsten Tage wieder besuchen wollte. Zwei Stunden später erfuhr ich, daß ihr Mann, der inzwischen von meinen Besuchen erfahren hatte, sie gräßlich geprügelt hätte. Ich packte, bedrückt wie selten in meinem Leben, eilig mein Zeug zusammen und fuhr weiter.

Vier Wochen später traf ich in Swerdlowsk den Verkaufsingenieur einer deutschen Maschinenfirma. Er erzählte mir, daß in G. die deutsche Frau eines russischen Arbeiters sich aufgehängt hatte. Ich erkundigte mich entsetzt nach den Einzelheiten, und schon nach wenigen Minuten bestand für mich kein Zweifel mehr, daß es Anna gewesen war, die ihrem verlorenen Leben mit dem gewaltsamen Tod ein vorzeitiges Ende bereitet hatte. Vielleicht sind es jene fünf oder sechs Gespräche gewesen, die sie mit mir geführt hatte, welche den unmittelbaren Anlaß zu ihrem Selbstmord geliefert haben, vielleicht ist ihr erst in diesen Gesprächen klar geworden, wie sinnlos und endgültig zerstört ihr Leben war.

Fünftes Kapitel

Spitzel im Bergwerk

Wieder einmal bummelte ich eine abgelegene Nebenbahnstrecke entlang. Wie gewöhnlich beschloß ich erst während der Fahrt, wo ich aussteigen wollte. Vorsichtshalber sah ich vorher stets in meinen Moskauer Reiseausweisen nach, ob mir nicht der Zufall den bösen Streich spielte, mich wirklich einmal auf einer Station aussteigen zu lassen, welche mir von den Behörden angegeben worden war. Ich steckte beruhigt meine Papierchen wieder ein; von U. stand nichts in ihnen verzeichnet.

Ich befand mich in einem ziemlich aufgelösten Zustand nach der endlosen Eisenbahnfahrt im Personenzug, während der ich mich nicht hatte waschen können – es gab leider nur eine Wagenklasse in diesen Zügen. Ich ließ mein Zeug auf dem Bahnhof, machte mich auf den Weg in den Ort, um irgendwo eine Unterkunft aufzutreiben. Nach zwei Stunden wußte ich, daß ich im Straßengraben würde übernachten müssen, denn in allen Unterkunftshäusern war jedes Zimmer mit fünf oder sechs Mann belegt, und selbst in den Kellern stand ein Bett am andern. Mich dazwischen zu legen, schien mir die Brüderschaft zu weit zu treiben; meine Angst vor Läusen grenzt ans Pathologische. Gewaschen war ich immer noch nicht, seit einer Woche nicht mehr rasiert; ich konnte im Taschenspiegel mit gemischten Gefühlen konstatieren, daß ich mit werdendem Vollbart einen geradezu abstoßenden Eindruck machte. Da irgend etwas geschehen mußte und Trübsal zu blasen mir nicht weiterhalf,

suchte ich zunächst nach einer PARIKMACHERSKAJA, mit welchem hübschen deutschen Fremdwort im Russischen ein Friseurladen bezeichnet wird. Ich fand ihn leicht, doch genügte ein Blick in seinen »Salon«, um mich verstört entfliehen zu lassen; eher wäre ich gestorben, als mich mit dem Familienhandtuch abtrocknen zu lassen.
Inzwischen hatte ich aber entdeckt, daß mitten durch den Ort ein Flüßlein seinen Lauf nahm. Das brachte mich auf eine gute Idee; ich holte mir vom Bahnhof mein Rasierzeug, setzte mich unterhalb neben der Brücke, über welche die einzige Hauptstraße führte, auf den Brettersteig, von dem aus die Frauen ihre Wäsche spülten, zog mir die Jacke aus, stellte meinen Rasierspiegel auf einen Pfosten, tauchte meinen Pinsel in die klaren Fluten und begann, mich in aller Seelenruhe einzuseifen. Es dauerte keine fünf Minuten, so hing über mir das Brückengeländer voller Menschen; um mich herum hatte sich mit offenen Mäulern die rotznäsige Ortsjugend aufgebaut und verfolgte mit atemloser Aufmerksamkeit jede meiner Bewegungen. Ich hatte zwar ein gewisses Aufsehen erwartet, jedoch gehofft, daß die Leute die Sache komisch nehmen würden. Statt dessen standen die Bauern und die Frauen todernst, stumm, einer am andern und sahen auf mich herunter wie auf ein unheimliches Weltwunder. Unter dem feierlichen Schweigen der Menge zelebrierte ich meine Rasur, die ich hier durchaus als sakralen, der Göttin der Reinheit geweihten Akt empfand.
Schon war ich beim Abtrocknen, als ein finster blickender Milizionär sich Bahn durch die Versammlung brach und mich wenig liebenswürdig aufforderte, ihn zur Orts-GPU zu begleiten. Ich brachte mein Rasierzeug in Ordnung und folgte dem Polizeibeamten, ohne die Umstehenden eines einzigen Blickes zu würdigen; die sensationslüsterne Menge schloß sich uns an. Eine Anzahl von Uniformierten nahm mich in ein gestrenges Kreuzverhör. Ich stellte mich so dämlich, daß meine völlige Harmlosigkeit bald offensichtlich wurde. Immerhin wurde ich dringend aufgefordert, nach dem nächsten Ort, für den mein Ausweis galt, weiterzufahren; ich hatte vorgespielt, daß ich nur

wegen des Rasierens ausgestiegen war. Als ich diese Erklärung vorbrachte, äußerte sich einer der Besitzer folgendermaßen: »Entweder ist er verrückt oder ein Amerikaner!« Ich verließ U. mit bedrückter Seele, denn hinfort wird dort die Vorstellung nicht auszurotten sein, daß die Deutschen genauso spleenig sind wie die Amerikaner.

Natürlich hatte mich der Vorfall in die richtige Stimmung versetzt, »nun gerade nicht!« zu sagen. Ich fuhr also nicht dorthin weiter, wohin ich reisen sollte, sondern stieg unterwegs in W. aus. Das war die Bahnstation für große Kohlenschächte, auf denen ich mich umtun wollte.

Ich besaß zwar keinen behördlichen Ausweis für W., hatte dafür aber eine private, freundschaftliche Empfehlung an einen der Schachtmeister von einem mit den örtlichen Verhältnissen vertrauten deutschen Ingenieur mitbekommen, die für meine Zwecke viel dienlicher war. (Damals hatten viele deutsche Firmen bis ins tiefste Rußland Bauaufträge übernommen. Der Rapallo-Vertrag von 1922 zeigte immer noch Wirkungen.) Ohne mich irgendwo gezeigt zu haben, fragte ich mich des Abends zu meinem Manne durch, der mich mit altrussischer Gastfreundlichkeit bei sich aufnahm. Wir setzten uns hinter eine Flasche Schnaps und schwatzten; er war froh, wieder einmal jemand gefunden zu haben, zu dem er frei von der Leber weg reden konnte. Bald hatte ich das Gespräch da, wo ich es haben wollte; er war meiner ja sicher; ich würde ihn nicht verraten, und schließlich verabredeten wir, daß ich zur nächsten Nachtschicht, wenn er die Aufsicht führte, als Arbeiter mit einfahren sollte. Es war zwar eine ganze Anzahl gefährlicher Klippen zu umschiffen, Kontrollen, Fragen und ähnliches, doch würde es zuviel Raum einnehmen, im einzelnen zu schildern, wie ich mich mit der Hilfe meines Verbündeten überall hindurchwand; vor allem kam mit der Umstand zustatten, daß der einzige eingeschriebene Kommunist der Gruppe für eine Woche nach der Kreisstadt zu irgendwelchen Versammlungen gefahren war; der Hauptaufpasser war also fort. Am meisten fürchtete ich, daß einer der Ingenieure durch den Schacht kommen und mich ausfragen würde, doch beruhigte mich mein Freund: »Ach, die kommen manchmal zwei Monate nicht herunter; denen ist es doch ganz gleich, was unten los ist. Wenn wirklich einer kommt, dann gehste mal eben gerade dahin, wo auch die Ingenieure manchmal hingehen –.« Ich kam aber gar nicht in die Verlegenheit, Allzumenschliches vortäuschen zu müssen.

Eines Abends um 10 Uhr sauste ich im Förderkorb mit meinen neuen Gefährten, denen ich als Frischeingestellter aus Südrußland galt, in die Tiefe, trug meine Lampe um die Stirn wie sie und gepumptes Arbeitszeug.

Die Bergarbeiter hatten 1928 eine sechsstündige Arbeitszeit; doch wenn es hoch kam, wurden drei davon wirklich gearbeitet. Als wir glücklich »vor Ort« in aller Gemächlichkeit angekommen waren, spuckten wir erst einmal kräftig in die Hände, und dann ging es los: das Zeittotschlagen nämlich. Ich spürte keinen Ehrgeiz, mehr zu tun als sie, und legte mich gleichfalls aufs Schwatzen. »Anton Michailowitsch hat's gut; ist schon wieder auf Sitzung gefahren!« meinte ein baumlanger Kerl, der als Schachtzimmermann im Tagelohn arbeitete und noch weniger tat als wir, die dem Namen nach auf Akkord schafften.

»Ja«, seufzte ein zweiter, »in der Partei sein ist gut!« Die andern lachten: »Wenn du dich nicht dreimal besoffen hättest, als du Anwärter warst, hätten sie dich schon aufgenommen!« – »Ach, sie machen es auch zu schwer mit der Aufnahme in die Partei, und wenn man drin ist, soll man womöglich leben wie ein Heiliger!« – »Nicht saufen!« »Keine Bummeltage machen!« – »Jetzt agitieren sie sogar, daß man auch nicht mehr rauchen soll!« – »Die sind verrückt alle zusammen, sollten uns lieber besseren Lohn geben und billigere Preise machen; dann können sie meinetwegen sonst anstellen und rumprobieren, was sie wollen!« – »Das stimmt, und vor allen Dingen sollen sie mit dem verfluchten Akkord aufhören; statt dessen lieber anständigen Tagelohn bezahlen!« – Alle lachen: »Damit du dann überhaupt nichts mehr zu arbeiten brauchst, du fauler Hund, was? Den Gefallen werden sie dir nicht tun!« – »Ist ja alles Bockmist! Immer arbeiten! Früher und jetzt auch!« – »Hör' auf, Dummkopf! Früher hast zehn Stunden arbeiten müssen und hast vierzig Rubel im Monat verdient; jetzt arbeitest sechse und kriegst sechzig.« – »Richtig, aber für die vierzig früher konnte ich mir dreimal soviel kaufen wie jetzt für die sechzig!« – »Stimmt auch, aber früher haben sie uns ihre Dreckstiebel in den Hintern getreten, und jetzt können wir selber in die Büros gehen und den lieben Genossen über die Achsel sehen, ob sie auch was arbeiten!« – »Hab' ich nichts davon, versteh' doch nichts von dem Gekritzel!« –

So ging das Palaver lange hin und her, bis endlich die Meißel ansetzten und ich die ersten abgebauten Kohlen auf die Schüttelrutsche warf, die mechanische Weiterbeförderung. Langsam floß die Zeit hin; es wurde ausführlich gefrühstückt, wieder geschwatzt. Der ganze Betrieb sah verzweifelt wenig nach Akkord aus. Ich meinte, unten in Süßrußland hätte man auf Akkord forscher gearbeitet. »Ja, wir tun das nicht, sonst drücken wir bloß die Akkordsätze!« war die Antwort. Ich äußerte Zweifel, ob man das wirklich machen würde, denn das täten doch nur die Kapitalisten im Ausland. »Ja«, hieß es, »zweimal haben sie schon die Sätze gesenkt; nun schaffen wir nur gerade so viel, daß wir notdürftig existieren können, und keinen Schlag mehr!« Ich sagte nichts darauf, mochte nicht auffallen, war aber höchst betroffen, im Lande des Proletariats bei den Arbeitern die gleiche Gesinnung zu finden, die bei uns als das Ergebnis völlig verkehrter Unternehmerpolitik angesehen wird.

Ich war nicht besonders müde, als wir um fünf Uhr morgens den Schacht verließen, und begleitete einen Arbeiter, mit dem ich ein wenig vertrauter geworden war, um bei ihm vor dem Schlafengehen ein Glas Tee zu trinken und ein Stück Brot zu essen. Sein Haus war nicht besser und nicht schlechter als die Wohnungen der anderen Arbeiter auch; es war ein windschiefes Blockhaus, das nur einen Raum enthielt, feucht, ärmlich, ungedielt. Ein Herd, Tisch, drei rohe Bänke, eine Pritsche bildeten die ganze Einrichtung. Auf der Pritsche lag die Frau mit zwei Kindern; der Mann, wenn sie alle um die gleiche Zeit schlafen wollten, legte sich neben oder unter das Bett auf die Erde;

keiner von der Familie zog sich jemals zum Schlafen aus. Manchmal gingen sie zum Nachbarn und nahmen ein Dampfbad. Tee, Kohl und Brot, davon lebten sie in der Hauptsache. Fleisch gab es selten. So wie diesen ging es hier der weit überwiegenden Mehrzahl, denn die ca. 60 Rubel monatlichen Durchschnittverdienstes haben nicht die Kaufkraft des gleichen Betrages in Mark bei uns, hatten sie wenigstens nicht in diesem abgelegenen Industriedorf; damit ist genug erklärt.

Tagsüber schlief ich und blieb zu Hause bei meinem Freunde. Abends fuhr ich wieder ein; alles ging genauso langstielig wie am ersten Tage; gegen Mitternacht passierte etwas, was mir einen gewaltigen Schreck einjagte. Plötzlich gab es einen Knall, die Schüttelrutsche blieb stehen; der elektrische Motor unter ihr, der sie antrieb, lief leer und knallte regelmäßig ein Eisenstück an die Schüttelbleche. Hatte ich etwas falsch gemacht? Das wäre schlecht für mich ausgegangen. Ich warf mein Arbeitsgerät fort, rannte hin und drehte den Motor ab. Gemütlich bummelten die andern herbei; wir besahen uns den Schaden: die Verbindungsstange zwischen dem Motor und den Schüttelbahnen war gebrochen. Ich bemerkte bald, daß der Motor nicht in gleicher Richtung wie die Schüttelbleche stand, die Verbindungsstange also leicht verquer hatte arbeiten müssen, was sie auf die Dauer so beansprucht hatte, daß sie nun gebrochen war. Ich meinte, wenn der Motor so stehen bliebe, würde die Stange immer wieder brechen. »Sicher!« war die Antwort, »die ist schon oft gebrochen!« – »Und warum wird der Motor nicht richtig eingekuppelt?« fragte ich weiter. »Der Ingenieur ist ein junger Kerl, gerade frisch von der Schule, hat keine Ahnung, hat es noch nie entdeckt!« – »Warum sagt es ihm keiner?« – »Er ist ein Besserwisser und ist in der Partei; soll er doch genauer hinsehen!« – »Aber euer Lohn, wenn ihr nicht arbeiten könnt!« – »Wird trotzdem weitergezahlt nach Durchschnitt; ist ja nicht unsere Schuld, wenn die Stange immer bricht!« – Jetzt verstand ich alles; je häufiger die Vorrichtung versagte, desto häufiger gab es Freistunden, von denen sie keinen Schaden hatten. Bis zum Arbeitsschluß bastelten alle Mann an dem Ding herum; auch der

Steiger machte pro forma ein paar Handgriffe; wir konnten nichts reparieren.
Als ich am Morgen nach dieser Nacht auf meiner Holzbank lag, überlegte ich mir, daß ich eigentlich schon wußte, was auf diesem Platz los war: uninteressierte Ingenieure, schlechte oder gar keine Organisation, schlecht genährte, ungenügend bezahlte Arbeiter; ich wußte sehr wohl, dies war kein Musterbetrieb, keiner, der besondere Zuwendungen erhielt, keiner der im Brennpunkt eines großen Wirtschaftsplanes stand wie viele in Südrußland. Aber wie es in diesen bevorzugten Gebieten aussieht, wußte ich bereits, wußte auch, daß es den Arbeitern dort verhältnismäßig gut ging. In Durchschnittsbetrieben aber waren die Arbeitsverhältnisse jammervoll.
Trotzdem hielt ich so lange aus, bis der Kommunist zurückkam; doch ereignete sich nichts, was den ursprünglichen Eindruck hätte ändern können. Eines Abends verschwand ich wieder, ohne daß außer jenem Schachtmeister irgendwer begriffen hatte, wer ich war. Ich hatte mich nirgendwo gemeldet, und das war gut so.

Die Eisenbahn trug mich weiter. In Swerdlowsk, dem früheren Jekaterinburg, der Stadt, in welcher der letzte Zar und seine Familie erschossen wurden, erreichte ich die transsibirische Strecke. Ich blieb lange in Swerdlowsk, denn der Zufall wollte es, daß ich dort mit Menschen zusammentraf, deren ungewöhnliches Geschick mich fesselte.

Sechstes Kapitel

Revolution frißt Menschen

Fast ein Dutzend Jahre ist seit dem Ausgang des schrecklichsten aller Kriege vergangen*, und doch beginnt erst jetzt die Generation, welche für diesen Krieg ihre Jugend und die schönste Zeit ihrer Entwicklungsjahre hingegeben hat, ob sie nun »seinen Granaten entkam«, wie Remarque es ausdrückt, oder nicht, das ungeheure Erlebnis dieses Krieges zu formen und damit langsam zu überwinden. Noch fehlen uns Zeit und Gleichmut, um uns klarzumachen, daß sich damals, als Europa die letzten Zuckungen des Krieges und das wüste Durcheinander der Nachkriegszeit erlebte, an anderer Stelle dieses Erdballes Ereignisse abspielten von so einmaliger und sonderbarer Art, daß sie in einer späteren, das Ganze überschauenden Geschichtsschreibung sicherlich einen bedeutsamen Platz einnehmen werden. Die wilden Freiheitskämpfe des russischen Proletariats zwar, in die der Krieg zwischen dem Zarenreiche und Deutschland ausmündete, wurden schon oft dargestellt und sind vielen von uns in ihren Zusammenhängen deutlicher geworden als etwa die Geschichte der deutschen Revolution 1918/1919. Wer weiß zum Beispiel viel davon, daß in den Februar-/Märztagen 1919, während in Berlin die streitenden Revolutionsparteien sich Schlachten lieferten, gleichzeitig in den deutschen Ostprovin-

* Das war, als diese Zeilen 1929 geschrieben wurden, der Erste Weltkrieg. Der schrecklichere Zweite lag noch im Schoße der Zeiten verborgen.

zen zwischen polnischen und deutschen Freischaren ein Guerillakrieg mit beträchtlichen Opfern an Blut und Leben auf beiden Seiten geführt wurde, der bisher weder seinen Dichter noch seinen Historiker, nicht einmal einen trockenen Berichterstatter gefunden hat.

Sind uns alle diese Dinge zum Teil schon unendlich fern, zum anderen noch fast unaussprechbar nahe, so versteht es sich von selbst, daß Dramen, die sich zur selben Zeit fast am Ende der Welt abspielten, von uns noch kaum zur Kenntnis genommen sind:

Noch kündet »kein Lied und kein Heldenbuch« von den wilden Geschehnissen, die sich zwischen 1918 und 1922 in den unermeßlichen Steppen und Wäldern Sibiriens, in den grenzenlosen Einöden zwischen Ural und Pazifik abspielten. Wir wissen gemeinhin nicht viel mehr, als daß auch von Sibirien her Angriffe auf den jungen Sowjetstaat unternommen wurden, die schließlich zurückgeschlagen wurden und damit endeten, daß das rote Moskau seine Macht bis zu den Küsten des Stillen Ozeans durchsetzte.

Tatsächlich aber war Sibirien in den Übergangsjahren der Schauplatz von vielen getrennten Feldzügen, eines Kampfes aller gegen alle; Männer stiegen auf wie Raketen, entfalteten eine Macht über Leben und Tod, über ungeheure Gebiete, stürzten ebenso schnell, wie sie aufgestiegen, vernichtet von anderen, die noch vor kurzem ihre Freunde und Mitkämpfer gewesen waren, verraten von Mächten, für welche sie überhaupt erst den letzten Einsatz gewagt hatten; nach schneller, blendender Kurve verschwanden sie in die Leere einer ruhmlosen Flucht oder sanken in den Kugelblitzen von ein paar Gewehren zusammen.

Diese sibirischen Kämpfe bilden eine Tragödie für sich, die unabhängig von der Revolution im europäischen Rußland aufgeführt wurde, denn es waren Kämpfe um Sibirien und nicht um Moskau, wenigstens nicht in erster Linie; und wenn die Roten weniger Glück und Geschick gehabt hätten, so gäbe es vielleicht heute eine selbstständige Republik Sibirien. Denn Sibirien ist ja

kein ursprünglich russisches Gebiet. Das ganze Russisch-Asien ist Kolonial-Land. Weder die weißen noch die roten Zaren haben die in Russisch-Asien lebenden und heimischen Völkerschaften je gefragt, ob sie die russische Oberherrschaft annehmen wollten oder nicht. Sie hatten und haben Moskau zu parieren.
Die Männer, die in den wilden Nachkriegsjahren um die Macht zwischen dem Ural und der pazifischen Küste rangen, warfen die Idee von einem selbstständigen Sibirien zum erstenmal in die Zeit. Solche Gedanken, zumal wenn sie den geographischen und wirtschaftlichen Gegegebenheiten entsprechen, pflegen langsam weiterzuwachsen. Sibiriens Boden ist gut gedüngt dafür; viel Blut, viel Menschenelend hat ihn gedüngt.
Wie im Dreißigjährigen Krieg wurden damals ganze Landstriche verwüstet, Städte geschleift, Dörfer ausgehungert, es wurde geraubt, gesengt, geschändet und gemordet. Ich könnte ein Buch anfüllen nur mit Berichten von phantastischen, verworrenen Schicksalen, auf deren Spuren ich während meiner Streifzüge durch Sibirien stieß; doch von der ersten bis zur letzten Seite spräche es nur von Jammer, Trauer und Bosheit, und es ist besser, die Gespenster einer blutigen Vergangenheit in ihren Gräbern ruhen zu lassen. Um wenigstens eine schwache Vorstellung davon zu geben, wie schonungslos das Geschick damals mit Menschen und Herzen umsprang, will ich von zwei Leuten berichten, deren Wege sich mit dem meinen kreuzten.

Als ich mir noch in Moskau die Zeit damit vertrieb, von einer Behörde zur anderen zu laufen, unterhielt ich mich eines Abends lange und freundschaftlich mit einem Beamten eines wichtigen Volkskommissariates über das Elend unter den im Ausland lebenden russischen Flüchtlingen; er selbst erzählte von der harten Zeit vor und während des Krieges, als er, der wegen seiner politischen Gesinnung vor der Geheimpolizei des Zaren bei Nacht und Nebel hatte fliehen müssen, in Frankreich und in der Schweiz wochenlang von einem Topf Kaffee und einem Stück Brot am Tage sein Leben gefristet hatte. Trotzdem

er also am eigenen Leibe genug Not erfahren hatte, war sein Herz nicht so verhärtet, als daß er sich jetzt darüber freute, daß nun mancher der früheren Gegner und Verfolger das gleiche erlitt.
Ich erzählte ihm von zwei Russen, die ich in einem gottverlassenen Holzfällerlager nicht weit von Alaskas Grenze getroffen hatte. Sie stammten aus dem jetzt polnischen Teil der Ukraine und hatten vor dem polnischen weißen Terror das Weite suchen müssen; des Abends saßen sie in einer dunklen Ecke und sprachen von der feinen Heimat, in welche für sie kein Weg zurückführte; sie sagten sich Aussprüche von Lenin her, wie man sich heilige Formeln einprägt, denn da sie keine Bücher mehr besaßen, mußten sie alles, was sie von Lenin wußten, ständig wiederholen, damit es ihrem Gedächtnis nicht entfiel.
Dann nahm der Freund aus jener Nacht wieder das Wort und teilte mir ein Erlebnis mit, das ihn offenbar sehr bewegt hatte: Ein paar Jahre zuvor hatte ihn eine politische Mission nach Konstantinopel geführt; eines Tages mietete er eine Autodroschke, um zu dem Hause der Sowjetvertretung zu fahren. Der Chauffeur sah ihn und seine Aktentasche groß an, wiederholte gedehnt die aufgetragene Adresse und fuhr los. Beide hatten an der Aussprache des Englischen oder Französischen, mit dem sie sich angesprochen hatten, den Russen erkannt. Der Chauffeur wußte vom andern: ein Kommunist also, einer von diesen Teufeln, die mich aus der Heimat getrieben haben, so daß wir jetzt hier elende Lohndienste versehen müssen. Der andere wußte: einer von jenen, denen der Boden zu heiß geworden ist bei uns, einer von denen, die uns früher ausgenutzt und nach Sibirien geschickt haben, wenn wir unsere Köpfe nicht nach ihren Vorschriften einrichteten. In welcher weißen Armee hat er mitgekämpft, und wieviel rote Soldaten hat er an die Wand stellen lassen?
Stumm fuhren die beiden durch die Straßen. An einer Ecke stockte der Verkehr; sie mußten lange warten. Plötzlich, während sie noch standen, drehte sich der Chauffeur um und begann, als könnte er nicht länger an sich halten, auf russisch:

»Sagen Sie, bitte –« und weiter nichts; als wäre es schon zuviel, drehte er sich wieder nach vorn und schwieg. Der Sowjetkommissar, der wohl merkte, wie sehr der andere um ein paar anknüpfende Worte kämpfte, fragte dagegen: »Was soll ich sagen?« Aber der Wagen ruckte an und warf ihn ins Polster zurück. Am Ziel drängte sich ihm abermals der Eindruck auf, als ob der Chauffeur irgend etwas von ihm wissen wollte; zögernd nahm er das Fahrgeld entgegen. Doch das Mißtrauen, das sich auf seinem Gesicht deutlich spiegelte, hinderte ihn wiederum, aus sich herauszugehen.

Als nach einer Stunde der Kommissar seine Geschäfte erledigt hatte und wieder auf die Straße trat, stand die Autodroschke immer noch am Straßenrand. Der Chauffeur hatte sich inzwischen ein Herz gefaßt, kam auf den Sowjetbeamten zu und fragte, ob er ihn wieder in die Stadt bringen könnte; er würde gern mit ihm sprechen. Jener willigte ein.

Während der Rückfahrt brach aus dem Fahrer eine lange aufgestaute Flut von Mitteilungen und Bitten. Er hätte als aktiver Hauptmann in einem Kavallerieregiment in Jekaterinburg gedient, hätte sich, als sein Truppenteil im Sommer 1917 von der Front heimkehrte, in Moskau von seinen Leuten getrennt, da seine Frau dort bei Verwandten lebte. In den Stürmen der Novemberrevolution, als die Bolschewiki die Kerenski-Leute und »Junker« endgültig niederrangen, mußte das Ehepaar Moskau verlassen. Auf der Flucht wurde er von seiner Frau getrennt; nie hätte er noch einmal etwas von ihr gesehen oder gehört; doch vermutete er, daß sie in die alte Heimat im Ural zurückgekehrt sei. Vor einem Jahr schon hätte er beantragt, ihm die Rückkehr in die UdSSR zu erlauben. Doch zögen sich die Ermittlungen und Rückfragen endlos hin, so daß er schon daran verzweifle, jemals die entbehrte Heimat wiederzusehen. Inständig bat er den Kommissar, ihm bei der Behörde zu helfen; er müsse nach seiner Frau forschen, sie könnte nicht spurlos von den Stürmen der Revolution davongespült worden sein.

Da das, was er vorbrachte aus einer ehrlichen Seele zu kommen schien, versprach der Beamte, sein Möglichstes zu versuchen.

Alles stimmte, was ihm erzählt worden war, wie eine Nachfrage bei der bearbeitenden Behörde ergab. Er setzte sich für den Mann ein, und wirklich erhielt dieser nach kurzer Zeit die langersehnte Einreiseerlaubnis.
Seitdem hatte der Sowjetkommissar nichts mehr von ihm gehört. Er beendete seinen Bericht mit den Worten: »Sicher wird er irgendwo im Ural stecken, wo er seine Frau wohl nicht mehr gefunden hat.« Er fügte scherzend hinzu: »Wenn Sie später einmal Swerdlowsk, das ist ja das frühere Jakaterinburg, besuchen, treffen Sie meinen Hauptmann vielleicht.« –
Und – seltsamster aller Zufälle – ich *habe* ihn getroffen!

Swerdlowsk (Jekaterinburg), durch viele Jahre hindurch nichts weiter als ein kleiner Punkt auf der Landkarte, den man sehnsüchtig mit der Bleistiftspitze antippte, wenn man zum hundertstenmal im Atlas auf eine neue Weltreise ging.
Plötzlich tritt der unscheinbare Punkt aus seinem papierenen Traumdasein hervor, weitet sich, wächst, lärmt und lebt und zieht dich in seinen Bann, enthüllt dir Wirklichkeiten, die du nicht entfernt so ahntest. So ging es mir mit Swerdlowsk.
Die sanften Uralhänge sahen in mein Fenster; am Isset-Staudamm stand eine uralte Edelsteinschleiferei, die zu betreiben der Fluß aufgestaut war. Hier wurden die Smaragde geschliffen – die Ural-Smaragde sind die schönsten der Welt –, die Chrysoberylle, diese kostbar seltenen Steine, die Topase, mit denen die Romanows ihre Kronen und Schwertgriffe schmückten, dieselben Romanows, deren letzter, Nikolaus II., mit seiner Gattin und seinen Kindern, nicht weit davon im Keller eines simplen einstöckigen Hauses ein entsetzliches Ende fand. Im selben Keller wohnte nun der Verwalter des kleinen Revolutionsmuseums, das in dem Hause eingerichtet ist; ihn schien die blutige Vergangenheit nicht zu stören. Wo die letzten Schreie der Zarenfamilie aufgellten, baut der Brave jetzt vielleicht seine Kartoffelsäcke und seine Gurkentöpfe in friedvollen Reihen auf und läßt so den harmlos grauen Alltag über die Blutnächte kaum vergangener Historie triumphieren.

Ich bummelte durch die Straßen; es war vielleicht elf Uhr abends; ich kam aus einem Kino, in dem sich die guten Swerdlowsker über einen denkbar albernen Film beinahe totgelacht hatten. Ich mochte noch nicht ins Bett gehen und suchte nach irgendeiner Kneipe, um ein Glas Tee zu trinken und das landesübliche Schwarzbrot mit Käse dazu zu essen. Ich sah durch manche verschmierte Scheibe in manches noch verschmiertere Restaurant, wanderte weiter und weiter, immer noch nicht genügend russifiziert, um die Hoffnung aufzugeben, doch noch ein weniger schmuddeliges Lokal zu finden. Endlich entdeckte ich eine Gaststätte, die offenbar bessere Tage gesehen hatte und die Erinnerung daran hochhielt; gedämpft klang Klavierspiel auf die Straße hinaus; das lockte mich.

Ich trat in den mäßig großen, mit Fliesen ausgelegten und mit künstlichen Palmen und Blumen fabelhaft geputzten Saal, setzte mich an den relativ saubersten freien Tisch, bestellte und sah mich nach der Kapelle um. Sie bestand aus nur einem Mann, der an einem verstimmten Flügel deutscher Herkunft eine außerordentlich selbstherrliche Musik vollführte. Während ich in Ruhe meinen Käse und große Stücke Brot mit heißem Teee hinunterspülte, beobachtete ich, wie der Klavierspieler, ein blonder, schlanker Kerl von annähernd vierzig Jahren in staubigen Schaftstiefeln und schwarzer, hochgeschlossener Russenbluse, nach jedem zweiten oder dritten Stück aufstand, von diesem Tisch zu jenem ging, nach den Wünschen fragte und für jeden Extraauftrag sich etwas in die Hand drücken ließ. Dann spielte er wieder, alles ohne Noten, zumeist Volkslieder, nicht gerade virtuosenhaft vollendet, oft daneben, doch mit einem aufreizenden Schwung und Rhythmus, der die Zuhörer mitriß. Der Musiker schien angetrunken zu sein; aber da die meisten Gäste es ebenfalls waren, fiel es nicht weiter auf. Manchmal umarmten sich zwei und küßten sich, und wenn ihre betropften Bärte ineinandersanken, wurde mir so flau im Magen, daß ich mir ein neues Bier bestellen mußte, denn Tee konnte ich in dieser mannhaften Umgebung nicht ewig trinken. So geriet ich allmählich und unmerklich in eine gerührte Stimmung; auch ich fühlte

Verlangen nach einer Bruderbrust, mein Haupt daran zu lehnen und meines Daseins Jammer, der mir mitsamt den Volksliedern in Moll in der Kehle steckte, hinauszuschluchzen.
Schließlich erwischte ich den Klavierspieler, drückte ihm drei Rubel, einen unerhört hohen Betrag, in die Hand und bat ihn, das Lied von dem Mütterlein zu spielen, das nicht an dem roten Sarafan nähen sollte, weil es doch keinen Zweck hätte und wir dereinst doch alle zu alten Schachteln oder alten Knackern werden. Er spielte es, die Tränen saßen mir schon über dem Kragenknopf; ich spülte sie hastig mit neuem Bier hinunter. Der Klavierspieler kam an meinen Tisch, fragte mich, ob ich Deutscher wäre – nicht weil ich soviel Bier trank, sondern so schlecht Russisch redete. Es dauerte nicht lange, so begannen wir uns ausführlich die Geschichte unseres Lebens von frühester Kindheit an zu erzählen, von tiefen Seufzern des andern angefeuert. Ab und zu schrien die anderen, dann mußte er aufspielen. Trotz unseres Jammers mundete uns das erstaunlich gute Swerdlowsker Bier, unterstützt von Wodka, ausgezeichnet.
Gegen ein Uhr war er bei der Revolution und ich bei meiner zweiten Jugendliebe angelangt; die Stimmung war auf ihren Höhepunkt gestiegen; mancher Kopf lag auf den Armen, und niemand konnte unterscheiden, schlief oder schluchzte der Mann; andere hingegen hielten mit weit ausholender Gebärde Volksreden und schrien, daß ein Hundsfott sei, wer nicht rot bis auf die Knochen wäre, und wen der Wodka noch nicht gefällt hatte, dem gaben der Spektakel, der Dunst und die Musik den Rest.
Plötzlich wurde mein Gegenüber ernst; das weckte mich eigentümlich: In Moskau hätte er seine Frau gefunden; aber sie auf der Flucht vor den Novemberkämpfen in Charkow für immer aus den Augen verloren. Ich unterbrach ihn hastig, schnell nüchtern, und fragte ihn, ob ihm der Genosse U. aus Moskau die Einreise verschafft hätte. Ja, so wäre es, woher ich das wüßte? Ich erzählte ihm, was mir Genosse U. über die Begegnung in Konstantinopel berichtet hatte. Ja, so hätte es sich abgespielt! Kein Zweifel, er war es!

Kurz darauf schloß das Restaurant seine Pforten. Wir gingen zusammen nach Hause. Nun erfuhr ich die Fortsetzung seiner Geschichte:
Lange hatte er nach seiner Frau gesucht. Lange vergeblich. Schließlich fand er sie in einer Umgebung wieder, in welcher er sie nie erwartet hätte. Schon nach wenigen Stunden wußten beide, daß es besser gewesen wäre, wenn sie sich niemals wiederbegegnet wären.
Er hatte schon einige Städte, in denen früher Verwandte gewohnt hatten, nach ihr durchstöbert, ohne eine Spur von ihr zu entdecken. Schließlich führte ihn sein Weg nach Jekaterinburg-Swerdlowsk. Wie gewöhnlich begab er sich zuerst auf den Stadt-Sowjet, um in den Einwohnerlisten nach dem Namen seiner Frau zu fahnden.
Während er noch im Vorzimmer wartete, öffnete sich plötzlich die Tür zu einem Sitzungssaal. Drei, vier Männer und eine Frau traten heraus, verweilten einen Augenblick, um noch irgend etwas zu besprechen. Er hatte – an Sowjet-Funktionären wenig interessiert – kaum hingesehen, als ihn plötzlich die Stimme der Frau aufmerksam werden ließ. Er durchbrach den Kreis der Umstehenden: kein Zweifel, sie war es. Sie vergaßen die Umgebung und umarmten sich nervös und fassungslos. Jeder hatte den anderen totgeglaubt; nun hatten sie sich nach sechs inhaltsschweren Jahren wiedergefunden. Er verbrachte den Abend und die Nacht bei seiner Frau.
Keiner hatte den anderen vergessen, jeder den anderen in einer Traumwelt zu einem Halbgott erhöht. Die Wirklichkeit sah so ernüchternd anders aus, daß es für beide besser gewesen wäre, hätten sie weiter träumen dürfen.
Anna Wassiljewa und Fjodor Alexandrowitsch sahen sich durch eine nicht mehr überbrückbare Kluft voneinander getrennt. Sie war inzwischen zu einer einflußreichen Position in einer wichtigen Partei-Instanz aufgestiegen; was aber war er? Nichts weiter, als ein ehemaliger Offizier der zaristischen Armee, der in seiner alten Heimat nur eben geduldet wurde, unter ständiger Beobachtung stand und niemals Aussicht hatte, zu einer leitenden

Stellung, welcher Art sie auch immer sein mochte, vorzudringen.
Sie saßen in dem schmucklosen Wohnraum eines der niedrigen Holzhäuser, wie sie, zu einem Meer von schmutzigbraunen Balkenwänden und Dächern vereint, das unendlich ausgedehnte Weichbild der Stadt Jekaterinburg-Swerdlowsk bildeten. Er hockte im Dunkeln mit ineinanderverschränkten Händen und hörte sich, stumm und ohne ein Glied zu rühren, an, was seine frühere Frau – sie war ihm längst entglitten – von ihrem Schicksal seit der Trennung zu berichten hatte. Vergeblich suchte er in ihrem blassen, abgemagerten Gesicht die weichen Linien, den sanft geschwungenen Mund, den er früher geliebt hatte. Das Wesen, das jetzt vor ihm saß, war nicht mehr seine Anna Wassiljewna; es war ein fast geschlechtsloser Mensch, zusammengesetzt aus nervösem Willen und fast krankhaftem Fanatismus.
Nur noch für wenige Minuten, als er plötzlich wie ein vom Tode Auferstandener vor ihr aufgetaucht war, hatte die alte Zuneigung die starre Kruste durchbrochen, die ein erbarmungsloses Geschick um ihr Herz gepanzert hatte.

Anna Wassiljewna stammte aus Tsch. Ich war wenige Wochen vor meinem Aufenthalt in Swerdlowsk durch Tsch. gekommen und hatte neben der größten Kirche, nicht weit vom Marktplatz, auf einer kleinen Anhöhe über einem Flüßchen eine wüste Ruine erblickt. Stümpfe von Pfeilern, Reste meterdicker Mauern ragten aus einem Haufen von Ziegeln und Schutt. An den noch stehenden Wänden zeigten tiefe, von einem nicht mehr vorhandenen Zentrum ausstrahlende Narben, daß eine gewaltsame Sprengung die Zerstörung bewirkt hatte. Früher hatte an der Stelle des Trümmerhaufens das Gefängnis gestanden. Während der Revolution wurden seine Tore geöffnet, die Gefangenen ließen das Zuchthaus in die Luft fliegen. Die Ruine war nicht angetastet worden zum Zeichen dafür, daß eine neue Zeit begonnen hatte. Die befreiten Gefangenen, darunter viele Gewalt- und Schwerverbrecher, warfen sich zum Herrn auf über

Stadt und Umgegend und errichteten ein Regiment voller Blut und Schrecken, das furchtbar gewesen sein muß. Menschenleben waren wohlfeil wie Wassermelonen um die Herbstzeit, und niemand, der sein Haus für wenige Stunden verließ, wußte, ob er des Abends oder überhaupt je zurückkehren würde; vielleicht lag er dann mit einem Schuß im Hinterkopf irgendwo im Walde oder hockte gebunden in ungewisser Haft, ohne daß seine Angehörigen auch nur ahnten, ob er noch lebte. Lange Zeit behauptete sich das Regiment der Sträflinge in der Stadt, immer im Namen der bolschewistischen Revolution. Als aber eines Tages die ersten geordneten Truppen der Roten Armee einmarschierten, fand die blutige Herrlichkeit schnell ein Ende; an derselben Wand, an der vorher viele Menschen auf Geheiß der Verbrecher unter den Kugeln zusammengesunken waren, standen nun sie selbst und fielen steif mit den Gesichtern in den Sand. Einige entkamen zunächst, aber wohl keiner entging auf die Dauer seinem Schicksal, denn wo sie sich auch zeigten, wurden sie erbarmungslos niedergemacht.

Die Stadt war früher ein wichtiger Handelsplatz gewesen, wo die Häute und Felle des Nordostens gegen das Getreide und die Fertigwaren des Südens umgetauscht wurden. Seit alten Zeiten waren in ihr reiche, bodenständige Kaufmannsgeschlechter ansässig gewesen, die nach Vätersitte gegen Gold und Silber kauften und verkauften und von Banknoten und Schecks nicht viel hielten, sondern lieber klingende Münze in ihrem Keller aufbewahrten. Noch zeugten verschiedene Steinhäuser im Orte davon, wie und wo früher die Patrizierfamilien gewohnt hatten.

Anna Wassiljewna war die Tochter eines dieser alten Geschlechter. Ihr Vater, ein wohlhabender, halb bäuerlicher Handelsherr, war berühmt für seine Mildtätigkeit. Wer vorsprach, wurde gespeist und getränkt, und es verging kaum ein Tag, an dem nicht wenigstens ein Dutzend Menschen bei ihm ihren Hunger stillten. Er war ein strenggläubiger Mann; viel hatte er nach der Tradition seiner Familie den umliegenden Klöstern und Kirchen geschenkt; jedermann verehrte ihn. Als die Kerenski-Leute ans Ruder kamen, floh er nicht, wie die meisten seiner Standesge-

nossen, sondern verließ sich auf Gott und auf die Wirkung seiner guten Taten.
Doch als in den Mauern des Gefängnisses die Sprengkapseln barsten, begruben die zusammenstürzenden Gewölbe auch alle alten Maßstäbe und Verdienste unter sich. Kaum hatten die Sträflinge die Gewalt an sich gerissen, so warfen sie alle, die noch von den früher herrschenden Ständen übrig waren, in Ketten; darunter auch jenen Kaufmann. Langsam preßten sie aus ihm und seinen Angehörigen heraus, wo er all sein Gold und Silber versteckt hielt. Sie ließen ihn hungern, bis er vollkommen entkräftet war; dann schickten sie seine Frau zu ihm, die ihn jammernd bitten mußte, die Verstecke zu verraten, damit die Peiniger ihn nicht umkommen ließen. Allmählich wand man ihm so sein gesamtes Vermögen aus den Händen. Seine jüngste Tochter, die in einer Klosterschule erzogen wurde, fiel einer der zuchtlosen Horden in die Hände, welche die Klöster plünderten; übel wurde ihr mitgespielt; sie gab sich den Tod. Als der Vater das erfuhr, klagte er wild die neue Ordnung an, die ihn all seiner Habe beraube und nun, damit noch nicht genug, auch noch Ehre und Leben seiner Kinder vernichte. Vergeblich suchte seine Frau, die ihm die Schreckensbotschaft überbracht hatte, ihn zu beruhigen. Schon waren die Wächter aufmerksam geworden. Er kümmerte sich nicht darum; halb wahnsinnig vor Entbehrungen und seelischer Not schrie er weiter seine Qual lauthals heraus. Er hatte kein Geld mehr zu verraten; sie machten mit dem Klagenden kurzen Prozeß. Vor den Augen seines Weibes knallten sie ihn nieder. Die bejammernswerte Frau warfen sie auf die Straße.
Bald nach seinem Tode kehrte die älteste Tochter Anna Wassiljewna nach einer langen und schreckensreichen Flucht in ihr Vaterhaus zurück. Der Zufall hatte es gefügt, daß sie bisher von den Roten nur Gutes, von den Weißen nur Schlechtes erfahren hatte; so warf sie nun, da sie von der sinnlosen und entsetzlichen Vernichtung ihrer Familie erfuhr, als sie von all den Menschen, die sie früher geliebt hatte, nur noch ihre vor Elend halb verblödete Mutter antraf, einen glühenden Haß auf alle, die

sie für die Vernichter ihrer Familie hielt. Sie begriff nichts mehr. Zwei Jahre hatte sie täglich ihr Leben riskieren müssen, hatte den Gatten verloren, hatte Kälte und Hunger ertragen, und als das Ende vom Liede fand sie die Heimat zerstört.
Alles, was weiblich und weich in ihr gewesen war, die schreckliche Zeit hatte es zertreten. Was sie aufrecht hielt, war nur noch eins: Haß. Sie ging in die Wälder, verband sich einer der damals sich bildenden Partisanengruppen, die einen schonungslosen Kleinkrieg gegen die Weißen führten. Wie es mehr als einmal vorgekommen ist, wurde gerade sie als Frau zu einer der furchtbarsten Verfolgerinnen aller Feinde der Revolution. Der Zufall und die Gelegenheit hatten sie auf die Seite der Roten verschlagen; längst hatte sie deren Ideologie übernommen, und mit dem bedingungslosen Fanatismus der Frau verschrieb sie sich dem Kampf für die Diktatur der Partei. Sie erwartete nichts mehr; nur Rache wollte sie nehmen. Mit gleichgesinnten Gefährten lauerte sie an den Wegen, und wehe, wenn ihnen einer in die Hände fiel, welcher der Zugehörigkeit zur »anderen Seite« verdächtig war und damit für mitschuldig an der Ermordung des Vaters galt; Pardon wurde nicht gegeben. Schließlich, als die roten Truppen immer weiter nach Sibirien vordrangen, rückte sie zur Führerin einer größeren Freischar auf, die durch ihre Tollkühnheit von sich reden machte.
Die wilde Zeit verschlang in ihr wie ein gefräßiges Ungeheuer alles Menschliche. Sie war weiter nichts mehr als ein Werkzeug des Hasses und der Revolution. Die Kämpfe endeten mit dem vollen Sieg der Sowjetleute. Die Intelligenz und die Tapferkeit Anna Wassiljewnas sicherten ihr einen verantwortungsvollen Posten in der Bezirksleitung eines großen sibirischen Gebietes. In dieser Stellung hatte sie ihr Gatte, Fiodor Alexandrowitsch, wiedergetroffen.
Es gab für die Frau keinen Weg mehr zurück in die alte Zeit. Fjodor Alexandrowitsch aber hatte sich nie aus seiner Vergangenheit gelöst, Während sie jeden Tag mit ihrem Leben ein wildes Hazard spielte, hatte er das gefahrlose Dasein eines Droschkenchauffeurs in Konstantinopel geführt. Sie war längst

über ihn hinausgewachsen, und die Ehe, die sechs Jahre zuvor einmal bestanden hatte, war von ihr längst vergessen und abgetan. Was sollte die hart und schmerzhaft zusammengehämmerte Frau, die ihre Kraft aus der bedingungslosen Hingabe an ein zur Gottheit erhobenes Dogma empfing, mit einem weichen, nicht sehr energischen Manne anfangen, der sich nach Liebe und Mütterlichkeit sehnte –?
Er selbst sah es schon nach kurzem Zusammensein ein: Die Mauern, welche die Revolution zwischen ihnen aufgetürmt hatte, waren nicht zu überwinden. Er nahm endgültig Abschied von diesem Menschen, der vor Jahren einmal in einer anderen Welt seine Frau gewesen, der ihn längst verdrängt hatte und von einer unerbittlichen Idee besessen war und ruhelos vorwärtsgetrieben wurde. Sie ließ ihn gehen ohne sichtbaren Schmerz und hat nie wieder einen Versuch gemacht, die Verbindung von einst zu erneuern. Auch er hat den Gedanken längst aufgegeben, sich ihr noch einmal zu nähern.
Nun verkaufte er in Swerdlowsk in einem winzigen Kiosk des Tages Zigaretten und spielte des Abends in einem heruntergekommenen Hotel unzulänglich Klavier; dabei hatte ich ihn kennengelernt.
Die Revolution hatte beide zerbrochen, der Frau das Herz erstickt, dem Manne den Willen vergiftet. Er war rettungslos der Trunksucht verfallen und würde eines Tages enden wie viele vor ihm: betrunken im Schnee erfrieren.
Solange ich mich in Swerdlowsk aufhielt, kaufte ich meine Zigaretten bei ihm und hörte ihn abends Klavier spielen. Manchmal sprachen wir darüber, wem von beiden die Revolution böser mitgespielt hätte, der Frau oder ihm. Er meinte, der Frau, denn sie vermöchte nicht einmal mehr das, was er sich noch gerettet hätte: zu heulen, zu lästern, zu saufen und gelegentlich zu beten. Sie hätte das Lachen ebensowohl wie das Weinen verlernt, und das wäre das Übelste von allem.
Womit er wohl recht hatte –.

Siebentes Kapitel

Ins Herz Asiens

Eines Tages war die Frist, die ich mir für Swerdlowsk gesetzt, abgelaufen. Fjodor Alexandrowitsch brachte mich traurig zur Bahn. Zu oft hatten wir uns betrunken in den Armen gelegen, als daß wir nicht inzwischen hätten Freunde werden müssen. Wir hielten gequält ein Gespräch im Gang; es fiel uns beiden schwer, uns voneinander zu trennen. Schließlich bat ich ihn halb wütend und halb traurig: »Mach endlich, daß du fortkommst, Fjodor. Sonst fangen wir noch beide zu heulen an wie Kettenhunde!« Auch er war froh, daß ich das Stichwort dafür gab, die entsetzlichen Minuten vor dem Abschied vorzeitig zu beschließen. Wir drückten uns die Hände. Ich sehe noch, wie er langsam, mit hochgeschlagenem Kragen in schlechter, krummer Haltung, die Hände tief in die Taschen versenkt, dem Ausgang zutrollte.

Nie wieder würden wir noch einmal voneinander hören. In diesem Augenblick des Abschieds starben wir füreinander.

Der Sibirienexpreß, aus Paris–Berlin kommend, lief langsam ein. Gerade wollte ich zur Tür meines Waggons gehen, da öffnete sich unter dem Wagen die Klappe eines Kastens, in dem Handwerkszeug mitgeführt wird, und heraus stiegen zwei etwa zwölfjährige, zerlumpte Jungen; schwarz und schmutzig, in Fetzen von alten Jacken und Hosen eingewickelt, die sie notdürftig mit Bindfäden zusammenhielten. Sie stürzten auf mich zu und bettelten mich unglaublich frech an; ich gab ihnen zehn Kopeken, um die kleinen Unholde loszuwerden; ohne Dank wandten sie sich dem nächsten Reisenden zu, der wie ich etwas ordentlicher gekleidet war. Ein Uniformierter wollte ihnen nichts geben; sie riefen ihm »Verdammter Leningrader!« nach. Anscheinend hatten sie in Leningrad schlechte Erfahrungen gemacht. Nachdem sie genug zusammengebettelt hatten, rannten die Knirpse zum Laden, kauften sich heiße Brotfladen und Zigaretten und verschwanden wieder in ihrem Werkzeugkasten. Wie lange sie schon mitfuhren, wie weit sie noch als blinde Passagiere im eisigkalten Kasten unter dem Waggon ausgehalten haben, weiß ich nicht. Auf jeder dritten Station sah ich die kleinen heimatlosen, verwilderten Landstreicher ihr Wesen treiben.

Am nächsten Morgen hatte der Horizont längst die sanften Hänge des Ural verschluckt. Der Zug raste durch die unendliche Sibirische Steppe. Schnurgerade, ohne eine Krümmung, läuft das Schienenband in die Ferne, wo ganz hinten die beiden silbernen Streifen sich zu einem Punkt vereinen. Absolut eben, wie ein bei vollkommenster Windstille erstarrtes Meer, breitet sich die graubraune Steppe, über die im Winter hemmungslos der Schneesturm fegt, ins Grenzenlose aus. Armselige Birkengehölze stehen mit dicht aneinandergedrängten Stämmchen verloren hier und da in der trostlos leeren Fläche. Alle paar Stunden brausender Fahrt ein Haufen grauer, verwahrloster Blockhäuser, die sich kaum über den Boden zu erheben, in ihn hineinzuwachsen scheinen: ein Dorf. Am einzig Aufrechten, einem Mast oder Gerüst, flattert eine vom Sturm zerfetzte rote Fahne.

Weiter, weiter durch die endlosen Steppen Mittelasiens. Hinter Nowosibirsk beginnt die Taiga. Die Baumgruppen rücken näher und näher aneinander, vereinen sich schließlich. Dann fliegt Wald, Wald Stunde für Stunde vorüber, hoch bald und dunkel und dicht, bald sehr mager und niedrig. Ungeheure Strecken fruchtbaren Bodens liegen hier noch brach. Wo sind die Menschen, die diese Wildnis in ebenso fruchtschwere Weizenfelder verwandeln werden, wie sie im goldenen Westen Nordamerikas aus den Prärien entstanden sind? Langsam steigt das Gelände an, beginnt sich zu wellen. Täler und Hügel zwingen die Bahn zu weit ausholenden Kurven. Weite Fernsichten öffnen sich. Im Süden blauen Bergketten wie Wolkenwände vor Gewittern; dort hinten wuchten der Altaï, die Ketten des Sajanischen Gebirges, und jenseits davon breiten sich die Mongolei, China aus. Als wenn Wände über mich stürzten, erdrückte mich plötzlich der Gedanke: Auf Tausende von Meilen ist nur Land um dich her, leeres, wüstenhaftes Land. Du bist im Herzen Asiens!

Achtes Kapitel

Fernweh

Wenn ich so fuhr, gebannt und verzaubert vom eintönigen Rhythmus der schwingenden Eisenbahnräder, die unermüdlich Schiene für Schiene mit leichten, dumpfen Stößen abrollten, wenn ich des Tags zum Coupéfenster hinaussah und eine fremde, leere Welt, braune, schneeüberstiemte Steppen vorüberfliegen sah, wenn des Nachts im dunklen Abteil der Schlaf nicht kommen wollte, weil ich Stunde für Stunde seltsam erregt auf die monotone Melodie des fahrenden Zuges horchen mußte, so spürte ich manchmal, daß meine alte Krankheit, das *Fernweh*, ihr unerbittliches, geliebtes Willkürregiment wieder einmal über mir aufgerichtet hatte. Und da es letztlich die Göttin ist, welcher der Schreiber sowohl wie jeder spätere Leser stillschweigend opfern, wenn sie Bücher wie dies schreiben oder lesen, so seien ihrem Preise diese Zeilen dargebracht!

Heimweh, wer kennt es nicht? Hat nicht schon jeder einmal oder oft darunter gelitten, weiß, wie es die Brust zerreißt? Mögen auch die Großen zuweilen darüber spotten, die Kinder kennen es alle. Als kleiner Junge besuchte ich einmal einen Onkel auf dem Lande. Froh wie selten bestieg ich den Zug. Doch schon am zweiten Tag mußte die ganze Familie meiner ländlichen Verwandten nach mir suchen; sie fanden mich in einer Furche des Kartoffelackers, aufgelöst in Tränen mit in die Erde verwühltem Gesicht. Ich spüre noch heute das herzsprengende

Glücksgefühl, das mich erfaßte, als wieder die Türme meiner Heimatstadt in der Ferne auftauchten. – Wird nicht von Eskimostämmen berichtet, die weit im äußersten, eisstarrenden Norden beheimatet sind, daß ihre Glieder am Heimweh sterben können? Werden sie gezwungen südlich der Grenze des Baumwuchses zu leben, verwehren ihnen feindliche Umstände für lange Zeit die Rückkehr in die grenzenlosen Weiten ihrer Schneewüsten, so gehen sie langsam ein wie Pflanzen, die in ein artfremdes Erdreich versetzt wurden. – Erzählen nicht Jack London und andere von Südseeinsulanern, die zur Arbeit auf weit entfernten Inseln in den Plantagen weißer Pflanzer »angeworben« wurden? Trotz schwerster Strafen, schärfster Aufsicht gelingt es ihnen immer wieder, zu entfliehen; sie schwimmen unbegreiflich lange Strecken, überqueren auf winzigen Booten das Meer in tage-, wochenlanger Fahrt, getrieben vom Heimweh, das wie ein brennendes Fieber sie plötzlich überfallen hat, für das es nur ein Heilmittel gibt: selbst Freiheit und Leben aufs Spiel zu setzen, nur um wieder die Palmen des Heimat-Atolls im frischen Passatwind sich wiegen zu sehen. – Habe ich nicht selbst schon unbändige, rohe Kerle weich wie die Kinder und den Tränen nahe gesehen, wenn die Sprache auf ihr Dörfchen in der Steiermark oder an irgendeinem norwegischen Fjord kam! – Doch es tut nicht not, die Beispiele zu häufen, denn ein Gefühl, für das die Sprache ein eigenes Wort geprägt hat, gehört, wie allein schon daraus geschlossen werden kann, zu den Möglichkeiten eines jeden Menschenherzens.

Doch einer Krankheit gleich überfällt zuweilen andere, denen das Geschick das normale Maß an Beharrungsvermögen verweigerte, eine seltsame Umkehrung des Heimwehs; sie mag »Fernweh« heißen. Bohrender Mißmut, lähmende Gleichgültigkeit, ja Feindseligkeit der gewohnten Umgebung gegenüber, ein ruheloser Drang in die Ferne sind die Vorzeichen. Die qualvolle Unlust, die Unfähigkeit zu jedem Gleichmaß weicht erst dann, wenn unter dem von seinem Fieber Überraschten die Räder eines Zuges in warmem, ruhigem Takt über die Schienen rollen, oder ein Schiff den Hafen verläßt, der Horizont Land und Küste langsam aufsaugt und nichts sonst umher sich ausbreitet, soweit das Auge reicht, als See, weite, grüne, blitzende, zu jeder Ferne willige See.

Fernweh, Sehnsucht danach, *nirgendwo* zu Hause zu sein, allein zu bleiben, wie man in der Heimat nie allein bleiben kann; jederzeit dem völlig Ungewissen gegenüber, das sich nie und nirgends vorherbestimmen läßt; ohne Plan! Der Zufall, die günstige Gelegenheit regiert allein; verschlagen bald hierhin, bald dorthin; mit viel Geld, Vergnügen und Luxus heute; morgen vielleicht froh über ein Stück Brot und einen Apfel, den man sich von der Auslage eines Gemüsegeschäftes hat »beschaffen« müssen; heute gut rasiert, gut angezogen, so bis in die Fingerspitzen sich gebadet fühlen und dann womöglich wieder für Wochen die Kleider nicht vom Leibe bekommen, auf dem Fußboden oder noch schlimmer schlafen müssen; schwer und müde zu sein von durchfrorenen, durchwachten Nächten, nervenzerrendem Suchen nach Arbeit und einem Dach über dem Kopf; immer im Kampf um den nächsten Tag, die nächste Fremde; verloren jeder Tag, der nicht seinen besonderen, nur in ihm schwingenden Klang besaß, der nicht ein neues, seltsames Gesicht brachte; sich in jede Niederung, jede Höhe hineinpressen, als wollte man ewig darinbleiben, und doch, kaum daß man ihren Geschmack richtig verspürte, sich wieder herausreißen; niemals satt, niemals fertig, niemals ausruhend, niemals am Ende, ein Hans-fuhr-ins-Land in allen Dingen. »Weiter!« heißt die Parole, und die Standarte trägt als Devise nur ein einziges Wörtlein: »Vielleicht –!«

Städte beherbergen, Landschaften umbreiten dich, die du nie noch einmal wiedersehen wirst, und doch erlebst du sie unmittelbarer, werden sie dir bewußter, als die Heimat jemals sich erschloß. Sie versinken für alle Zeiten hinter dir, und neue, fremdere noch, umzingeln dich.

Menschen tauchen auf: du wirst ihnen Freund mehr als deinem Bruder; es gibt keine Geheimnisse; Leben und Schicksale entschleiern sich für klar durchblendete Augenblicke, du kommst

diesem in zwei Tagen näher, als du ihm daheim in zwei Jahren gekommen wärst; du lachst und weinst mit Menschen, die du noch kaum kennst, du tröstest und wirst getröstet, du heilst und wirst geheilt, du rettest und wirst gerettet, und der andere ist dein Freund und Vertrauter doch erst seit Stunden.
Die Schranken, die daheim Sitte, Anstand, Gewohnheit setzen, sind zerbrochen; vorurteilsloser, liebenswilliger stehst du jedem anderen gegenüber; schnell und hemmungslos entscheiden sich Ablehnung und Zuneigung.
Die Wege zu allen Mittelpunkten sind ungeheuer verkürzt, immer drängt die Zeit; alles ist ganz ungewiß.
Denn morgen schon – vielleicht – geht es weiter; man wird sich nie mehr wiedertreffen, nicht mehr voneinander hören, wird sich – vielleicht – vergessen *müssen*, denn andere werden neu und fordernd auftauchen; sie werden von dir, du wirst von ihnen Besitz nehmen, bis auch sie wieder, ungeahnt schnell, sich zu den anderen gesellen, denen du früher einmal begegnetest, die jetzt in irgendeinem abseitigen Winkel deiner Erinnerung ein nur noch schattenhaftes Dasein führen.
So zieht in wirbelndem Reigen Schönes und Häßliches, Niedriges und Hohes, Schmutziges und Klares an dir vorüber, erscheint, wächst riesengroß hinauf, dich ganz beherrschend, und sinkt unheimlich schnell wieder zu einem blassen Nichts hinter dir zusammen.
Unersättlich reißt der von seiner Leidenschaft Besessene alles Neue in sich hinein, nicht, um es zu behalten oder sich ihm hinzugeben, nein, nur um es zu schmecken und kaum, daß es geschah, fallenzulassen, sei es auch noch so wertvoll, um weiter-, weiterzufahren, gehetzt von dem einen Gedanken: so viel ist, was du noch nicht sahst. Solange es noch irgendwo etwas gibt, was du nur vom Hörensagen weißt, wird dich das brennen wie eine offene Wunde. Alle Werte, alle Ruhepunkte sind aufgelöst; es gibt Heiliges und Häßliches nur noch für andere; dir selbst gilt eines wie das andere gleich ersehnenswert, solange es noch unbekannt ist; erfuhrst du es erst, hat es die dunklen Mäntel, die es geheimnisvoll verhüllten, vor dir aufgeschlagen,

daß du es entdecken konntest, so hält schon wieder deine Sehnsucht in die Ferne nach neuen, noch unerstiegenen Bergen Ausschau. Der Horizont rings um dich scheint trächtig von ungeahnten Offenbarungen; weiter und weiter verlockt dich sein immer im gleichen Abstand vor dir hinabsinkendes, fern verschwimmendes Blau.

Mag auch alles dies eine Leidenschaft, eine Krankheit sein, die nur heute so möglich ist, wo alles Feste ins Fließen geraten, alles Ererbte und Überkommene fragwürdig geworden ist und wir in jeder Hinsicht überall ganz am Anfang noch einmal beginnen müssen – irgendwie schwingt eine ganz alte, fröhlich-traurige Melodie mit, die fast die Wurzel all dieser Unrast zu sein scheint:

> »Es gibt so manche Straße, die nimmer ich marschiert,
> und es gibt so manchen Wein, den noch nimmer ich probiert!«

Und solange diese Sehnsucht lebt nach noch unbegangenen Straßen und noch nie geschmecktem Wein, so lange lebt auch die Jugend, und darum sollen beide gepriesen sein!

Neuntes Kapitel

Fahrt um den Baikal

Fluchend warf ich die quietschende Tür des Gasthauses »Kommertscheskoje Podworje« in Irkutsk hinter mir zu. Zwölf Mark für die Nacht hatte der klebrige Wirt mir abgenommen; dabei hatte ich in dem »Bett«, das nur aus einer Matratze, einer durchlöcherten Decke und dem Gestell bestand, vor Wanzen nicht einmal schlafen können, sondern mir mitten in der Nacht auf Stühlen ein zwar hartes, aber juckfreies Lager aufschlagen müssen. Allerdings hing in meinem Appartement ein Bild, auf welchem ein blaugefrorenes Mädchen mit vom Schimmel grün angelaufener Nase ebenso erfrorene, grüngelbe Fische verkaufte, wahrscheinlich bezog sich die hohe Zimmermiete auf dieses Kunstwerk, denn überall sonst waren die Wände und Fenster kahl.

Die Sonne war noch nicht hoch. Leer lagen die ungepflasterten Straßen im ersten Frühlicht; die graubraunen, niedrigen Holzhäuser schienen ausgestorben. Morgenstunde schien hier nur für die Gastwirte Gold im Munde zu haben. Mein Kutscher begrüßte mich so untertänig, als ob ich der Großfürst Nikolaj Nikolajewitsch oder, moderner, ein Mitglied des Zentral-Exekutiv-Komitees wäre, wahrscheinlich à conto des Rubels Trinkgeld, den ich ihm versprochen hatte, wenn er entgegen aller Landessitte pünktlich wäre. Tatsächlich hatte er sich nur um zehn Minuten verspätet; bis zu einer halben Stunde hatte ich ihm Frist gegeben; der Rubel war also fällig; ich war der Hereingefallene.

Wütend packte ich meine Koffer auf das gebrechliche Gefährt. Mit »Ho, ho« und Peitschenknall jagten wir in den grimmig kalten Morgen.

Noch waren wir ein gutes Stück von der Pontonbrücke entfernt, die über die reißende, breite Angara hinweg den alten Teil der Stadt mit dem neuen, um den Bahnhof entstandenen, verbindet, als mir plötzlich ein pfeifender, heftiger Windstoß die Mütze vom Kopfe riß; ich hatte mich bis über die Augen in meine Lederjacke gewickelt, weil mir die grimmige Kälte die Nase anknabberte; jetzt mußte ich heraus. Erschreckt sah ich hoch. Vom steilen, jenseitigen Ufer wälzte sich himmelhoch eine Wolke aus treibendem Sand, Staub, Schnee heran, herab, stürzte sich auf den Fluß, die Stadt, Furcht und Entsetzen verbreitend. Von der Pontonbrücke, die knirschend und klirrend an ihren Verankerungen zerrte, flogen hoch emporgewirbelt von einigen Bauernkarren Berge von Heu und Stroh und Lumpen in die Luft; sich bäumende, scheuende Pferde; Menschen, die vergeblich sich dem entsetzlichen Druck des Sturmes entgegenzustemmen versuchten; alles rannte zurück, um das Ende der Brücke zu erreichen. Schornsteine brachen, Fenster zerklirrten; ein unbeschreibliches Chaos; der Staub und Sand und Schnee, den der Buran vor sich hertrieb, verdunkelte den anbrechenden Tag, verklebte Augen und Nase. Wir langten gerade vor der Brücke an, als der Wirbelsturm mit voller Gewalt über uns herfiel. Im Nu waren wir eingekeilt zwischen Menschen, von der Brücke fliehenden Karren, Wagen, Reitern, Viehherden, und konnten nicht weiter. Ich zog mir wieder meine Jacke über den Kopf, duckte mich tief unter den Sitz und flehte nur um eins den Himmel an: den Sturm so schnell vorüberbrausen zu lassen, daß ich meinen Zug nicht zu versäumen brauchte. Der dick vermummte Kutscher hatte sich neben mich hingeduckt; er mochte sich wohl denken, was in mir vorging und schrie mir tröstend ins Ohr: »Dauert nur ein Minutchen!« In der Tat jagte der Wirbel ebenso schnell über uns davon, wie er gekommen war; nach zehn Minuten schon konnten wir uns vorsichtig aus dem Gewirre von auskeilenden Pferden, schreienden Menschen herauswinden und den Weg über die Brücke nehmen. Hinter uns, eine braune, undurchsichtige, riesenhohe Wand, zog der Buran seinen Vernichtungsweg weiter. Der Himmel wölbte wieder seine azurne Glocke makellos tief und klar und durchsichtig über uns empor, kein Lüftchen regte sich mehr. Der helle, kalte Wintertag ging von neuem leuchtend auf, und nichts verriet mehr das eben noch tobende Unwetter. –

Irkutsk hatte meine vorsichtigen Hoffnungen, die ich auf die Stadt gesetzt hatte, enttäuscht: die Dampfschiffahrt im Norden auf der Lena wäre bereits eingestellt; mit Pferden sollte die Fahrt in die Goldgebiete »nur« 700 Rubel, also über 1400 Mark, kosten, Arbeit gab es keine mehr da oben. Weiter also! hieß die Parole. Jakutsk und Bodaibo laufen mir nicht davon; das Leben ist noch lang. Weiter!, das ist das beste Wort! Ich weinte Irkutsk und seinen Wanzen wahrlich keine Träne nach, denn kaum hatte der Zug die letzten Häuser hinter sich, so nahm mich ein Erleben bezaubernder Art gefangen, und einer jener seltenen Tage begann, die alle Wanzen, alle enttäuschten Hoffnungen vergessen machen und wie von innen her leuchtende Kristalle für immer ein nie ganz verlöschendes Glühen behalten.

Die Transsibirische Bahn folgt hinter Irkutsk dem Laufe der Angara bis zu ihrem Ausfluß aus dem Baikalsee, windet sich sodann um das Südende des Baikal, führt an seinem Ostufer nördlich bis zur Mündung der Selenga, in deren Tal sie nach Osten abbiegt, um sich langsam zur Wasserscheide zwischen den Stromsystemen des Amur und des Jenissei hinaufzuschrauben. Wohl eine Viertelstunde war seit der Abfahrt aus Irkutsk vergangen, als über den fernen Höhenzügen am anderen Ufer der Angara die Sonne aufging. Noch nie sah ich eine silberne Sonne; hier zum ersten Male! Im Wasserdampf des Flusses, der unter den wärmenden Strahlen aufwallte, verwandelte sich ihr Gold in strahlendes, hellfließendes Silber, das sich in breiter Bahn wie aus dem Füllhorn eines Gottes über die schäumende Strömung ergoß. Je mehr sich die Luft erwärmte, desto dichter stieg der hellweiße Nebel aus dem Wasser empor, dampfte senkrecht in unzähligen kleinen Säulen, tausend Opferfeuern

gleich, in einen durchsichtig blaßblauen Himmel. Die Bäume und Büsche hüben und drüben, weiß bereift, ließen kein dunkles Fleckchen mehr aufschimmern, wurden zu unwirklichen, phantastischen Märchengebilden in einer Welt, die nur aus Licht und Silber und blauer Unendlichkeit gefügt zu sein schien.
Durch den Dampf und Nebel, der das Wasser des Flusses fast völlig verbarg, ruderte in der Ferne ein Fischer sein kleines, schwarzes Boot; er stand aufrecht im schmalen, langgestreckten Kahn und schwang die schweren Riemen mit weiten, kreisenden Bewegungen. Er schien in einer Wolke zu schweben, und ich hätte mich nicht gewundert, wenn er plötzlich aufgestiegen wäre auf Flügeln einer längst verklungenen Sage in einen längst verödeten Olymp oder hinab in einen lange verschütteten Hades.
Ich vergaß, daß ich in einem Zuge des zwanzigsten Jahrhunderts saß, zuweilen konnte ich in einer Krümmung des unmittelbar über dem Flusse in die Felsen gesprengten Schienenweges die schwere Lokomotive ihre großen, runden Rauchwolken ausstoßen sehen. Wie die Segel eines schnellen Schiffes kamen sie mir vor, die weit gebaucht von wohlwollenden Winden ihr Fahrzeug um gefährliche Vorgebirge einer fremden Küste lenkten.
Immer höher stieg in der Ferne eine milchweiße Wand auf: die Nebel, die der nahende Baikal emporsandte. Wir brausten mitten in sie hinein. Doch hier ging Wind; nur am Ausfluß der Angara aus dem See türmten sich die wogenden, wallenden Wolkenwände. Dahinter wurde es licht; und groß bis zu einem fernen Horizont dehnte sich die schwarzblaue Flut des Baikal ins Unendliche.
Station Baikal. Man hätte jauchzen mögen in dieser glasklaren, kalten, gleich geschliffenen Steinen blitzenden Winterhelle. Statt dessen aß man frei über das Messer und den Daumen geräucherte Baikalfische, die von vermummten Fischerfrauen an langen Ständen feilgehalten wurden. Ich kaufte mir einen: ausgezeichnet! Das Fett kleckerte mir und manchem andern über die kältestarren Finger; erstand einen zweiten, einen dritten; ich wurde satt für den ganzen Tag und entbehrte den fehlenden

Speisewagen nicht mehr. Ein endloser Zug voll von Rekruten der Roten Armee schnaufte heran und hielt. Das Singen und Rufen der jungen Bauernburschen, die schrillen Schreie der scherzenden und geneckten Fischermädchen, die schroffen Berge zur Rechten, die grenzenlose Fläche des Sees zur Linken, über allem eines makellosen Himmels blausilberne Kuppel, all das klang zu einem hellen Akkord, wie von Hörnern und Flöten gespielt, zusammen.

Weiter dann: immer senkrecht unmittelbar über dem See, der tief unten seine schäumenden Kämme an runden, braunen Felsen zu Schaum zersprühte. Von fernher leuchteten die wildgezackten Bergketten des jenseitigen Ufers; schwarz geballt wälzte sich wie ein Ungeheuer ein Schneesturm darüber hin und ließ die Kuppen und Hänge hinter sich in blendendem Neuschnee zurück. Braun tauchten die Berge in die Wolkenballen hinein, und versilbert erschienen sie hinter dem Sturm von neuem. Unendliche Fernsichten öffneten sich weit in die menschenleeren Gebirge. Am Südende des Sees führte von der Station Kultuk eine Straße in einem engen, finsteren Quertal ins Gebirge, und zwar, wie mir ein Offizier der Roten Armee, der mit mir das Coupé teilte, Burjate von Geblüt, erzählte, zum See »Kusso-Gol« in der Mongolei; dieser See läge schon jenseits der Grenze der – sowjetischen – Burjatischen Republik, in deren Gebiet wir entlang fuhren, er wurde gesprächig, berichtete von der Schönheit der einsamen Täler, die seines Volkes Heimat sind, und erzählte mir schließlich eine alte burjatische Legende: Einst waren Baikal und Kusso-Gol ein einziges Meer. An seinem Süd- und Nordende lebten zwei Brüder. Um der schönen und unsterblichen Tochter eines Gottes willen, die auf einer Insel in der Mitte des Meeres wohnte, haßten sie sich erbittert; denn beide gedachten, sie zur Gattin zu gewinnen. Eines Tages trafen sie in ihren Booten vor der Insel zusammen; es entspann sich ein wilder Kampf. Nachdem sie alle ihre Pfeile verschossen hatten, erhoben sie die Speere und stachen sich mitten durchs Herz. Mitsamt ihren umschlagenden Booten sanken sie auf den Grund des Sees. Die Götter aber ergrimmten, und um für alle

Zeiten Nord- und Südufer des Meeres zu trennen, ließen sie die versunkenen Kähne zu den hohen Gebirgen aufwachsen, die jetzt den Baikal und den Kusso-Gol voneinander trennen und in ihrer langgestreckten, doppelt gewölbten Form wohl mit umgekippten Booten verglichen werden können. Nun vermag niemand mehr von einem Ufer zum andern zu gelangen und kein Brudermord ist mehr möglich. Doch in einsamen Vollmondnächten hört man die Göttertochter auf den Bergen weinen, unter denen ihre Geliebten verschüttet liegen. –

Den ganzen Tag über folgte der Zug dem Seeufer. Ich wurde nicht müde, über das weite Wasser hinzusehen. Der Tag versank in einer Flut von unbeschreiblichen Farben, dem Samtschwarz des Sees, dem Stahlblau der Gebirge, dem Gold und Gelb und Purpur der beglühten Wolken.

Am nächsten Tage quälte sich der Zug langsam endlose Hänge hinauf. Tunnel folgte auf Tunnel. Dann ging es abwärts mit kreischenden Bremsen. Wir hatten die Wasserscheide zwischen den Gebieten der Lena und des Jenissei einerseits und dem des Amur andererseits überschritten. Lena und Jenissei fließen ins Eismeer, der Amur ergießt sich in den Pazifik! So kündeten mir schon jetzt die schreienden Bremsblöcke die noch viele Tage entfernte Küste, der ich entgegenfuhr, von der ich mir Glück und das Wunder neuer Fernen erhoffte!

Zehntes Kapitel

Obdachlos

Die braunen Steppen brannten weithin. Soweit das Auge reichte, züngelten dunkelrote, schwer flackernde Flammengarben; bis zum fernen Horizont hin unregelmäßig verteilt, hier wie purpurne Bänder, dort wie Lagerfeuer einer Mongolenhorde, dort wie lodernde Scheiterhaufen. Schwarzer Qualm stieg in trägen Schwaden auf, lag als runde, schwere Wolke über den Nordhimmel hingebreitet wie ein dickbäuchiges Ungeheuer. Manchmal zerriß ein Stoß des harten Windes die Rauchvorhänge; über die Flammen hinweg sah man dann die Grenzgebirge der Mandschurei am anderen Ufer des Ussuri, wie sie unsagbar blau und zart ihre sanft und eckenlos mit feinem Griffel gezeichneten Konturen in den blaß leuchtenden Abendhimmel hineinschwangen. Doch bald sauste der von Chabarowsk kommende Zug in ein neues Flammenmeer, und die zuweilen durch die geschlossenen Fenster schlagende Hitze des glühenden Grases prallte ins Gesicht wie Faustschläge.
Da der Wind von Süden her wehte und wir von Norden kamen, erreichten wir schließlich das Gebiet, in welchem die Flammen ihre wilde Arbeit bereits beendet hatten. Schwarz und kahl dehnte sich der verbrannte Boden in die Dämmerung. Hier und da arbeiteten ein paar koreanische oder russische Bauern an ihren Heuschobern, die von den Flammen verschont geblieben waren, denn schon vor ihrer Anlage wird das Gras ringsumher abgebrannt. Jenseits des Feuergebietes überspannte ein eigen-

tümlich durchscheinendes Violett den Himmel, eine Abendfarbe, die ich noch nie gesehen hatte, die mir hier auf der Fahrt durch das Ussuri-Gebiet zum erstenmal begegnete; dieses Violett erschien mir so fremdartig und so wenig an einen Abendhimmel gehörig, daß ich lange Zeit die besondere Herkunft dieses Lichtes zu entdecken mich bemühte.
Koreanische Dörfer flogen vorüber mit dicht aneinandergedrängten, niedrigen Lehmhütten, von unwahrscheinlich dünnen, hohen Holzschornsteinen überragt, die wie ein in halber Höhe geköpfter Fichtenwald windschief durcheinander ragten.
Schon war es längst Nacht, als der Zug die Halbinsel erreichte, an deren Spitze Wladiwostok, mein Ziel, lag. Ich stand am Fenster und sah in das Dunkel hinaus. Nach all dem Fremdartigen, das der Tag gebracht hatte, wurde mir klar, wie ungewiß meine Lage sich anließ. Würde ich in Wladiwostok Arbeit finden, oder würde ich noch weiter reisen, nach Japan oder China, meine letzten Geldreserven aufbrauchen müssen, bevor mir der Dollar wieder lächelte? Allzuviel versprach ich mir von Wladiwostok nicht, denn es lag ja noch in Rußland...
Die Bahnlinie verlief unmittelbar über der Meeresküste. Im unsicheren Nachtlicht sah ich tief unten die langen Wellen in den Sand verrollen. Es war Wasser des Pazifik, der ersehnten See. Den gewaltigsten aller Kontinente hatte ich durchquert, war an seinem Rande; nun lag das gewaltigste aller Meere vor mir, der Stille Ozean, über den ich irgendwie mich hinübertreiben wollte. Schon einmal hatte ich viele tausend Meilen weiter östlich an seinem amerikanischen Ufer gestanden, hungrig danach, seine endlose Weite auszumessen; damals hatte sich die See mir verweigert. Ich hatte umkehren müssen, und alle Schiffe waren ohne mich abgefahren. Würde ich nun diesmal, von Osten her kommend, mehr Glück haben?
Fern tauchten Lichter auf: Wladiwostok. Schon fuhren wir durch die Vorstädte, deren Lampenreihen sich steile Berghänge hinaufzogen. Ich verabschiedete mich von meinen Reisegefährten, Kommunisten, mit denen ich mich bissig über politische Dinge gestritten hatte, stieg aus, gab mein Gepäck ab und gondelte mit

einem klappernden Droschklein los, mir irgendwo ein Unterkommen zu suchen.
Doch schon nach einer Stunde kehrte ich völlig niedergeschlagen wieder zum Bahnhof zurück. Nicht einmal einen Stuhl für die Nacht hatte ich mir erobern können. Am Tage vorher war ein überfülltes Schiff aus Kamtschatka angekommen, und alle Hotels, Gasthäuser, Pensionen waren bis auf den letzten Platz besetzt. Hatte ich gehofft, wenigstens auf dem Bahnhof bis zum Morgen verweilen zu können, so sah ich mich auch hierin getäuscht, denn auf der Station waren alle Tore fest verrammelt. Ich war obdachlos. Es regnete stark; ein eisiger Sturm fegte durch die leeren Straßen. Ich überlegte angestrengt, was zu tun sei. Ich hatte vorhin ein großes Restaurant entdeckt. Deutsche mußte es hier geben, vielleicht fand ich in dem Lokal einen Landsmann. Es war inzwischen zwei Uhr geworden, als ich in den tabakverqualmten Raum eintrat. Meine hohen Liederstiefel starrten vor Schmutz, ich troff; die Kellner sahen mich mißfallend an; aber schließlich war ich hier am andern Ende der sowjetischen Welt, und der Weg hierher war sehr weit und schmutzig gewesen –.
Ich fand tatsächlich einen Tisch mit drei Herren, die mir verdächtig westeuropäisch aussahen; sie trugen Bügelfalten in den Hosen, weiße Kragen und Krawatten. Ich setzte mich an den nächsten freien Tisch und lauschte: sie sprachen Englisch; einer von ihnen mit unverkennbarem deutschen Akzent. Schon schlug mein Herz höher. Doch merkte ich bald, daß der gute Mann randvoll des süßen Cognacs – aus dem Kaukasus – war, den er in großen Gläsern hinuntergoß. Schließlich bekam er sich noch mit den beiden ebenfalls nicht mehr ganz kapitelfesten Engländern in die Haare. Schwankend und glucksend schimpften sie aufeinander ein, warfen den Kellern und Musikern Hände voll Rubelnoten zu, verschütteten Bier und Wein und wurden schließlich unter tatkräftiger Mithilfe des ganzen Lokals ziemlich unsanft vor die Tür befördert. Diese besoffene Gesellschaft nutzte mir wenig; ich schämte mich, mochte mich nicht als Landsmann des sinnlos betrunkenen Radaubruders zu erkennen

geben; schweren Herzens mußte ich die johlenden Kumpane von dannen ziehen lassen.
Um halb drei schloß das Restaurant seine Pforten; ich stand auf der Straße; noch immer goß es in Strömen; ich hockte mich in einen zugigen Torweg; schon war ich in einen unruhigen Halbschlummer gefallen, als mir ein paarmal ein feuchter Schwamm ins Gesicht fuhr. Ich richtete mich auf; knurrend sprang ein Hund zurück, der mich beschnüffelt hatte, und begann ein wütendes Gebell; ein verschlafener Wächter erschien, rief den Hund zurück und warf mich auf die Straße. Ich tappte wieder in den Regen hinaus. Schon rann mir das Wasser den Rücken hinunter, als ich neben einer Hauseinfahrt einen tiefen, geschützten, aber stockdunklen Winkel fand; aufatmend stolperte ich hinein und schlug im selben Augenblick über ein unsichtbares Bündel lang hin. Eine wütende Stimme brüllte mir unverständliche Flüche zu; ich bekam ein paar Fußtritte in die Seite und wurde grimmig aufgefordert, mich zum Teufel zu scheren: hier wäre der Platz des Bettlers, der vor dem Postamt säße! Schon seit zwei Jahren! Niemand hätte bisher gewagt, ihm den Platz streitig zu machen! Wenn ich ein Messer zwischen die Rippen wünschte, so könnte ich es versuchen! *Mein* Messer steckte im Koffer, der Koffer stand auf dem Bahnhof; ich konnte den Kampf nicht wagen, mußte den älteren Rechten weichen und wieder in den strömenden Regen hinauswanken.
Ich bekam es mit der Wut; ich hielt eine Nachtpatrouille der GPU an, wies mich als Ausländer aus und verlangte energisch, irgendwo untergebracht zu werden. Anscheinend aber verlieh ich meinem Ingrimm über diese vermaledeite Stadt zu deutlichen Ausdruck; denn die Uniformierten boten mir sofort an, mich ins Loch zu stecken, wenn ich mich nicht anständig benähme; damit bogen sie um die nächste Ecke.
Ich setzte todmüde – hatte ich doch in den vergangenen Nächten auf den harten Bänken des Zuges kaum geschlafen – meine ziellose Wanderung fort. Aus dem Eingang des Hotels, wo ich mich auf der Fußmatte niedergelassen und sogar schon eine

Viertelstunde geschlafen hatte, vertrieb mich höchst unsanft der Pförtner; schlichtweg aufs Plaster oder in den nassen Straßengraben mochte ich mich nicht legen, doch entdeckte ich mehr als einen Bettler, obdachlose Chinesenkulis, armselige, zerlumpte Weiber, die gekrümmt auf dem kalten Straßenpflaster oder in den schmierigen Gräben »ruhten« und versuchten, für ein paar Stunden ihr Elend zu verschlafen.
Endlich schien mir das Glück zu lächeln; ich fand einen großen Zeitungskiosk, der unter vorspringendem Dach ein breites Bett anbot, auf dem tagsüber wohl die Journale ausgelegt wurden. Aufatmend streckte ich mich darauf aus, unter dem Schutzdach mich ganz geborgen fühlend; allerdings ragten meine Beine ein Stück ins Freie; aber das schadete nichts, meine Stiefel waren wasserdicht. – Schon lag ich in Morpheus' Armen, als mich eine rauhe Stimme weckte: ein Milizionär forderte mich barsch auf, gefälligst die Beine einzuziehen, damit die Fußgänger sich nicht daran stießen.
»Wo sind denn jetzt um 4 Uhr Fußgänger?« fragte ich, »du siehst wohl Gespenster!«
»Ganz egal! Ordnung muß sein. Zieh die Beine ein, sonst fliegst du da herunter!«
»Da wird mir am andern Ende der Kopf abbrechen!« jammerte ich.
»Nitschewo!« sagte der Polizist, »wenn nur die Beine weg sind!«
Also ich zog die Beine ein und streckte sie, als das Auge des Gesetzes entschwunden war, wieder aus. Schon schlief ich wieder, als mich unvermutet eine rohe Hand von meinem Brett herunterriß. Noch halb im Schlaf boxte ich auf meinen Angreifer ein; doch ließ ich schleunigst davon ab, als ich in ihm den Polizei-Mann erkannte.
»Du sollst die Beine einziehen!« schrie er.
»Nein, ich ziehe nicht die Beine ein!« brüllte ich.
»Das kostet dich Strafe!«
»Na los, nimm mich mit auf die Wache! Was Besseres kann mir ja gar nicht passieren!«
»Das möchte dir so passen; da könnten wir viele beherbergen!«

»Ich ziehe aber nicht die Beine ein!«
»Na, dann nicht!« knurrte das Auge des Gesetzes und trabte davon.
Ich blieb ziemlich sprachlos zurück, weil ich mir nicht gedacht hatte, so leichten Kaufes davonzukommen; anscheinend sah die Polizei ein, daß gegen meine abgrundtiefe Verzweiflung nichts auszurichten war. Ich streckte mich lang aus und schlief ungestört bis in den hellen Morgen. Als ich erwachte, standen fünf kleine Chinesen um mich her und starrten mich an, der vor dem Kiosk wie auf einem Präsentierteller sich den verwunderten Blicken der zur Arbeit wallenden Russen und Chinesen schamlos darbot.
Ich raffte mich auf. Die Welt sah etwas freundlicher aus. Der Regen hatte aufgehört. In einer Nebenstraße fand ich einen Brunnentrog, in dem ich mich waschen konnte. Das erfrischte meine Lebensgeister beträchtlich.
Ich entsann mich, daß mir bei meiner ziellosen nächtlichen Wanderung in einer der Hauptstraßen ein Schild mit vertrautem Wappenadler aufgefallen war. »Deutsches Konsulat« hatte oben herum gestanden. Das Haus, an dem das Schild gehangen hatte, war natürlich dunkel und verschlossen gewesen. Vor Amtsstellen und Behörden jeder Art empfinde ich von jeher einen offenbar angeborenen Abscheu. Wie sehr ich an jenem Wladiwostoker Morgen am Ende meiner seelischen Kräfte gewesen sein muß, geht daraus hervor, daß ich mich entschloß, das Konsulat aufzusuchen und um Beistand zu bitten. Ich wurde so verständnisvoll, ja herzlich aufgenommen, daß mein eingefleischtes Vorurteil gegenüber allem, was mit Beamten zusammenhängt, ins Wanken geriet. Die Leiden meiner Vagabundennacht waren schnell vergessen. Die Spannung, die mich in den vergangenen Wochen nie aus ihren Klauen gelassen hatte, legte sich allmählich. Ich konnte aufatmen. Wenn ich an die Gastlichkeit zurückdenke, die mir der deutsche Konsul geboten hat, so wird mir auch heute noch, dreiundfünfzig Jahre später, warm ums Herz. Ich habe damals lernen müssen, zuzugeben, daß es auch unter Beamten Menschen gibt.

Elftes Kapitel

»Beherrscherin des Ostens«

Studie über eine ferne Stadt

Wenn mich auch Wladiwostok anfangs so unfreundlich empfangen hatte, so dauerte es doch nicht lange, und ich gewann diese einzigartige Stadt lieb. Sie erschien mir viel europäischer als andere russische Städte. Das machte die Hafenluft, die mich heimatlich anmutete; sie wehte ja nicht aus dem Innern her; die vielen Schiffe brachten sie mit: aus London und Antwerpen, Hamburg und Bergen. Auch aus privaten Gründen, die nicht hierher gehören, verliebte ich mich in die Stadt, und genauso, wie ich mich für Vorleben und Herkunft eines neugewonnenen Freundes interessiere, interessierte ich mich für das Vorleben dieser Stadt, und siehe da, es erwies sich als bunt und wechselvoll genug.

Wladiwostok, zu deutsch etwa »Beherrscherin des Ostens«, hat seit seiner Gründung im Jahre 1860 seinem stolzen Namen niemals recht Ehre gemacht. Wohl besuchten schon kurz nach seinem Entstehen zahlreiche fremde Handelsschiffe den vorzüglichen natürlichen Hafen, ist doch das Solotoj Rog (Goldenes Horn) nicht nur eine der bequemsten und sichersten, sondern auch mit seinen braunen, senkrecht zur See abfallenden Klippen und Felsen eine der schönsten Buchten der Welt. Wenn an Sonnentagen das Wasser tiefblau glänzt, die Konturen der vorgelagerten Halbinseln und Inseln sich wunderbar zart und klar gegen den makellos leuchtenden Himmel abzeichnen, ein viereckiges braunes Chinesensegel draußen unmerklich langsam in den strahlenden, blendenden Schimmer der leicht gekräuselten See hineingleitet, so versteht man leicht, daß Menschen, die einmal hier heimisch wurden, die bezaubernde Natur dieses Erdenwinkels nie vergessen.

Die längste aller durchgehenden Bahnstrecken endet hier. Wer das nötige Geld dazu hat, konnte hier den Zug besteigen und ihn nach zwölf oder dreizehn Tagen in Berlin oder Paris wieder verlassen (wenn man den Wagenwechsel an der polnischen Grenze, von wo ab die westeuropäische Spurweite an die Stelle der breiteren, russischen trat, nicht mitrechnet). Mit dem Dampfer brauchte man, um dasselbe Ziel zu erreichen, sechs Wochen. – Die Stadt liegt südlicher als alle anderen russischen Städte, etwa auf der Höhe von Rom; subtropische Pflanzen gedeihen.

Schönheit der Lage, ein prachtvoller, natürlicher Hafen, Ausfalltor für ein an Naturschätzen reiches, gewaltiges Hinterland, all das scheint den Namen, den man der Stadt bei ihrer Anlage voller Hoffnung gab, zu rechtfertigen; und doch, überblickte man ihre damals knapp sieben Jahrzehnte umfassende Geschichte, so schien es, als ob ein Unstern über ihr regierte.

Sie liegt auf der Höhe von Rom. Trotzdem beträgt die durchschnittliche Jahrestemperatur nur 4,4 Grad Celsius. Widrige, kalte, von Norden her kommende Meeresströmungen machen die Vorteile der südlichen Lage zunichte. Im Winter friert die Bucht zu, und selbst eine ganze Flottille von starken Eisbrechern, die zum Kampf gegen das Eis bereitsteht, vermag zuweilen nicht, den Weg ins offene Wasser freizuhalten.

Noch war die sibirische Bahn nicht vollständig fertig, als der Russisch-Japanische Krieg ausbrach; es fehlte die Strecke, die heute den Baikalsee im Süden umfährt. Schienen wurden über das Eis des Sees gelegt; doch wollte der Transport über den Abgrund nicht glücken, denn wenn bei einem Temperaturwechsel das Eis sich dehnte oder zusammenzog, rissen oder verbogen sich die Schienen; die Soldaten mußten schließlich den See an seiner schmalsten Stelle, wo er nur 45 Kilometer breit ist, zu Fuß überqueren. –

Wie die gesamte russische Geschichte des vergangenen Dutzends von Jahrzehnten im Fernen Osten irgendwie stets Wladiwostok berührt, so stammte auch der unmittelbare Anlaß zum Russisch-Japanischen Kriege aus Wladiwostok. Ein Träger des in Deutschland, wenn auch in sehr anderem Zusammenhang, wohlbekannten Namens Keyserling hatte hier fast aus dem Nichts heraus im Laufe der Jahre eine bedeutende Reederei aufgebaut, deren Schiffe bis weit hinauf in die Beringsee fuhren und zum erstenmal die Küsten des weit entlegenen Ochotskischen Meeres dem Handel öffneten. Dieser unternehmende und tatkräftige Mann streckte seine Hand nach den Wäldern Koreas aus; damit kam er den Japanern ins Gehege. Die Streitigkeiten, die sich aus diesem kaufmännischen Wettlauf um ein Ausbeutungsobjekt entwickelten, bildeten das Tröpflein, welches das Maß zum Überlaufen brachte und den Anlaß zum Kriege hergab, dessen eigentliche Ursachen wesentlich tiefer lagen.
Port Arthur fiel; die Japaner blockierten von See her Wladiwostok, das in den vergangenen Jahren zu einer starken Festung ausgebaut worden war; alles Leben starb. Es war das erstemal, daß fremde Gewalt, Aufruhr, Kanonendonner, Gewehrgeknatter die Bürger in Angst und Schrecken jagten, doch nur der Anfang einer langen Kette ähnlicher Ereignisse bis fast auf den heutigen Tag. Not, Elend, Revolution waren in ganz Rußland die Folgen des verlorenen Krieges.
Am 9. Januar 1905 demonstrierten die Arbeiter vor dem Winterpalais in Petersburg, wollten Väterchen Zar um bessere Löhne bitten; er zahlte sie ihnen aus den Gewehren von ein paar Kosaken-Pulks. Ungeheuer harte Gewaltmaßnahmen unterdrückten in den Zentren des Zarenreiches bald diesen ersten Ansturm des Proletariats; unter der Decke aber fraßen sich die roten Funken weiter, und viele Monate später, im November und Dezember 1905, schlugen sie in Wladiwostok in hellen Flammen auf. Die gesamte Garnison streckte die Waffen, ging zu den Revolutionären über; Streikkomitees, die »Vereinigten Gewerkschaften« regierten. Die Kriegsschiffe bombardierten

die Stadt, die »Ochrana«, die berüchtigte zaristische Geheimpolizei, wütete, ohne den Brand austreten zu können. Hier an der Küste saß ein anderer Schlag von Leuten als der im Innern mit den einfachen, engen Köpfen; der Einfluß der fremden Nationen, die Weite der See, die Hafenluft, die nie aus dem eigenen Lande, sondern immer von allen anderen Küsten her weht, hatte die Menschen hartnäckiger und zäher gemacht. 1906 gingen die Soldaten und die revolutionär gestimmten Massen von neuem vor. Inzwischen aber hatte der Gegner seine Kräfte sammeln können und holte nun mit aller Gewalt zum Gegenschlage aus; ein furchtbares, blutiges Strafgericht brach über alle herein, die nur irgendwie der Teilnahme an den Aufständen verdächtig waren; jeder Gedanke an Auflehnung schon wurde verfolgt. Und doch waren noch nicht alle Funken erloschen. Am 17. Oktober 1907 brach in der Flotte von neuem eine Empörung aus, der sich die Besatzungen der meisten Kriegsschiffe anschlossen. Der Weg für die Offiziere über die Reling ins nasse Grab wurde gefährlich kurz. Aber es war ein letztes Aufflackern; bald waren die Hauptanführer verhaftet. Sie wurden standrechtlich erschossen.

Nach diesen Schreckensjahren trat eine Zeit der Ruhe ein; im Weltkrieg (dem Ersten) stieg die Rolle und Bedeutung Wladiwostoks, denn es war der einzige russische Hafen, der außerhalb des Bereichs der deutschen Blockade lag. Die Wladiwostoker Kaufleute zogen gewaltige Kriegsgewinne aus der Einfuhr von Munition, Geschützen, Gewehren und Lebensmitteln.

1917 ging die Gewalt zunächst ohne schwere Kämpfe nach einigen Zwischenstadien in die Hände der Sowjets über, die bald jedoch nur noch eine Scheinherrschaft führten, denn am 30. Dezember 1917 erschienen in der Bucht die grauen japanischen Kriegsschiffe, um, wie es hieß, »die japanischen Untertanen zu schützen«; bald darauf, gleich Geiern, die von weither Beute wittern, fuhren auch englische und amerikanische Kreuzer ein. Die Sowjets durften kein Wörtchen mehr riskieren; man ließ sie zwar in ihren feierlich eingerichteten Büros sitzen, aber wenn sie irgend etwas anordnen wollten, wurden sie ausgelacht.

Den Japanern gefiel es ausgezeichnet, so leichten Kaufs Eroberungen zu machen. Im April 1918 landeten sie Truppen; die Engländer, die ihnen den Braten mißgönnten, unternahmen kurz danach das gleiche.
Inzwischen rang an den Grenzen des europäischen Rußlands die junge Räterepublik mit vielen Feinden verzweifelt um ihre Existenz. Als im Ural die Kämpfe zwischen den Roten und Weißen begannen, ganz Sibirien ein einziger Kriegsschauplatz wilder Bandenkämpfe aller gegen alle wurde, hörte jede Verbindung des Fernen Ostens mit den europäischen Zentren des Reiches auf. Das Rätekomitee des Gebietes übernahm unter den wachsamen Augen der schweigsamen gelben Leute, die auf ihre Zeit warteten, die gesamte politische Gewalt. Doch dauerte die Herrlichkeit dieses »Rates der Volkskommissare des Fernen Ostens« (unvermeidlich abgekürzt »Dalssownarkom«) nicht lange, Ende Juni nahm die Tschechoslowakische Legion unter ihrem Führer Gaida Wladiwostok ein, der Dalssownarkom wanderte ins Loch, und die Rote Garde mußte ihre Waffen abliefern. Gleichzeitig führten nun von See her Japaner, Engländer, Amerikaner, Franzosen immer stärkere Streitkräfte heran, die zum Teil ins Innere Sibiriens westwärts vordrangen.
Die einstmals blühende Stadt war nur noch ein Schatten ihrer selbst, war überfüllt von Truppen, hin- und hergerissen zwischen den verschiedenen Parteien. Während die fremden Soldaten in den guten Quartieren ein übermütiges Leben führten, hungerten und darbten die Einwohner.
Die Leidenszeit war noch nicht beendet; die Macht über die Stadt wechselte schnell den Inhaber: bis zum Januar 1920 hatte sie die Koltschak-Regierung inne; Koltschak verlor in Irkutsk seinen Kopf; ein rötlich gefärbtes, gemischtes Regiment folgte. Die fremden Mächte zogen bis auf die Japaner fast alle ihre Truppen zurück: dieser Hexenkessel mußte allein auskochen. Eine selbständige »Republik des Fernen Ostens« mit der Zentrale Tschita wurde gegründet, die sich Wladiwostok einverleibte. Im Mai 1921 folgte ein neuer Umsturz, der von japanischen Agenten angezettelt wurde. Doch hatten die Strohmänner

Japans wenig Glück. Danach machte sich ein General Dietrich selbständig, mobilisierte eine Armee, um gegen Moskau zu ziehen. Jetzt hatten auch die Japaner endgültig die Nase voll und nahmen schweren Herzens Abschied. Kaum waren sie fort, rührte sich wieder das Proletariat. Der General mit seinen Truppen verflüchtigte sich.
Am 24. Oktober 1922 zog die Rote Armee ein, die sich nun nicht mehr verdrängen ließ und endgültig Hammer und Sichel über der Stadt aufpflanzte.
Langsam, ganz langsam begann die abgestorbene und verdorrte Stadt sich wieder zu erholen. Doch schon tauchte eine neue Gefahr auf. Während der russische Bestandteil der Bevölkerung eher ab- als zunahm, wuchs die Kopfzahl der Koreaner und Chinesen, die legal und illegal über die endlose, gar nicht zu sichernde Grenze strömten, rapide. Wenn auch die Chinesen meistens das Land wieder verließen, siedelten sich die Koreaner an; da es ihnen in und um Wladiwostok besser ging als in ihrer Heimat, wurden sie treue Kommunisten; innerhalb weniger Jahre hatte sich ihre Zahl verzehnfacht, und der Zeitpunkt war nahe, an dem sie die der Russen überflügelt haben würden. Nach den Grundsätzen des russischen Staatswesens konnten sie sodann beanspruchen, eine autonome Republik für sich zu bilden, womit der wichtige Hafen dem unmittelbaren Einfluß Moskaus entzogen worden wäre. Ob das Moskau bei aller Prinzipientreue erwünscht gewesen wäre, ist zu bezweifeln.
Ein Blick auf die Karte genügt, um die gefährliche und exponierte Lage der Stadt aufzuzeigen: ganz am Ende eines weit nach Süden reichenden schmalen Zipfels Ostsibiriens, wenige Kilometer von einer ungesicherten Grenze entfernt, am Ende einer Bahnstrecke baumelnd, die fast 2000 Kilometer der mandschurischen Grenze folgt und jederzeit von einem eindringenden Feind unterbrochen werden kann, zu allem die unaufhaltsame Überflutung mit Koreanern und Chinesen, dazu Mißernten, welche die Bewohner, da sie vom Innern wenig oder gar nicht unterstützt wurden, nach Süden oder Osten über die See verweisen: ein gefährdeter Vorposten Moskaus.

Dies war der Eindruck, den ich 1929/30 von Wladiwostok empfing. Längst hat sich auch im Fernen Osten die Sowjetmacht konsolidiert. Wladiwostok wurde zu einem Flottenstützpunkt ersten Ranges ausgebaut. Weiter im Norden an der Küste wurden weitere befestigte Häfen angelegt, so in Gawan – von der neuen Stadt am unteren Amur, Komsomolsk, her – und an der Mündung des Amur insbesonders Nikolajewsk. Der Südteil der langgestreckten vorgelagerten Insel Sachalin, den die Sowjets nach dem Ersten Weltkrieg an Japan verloren hatten, wurde nach dem Zweiten wieder russisch, ebenso die ganze Inselkette der Kurilen, die von der Südspitze Kamtschatkas zur japanischen Nordinsel Hokkaido hinunterreichten. In Südsachalin und auf den Südinseln der Kurilen etablierten sich die geopolitisch höchst zielbewußt handelnden Sowjets unmittelbar vor den Nordküsten des japanischen Inselreiches.
Vor allem aber haben die Russen den – einen gewaltsamen Zugriff geradezu herausfordernden – östlichen Abschnitt der Transsibirischen Bahn (am Amur entlang über Chabarowsk und von dort den Ussuri aufwärts nach Wladiwostok) durch eine viel weiter im Norden verlaufende, den Baikal-See im Norden umgehende neue Bahnlinie verdoppelt, die das Weltmeer bei Gawan und bei Nikolajewsk erreicht, weit außerhalb der Reichweite jeder anderen pazifischen Seemacht. Zudem liegen diese Häfen auch noch im Schutz der breit vorgelagerten Insel Sachalin. Und Sachalin wiederum wird noch weiter im Osten gegen den offenen Stillen Ozean durch die Inselkette der Kurilen abgesichert, welche die Sowjets den früheren Besitzern, den Japanern, nicht wieder herausgeben wollen, obgleich dadurch ein Friedensschluß zwischen Japan und der UdSSR seit dem Zweiten Weltkrieg verhindert wird und die wirtschaftlichen Beziehungen zwischen beiden Staaten erschwert werden.
Aber die Sowjetunion als die größte Landmacht der Geschichte folgt damit nur ihrem Lebensgesetz, das ihr vorschreibt, sich ewig um die Sicherheit ihrer Grenzen zu sorgen, sie immer weiter vorzuschieben, bis das Weltmeer erreicht ist, wo dann die Küsten abermals bis weit ins nasse Vorfeld – wie im russi-

schen Fernen Osten – durch Inselketten geschützt werden müssen.
Die Küsten des russichen Fernen Ostens werden jedoch im Winter vom Eise blockiert. Auch der Hafen von Wladiwostok ist nur mit Mühe offen zu halten. So blieb der »Drang nach den *warmen* Meeren« eine Leitlinie der russischen Politik. Die Türkei, Iran, Afghanistan, Vietnam – lauter Ansatzpunkte für diesen urrussischen Drang nach den warmen Meeren, und nicht die einzigen. Aber das ist nicht das Thema dieses harmlosen Reisebuches.

Zwölftes Kapitel

Die heilige Ziege von Wladiwostok

Als ich in jener Regennacht obdachlos durch die Straßen Wladiwostoks irrte und lange vergeblich nach einem trockenen Winkel fahndete, wo ich den Morgen abwarten konnte, habe ich kein Wesen so beneidet wie jene langhaarige, großgehörnte, braune Ziege, die in der Leninskaja sich ein behagliches Plätzchen ausgesucht hatte, von dem keine Polizei sie vertrieb. Als ich mich in ihrer Nähe in einer anderen Nische des großen Gebäudes niederließ, dauerte mein bescheidenes Glück nicht lange, denn alsbald erschien ein Polizist und trieb mich wieder auf. Die Ziege sah sich verächtlich nach mir um, als ich an ihr vorbeiwankte, nicht wissend, wohin. Mein umdüstertes Gemüt ließ mich in ihr das heilige Tier der Stadt erblicken, das niemand anrühren durfte, nicht einmal die Miliz. Am liebsten indessen hätte ich das Vieh ermordet. Jeden Tag begegnete es mir, und jedesmal steigerte sich mein Zorn.

Auch an dem naßkalten Morgen, an welchem ich mich aufgemacht hatte, um mir im Hafen, koste es, was es wolle, eine Arbeit zu suchen oder eine Möglichkeit abzufahren zu erkunden, entging ich dem Teufelsbiest nicht. Außer ein paar Koreanern und Chinesen, die im Morgengrauen verschlafen zur Arbeit trotteten, lief mir ausgerechnet nur die Ziege über den Weg, verdarb mir so die Stimmung, mußte ich sie doch als übles Vorzeichen für den Plan nehmen, den ich auszuführen entschlossen war.

Ich hatte hier und dort um Arbeit angefragt, immer vergeblich. Ja, wenn ich ein Mitgliedsbuch der Partei besessen hätte, dann wäre es ein leichtes gewesen, eine leidliche Stellung zu erhalten, denn solch ein Büchlein wirkte wahre Wunder und füllte alle sonstigen Lücken an Erfahrung und Kenntnissen aus, wie ich an zahlreichen Beispielen hatte studieren können. Leider besaß ich solch ein Zauberbüchlein, das alle russischen Herzen und Türen öffnete, nicht; so rangierte ich also unter den vielen, die vergeblich seit Wochen und Monaten auf der Straße lagen, viele ganz buchstäblich, und ihr Leben fristeten, weiß der Himmel wovon. Meine Begeisterung für das Moskowiterreich, die sowieso schon auf Null stand, war gänzlich eingefroren. Ich wollte Schluß machen, den Staub des roten »Paradieses« von meinen Füßen schütteln und versuchen, auf einem der wenigen Schiffe, die im Hafen lagen, einen Job in eine glückhaftere Ferne aufzutreiben.

Der Freihafen, in welchem die paar Engländer und Skandinavier sich ihre dicken Eisenbäuche voll Sojabohnen luden, wurde von vielen Rotgardisten und Hafenpolizisten bewacht. Eine Erlaubniskarte für das Betreten des Hafengebietes hatte man mir verweigert; wahrscheinlich hatte ich mich an dem Tage, an welchem ich darum vorsprach, zu gut gewaschen und war nicht genügend auf Proletarier frisiert gewesen. Ein Seemannsbuch, auf das hin man mich vielleicht ins Freihafengebiet gelassen hätte, besaß ich auch nicht; das bekam ich erst ausgestellt, wenn ich nachweisen konnte, daß mich ein Schiff angeheuert hätte. Aus dieser Zwickmühle konnte ich mir nur heraushelfen, indem ich versuchte, mich ohne Erlaubnis ins Hafengebiet einzuschleichen. Mißmutig machte ich mich also unter den chinesischen Kulis, die zu irgendwelchen Wegebauten vor der Stadt hinauswanderten, auf den weiten Weg zum Freihafenbezirk. Niemand beachtete mich; die Russen schliefen anscheinend noch alle, und den Gelben war ich uninteressant. Ich hatte mir meine Mütze tief in die Stirn gezogen, an meinen Stiefeln haftete ehrwürdigster Dreck, durch Eleganz fiel ich selbst unter diesen armseligen Arbeitsleuten nicht auf.

Am Eingangstor bogen die meisten ab und gingen weiter; nur wenige zeigten ihre Ausweise vor und wurden von dem schwerbewaffneten Posten eingelassen. Ich stellte mich dumm und wollte einfach so mir nichts, dir nichts passieren mit einem leutseligen »Guten Morgen, Genosse!« Aber schon nach drei Schritten war er hinter mir her und verlangte meinen Hafenausweis. Fluchend fragte ich, ob er mich nicht kenne, ich käme doch alle Morgen hier durch! Nein, er kannte mich nicht, der Esel! Ich mußte, ingrimmig in allen Taschen nach meiner Karte kramend, wieder zurück.

In weitem Bogen durch schmutzige Seitenstraßen, über Berge von Schutt erreichte ich den hohen Zaun, der das verbotene Gebiet einfaßte. Einfach hinüberklettern konnte ich nicht; er war zu hoch und hing zu dick voll Stacheldraht, so daß ich für meine Hosen fürchten mußte. Auch eine lockere Planke wollte sich nicht entdecken lassen. Endlich erreichte ich einen Platz, an dem Erde und Kies geschaufelt, Wagen vollgeladen wurden, viele Menschen in Bewegung waren. Zwar standen auch hier aufgepflanzte Seitengewehre mit Soldaten darunter, die den fehlenden Zaun zu ersetzen hatten, aber wenn irgendwo, so mußte es hier möglich sein, mit hindurchzuschlüpfen.

Ich mischte mich unter das Volk und tat, als ob ich dazu gehörte. Die ausgeschaufelte Erde wurde in das Hafengebiet hinein fortgefahren. Ein vollbeladener Wagen saß fest. Der Kutscher schrie auf die Pferde ein, fünf, sechs Kerls stemmten sich dahinter, ich auch, möglichst tief unter dem Wagen. Langsam holten wir die Karre aus dem Dreck. Auch der Rotarmist hatte mit angefaßt. Der Wagen fuhr, einer nach dem anderen ließ ab; ich half noch immer schieben; auch das Seitengewehr blieb zurück, ich ging unangefochten hinter dem Wagen weiter, als gehörte ich mit dazu, ohne mich umzusehen; schon war ich im verbotenen Gebiet und verschwand um die nächste Ecke. Nun war ich zwar drin, sah aber dafür, mit Lehm und Erde übel beschmiert, nicht mehr sehr vertrauenerweckend aus. Ich säuberte mich, so gut ich konnte, was nicht eben viel war, und suchte mir das erste Schiff. Es war ein Engländer mit dem

Namen »Merry Mary«; die »Lustige Marie« – klang ja ganz einladend! Ich kletterte also die Gangway hoch und fragte die erste Teerjacke, die daherkam, nach dem Bootsmann. »Well«, antwortete der hagere Seemann lakonisch, »he is drunk!« – »Und der zweite Offizier?« – »He ist drunk too!« lautete die Antwort, und um mir weitere Fragen zu ersparen, setzte der Biedere hinzu: »The first one also, and the Captain – do'nt know, where he is!« – Ich war sprachlos: die »Lustige Marie« schien ihrem Namen alle Ehre zu machen! Der Bootsmann war betrunken, der zweite Offizier dazu, der erste auch und der Kapitän anscheinend zeitweise verschütt gegangen – da war nichts zu machen; ich sagte trübselig »Good bye!« und stolperte wieder von Deck, um mein Glück auf dem nächsten Pott zu versuchen. Der Flagge nach war es ein Schwede. Der alte Kahn, der offenbar hier oben in der Japan-See seine letzten Fahrten absolvierte, protzte mit dem Namen »Solveig«, die verwaschenen Buchstaben am Bug waren kaum noch zu entziffern. Ein gelbäugiger, weißblonder Nordlandriese fragte mich nach meinem Begehr, als ich über die Reling stieg. Ob ich nicht einen Job an Bord bekommen könne! – Nein, sie hätten volle Mannschaft! – Ich täte jede Arbeit – »Das sehe ich, dreckig genug siehst du dazu aus!!« Das nahm mir den Mut, weiter in den Wikingersproß zu dringen. Ich enterte den nächsten Dampfer, einen Holländer, »Zwolle« geheißen. Hier ging es mir nicht besser; anscheinend wollte keiner von der Mannschaft in dem gottverlassenen Wladiwostok zurückbleiben; nirgendwo war ein Platz frei. Hier kam sogar der Kapitän dazu, und ich flog wegen meiner dreckigen Stiebeln achtkantig die Seitentreppe hinunter und erhielt so eine Lektion in holländischer Reinlichkeit.
Nun blieb mir nur noch ein Schiff übrig, wieder ein Engländer, der weiter draußen an der Pier lag. Vorsichtshalber wollte ich mir aber jetzt doch die Stiefel sauber machen. Ich stieg eine der Eisenleitern zum Wasser hinunter und schlenkerte das eine, dann das andere Bein so lange in den Fluten des Stillen Ozeans hin und her, bis aller Lehm abgeweicht war. Dann zog ich mich in einer leeren Bude aus und schabte die Erde von meinen

Kleidern. Das alles dauerte etwa eine Stunde. Nachdem ich wieder annähernd einem Westeuropäer ähnlich geworden, richtete ich meine Schritte dorthin, wo der Engländer lag. – Was war das? Er löste sich langsam von der Mauer, die Taue wurden losgeworfen, ich fing an zu rennen und brüllte hinauf: »Hey, I am looking for a job!« – »One hour too late, you fool!« schallte es zurück. Ein Stahlseil klatschte ins Wasser und bespritzte mich von oben bis unten. Ja, ich war ein fool! Wenn ich mir den Dreck vorhin nicht abgewischt hätte, schwämme ich jetzt vielleicht irgendwohin in die Südsee ab. Aus der Traum, Arbeit auf einem Boot zu finden! Wie aber jetzt wieder ungefährdet aus dem Freihafengebiet hinauskommen? Ich aß in der Hafenkantine zu Mittag und bummelte die wenigen Stunden bis zur Dunkelheit ziellos umher.
Die Stelle, wo ich mich hereingeschmuggelt hatte, lag jetzt tot da, scharf von zwei Posten bewacht. Hier wagte ich mich nicht mehr durch. Ich fand eine von der Arbeit liegengebliebene große Erdhacke. Die annektierte ich, stemmte, sobald ich weit genug fort war, daß mich niemand mehr hören konnte, ohne große Mühe ein Brett des Zaunes los und quetschte mich hinaus. Kaum war ich draußen, wäre es mir beinahe schlecht gegangen. Ich mußte mich lang in einen Graben werfen, um einer Patrouille, die von außen den Bezirk umschritt, zu entgehen.
Ich kam also genauso dreckig aus dem Freihafenbezirk heraus, wie ich hineingekommen war. Als ich spätabends die Leninskaja erreichte, lief mir wieder das Vieh von Ziege in den Weg; diesmal versetzte ich ihr einen heimtückischen Knuff in die Seite, denn niemand anders war an meinem Unglück schuld als sie, die heilige Ziege von Wladiwostok!

Dreizehntes Kapitel

Philosophie und Stiefelwichse

Während ich mir so in jenen Tagen vergeblich den Kopf darüber zerbrach, wie ich meinen an der galoppierenden Schwindsucht leidenden Geldbeutel vor dem völligen Erliegen bewahren sollte, wie ich mich wohl von den russischen Küsten losreißen könnte, um in schöneren Ländern wieder leichtere Luft zu atmen, entschädigte mich ein höchst seltsames Zusammentreffen für manche damals in Ratlosigkeit und – ich gebe zu – auch Angst vor der Zukunft verbrachte leere Stunde.
Meine aus Deutschland mitgeführte Schachtel Schuhwichse ging mir in Wladiwostok zur Neige, trotzdem ich auf meinem Leidensweg durch das unheilige Rußland nicht oft in die Versuchung gekommen war, mir die Stiefel zu putzen. Da ich mich allmählich wieder entrussifizieren mußte, machte ich mich auf, um einen der vielen Straßenhändler mit dem großen Geschäft zu beglücken, mir eine Dose Stiefelwichse zu verkaufen. Die meisten von ihnen sahen mir zu verwildert aus. Endlich fand ich einen, der etwas abseits an einer Ecke stand und bescheidener als die anderen seine geringe Ware anpries. Sein Anzug war ärmlich, aber geflickt und offenbarte in seiner Zusammensetzung, daß sein Träger sich bemühte, nicht allzu bettelhaft auszusehen. Mir fielen im ersten Vorübergehen die Hände des Mannes auf, mit denen er seinen Bauchladen stützte; sie waren schmal und lang und schienen gepflegt zu werden. Aus dem hohen Gesicht glänzten tiefliegende Augen, die, während er

seine Waren mit halblauter Stimme anbot, mit etwas ganz anderem beschäftigt zu sein schien; wenigstens blickte er keinen der Vorübergehenden richtig an. Ich drehte also nach ein paar Schritten wieder um, ging auf ihn zu, weckte ihn aus seinem geistesabwesenden Gemurmel und verlangte eine Schachtel schwarzer Stiefelwichse. Ungeschickt und offensichtlich verlegen kramte er in seinem Kasten herum, und schließlich fand ich eher als er selbst aus dem Wirrsal seines Vorrates das heraus, was ich wünschte.

Das Gebaren des seltsamen Mannes war so auffällig, daß ich begierig wurde, mit ihm bekannt zu werden. Ich versuchte, ein paar Worte über das schlechte Wetter anzubringen und meinte, daß es doch sicher kein Vergnügen wäre, jetzt den ganzen Tag auf der Straße zu stehen. Er sah mich mißtrauisch an, als ob er in mir einen verkappten Polizisten witterte, und gab mir nur mürrisch Bescheid. Nun wurde ich erst recht hartnäckig und sprach weiter, während ich langsam mein Geld hervorsuchte. Inzwischen hatte er wohl an meiner Aussprache erkannt, daß ich kein Russe sein konnte. Er fragte mich, was ich wäre; ich antwortete: »Deutscher«; überraschend und offensichtlich erfreut erwiderte er schnell auf deutsch: »Ich auch!« Nun gab ein Wort das andere, da es schon Nacht wurde, lud ich ihn ein, für heute Schluß zu machen und mit mir ein Glas Tee zu trinken. Er willigte ein. Wir suchten uns eine der kleinen, meist wenig einladenden Tschainajas (Teekneipen), wie sie durch ganz Rußland zu finden sind, in welchen es guten Tee aus nur halbgewaschenen Gläsern mit verbogenen Blechlöffeln zu trinken gibt und hockten uns in einen Winkel und fingen an zu erzählen.

Es wurde spät in dieser Nacht; wir saßen Stunde für Stunde, tranken heißen Tee, redeten nur mit gedämpfter Stimme, um unter all den Russen mit unserem Deutsch kein Mißfallen zu erregen, und vergaßen völlig all die lärmenden Leute um uns her, die ihren Alkohol hinuntergossen oder ihre unvermeidliche Kohlsuppe aßen.

Mit einem Riecher, der verwandte Geister aneinander finden läßt, hatten wir bald heraus, daß jeder von uns eine mehr oder weniger unglückliche Leidenschaft für die ewig junge Hexe Philosophie im Busen hegte. Beide waren wir ausgehungert nach Debatten über Gedankliches und stürzten uns kopfüber hinein.
Es dauerte nicht allzulange, bis er mir verriet, daß seine kühnen Thesen und weitausholenden Gedankengänge einem großen philosophischen Werk entnommen wären, an dem er arbeitete und das so gut wie vollendet wäre. Ich verlangte den Titel zu wissen; er nannte ihn mir; er war in seiner Wahl nicht gerade bescheiden gewesen!

»Kultur!«

sollte es heißen, nicht mehr und nicht weniger! Wir schieden als Freunde voneinander, nachdem wir verabredet hatten, daß ich ihn am nächsten Sonntag besuchen sollte, damit er mir Partien aus seinem Buch vorlesen könnte. Weniger deswegen wollte ich zu ihm hinausfahren, als vielmehr um zu sehen, wie dieser mit Stiefelwichse handelnde Philosoph draußen, fünfundzwanzig Werst vor der Stadt, mitten in der ursprünglichen Taiga, hauste. Sein Leben in dieser Welt schien in einem schroffen Widerspruch zu dem Titel seines Buches zu stehen.

Während ich am nächsten Sonntagnachmittag, wenige Tage nach unserem Zusammentreffen – zwischendurch hatten wir uns nur kurz auf der Straße begrüßt –, von der kleinen Bahnstation den rohen Weg entlangstapfte, den er mir beschrieben hatte, durch verfilzten Busch, überdachte ich, was ich von dem seltsamen Menschen schon wußte; zuweilen mußte ich mich dabei unterbrechen, um lange Lachen und Moräste zu umgehen, mußte vorsichtig einen Bach durchschreiten, der den Weg kreuzte und so tief war, daß mir trotz aller Vorsicht einer meiner Stiefel voll Wasser lief.
Er war Balte – natürlich, kann man beinahe sagen, denn die

Deutschbalten scheinen für Extravaganzen besonders disponiert zu sein und nichts so sehr zu verachten wie eine normale Entwicklung; hatte auf deutschen Universitäten dem Namen nach Mineralogie, in Wirklichkeit Philosophie studiert, war dann in verschiedenen Teilen Rußlands Bergingenieur gewesen, widerwillig, immer tiefer sich in seine eigenwilligen Gedanken und Spekulationen verspinnend. Den Krieg hatte er im Ural verbracht; er hatte sich wenig daran gekehrt; ein Herzleiden hütete ihn vor dem Soldatwerden; die beginnende Revolution schreckte ihn furchtbar aus seinen Träumereien auf; plötzlich mußte er um sein nacktes Leben fürchten. Wie er nach Wladiwostok und auf die Stiefelwichse gekommen, war mir noch unbekannt.

Ein struppiges Hündchen sprang mir laut kläffend entgegen; ich näherte mich also seiner Behausung; der Weg bog um eine Ecke, da lag sie vor mir: ein verwittertes, tief in die Erde gesunkenes, russisches Blockhaus, mit vielfach geflicktem Strohdach, zwei blinden Fenstern rechts und links von der Tür, ein windschiefer Stall nicht weit davon, alles bis über das Dach unter wilden Kletterpflanzen und Weinranken fast verborgen; im Sommer mußte es ein grünes, blätterrauschendes Verlies darstellen, nicht unwürdig eines naturnahen Einsiedlers und Weisen.

Hier entstand also die Stiefelwichse und gleichzeitig mitten in der wilden Taiga das große philosophische Werk »Kultur!«, welches das Abendland revolutionieren sollte. Das Gebell des Hundes lockte meinen Freund vor die Tür; wir begrüßten uns überaus herzlich; dann lud er mich ein, näherzutreten. Ich mußte mich bücken, um durch das niedrige Türchen schreiten zu können, eine zweite Tür öffnete sich, und zu meinem Erstaunen, ja Erschrecken, sah ich mich plötzlich einer Frau gegenüber; denn diese Wildnis war wahrlich kein geeigneter Aufenthalt für Frauen. Auch kam noch ein zweiter Mann zum Vorschein, der mich mit unverkennbar österreichischem Akzent begrüßte.

Die Frau war des Philosophen Gattin; der zweite männliche

Mitbewohner war vor dem Kriege Schauspieler in Wien gewesen, im Kriege in russische Gefangenschaft geraten, in einen weit entlegenen Winkel Nordost-Sibiriens verschlagen worden, wo er vom Ausbruch der Revolution und vom Ende des Krieges erst Jahre später hörte; entwurzelt und verkommen, wie er in den Einöden inzwischen war, hatte er nicht zur rechten Zeit die Energie aufgebracht, sich um die Heimfahrt zu bemühen, war hier hängengeblieben; aber das ist eigentlich ein ganzer Roman für sich; jetzt hatte er sich ein kleines Pferd gekauft, mit dem er in der Gegend arbeitete, wo sich gerade etwas bot. Das Geld dazu hatte ihm ein Chinese geborgt, mit dem er aus elender Vagabundenzeit befreundet war. Was er verdiente, mußte er dem Chinamann abzahlen; fast nichts durfte er für sich behalten, mußte sich außerdem von dem Chinesen fast wie ein Sklave behandeln lassen.
Am liebsten aber beschäftigte er sich mit der Züchtung seltener Blumen und Pflanzen und stahl dem Herrgot den Tag. Er war ein noch sonderbareres Gewächs als sein Freund, der Philosoph, und die Frau hatte ihre liebe Not, die beiden Männer in Ordnung und Vernunft zu halten. Sie stammte aus Marburg und hatte ihren Mann auf der Universität in Heidelberg kennengelernt; nun war sie frühzeitig gealtert in der ungeheuerlichen Not der Revolutionsjahre. Sie erzählte mir später von wochenlangen Fahrten im Viehwagen durch Sibirien in drangvollster Enge, bald auf der Flucht vor den Weißen, bald vor den Roten, ohne die notdürftigste Kleidung; ein paarmal waren ihre Kinder am Verhungern, dann schlich sie sich in die Dörfer, wenn der Zug stunden- oder tagelang hielt, und stahl Eier und Brot oder bettelte, bis sie das Nötigste zusammen hatte, riß immer wieder ihren verträumten Mann hoch, arbeitete, was immer sich bot, und brachte schließlich ihre Familie bis nach Wladiwostok, als damals große Transporte von Zivil- und Kriegsgefangenen per Schiff nach Hause geschafft wurden. Vergeblich versuchte sie, sich einem Transport anzuschließen, sie galten als Russen; andere, echte Russen, die besser zu lügen und zu jammern verstanden, konnten fliehen; sie blieben zurück; sie las den

Österreicher, der vollständig verlumpt war, von der Straße auf und entwarf einen phantastischen Plan, um doch noch mitfahren zu können. Sie ließ sich vor ihrem Manne scheiden – das ging alles sehr leicht und einfach damals – und heiratete den Österreicher, der mit dem Komplott einverstanden war und so helfen wollte, wenigstens der Frau und den Kindern den Fluchtweg zu öffnen. Ein katholischer Priester traute sie, unter der Bedingung, daß sie katholisch wurde, was sie tat. Aber der Kapitän des Transportdampfers kam dahinter und wollte sie nicht als Österreicherin anerkennen; wieder mußten sie zurückbleiben.
Schließlich gelang es ihr, wenigstens die beiden Kinder fortzuschaffen; eine deutsche Familie gab sie als die ihren aus. Mit brechendem Herzen wird sie am Kai gestanden haben, als der Dampfer sich langsam von der Mauer löste und ihre beiden Lieblinge ihr die letzte Grüße zuwinkten; sie hat sie seitdem nicht wiedergesehen; aber sie klagt nicht, denn sie weiß, daß es ihnen gut geht und sie gut erzogen werden. Sie ließ sich nun wieder von dem Österreicher scheiden und heiratete erneut ihren Philosophen; doch blieb der »Mann auf Zeit« der Familie erhalten; er behauptete in vollem Ernst, daß er sich nicht vorstellen könnte, was er anfangen sollte, wenn er wieder in die Heimat zurückkehrte; er wäre verdorben dazu; dabei legte er mit rührender Sorgfalt die Ranke einer kleinen, von ihm gezogenen Pflanze um ein Stäbchen. Er war ein großes Kind, das sich an der starken, mütterlichen Frau festhielt; in ihrer Nähe fühlte er sich geborgen und sicher. Nicht viel anders war es mit dem zweiten; ohne die Frau, die mit ihrer Hände Arbeit den Hauptteil ihres Unterhaltes erwarb, wären die beiden Männer bei ihren philosophischen Büchern und Blumenspielereien längst umgekommen. Sie waren auf ihre Weise glückliche Naturen und merkten nicht viel von dem verbissenen Kampf, den die standhafte Frau gegen ihre Verträumtheit um die Existenz ihrer aller auszufechten hatte.
So führten die drei in ihrem Hüttchen, in dem es so feucht war, daß die Pilze in den Ecken wuchsen und Moos die Baumstämme, aus denen das Haus gefügt war, von innen überzog,

mitten in der wilden Taiga ein seltsames Dasein, in dem alles verkehrt und regelwidrig schien. Ich glaube, sie liebte sie beide, ihre großen Sorgenkinder, den einen mit seinen anspruchsvollen Gedanken, den andern mit seinen Blumen, und sie war wohl auch beider Frau –. Sie konnte nicht ohne Kinder sein, tat alles für sie und war stolz auf sie; ich sah es an ihren Augen, als es gegen Abend wirklich dazu kam, daß ihr Mann mir Partien aus seinem Buch vorlas oder der Österreicher seine wirklich wunderbaren Pflanzen zeigte.
Er las, und ich erkannte bald, daß den Kern seiner Arbeit eine schonungslose Kritik am Bolschewismus bildete, den er als eine »Krankheit der Intelligenz« bezeichnete. Plötzlich, als ich die drei sprechen hörte, wie einer dem andern sekundierte, wurde mir ganz klar, daß noch ein zweites außer persönlicher Zuneigung sie vielleicht noch fester als diese zusammenschloß: ein geradezu zerstörerischer, keiner Vernunft mehr zugänglicher Haß gegen den Bolschewismus, dem sie all ihr Elend und die Vernichtung jeder Zukunftshoffnung zuschrieben. An diesem Haß wärmten sie sich, darin brannten sie, er fraß an ihnen, diesen drei stillen, wohl für immer in ihrem Elend verlorenen Menschen; er allein würde sie vielleicht noch einmal aufbrechen lassen.
Schon oft war mir dieser Haß begegnet, aber noch nie so hemmungslos wie hier; und als ich spät nachts durch den dunklen Wald zur Bahnstation stapfte, noch ganz verwirrt von der gewaltsamen Logik, mit der jede These des Bolschewismus zu Lüge und Unsinn gestempelt worden war, fragte ich mich, wie schon oft, vergeblich, ob wohl irgendwo in der Welt ein Regime so wild gehaßt wird wie das des roten Moskau. Aber vielleicht, so kalkulierte meine zu Sophismen neigende Logik weiter, wäre die ganze rote Herrlichkeit schon längst aufgeflogen, wenn es nicht im selben Rußland genug Menschen gäbe, die dem neuen Regiment ebenso fanatisch ergeben sind, so daß sie jene, die es so wild hassen, in Schach zu halten vermögen.

VIERZEHNTES KAPITEL

Schiebung

Es mußte dringend etwas geschehen! Zwar besaß ich noch ein wackeres Häuflein deutscher Reichsmark; doch das war die eiserne Reserve, diese 250 Mark. Wenn ich die erst angreifen mußte, ging es abwärts mit mir, das wußte ich. Meine Rubel gingen auf die Neige. In Moskau hatte ich mit der besten Sorte Zigaretten angefangen; in Wladiwostok war ich auf die billigste gekommen, das Stück zu einer Kopeke. Böses Zeichen! Arbeit wollte sich nicht finden lassen; oftmals bäumte sich mein Herz vor Sehnsucht nach dem sorglosen Amerika. Alle Schiffe im Hafen dampften ohne mich ins Blaue hinein und ließen mich armen Teufel jedesmal um eine Hoffnung ärmer zurück, denn auf jedem ausländischen Dampfer fragte ich um Arbeit. Aber in diesem gottverlassenen Wladiwostok musterte nie ein Mann von den Besatzungen ab; jeder war froh, wenn er wieder davonkonnte! Und ich saß eisern fest – ich *mußte* weiter, der Boden brannte mir unter den Füßen. Ich träumte vom Geldverdienen im Schlafen und im Wachen, aber niemals beweisen sich Träume so als Schäume, wie hier an der blauen, blitzenden Bucht des Wladiwostoker Hafens, deren Schönheit mich jeden neuen Morgen neu zu verspotten schien.
Doch wozu hatte ich den Koffer voll schwerer Wintersachen? Jede Weiterfahrt mußte mich nach Süden führen. Gute Wolle, gute Unterwäsche war hier rar; damit mußte doch ein Geschäft zu machen sein.

Eines Abends also leerte ich meinen Koffer von allem, was auf sibirische Kälte zugeschnitten war, schnürte mir ein Bündel und trollte mich mit etwas gemischten Gefühlen durch dunkle Seitenstraßen ins Chinesenviertel. Hier lag ein Laden für alte Kleider am andern. Ich versuchte mein Glück im ersten besten. Ein uraltes, bohnengelbes Männlein erschien und wühlte kreischend mit unverständlichen Urlauten in meinem Kram umher, wackelte mit dem Unterkiefer, kratzte sich mit dem zollangen Nagel des kleinen Fingers am Glatzkopf und am Kinn, fuchtelte mir mit den dürren Spinnenfingern vorm Gesicht herum, und aus dem Zetern und Kreischen und Knurren, von dem ich später die Überzeugung gewann, daß es eine Anrufung des Gottes der Kaufleute und Diebe gewesen sein mußte, formten sich schließlich die wenigen verständlichen Worte: »Zwei Rubel für alles!« Ich dachte, mich sollte der Schlag rühren: zwei Rubel für meine schönen Sweater, Jacken und Unterhosen. Ich wußte nur eine einzige Antwort: tippte mit dem Zeigefinger in völlig eindeutiger Weise vor die Stirn, warf mein Zeug zusammen und knallte die Tür hinter mir ins Schloß.
Der zweite Chinamann war schon vernünftiger, bot mir zehn. Aber auch das war mir noch viel zu wenig. Nach noch einigen vergeblichen Versuchen fand ich schließlich einen Laden, in dem mich ein herkulisch gebauter Gelber mit einem breiten Vollmondgesicht empfing, aus dem zwei listige Schweinsäuglein auf mich herabblinzelten. Ernsthaft untersuchte er Stück für Stück meiner Ware, beaugenscheinigte interessiert die eingenähte Fabrikmarke an einigen Unaussprechlichen, machte eine Aufstellung und bot mir 30 Rubel. Das ließ sich schon hören und half mir bei großer Bescheidenheit beinahe eine Woche weiter. Doch fing ich schrecklich an zu jammern, weinte und klagte Stein und Bein, daß er mich betrügen wolle, und begann wieder einzupacken. Er riß mir das Paket aus der Hand und schrie: »Fünfunddreißig!« Ich fing an zu fluchen und griff von neuem danach. »Vierzig!« schrie er. »Abgemacht!« antwortete ich prompt, so daß er sein voreiliges Angebot – zu spät – offensichtlich bereute. Mit süßsaurer Miene mußte er mir den Betrag zahlen.

Schon wollte ich mich empfehlen, als er mich fragte, ob ich ein Glas Tee mit ihm trinken würde; ein winziges Lokälchen neben dem Kleiderladen gehörte ihm auch noch; das konnte ich nicht abschlagen nach dem guten Geschäft. Er hockte sich zu mir. Ich wäre doch Seemann, fragte er nach einer Weile, oder sähe wenigstens so aus. Leider nicht! gestand ich leidvoll. Aber Ausländer wäre ich doch? Das konnte ich nicht leugnen, neugierig darauf, wo er hinaus wollte. Dann hätte ich doch ausländisches Geld? »Hm«, machte ich, »warum?« Wir fingen an zu flüstern, verzogen uns ins Hinterzimmer und brauten finstere Anschläge zusammen. Bald sprachen wir nicht mehr russisch, sondern chinesen-englisch; der Gute stammte aus Tientsin. In der muffigen Hinterstube hörte ich es zum erstenmal in meinem Leben. Am liebsten hätte er mir meine 250 Reichsmark sogleich gegen Rubel abgeknöpft. Doch ganz so dumm, wie er dachte, war ich nicht mehr, erstens von wegen meiner glorreichen Tätigkeit in der seligen Inflationszeit an der Berliner Börse, und zweitens wußte ich längst, daß in Wladiwostok eine schwarze Börse florierte, an welcher für Edelvaluten das Drei-, Vier- bis Fünffache in Rubel gezahlt wurde, sehr zum Ärger und Kummer der staatlichen Bank, der große Valutenbeträge, die die einwandernden Chinesen und Koreaner mitbrachten, an dieser schwarzen Börse durch die Lappen gingen und die ihrerseits die Valuten zum Goldrubelpreis hergeben mußte, der ja nur noch eine Fiktion war.
Mein Chinese nun bot einen Rubel für eine Mark, also – in Gold – etwas mehr als das Doppelte; das war mir nicht genug. Wir palaverten aufgeregt bis nach Mitternacht, und ich trank mehr Tee, als er sonst die ganze Woche verkaufte. Schließlich meinte er in klagendem Ton, solch einen hartnäckigen Patron wie mich noch nie gesehen zu heben; ich wäre schlimmer als ein Chinese. Das konnte ich mit vollem Recht als ein Lob betrachten; ich steckte dieses neue Blättchen meiner anrüchigen Lorbeeren begeistert in den Kranz der schon erworbenen und drang in ihn, endlich meinen Vorschlag anzunehmen: mich nämlich am nächsten Abend mit auf die schwarze Börsenver-

sammlung zu nehmen, dort für mich den Makler zu machen und sich mit einer Provision von 10 Prozent am Betrage, den ich für meine 250 Mark erlöste, zu begnügen. Seufzend sagte er um halb ein Uhr: »Ja!« Wir aßen noch beide Chop Suey, das chinesisch-amerikanische Leibgericht, wofür er mir den doppelten Preis berechnete, der Gauner; dann machte ich mich davon. Am darauffolgenden Abend trafen wir uns, wie verabredet, weit draußen in der Gegend des Handelshafens. Ich hatte mir meine 250 Mark und meinen guten Browning, der mir schon in mancher Situation die nötige Dickfelligkeit verliehen hat, eingesteckt; der Teufel mochte wissen, in welche Räuberhöhle man mich verschleppte. Wir wanderten beide ein gutes Stück durch steil sich am Berg hochziehende Gassen. Ich hatte nur noch ungefähr eine Ahnung, in welchem Stadtteil wir uns befanden, als wir vor einem kleinen Restaurant anhielten, in dessen Nähe ein paar gelbe Kerls herumlungerten, anscheinend Posten. Wir bückten uns durch die niedrige Tür; ein schmutziges Eßlokal wie alle anderen tat sich auf, mit ein paar Arbeitern, die Borschtsch aßen oder Tee tranken. Wir gingen um den Schanktisch, durch die schmierige Küche und traten in ein dahinterliegendes Zimmer.

Wir waren angelangt, das war nicht zu verkennen. Etwa dreißig Chinesen, Koreaner und ein paar undefinierbare Weiße schrien aufgeregt durcheinander, hockten über biernassen Tischen, erfüllten die Luft mit dem Qualm von Zigaretten, ungelüfteten nassen Pelzen, nassen Lederstiefeln. Der dicke Wirt im blauen Russenhemd schenkte unermüdlich seinen Schnaps und sein Bier aus; zwei elektrische Pendel gaben ein grelles Licht, und stinken tat es wie im Raubtierkäfig.

Ich drückte mich bescheiden in eine Ecke, nahm ein Bier und schickte meinen Chinesen los, mir in der illustren Versammlung Käufer für mein gutes Geld zu suchen. Er stürzte sich ins Gewühl, ich beobachtete, wie er von Tisch zu Tisch ging, überall tuschelte, schließlich sich mit einem Subjekt länger besprach, mit dem zusammen er zu mir zurückkam. Es war ein fetter, aufgeschwemmter Kerl im speckigen Schafspelz, der an dickem

Finger einen Brillantring trug, der einen verdächtigen Kontrast zu seinen Nägeln mit Trauerrändern und dem schmierigen Pelz bildete. Er begrüßte mich feierlich; ich goß ihm Bier ein. Also deutsches Geld hätte ich? – Jawohl, deutsches Geld! – antwortete ich. »Schönes Geld, gutes Geld!« fuhr er fort, dann bot er mir 280 Rubel für meine 250 Mark. »Dreihundertundfünfzig!« beharrte ich, trank mein Bier aus, kehrte mich um und wandte meinem Manne den Rücken zu. Knurrend stand der Dicke auf. Der Chinese beschwor mich, Vernunft anzunehmen. Ich bedeutete ihm, daß er, wenn ich mich allein auf die Suche nach einem Käufer machte, keine Provision zu erwarten hätte. Seufzend machte er sich von neuem auf die Suche und kam nach kurzem mit zwei Landsleuten wieder, die mir vorschlugen, mit ihnen in ihr Quartier zu kommen. »Ach, hier ist es doch sehr schön«, sagte ich, »das Geschäft kann man auch hier machen!« Dabei faßte ich bedeutsam in meine Hosentasche und drückte meinen Schießprügel ein wenig durch den Stoff. Daraufhin desinteressierten sich die beiden gelben Herren, und mein Makler mußte wutentbrannt weitersuchen. Inzwischen kam der erste, der Fettwanst, zurück. »Deutschland ist ein mächtiges Land«, begann er von neuem, »ich gebe Dreihundertundzehn.« – »Deutschland ist noch viel mächtiger, du mußt Dreihundertfünfzig geben!« – »Kann ich nicht, kann ich nicht, zu teuer!« beteuerte er. »Gut!« ich, »dann rufe ich also aus wie die andern!« stand auf und machte Anstalten, mein Angebot auszuschreien. Jetzt bekam er's mit der Angst, drückte mich auf den Stuhl zurück. »Also Dreihundertfünfzig, du Hundesohn, da hast deine teuflischen Dreihundertundfünfzig!« Ich berechnete ihm den »Hundesohn« als Rabatt, gab mein Geld her und trank an der Theke mit ihm einen Korn. Mein Chinese kam gelaufen und forderte seinen Lohn. Ich ließ ihn eine Weile zappeln, zahlte dann und verdrückte mich unauffällig durch die Hintertür, plötzlich wieder ein reicher Mann!

Denn alles übrige war leicht: am nächsten Tage ging ich auf die Staatsbank, wies nach, wieviele Valuten ich eingeführt hatte und bekam alles in allem etwa 200 USA-Dollar ausgezahlt, die ich freudvoll auf meinem Herzen barg. Der Himmel lachte noch einmal so hell, die See blaute noch einmal so blau; der nächste Tag war der 7. November, Revolutionsfeiertag, den wollte ich mir noch ansehen. Und dann: Ade, Rußland, du siehst mich nimmer wieder!

Gewiß, wenn ich heute diese Erzählchen aus dem Jahre 1929 lese, so kommen sie selbst mir, der sie damals aufgeschrieben hat, wie Märchen aus einer kaum noch zu glaubenden, längst verklungenen Zeit vor. Was zum Beispiel bedeuten heute, im Jahre des Heils – oder Unheils, wer wollte das eine oder das andere voraussagen! Hoffen wir also: – des Heils 1982 die damals eingetauschten US-$ 200,–? Nicht sehr viel! Aber damals war die deutsche Mark 4,20 Dollar wert – und das in Gold! Legt man den heutigen Goldpreis (von 1982) zugrunde (etwa 340 Dollar für die Unze Gold), so kommt man auf phantastische Werte. Damals (1929) war die amerikanische Währung noch eine reine Goldwährung (sie war es bis 1934), und der Goldpreis lag etwa bei einem Zehntel des heutigen Wertes in US-Dollar. Selbst wenn man nur diesen zur Basis der Umrechnung macht – und ich mich nicht verrechnet habe, was mir leider oft passiert –, ergeben die 200 Dollar von damals über 7000 DM von heute.
Und damit läßt sich auch heute noch etwas anfangen, wenn man nicht gerade darauf aus ist, Berge zu versetzen. So bestätigt dieser simple Vergleich wieder einmal die eherne Regel, daß der Wert des Geldes, über etwas längere Zeiträume betrachtet, stets nur sinkt, niemals steigt.
Aber das gehört gar nicht hierher. Wohl aber gehört hierher, festzustellen, daß die Grundsätze kommunistischer Wirtschaftsführung sich längst auch bis in den fernen Osten der UdSSR durchgesetzt haben, während sie damals in voller Strenge sicherlich in Moskau und dem europäischen Teil der Sowjetunion galten, im viele tausend Kilometer entfernten russischen Fernen Osten mit seiner wichtigsten Stadt Wladiwostok aber erst nur in Ansätzen. In der Tat: Rußland ist groß, und der Zar ist

weit –. Daran hatte sich nichts geändert, gleich ob der jeweilige Zar nun weiß oder ob er rot ist.
Es läßt sich sogar behaupten, daß umgekehrt die damaligen korrupten Sitten von Wladiwostok bis nach Moskau vorgedrungen sind. Kann es doch dem Besucher aus dem auch nicht mehr sehr goldenen Westen in Moskau passieren, daß er, kaum ist er aus seinem Ausländer-Hotel auf die Straße getreten, darauf angesprochen wird, ob er nicht harte West-Devisen gegen Rubel umzutauschen hätte – und das zu einem Kurs, der die russische Staatsbank zu Angstträumen bewegen müßte.
Oder es steht selbst in westlichen Zeitungen zu lesen, daß in der Sowjetunion hohe Funktionäre oder Wirtschafts-Kommissare zum Tode verurteilt worden sind, weil sie ihre Stellung zu persönlicher Bereicherung mißbraucht haben. Dergleichen kommt auch bei uns vor oder in Amerika. Allerdings endet es hier nicht wie in der Sowjetunion mit dem Tode des mehr oder weniger eindeutig überführten Missetäters, sondern nur mit seiner Entlassung oder Pensionierung. Soll man daraus schließen, daß in der Sowjetunion Korruptions-Vergehen so viel häufiger und drastischer vorkommen, also nur noch Todesurteile dem allgemeinen Übel Einhalt gebieten können – oder daß im »kapitalistischen« Westen Geldverdienen (ob so oder so) als stilgerecht angesehen und deshalb auch in seinen Auswüchsen nicht allzu scharf verurteilt wird?
Jede Antwort auf diese Frage wird wiederum beeinflußt sein von der Ideologie oder Weltanschauung dessen, der sie stellt. Es ist schon ziemlich schwer, sich in dieser bösen Welt zurechtzufinden. – Aber bleiben wir zunächst beim Revolutionsfeiertag 1929 in Wladiwostok. Da wenigstens stehen wir auf festem Grund.

Fünfzehntes Kapitel

Reden statt Brot

Der kleine, japanische Dampfer mit dem wohlklingenden Namen »Kagi Maru«, der mich über die Japansee nach Tsuruga an der japanischen Westküste bringen sollte, taumelte wie betrunken in den tückischen Kreuz- und Querseen dieses ob seiner Unzuverlässigkeit berüchtigten Meeres; zu schreiben dabei ist ein Kunststück, aber was sollte ich tun; an Schlafengehen war nicht zu denken; ich hatte es versucht, aber bald stiegen die Beine hoch in die Luft, und der Kopf sank, sank ins Ungewisse, stieß mit einmal an ein unsichtbares Hindernis und wurde im gleichen Augenblick sausend nach oben gerissen, während nun die Füße irgendwohin versackten, gleichzeitig rollte ich nach links aus der Koje oder stieß mir rechts an den harten Brettern Beulen. Nein, ich hatte es aufgegeben, war wieder die Treppe, die sich wie ein gezwickter Maulesel wild unter mir hochbäumte, hinaufgeklettert, saß balancierend in einem Sessel, hörte die Wellen dröhnend an die Stahlplanken donnern, und jedesmal, wenn am Heck die Schraube aus dem Wasser tauchte, fühlte ich am Mitschwingen des ganzen Schiffes, wie tapfer sich die Maschine bemühte, das kleine, aber handfeste Dampferchen durch den gischtigen Aufruhr zu zwingen.

Aus den Luken des freundlichen Raumes, der als Bibliothek und Speisesaal, Rauchzimmer und Salon des Dampfers zugleich diente, sah ich draußen im unsicheren Mondlicht – denn die Nacht war trotz des Sturmes klar –, wie die Grenze zwischen

Himmel und Meer bald tief versank und wir in die Luft hineinzufliegen schienen, bald wie eine schwarze Wand sich aufreckte und das Schiff in einen saugenden Schlund hinabsausen ließ, und plötzlich wunderte ich mich schrecklich, daß ich hier so mir nichts, dir nichts als einziger weißer Passagier auf dem Wege nach Japan war, wo ich nichts verloren hatte; ich besaß auch keinen Schimmer davon, was dort zu gewinnen sein würde. Wer mir noch vierundzwanzig Stunden zuvor gesagt hätte, daß ich jetzt hier in Richtung Japan herumschaukeln würde, dem hätte ich wohlwollend geraten, einen tüchtigen Nervenarzt zu konsultieren. Doch das war schon immer der Fluch meiner bösen Taten, daß sie als Funken in die Pulverfässer schlugen, die mir widrige Geschicke zuweilen als Sitzgelegenheiten unterschoben, ich sodann höchst unerwartet aufflog, um mit dummem Gesichte an Orten zu landen oder zu stranden, von denen ich mir noch nie im Leben auch nur entfernt hatte träumen lassen. Ich gondelte also höchst unmotiviert dem Lande der aufgehenden Sonne entgegen. Und das war so gekommen: Schon fünf Tage vorher gab es offiziell keinen Wodka mehr zu kaufen; nicht etwa, weil aller Schnaps ausverkauft gewesen wäre, was ich mir angesichts der vielen Betrunkenen schon sehr gut hätte denken können, sondern weil eine weise Obrigkeit in kluger Voraussicht des sonst Unvermeidlichen rechtzeitig vorbeugen wollte. Am 7. und 8. November sollte nämlich in Wladiwostok das Fest der Oktober-Revolution wie überall im roten Rußland begangen werden. Dazu braucht man einen klaren Kopf, sonst schreit man an der falschen Stelle der Rede des Kommissars »Hoch« und »Nieder« und macht den Gesamteindruck zunichte; also gab es vor allen Dingen schon ein paar Tage vorher keinen Schnaps mehr; woraus ich mit Recht schloß, daß die Sowjetbehörden ihre Pappenheimer kannten.
Gut, die Sache mit dem Wodka läßt sich hören; daß es aber auch kein Brot zur Feier des Tages gab, konnte ich schwerer begreifen. Zwar hatte ich auch in dieser Hinsicht auf meinem Steifzug durch Rußland und Sibirien schon manches erlebt. Um überhaupt von den staatlichen Lieferstellen Mehl oder Brot, Butter

oder Zucker zu erhalten, mußte jeder sich ein Kundenbüchlein anschaffen, das gewöhnlich 15 Rubel kostete, was sehr viel Geld war für jemand, der wie ein Bergarbeiter 60 Rubel im Monat verdiente. Aber selbst wer dieses Büchlein besaß, erhielt nicht in jeder gewünschten Menge Mehl oder Butter, sondern wie in vergangenen Kriegszeiten sein Quantum zugeteilt. In Irkutsk gab es nur einmal während der Woche Butter in ungenügender Menge, dabei liegt Irkutsk dem Gebiet nahe, von dessen Butter früher ganz Westeuropa lebte. Im Gasthaus zu Swerdlowsk gab es oft genug kein Brot, einfach weil keins zu beschaffen war. Ich hatte mich an den Anblick der langen Schlangen gewöhnt, die vor den Kaufläden stundenlang anstanden, in Moskau, im Ural, in Sibirien und ebenso hier im Fernen Osten. Aber daß man nun, wie in Wladiwostok, nicht einmal zur Feier eines der größten Feste für eine rechtzeitige und ausreichende Belieferung der Bevölkerung mit Brot gesorgt hatte, war mir schlechterdings unverständlich. – Schlangen vor den Kaufläden – sie scheinen zum Kommunismus, wahrscheinlich zu jeder Sorte von Sozialismus zu gehören wie der Schwanz zur Kuh.
Am Vorabend des Festes, am 6., veranstalteten die Kommunisten als Vorfeier eine große Versammlung, auf welcher die gesamte, gesinnungsstrenge Elite der Stadt sich traf, dazu jeder, der dazu gerechnet werden wollte. Als ich um sechs Uhr hinging (woraus nicht abzuleiten ist, daß ich mich zur besagten Elite rechnete), standen die Frauen geduldig vor den Bäckerläden, als ich um halb zehn Uhr wieder heimtrabte, schienen die langen Schlangen nicht kürzer geworden zu sein, dagegen die Geduld sich wesentlich verringert zu haben. Trotz der Miliz, die für Ordnung zu sorgen hatte, schimpften die gequälten und müden Weiber, die vielleicht schon Stunden hier im leise rieselnden Regen standen, laut.
Mancher der roten Honoratioren zog es vor, einen Umweg zu machen, wohl um sich den erhebenden Eindruck der schönen Reden nicht durch das unflätige Räsonieren der Frauen zerstören zu lassen, denn geredet war worden, daß es eine Art hatte und alle Herzen höher schlugen.

Als ich in die Versammlung kam, konstatierte ich zunächst, daß Schlappmützen, ausgebeulte Hosen, abgetragene Joppen bei den Männern, Kopftücher, Blusen und Röcke bei den Frauen geradeso zu Galatoiletten werden können, wie anderswo die Fracks, die weißen Hemdbrüste und die Dekolletés, denn einige, die ich vorher nur gut westlich mit Kragen und Schlips, Hut und Mantel gekannt hatte, trugen sich jetzt streng proletarisch, und manche Kommissarsgattin, deren Sachen man sonst auf der Straße mit Leichtigkeit ansah, daß sie Schmuggelware, d.h. unrussisch elegant und gut waren, zeigte sich jetzt durchaus auf »werktätig« frisiert. Besonders eine machte mir Spaß, die ich noch vor drei Tagen höchst vergnügt im Restaurant des größten Hotels bei Wein und Likör in Samt und Seide sich hatte amüsieren sehen. Jetzt trug sie eine verwaschene Bluse, ausgetretene Schuhe und ein Kopftuch, streng nach der Etikette.
Zuerst stieg die Festrede auf russisch, in der zu unzähligen Malen die Weltrevolution, die Diktatur des Proletariats und der verabscheuenswürdige Kapitalismus vorkamen; es war ziemlich langweilig. Danach aber sprachen Vertreter vieler anderer Nationen. Die Festleitung hatte sich von den Schiffen, die im Hafen lagen, Matrosen geholt, die nun hier Proben ihrer rednerischen Begabung abzulegen hatten. Nun – es erinnerte mich stark an ein Kabarett der Namenlosen, wo verkannte Talente sich zum Gaudium der Unbeteiligten um Anerkennung bemühen. Als erster trat ein Franzose auf; er trat richtig auf, mit großer roter Flatterschleife um den nackten, sehnigen Hals, die Haare malerisch in die Stirn gezogen, und begann mit weitausholenden Gebärden und einem Mienenspiel, das eines großen Tragöden würdig gewesen wäre, seine sprudelnde Suada. Er erging sich in tönenden Lyrismen über die Schönheit der Wladiwostoker Bucht, beschrieb einen Sonnenaufgang über ihr, von dem er weiter in kühnem Vergleich auf die russische Sonne zu sprechen kam, die über dem Proletariat aller Länder aufsteige. Anscheinend hatte er die schimpfenden Frauen draußen übersehen und war im Seemannsklub mit Weißbrot und Bier geködert worden, denn die Matrosen der fremden Schiffe erhielten im

staatlichen Seemannsklub bessere Kost als irgendwer in der Stadt, damit sie nachher was Gutes zu erzählen hatten.
Endlich hatte der würdige Vertreter der »Grande Nation« sein flammendes Hoch ausgebracht und trat beifallumtost ab; ein paar andere folgten ihm, die mehr schlecht als recht ihr Sprüchlein hervorstotterten. Dann aber erhob sich ein riesenlanger, blonder Amerikaner, stakste aufs Rednerpult, kratzte sich den Kopf und hielt die beste, kürzeste und unblutigste Rede des Abends, die wörtlich der Nachwelt überliefert sei:
»Ladies and Gentlemen! I am very glad to be here. That is, by God, a nice country allright. Long live the world!« (»Meine Damen und Herren! Ich freue mich sehr, hier zu sein. Dies ist, bei Gott, ein ordentlich nettes Land. Lang lebe die Welt.«)
Und damit verbeugte er sich und stelzte seelenruhig zu seinem Platz zurück. Die Versammlung war verblüfft. Der Dolmetscher übersetzte den Schluß wenigstens mit »Lang lebe die Weltrevolution!« Ich hätte gern protestiert, denn der gute Ami hatte die Welt hochleben lassen, auf der er sich anscheinend sehr wohl befand. Begeistert, wahrhaft begeistert schloß ich mich dem Beifall der andern an.
Der einzige, dem man den Fanatismus glaubte, war ein Japaner; er glühte vor Leidenschaft. – Die größte Attraktion des Abends hatte man sich für den Schluß aufgespart, einen Neger. Doch sie fiel ins Wasser, denn als der Ärmste sich schüchtern erhob, um sich nach vorn zu begeben, erhob sich solch tosender Beifall, anscheinend nur, weil er schwarz war, daß der Afrikaner ganz verwirrt das Rednerpult erreichte; ohne ein Wort gesagt zu haben, mußte er wieder hinuntersteigen, was indessen den Applaus nur verstärkte. – Ein Deutscher sprach sonderbarerweise nicht.
Am nächsten Morgen begannen schon früh die Umzüge. Stumm zogen die Trupps mit ihren roten Fahnen durch die Hauptstraßen; nur die Soldaten sangen. Alle 30 Schritt stand ein schwerbewaffneter Polizist oder Soldat mit aufgepflanztem Seitengewehr und paßte auf, daß jedermann vorschriftsmäßig begeistert war. Die Freudenprozessionen – solche sollten die Trupps doch

wohl darstellen – zwischen den vielen postenstehenden Bewaffneten machten einen merkwürdig beklemmenden Eindruck.
Ich schloß mich mit List und Tücke einer Gruppe an; es waren die Angestellten der Staatlichen Reederei; wir marschierten auf. Reden ergossen sich; ich brüllte unzählige Hochs auf die Weltrevolution, und gegen Schluß sagte ich zu einem Alten neben mir: »Schöne Reden halten sie!« – »Ja, sollten lieber für Brot sorgen, die Bande!« Er hatte aber auch feste »Hoch!« geschrien. Ich hätte gern feststellen mögen, wie viele von allen Hochs echt waren.
Endlich verliefen sich die Schwärme. Auf dem Heimwege sah ich zwei Polizisten einen fetten, aufgeschwemmten Mann im Schafspelz führen, der mir merkwürdig bekannt vorkam; und schon hatte ich es: es war derselbe, dem ich vor zwei Tagen hintenrum meine 250 Mark für zahlreiche Rubel verkauft hatte, für die ich mir gestern von der seufzenden Staatsbank gegen Goldkurs gute Dollars hatte auszahlen lassen. Sollte der Vermittler des besten Geschäfts deines Lebens etwa...? fragte ich mich erschüttert, und mein Herz sank in die Hosen, plötzlich wußte ich: morgen wird gefahren! In aller Frühe schon war ich am Hafen; der einzige Passagierdampfer, der in Kürze abfuhr, war ein japanischer; gleich sicherte ich mir beim Zahlmeister des Schiffes eine Fahrkarte nach Tsuruga; alle sonstigen Formalitäten hatte ich schon lange vorbereitet; nach drei Stunden tutete das Dampferlein, die Taue fielen klatschend ins Wasser, und bald versanken Wladiwostok, Rußland, Rubel, Wanzenqual und Brotnot – hoffentlich für immer!
So fand ich mich plötzlich auf der Reise nach Japan und das höchst vergnügt, endlich dem allzu großen Russenreich entronnen zu sein.

Während ich dies nun heute in den Tagen des Falkland-Krieges mit seinen bösen Überraschungen für die Argentinier sowohl wie für die Engländer nachlese, wird mir wieder einmal deutlich, wie leicht und bei aller Mißlichkeit verhältnismäßig unbehindert vor 53 Jahren das Reisen im roten Rußland noch gewe-

sen ist, wenn man sich nur den tatsächlichen Verhältnissen anzupassen wußte. Heute kommt man nach Rußland nur nach strengster Kontrolle herein und nur ebenso wieder hinaus. Es gibt keine Lücken mehr, durch die man schlüpfen könnte. [Und die Deutschen in der DDR haben das mit bekannter Gründlichkeit in Vasallentreue zu höchster Perfektion entwickelt.]
Und es erscheint, von heute her gesehen, beinahe unglaublich, daß damals, als Stalin schon seit sieben Jahren Generalsekretär der KPdSU war und sich zum Diktator der Partei und des ganzen großen Landes entwickelte, im fernen Wladiwostok noch ein völlig normales Konsulat der Republik Deutschland, der »Weimarer«, die deutschen Interessen vertrat. Daran ist heute, 1982, längst nicht mehr zu denken. Ohne die vertrauliche, aber sehr nachdrückliche Hilfe des vorzüglichen deutschen Konsuls wäre ich sicherlich nicht so ungeschoren durch meine Wladiwostoker Tage und Wochen gekommen, wie ich's erlebte. Auch mein Devisengeschäft wäre ohne die diskrete Beihilfe des Konsulats kaum geglückt, wohl auch nicht meine unbehinderte Ausreise. Damals (1929) hatte ich diese diskreten Zusammenhänge sorgfältig zu verbergen, notfalls abzuleugnen. Heute, mehr als ein halbes Jahrhundert danach, kann ich sie – immer noch mit aufrichtigem Dank im Herzen! – um der Vollständigkeit der Darstellung willen ausdrücklich zugeben. Es ist nie zu spät, ein Dankeschön zu sagen!

Sechzehntes Kapitel

Wie war das damals –?

Damals, als ich über die Japansee fuhr, der eisige Novembersturm die kleine, aber tapfere »Kagi Maru« der Osaka-Shosen-Kaisha umherschleuderte und durcheinanderbeutelte, wie ein Wolf einem armseligen, gefangenen Hasen in seinen Zähnen das Lebenslicht ausschlenkert, an Schlafen nicht zu denken war, ich wie ein Betrunkener taumelnd, verzweifelt Richtung haltend, in dem kleinen »Salon« des Dampferchens die ganze Nacht spazieren schwankte, in jenen Nächten damals, ganz auf mich selbst angewiesen unter Menschen, deren Sprache ich nicht verstand, rundete sich mir das Bild dessen, was ich in Sibirien und Rußland gesehen, gehört, erlebt und studiert hatte. Es gelang mir zum erstenmal, die hundertfältigen Eindrücke zusammenzufassen, im einzelnen die große Linie, im besonderen und anekdotischen das Allgemeine zu entdecken.
Ich unterbreche deshalb die Erzählung und füge zwei Betrachtungen über Politik und Wirtschaft des roten Reiches ein, die überschlagen mag, wem sie zu langweilig sind, sie wurden 1929 aufgeschrieben.

Sibirien, was es war und wird

Im Revolutionsmuseum zu Jekaterinburg, Swerdlowsk, das in dem einzigen Wohngeschoß des Hauses eingerichtet war, in

dessen Keller der letzte Zar und seine Familie niedergemetzelt wurden, hängt eine der schweren Ketten, mit denen man früher den sibirischen Sträflingen Beine und Arme zusammenschmiedete oder sie an ihren Karren fesselte. Sie waren also schon museumsreif geworden, diese Ketten; trotzdem hören wir sie immer noch rasseln, wenn das Wort fällt, immer noch ist Sibirien für den nicht speziell interessierten Westeuropäer der hinterste Hinterwald, durch nichts weiter bemerkenswert als durch seine sprichwörtliche Winterkälte. Wer die gewaltige Entfernung vom Stillen Ozean zum Ural nur einmal durchquert, wird durch den Augenschein diese Auffassung scheinbar bestätigt finden. Tag für Tag gleiten unendliche, leere Wälder, unendliche, leere Steppen an den Fenstern des Expreßzuges vorüber, und nur selten verraten Felder und Dörfer, daß auch ein paar Menschen in diesen Einöden wohnen. Und doch bereiten sich hier Entwicklungen vor, die, wenn sie auch nur halbwegs das erwünschte Ziel erreichen, Sibirien zu einem wesentlichen Faktor in Weltpolitik und Weltwirtschaft erheben werden.
Bis zum russisch-japanischen Krieg bedeutete Sibirien auch für den Russen wirklich »Sibirien«, Kolonialland, dessen Schätze man oberflächlich und regellos ausbeutete, wo sie sich ohne allzu große Mühe gewinnen ließen. Sibirien war Rußlands »Wilder Osten«. Der verlorene Krieg 1904/05 erteilte eine harte Lehre. Es war nicht mehr angängig, das Land abseits liegen zu lassen. Die zaristische Politik hatte die ungeheuren Landräume, ohne sie zu entwickeln, einfach übersprungen und ihr Interesse auf den Fernen Osten, die Mandschurei, das Amurgebiet, Korea konzentriert. Als der Krieg ausbrach, erwies es sich, daß das europäische Rußland als Basis für einen Krieg im Fernen Osten viel zu weit entfernt lag; es fehlte das Hinterland. So ging die Regierung unmittelbar nach dem Kriege daran, das Zwischenland, Innersibirien, aufzufüllen: Ein gewaltiger Zustrom von Siedlern wurde in die Steppen geleitet, Zweigbahnen der großen Transsibirischen angeschlossen, Kohlen- und Erzvorkommen systematisch erforscht, Wege gebaut. Die sibirischen Städte wuchsen mit amerikanischer Schnelligkeit, und bald hieß

Nowosibirsk das sibirische Chicago. Die Entwicklung nahm einen geradezu stürmischen Verlauf: Im Kusnezker Becken, etwa 300 Kilometer südöstlich von Nowo-Sibirsk, werden in unmittelbarer Nachbarschaft voneinander gewaltige Kohlenfelder und Eisenerzlager entdeckt; die Großkapitalisten und Industriellen Moskaus und Petersburgs wittern neue, ungeahnte Möglichkeiten. 1911 verfügt die Kaiserliche Regierung den Bau einer zweiten Sibirischen Bahn, die etwa 400 Kilometer südlich der ersten Strecke parallel zu dieser Uralsk (am Knie des Uralflusses nach Süden) mit Semipalatinsk (etwa 500 Kilometer südlich von Nowosibirsk) verbinden und sich über Kusnezk auf halbem Wege zwischen Nowosibirsk und Krasnojarsk mit der alten Linie vereinen soll. Der Ausbruch des Ersten Weltkrieges unterbricht die schon begonnenen Arbeiten. Das Projekt bleibt – zunächst – unausgeführt.
Die Revolution in Sibirien verläuft anfangs, anders als im europäischen Rußland, sehr gemäßigt und friedlich. Die Spannungen, die weiter im Westen die Gemüter aufeinanderplatzen ließen, sind nicht vorhanden. Ein Industrie-Proletariat hat sich noch kaum gebildet; es macht nur einen verschwindend geringen Prozentsatz der Gesamtbevölkerung aus; die Landnot, welche jenseits des Ural die Bauern in die Agrar-Revolution treibt, ist hier ein unbekanntes Ding, denn für jeden ist freies Land im Überfluß vorhanden. Großgrundbesitz, dem sich die Bauern versklavt fühlen könnten, hat sich noch kaum gebildet. Von der Not des Krieges hat man hier nie etwas gemerkt. Daß der Krieg verloren wurde, bleibt für den einzelnen zunächst bedeutungslos.
Dies ändert sich, als die Tschechoslowakische Legion unter ihrem Führer Gaida sich nach und nach der ganzen Bahnstrecke von Tscheljabinsk bis Wladiwostok bemächtigt. Sibirien wird zum Tummelplatz abenteuernder Kondottieri. Jeder General oder Kosakenataman, der etwas auf sich hält, führt auf eigene Faust Krieg; die Engländer, Amerikaner, Japaner, Franzosen haben überall ihre Hand im Spiel, tauschen die Generäle untereinander aus; Regierungen jeder Färbung vom rötesten Rot bis

zum weißesten Weiß intrigieren gegeneinander und machen sich die Generäle abspenstig. Der Admiral Koltschak, der General Diedrichs, der später noch einmal in Wladiwostok ein unrühmliches Gastspiel geben sollte, der Burjate Semjonow, der Balte Ungern-Sternberg, vielleicht der interessanteste, weil phantastischste all dieser Männer, der Tscheche Gaida, der französiche General Janin, der eine zweifelhafte Rolle beim Verrat Koltschaks an die Roten, ebenso wie Gaida spielt, der Ataman Kalmykow am fernen Amur, der blutige Rogow. Im Dreißigjährigen Krieg muß es in Deutschland nicht anders ausgesehen haben wie in der Zeit von 1917–1922 in Sibirien. Die Generäle führen Waggons mit purem Gold mit sich, ihren Kriegsschatz, bestechen sich gegenseitig und lassen sich von den Alliierten bestechen. Die Bauern fliehen mit Sack und Pack in die Wälder, rotten sich zu Partisanen-Abteilungen zusammen, die bald einen grausamen Vernichtungskrieg gegen versprengte Abteilungen der verschiedenen Generäle führen, bald plündernd, sengend, mordend ihr eigenes Nachbardorf überfallen, die wegelagern und jeden ausrauben, der in ihre Hände fällt.
Die Bolschewisten sind lange Zeit in diesem brodelnden Kampf aller gegen alle, in welchem manche Stadt fast dem Erdboden gleichgemacht wird, die schwächste und unsichtbarste Partei. Doch sind sie unter allen die einzigen, die wissen, was sie wollen, und sich zäh Schritt für Schritt vorarbeiten. Da die Weißen mit Rivalitätskämpfen untereinander vollauf beschäftigt sind, ersticken alle Versuche, eine gemeinsame Front gegen Moskau zu bilden, im Keime. Auch die Eifersucht der Großmächte vereitelt jedesmal den Zusammenschluß der Kräfte. Die Bolschewiki verstehen es, die Partisanen-Bewegung der Bauern, die ursprünglich nicht das geringste mit Kommunismus zu tun hatte, für sich einzufangen, indem sie den brandschatzenden Räuberbanden mit der Parole: »Kampf den Dorf-Reichen und den vom Auslandskapitalismus gekauften Generälen!« den nötigen Hintergrund geben. Langsam, aber stetig setzen die Roten sich durch, ohne daß es eigentlich zu großen Schlachten kommt; die gegnerische Front bröckelt von selbst auseinander:

Koltschak, Ungern-Sternberg werden verraten, die Tschechen haben die Nase voll und wollen nach Hause, die Atamane machen sich mit gefüllten Taschen aus dem Staube, die Alliierten stehen nach gewonnenem Weltkrieg vor wichtigeren Problemen und desinteressieren sich, und schließlich bleiben die Sowjets allein auf dem Plan.

Sibirien glich nach dem Ersten Weltkrieg einem Trümmerhaufen; die endlich eingetretene Ruhe war eine solche der völligen Erschöpfung. Die Sowjets mußten von vorn anfangen, taten es mit erstaunlicher Energie, wohl wissend, daß es gerade jetzt nach der Vernichtung alles Bisherigen allein möglich sein würde, sich in diesem für den Kommunismus denkbar ungeeigneten und unvorbereiteten Land durchzusetzen.
Der Kampf gegen die Großbauern und gegen den Privathandel wurde und wird mit der gleichen schonungslosen Schärfe aufgenommen wie im übrigen Rußland, wobei der politischen Theorie stets der Vorrang über das wirtschaftliche Erfordernis eingeräumt wird. Ein Beispiel nur: im Jahre 1927 werden im Verwaltungsbezirk Sibirien gegen 3000 kleine Kramläden von Privatkaufleuten auf den Dörfern geschlossen und die Bauern gezwungen, 40, 50, 60 Kilometer zur nächsten Stadt zu fahren, wo sich eine Agentur der staatlichen Warenverteilung befindet; als »Ersatz« werden zwar gegen 200 Verkaufsstellen des Staatlichen Branntweinmonopols, aber nur etwa 150 neue Warenverteilungsstellen eröffnet... Künstlich wird der Klassenkampf ins Dorf getragen; der reiche Bauer wird verleumdet, angeklagt, eingesperrt, der arme aber mit dem, was man dem reichen abnimmt, geködert. Denunziationen werden angeregt und belohnt. Die alten Bindungen sollen gesprengt werden und an ihre Stelle die neuen von der Theorie geforderten Kollektive treten.
Abgesehen von diesen Erscheinungen, die die gleiche Erbitterung und passive Resistenz unter den Bauern zur Folge haben wie im übrigen Rußland und die auf die Dauer sich zu einer schweren Gefahr für den Bestand des jungen Staates auswach-

sen können, sind es vor allem vier Pläne, mit denen die Sowjetregierung Sibirien aus dem Abseits herausführen und ihm diejenige Stellung in der Weltwirtschaft verschaffen will, die ihm angesichts seiner gewaltigen Naturschätze gebührt. Die Durchdringung der Grenzländer, die Entwicklung des Kusnezker Beckens zu einem gewaltigen Industrierevier, die Erschließung des sogenannten Nordischen Weges und der Bau der Turkestan-Sibirien-Bahn.
Ganz im Osten berührt der Südzipfel des russisch-fernöstlichen Gebiets gerade noch auf wenige Kilometer den Nordausläufer der koreanischen Grenze. Anschließend bildet die Mandschurei für viele 100 Kilometer den Nachbarn Rußlands. In beiden Fällen ist Japan der wahre Gegenspieler. Die japanische Kontrolle und Aufmerksamkeit sind außerordentlich scharf. Es dürfte den Bolschewisten schwer fallen, hier Einfluß zu gewinnen; sie versuchen es auf andere Weise. Die Japaner sind unklug genug, die Koreaner als zweitrangig zu behandeln; die Koreaner können sich nicht ohne Recht als unterdrücktes Volk betrachten; zudem besteht eine alte Feindschaft zwischen Koreanern und Japanern; mehr als einmal gab es in Japan Koreanerpogrome. Die Lebensbedingungen im dichtbevölkerten Korea sind hart. Diese Sachlage nutzt die Sowjetregierung aus; sie öffnet den Koreanern weitherzig ihre Grenze; durch großzügige Bewässerungsanlagen ist bis zum Chanka-See hinauf der Wladiwostok-Bezirk für den Reisanbau brauchbar gemacht worden. Die Ansiedlung der Koreaner schreitet von Jahr zu Jahr mit Riesenschritten vorwärts. Die Neusiedler werden, da es ihnen hier bedeutend besser geht als in der alten Heimat, treue Kommunisten; sie sollen unter ihren zurückgebliebenen Landsleuten für die kommunistische Idee werben und den Boden für eine kommende revolutionäre Entwicklung vorbereiten. Daß das Wladiwostoker Gebiet als Folge dieser Entwicklung eines Tages sich vielleicht in eine koreanische Sowjet-Republik verwandelt, wird wohl kaum als Gefahr betrachtet, sondern eher als weiteres Stimulans für die Entwicklung des revolutionären Gedankens im japanischen Korea.

Während in der Mandschurei die japanische Wachsamkeit den Russen wenig Chancen läßt, haben sie weiter westlich in der Mongolei, der Republik Tannu-Tuwa, in der Dsungarei bis hin zur afghanischen Grenze um so größeren Einfluß gewinnen können. Die Mongolei und Tannu-Tuwa sind heute die einzigen nicht zum Verbande der Sowjetunion gehörigen Staaten, welche die von Moskau propagierte Staatsform angenommen haben, in denen ebenfalls die Diktatur des Proletariats aufgerichtet ist. Schon vor dem Kriege hatte die russische Diplomatie unter geschickter Ausnutzung der chinesischen Schwäche die Mongolei dem Einfluß Pekings entzogen. Als im Verlauf der Kämpfe um die Macht in Sibirien Ungern-Sternberg und Semjonow mit ihren Truppen auf mongolisches Gebiet übertraten, gab dies den Roten den erwünschten Vorwand, in mongolisches Gebiet einzudringen, um die letzten Reste der Gegenrevolutionäre zu vernichten: Semjonow floh, Ungern-Sternberg wurde geschlagen, geriet durch Verrat in die Hände der Roten und wurde später erschossen. Die Bolschewisten annullierten die alten Rechte der mongolischen Fürsten, der Lamas, der chinesischen Kaufleute und gewannen damit die breiten Massen. Eine revolutionäre Volkspartei wurde gegründet, die ausschließlich unter russischem Einfluß steht; Verträge binden den neuen, sich für unabhängig erklärenden Staat aufs engste an Moskau; in allen maßgebenden Staatsstellen sitzen bis auf den heutigen Tag Russen oder russische Berater. Der alte Name der Hauptstadt, Ugra, wird in Ulan-Bator-Khoto (Rote Heldenstadt) umgewandelt. Die Russen scheuen keine Anstrengungen, die Mongolei vom chinesischen, englischen Wirtschaftskreis loszulösen und an den russischen anzuschließen; Hand in Hand damit gehen Bestrebungen in kultureller Hinsicht. All diese Bemühungen haben die Mongolei heute zu einem sowjet-russischen Lehensstaat gemacht. Doch die Russen denken weiter: nachdem sich die Mandschurei und China ihnen zunächst verschlossen haben, soll die Mongolei die Brücke nach Tibet und weiter nach Indien bilden. Ebenso wie die Mongolei ist auch die Republik Tannu-Tuwa nur dem Namen nach selbständig; ähnlich wie die mongo-

lische Republik entstand sie unter bolschewistischer Führung und lebt von Moskaus Gnaden.
Ob jedoch alles den russischen Wünschen entsprechend weiterlaufen wird, sobald in China die neue Regierung sich konsolidiert haben und alte Ansprüche geltend machen wird, erscheint fraglich. Unter Umständen wird die Mongolei noch einmal der Schauplatz von Auseinandersetzungen zwischen Rußland und China/England; ebenso der Ferne Osten und Afghanistan, wo sich die Sowjets mit Japan und England reiben.
Als Versorgungsbasis für die riesige Front wäre Moskau zu weit entfernt, was schon der russisch-japanische Krieg bewiesen hat. Wenn also der russische Aufmarsch nicht von vornherein ohnmächtig bleiben soll, braucht er ein innersibirisches Zentrum: darum die geplante Entwicklung des Kusnezker Beckens mit seinen reichen Bodenschätzen zu einem großen Industrierevier am Nordrand des Altaïgebirges; es liegt den drei Brennpunkten bedeutend näher als der Ural und das südrussische Industriegebiet. Zudem finden sich im Kusnezker Becken hochwertige Eisenerze und Steinkohlen unmittelbar nebeneinander, z.T. so dicht unter der Oberfläche, daß die Kohlen im Tagbau abgebaut werden können. Die Eisenbahnlinie, welche dieses Gebiet mit der sibirsichen Bahn verbindet, ist bereits fertig. Nach Vollendung des für 15 Jahre festgelegten Wirtschaftsplans sollen an 1000 Millionen Tonnen Kohle, Koks und Roheisen produziert werden. Auch soll die Ural-Eisen-Industrie, die unter chronischem Brennstoffmangel leidet, von Kusnezk aus mit Koks versehen werden. Natürlich läßt die Eifersucht die anderen Bezirke, vor allem den Ural und Kasakstan, die das Bächlein des spärlich tröpfelnden Moskauer Kapitals auf ihre eigenen Mühlen leiten möchten, nicht schlafen. Besonders behauptet Kasachstan, daß seine Kohlengruben (Equibastos) günstiger zum Ural-Eisen lägen als die Kusnezker Kohle. Trotz allem sind die natürlichen Bedingungen in Kusnezk zu günstig, wachsen die Ansprüche der rapide zunehmenden sibirischen Bevölkerung zu stürmisch, als daß man den Ausbau des Kusnezker Beckens zurückstellen könnte. Die Kusnezker Produktion wird den russischen Bedarf

an Eisen, der bisher im Ausland gedeckt werden mußte, im Inland befriedigen und damit nicht ohne Einfluß auf die Weltwirtschaft bleiben.
Ebenso großzügig wie der Kusnezker Plan erscheint die Absicht der russischen Regierung, Zentralsibirien im hohen Norden über das Karische Meer (einen vor Nordsibirien liegenden Abschnitt des Norpolarmeeres) direkt mit der atlantischen Schiffahrt zu verbinden. Schon unter der zaristischen Regierung sollte das ungeheure sibirische Landmassiv unter Zuhilfenahme der Flußläufe des Ob und Jenissei angezapft werden. Doch scheiterte die energische und planmäßige Durchführung dieser Pläne stets an der Besorgnis, daß der Eisenbahn und den bestehenden Schiffahrtslinien sodann Frachten entgehen würden und die direkte Verbindung mit dem Ausland den russischen Waren in Sibirien eine unerwünschte Konkurrenz schaffen würde. Die Sowjetregierung hat nun nach den in der Revolutionszeit gemachten ermutigenden Erfahrungen den sibirischen Import und Export über das Karische Meer seit 1921 unter dem Namen der »Karischen Expedition« organisiert. Normalerweise ist das Karische Meer von Anfang August bis in den Oktober hinein eisfrei. Rechtzeitig wird in westeuropäischen Häfen eine Flottille von Hochseedampfern ausgerüstet, die um das Norkap herum an Nowaja Semlja vorbei über die Karische See in die Jenissei- und Obmündung hineinfahren. Gleichzeitig werden tief im sibirischen Innern lange Züge von Flußdampfern und Schleppkähnen beladen, welche Jenissei und Ob abwärts dampfen. In den Flußmündungen treffen die Flottillen zusammen und tauschen ihre Ladungen aus, um wieder frisch gefüllt zu ihren Ausgangspunkten zurückzukehren. Die Ersparnisse an Fracht sind ganz bedeutende, besonders für Massen- und sperrige Güter, wie Holz, Getreide, Maschinen, Felle, Häute, Erze. Da die sibirische Bahn sowohl den Ob als auch den Jenissei und viele Nebenflüsse von beiden überquert, können aus ganz Sibirien die für den Transport auf diesem Wege geeigneten Waren herangeschafft werden, und der Plan, Jenisseisk oder Krasnojarsk, Nowosibirsk, Omsk zu sibirischen Hamburgs

machen, ist durchaus nicht phantastisch, sondern mitten in der Ausführung. Sibirien erhält durch den Ausbau des Nordischen Weges für eine Reihe seiner wichtigsten Produkte einen unmittelbareren und verbilligten Zugang zu den Weltmärkten und wird umgekehrt von diesen leichter und billiger erreicht.

Soll der Karische Weg Sibirien ein Ventil nach Norden schaffen, so entsteht in der im Bau begriffenen Turkestan–Sibirien-Bahn, die vom Südende der Taschkentbahn ausgehend Turkestan über Semipalatinsk mit der Transsibirischen verbinden wird, für Zentralsibirien ein anderes Ventil nach Süden. Nach dem Bau dieser Strecke wird das Brotgetreide, das der sibirische Bauer dann in Taschkent absetzen wird, nur noch die Hälfte von dem kosten, was jetzt dort Getreide aus dem europäischen Rußland kostet. Turkestan soll sich in ein Baumwolle produzierendes Land verwandeln und diese gegen den Weizen Sibiriens eintauschen. Dadurch werden zwei Fliegen mit einer Klappe geschlagen: Sibirien erhält ein riesiges Absatzgebiet, und weiter wird ganz Nordasien und vielleicht ganz Rußland unabhängig von der ausländischen Baumwollindustrie.

Die Anstrengungen der Sowjetregierung, am Aldan, einem rechten Nebenfluß der Lena, ein neues Goldgebiet aufzubauen, treten an Bedeutung gegenüber den geschilderten Problemen zurück.

Freilich: Die Verwirklichung all dieser schönen Dinge ist noch keineswegs gesichert. Vor allem ist es sehr zweifelhaft, ob es der Sowjetregierung möglich sein wird, die vielen 100 Goldmillionen zur Durchführung der Pläne aufzubringen. Abgesehen davon lähmt das bürokratische System der Gängelung jedes einzelnen durch tausend Verordnungen, ewige Beaufsichtigung, ewiges Mißtrauen im großen wie im kleinen jede private Initiative, die allein in der Lage ist, diese ungeheuren Pläne schnell und energisch vorwärtszutreiben. Polizeibestimmungen und Kommissionsberatungen genügen nicht, wenn der zielbewußte Wille eines einzelnen fehlt, und dieser zielbewußte Wille fehlt überall dort in Rußland, wo es sich um mehr als nur Politik handelt.

Sturmzeichen über dem roten Rußland. Wer Ohren hat zu hören, Augen zu sehen, weiß, daß die Entwicklung des Sowjetstaates in eine Kurve geht.
Der größte Held und Vorkämpfer der Revolution nächst Lenin, Trotzki, wurde des Landes verwiesen, weil seine eigenwillige, zu keiner Konzession bereite Denkart die in Moskau herrschende Sowjetbürokratie gefährdete.
In allen Städten wird die Brotkarte wieder eingeführt. Wie in längst vergangenen Kriegszeiten stehen die Weiber mehr oder weniger geduldig, um sich ihre paar Pfund Brot für die Woche, ihr Fleisch, ihre Butter abzuholen, vor den Läden Schlange.
Aus allen Teilen Rußlands werden Reibereien zwischen den Bauern und staatlichen Beamten, die Steuern oder Getreide einziehen sollen, gemeldet. Zum soundsovielten Male werden Behörden und Staatsbetriebe von »Gegenrevolutionären«, »Feinden des Proletariats«, »Radikalen«, »Opportunisten«, oder unter welchem Namen immer diese oder jene Gruppe zum Sündenbock für die Fehler des Systems gestempelt wird, gereinigt.
Trotzdem aber jeder, der nur irgendwie der Sympathie mit Trotzkischen Gedankengängen verdächtigt ist, erbarmungslos ins Gefängnis wandert, trotzdem Denunziation und Angeberei begünstigt und belohnt werden, gelingt es nicht, die Opposition totzutreten. Sie wächst; und die unsinnig harten Gewaltmaßnahmen der Herrschenden, durch die immer neue Märtyrer geschaffen werden, halten die fortschreitende Ausbreitung der oppositionellen Richtung in der kommunistischen Partei nicht auf. Selbst das bewährte System, die Vertreter der Opposition zwar zu verbannen, ihre Gedanken aber zu okkupieren, scheint in diesem Falle keinen Erfolg zu bringen. Dabei ist keineswegs sicher, daß die Opposition mit ihren Plänen und Absichten mehr zu leisten imstande sein würde als die herrschende Stalinsche Richtung. Wenn nicht alles täuscht, scheint die Hinwendung breiter Schichten der Partei zur Opposition ihren

Grund mehr in der *allgemeinen* Unzufriedenheit mit den gegenwärtigen Zuständen, in der Unfähigkeit der Regierenden, die gefährliche Lage günstiger zu gestalten, zu haben. Es ist eine häufige Erscheinung, daß sein Heil in der Opposition sucht, wer mit den Methoden der gerade am Ruder befindlichen Schicht nicht einverstanden ist, ohne klar zu wissen, welche besseren Methoden er an die Stelle der anderen setzen müßte.
Es ist indessen wohl anzunehmen, daß die Einigkeit in der Partei von selbst wieder zustande kommen wird, wenn Angriffe von außen oder von innen auf ihre alleinige Vorherrschaft unternommen werden. Diese Angriffe drohen weniger von draußen als von den unklug und widerspruchsvoll behandelten breiten Bauernmassen im Innern. Ursprünglich baute sich die sowjetische Beherrschung des Dorfes auf der alleinigen Bevorzugung des Kleinbauerntums auf. Da dieses dörfliche Proletariat zumeist nur infolge seiner größeren Dummheit, Faulheit und Versoffenheit zu solchem Proletariat geworden war, außerdem die Kraft des Dorfes im Mittel- und Großbauerntum lag, erzwang die wirtschaftliche Notwendigkeit sehr bald eine Erweiterung des Begriffs Proletariat auch auf das Mittelbauerntum. Die Großbauern, die sogenannten Kulaken, blieben bis auf den heutigen Tag reine Ausbeutungsobjekte, entrechtete Steuerquellen. Als Kulak gilt, wer fremde Hilfskräfte in seinem Betriebe beschäftigt. Das Wahlrecht ist ihm entzogen, seine Söhne dürfen nicht in der Roten Armee dienen. Zu Staatsstellen, Universitäten oder sonstigen Bildungsanstalten hat er keinen Zutritt. Diese Politik der Bevorzugung der wirtschaftlich Schwachen und der Unterdrükkung der wirtschaftlich Starken hatte zwei miteinander zusammenhängende verderbliche Folgen. Es war ja nicht nur so, daß der größere Bauer den kleineren ausnutzte, sondern vor allem erhielt der kleinere, der vielleicht nicht einmal Pferde besaß, wenn er sich dem größeren verdingte, die Gewähr dafür, daß sein eigenes kleines Besitztum mit bestellt und abgeerntet wurde; andererseits hatte die Bedrückung der größeren Bauern zur Folge, daß diese sich in sehr vielen Fällen bemühten, ihr Land abzustoßen, oder daß sie es einfach unbebaut liegen

ließen, um auch zu Mittel- oder Kleinbauern zu werden und damit an den Vorteilen, welche das proletarische Regime diesen Schichten bietet, teilzunehmen. Von jeher aber erzielten allein die Groß- und ein Teil der Mittelbauern auf ihrem größeren Landbesitz überhaupt Getreideüberschüsse, die den Städten und dem Export zugute kamen. Es ergab sich also als Folge der geschilderten Zusammenhänge, daß das alte Gefüge des Dorfes zwar zerrissen, aber kein besseres an seine Stelle gesetzt wurde. Dem Kleinbauern war der Verdienst entzogen, weil kein Großbauer ihn mehr arbeiten lassen wollte und ihm so Lebensunterhalt und Landbestellung gewährleistete; außerdem wurde, da das Großbauerntum stark zurückging, der für den Export und die Stadtbelieferung notwendige Getreideüberfluß nicht mehr hervorgebracht. Vorteile bei dieser Politik hatte also niemand, weder der Groß- noch der Kleinbauer; jedem ging es schlechter; vor allem war der Staat gegenüber früher stark benachteiligt, weil die Brotversorgung der Städte und der für die Erhaltung der Währung notwendige Getreideexport in Frage gestellt wurden.

Es ist eine nicht wegzuleugnende Tatsache, daß man in Städten wie Swerdlowsk, Nowosibirsk, Irkutsk, die in unmittelbarer Nähe oder direkt im früheren Butter- und Weizengebiet liegen, von welchem aus vor dem Kriege ganz Westeuropa mit Weizen und tierischem Fett versorgt wurde, heute die Lebensmittelversorgung rationieren muß, nicht etwa weil die Bauern nichts hätten, sondern weil sie zu den vom Staat diktierten Preisen weder liefern wollen noch können. Nichts wirkt für den Reisenden widerspruchsvoller, als wenn er sich in einer größeren Stadt an der sibirischen Bahn die notwendigsten Lebensmittel nur unter Schwierigkeiten beschaffen kann, während er nur eine Stunde Bahnfahrt weiter von den Bauersfrauen auf irgendeiner dörflichen Station irgendeine beliebige Menge von Brot, Eiern, Milch, Fleisch und Butter einkaufen kann.

Die Folgen dieser unklugen Behandlung des Dorfes reichen weit in die Sphäre der Industriearbeiter, also in diejenige Schicht, auf die sich die Machtstellung des neuen Rußlands vor

allem gründet. Die Löhne der russischen Arbeiterschaft sind, vor allem unter Berücksichtigung der, gemessen am Goldwert, geringen Kaufkraft des Rubels, niedriger als die gewiß nicht großartigen der deutschen oder englischen Arbeiterschaft. Der russische Arbeiter lebt also genauso von der Hand in den Mund und unter ebenso gedrückten Verhältnissen wie das westeuropäische Industrieproletariat; er lebt schlechter, wenn er, obwohl er bezahlen kann und will, sich nicht genügend Brot und genügend Fett kaufen kann, weil einfach nicht genügend vorhanden ist, wenn er jede Fertigware, jeden Anzug, jedes Paar Stiefel nur teuer und trotzdem in schlechterer Qualität erstehen kann als der westeuropäische Arbeiter, wenn er bei der ungeheuren Ausdehnung des russischen Reichs bei Arbeitslosigkeit nicht von einem Arbeitsplatz zum andern wechseln kann, weil der nächste um vielleicht 1000 Kilometer entfernt liegt.
Die gleichen Verhältnisse hätten in der viel beweglicheren und intelligenteren Arbeiterschaft des europäischen Westens wahrscheinlich längst zu einer Revolution geführt. In Rußland jedoch sind die Indolenz und die gedankliche Trägheit jedes einzelnen fast die sicherste Gewähr für den Fortbestand jeder einmal existierenden Macht. Seit Jahrhunderten daran gewöhnt, gegängelt, mißhandelt, ausgenutzt zu werden, bietet die Masse des russischen Bauernvolkes und auch ein sehr beträchtlicher Teil der Industriearbeiterschaft keinen Nährboden für revolutionäre Ideen. Zudem versteht es das Sowjetregime durch künstlich aufgesetzte Sicherheitsventile nach zaristischem Muster, die sich aufstauende Erregung abblasen zu lassen. Bald sind es die Spezialisten aus der vorrevolutionären Zeit, bald die Kulaken, bald die Nepleute, bald die Oppositionellen, bald die Opportunisten, die wie früher die Juden in einem kleinen Pogrom den unzufriedenen Untertanen zum Abreagieren ihrer aufrührerischen Leidenschaften überantwortet werden. Genauso, wie früher die Judenpogrome von Petersburg her vorbereitet und in Szene gesetzt wurden, werden jetzt die Kreuzzüge gegen die Opposition oder gegen wensonst von Moskau her aufgezogen. Der Staat steckt überall dahinter.

Bedeutend besser noch als jemals der Zar haben es die kommunistischen Machthaber verstanden, die gesamten Machtmittel in ihrer Hand zu vereinigen. Nur derjenige hat Waffen und Munition, der ein unbedingt zuverlässiger Vertreter des herrschenden Regimes ist. Die eine Million erwachsener Parteiangehöriger, diese dünne Sahne, welche auf der breiten Masse des russischen Volkes schwimmt, hat alle maßgebenden Stellungen inne, welcher Art sie auch immer sein mögen, in der Politik, im Heer, in der Verwaltung, in den Gewerkschaften, in den industriellen Betrieben und Banken. Diese eine Million ist allein Nutznießer des sogenannten Kommunismus, führt ihre gewagten wirtschaftlichen und politischen Experimente auf dem Rükken und mit dem Gelde der weitaus überwiegenden Mehrheit des geduldigen russischen Volkes aus. An die Stelle der alten Aristokratie ist die neue Aristokratie der Parteimitglieder getreten, denen alle Gesetze zugute kommen, die überall bevorzugt werden und, wo auch immer, das Recht auf ihrer Seite haben. Allerdings verlangt man von den Parteimitgliedern eine stärkere Disziplin, enthaltsamere Lebensführung, überlegenere Intelligenz. Die Partei soll eine sich immer wieder von unten ergänzende Elite der Gesinnungstüchtigen bilden. Daß natürlich in fünfundneunzig von hundert Fällen die Zugehörigkeit zur Partei nicht nur eine Erhöhung des Ansehens, sondern auch eine Verbesserung und Erleichterung der materiellen Lebensführung bedeutet, ist klar. Rußland wird heute von einer Oligarchie regiert, die sich ihrer Macht äußerst bewußt ist und kein anderes Ziel kennt, als diese Macht, welche ihr in jeder Beziehung die Überlegenheit über 140 Millionen Menschen garantiert, eisern festzuhalten.

Diese reine Machtpolitik bedient sich der Terminologie des Marxismus genauso, wie in anderen Stadien der Geschichte etwa die amerikanischen Nordstaaten ihren Wirtschaftskrieg gegen die Südstaaten unter der Marke der Sklavenbefreiung geführt haben, wie etwa der Schwedenkönig Gustav Adolf seine machtpolitischen Ziele in Norddeutschland unter dem Deckmantel einer Befreiung des Protestantismus verbarg, wie etwa der Weltkrieg unter anderm für die Befreiung der unterdrückten Nationen durchgefochten wurde. Als die Novemberrevolution ausbrach, ging es in der Tat um die Befreiung des Proletariats, jetzt handelt es sich nur noch um die Erhaltung der Macht der kommunistischen Partei. Der Kommunismus ist an den starren Felsen der Wirklichkeit längst zerbrochen, an seine Stelle ist ein Staatskapitalismus getreten, der sich in seinen Methoden und Äußerungen in nichts von dem Privatkapitalismus unterscheidet, zu dessen vielen Nachteilen er noch den einer ungeheuerlichen Verbeamtung und Bürokratisierung hinzufügt, welche jede schnelle und klare Entscheidung, jeden einheitlichen, zielbewußten Plan von vornherein trübt und verzögert. Da Maschinisierung und Industrialisierung im Zuge der marxistischen Idee liegen, stellen sich die gleichen unvermeidlichen Folgen jeder Industrialisierung ein. Auch im Paradies des Proletariats hat man keine Allheilmittel gegen die Arbeitslosigkeit gefunden, hat man auch nichts Besseres gewußt, als Arbeiter zu entlassen, wenn die Fabriken unrentabel arbeiten, hat man im besten Falle auch nichts anderes tun können, als irgendein sich unter beamtlicher Leitung mühselig hinschleppendes Industriewerk wieder zu privatisieren und unter die Leitung von hochbezahlten, allein verantwortlichen Köpfen zu stellen. Allerdings hat man inkonsquent diese Entwicklung oft genug durchbrochen und verdienstvolle Leute, wenn man sich keinen besseren Ausweg wußte, der aufgebrachten, unzufriedenen, verständnislosen Masse geopfert.

Gerade der Marxismus, welcher zwangsläufig zur Industrialisierung führt, ist für dieses Land denkbar ungeeignet; denn wohl kein europäischer Volksstamm hat so geringe Begabung für Maschine und straffe Organisation wie der russische. Die Fremdheit, mit welcher der russische Durchschnitt jeder Maschine und jedem Motor gegenübersteht, von welcher jeder ausländische Ingenieur Dutzende von Anekdoten zu erzählen weiß, ist geradezu erschütternd. Und das, was man so schön Vergesellschaftung der Produktionsmittel nennt, hat weiter nichts ergeben, als die Verbürokratisierung einer primitiv, aber

glatt funktionierenden Volkswirtschaft, die im Grunde genommen bis zur Revolution wenigstens auf dem Lande eine reine Tauschwirtschaft war, aus der die Sowjetleute trotz großer Worte und Programme auch noch nichts wesentlich anderes haben machen können, mit dem einzigen Unterschied, daß die Bauern früher gegen ihre Erzeugnisse wirklich brauchbare Fertigwaren eintauschen konnten, während sie heute nur schlechte oder gar keine Ware erhalten können, eine Tatsache, welche durch die Fiktion einer größeren Freiheit nicht aufgewogen wird.
Es handelt sich um die Macht, aber, und das ist die verhängnisvolle Verfälschung der Begriffe, mit welcher der Kommunismus im Auslande Anhänger fängt, nicht um die Macht des Proletariats (»Diktatur des Proletariats«), sondern um die Macht der Partei. Die Gleichung Partei = Proletariat stimmt längst nicht mehr. Aus der Partei ist eine bevorzugte Aristokratie geworden, während das wirkliche Proletariat sowohl auf dem Lande wie in den Fabriken in alter Dürftigkeit weiterdämmert.
Es handelt sich nicht mehr um das Proletariat, es handelt sich um die Partei. Damit beginnt bereits die Liquidation des Grundanliegens der roten Revolution.

Die klugen Köpfe der Moskauer Zentrale wissen sehr wohl, daß einer der Hauptgründe der Schwierigkeiten, mit denen sie zu kämpfen haben, in der ungenügenden und minderwertigen Fabrikation von Fertigwaren liegt. Deshalb sollen nach dem Wirtschaftsplan vor allen Dingen solche Maschinen und Einrichtungen eingeführt und aufgebaut werden, welche der Herstellung von Fertigprodukten dienen. Rings um Moskau z.B. entstehen Textilfabriken mit modernsten Apparaten und modernsten Arbeitsschutz- und Wohlfahrtseinrichtungen. In den Erzgebieten wird mit aller Gewalt an der Einrichtung von Fabriken zur Herstellung von metallenen Gebrauchsartikeln gearbeitet. Der Gedanke, sich so schnell wie möglich vom Ausland unabhängig zu machen, indem vor allem die Voraussetzungen dafür geschaffen werden, daß Fertigwaren hergestellt werden können, ist

natürlich an sich richtig, zweifelhaft ist nur, ob man nicht viel zu früh angefangen hat, die Einfuhr von ausländischen Fertigwaren zu unterbinden. Die Produktion der innerrussischen Fertigwarenindustrie reicht noch in keiner Weise aus, sowohl was Quantität wie Qualität anbetrifft. Die Entwicklungszeit, welche man dieser Industrie zudiktierte, scheint zu gering bemessen zu sein. Die Gefahr, die diese falsche Kalkulation der notwendigen Zeit mit sich bringt, bei deren zu karger Bemessung der nervöse Wunsch, sich vom kapitalistischen Ausland unabhängig zu machen, die Hauptrolle gespielt haben mag, liegt darin, daß der nicht zu befriedigende Warenhunger der breiten Masse fortlaufend neue Unruhe und Enttäuschungen bewirkt.
Doch selbst wenn die Voraussetzungen für eine ausreichende Belieferung des Landes mit Waren schon gegeben wären, bliebe noch immer die Frage offen, ob es bei weitgehendem Staatsmonopol und der Zentralisierung des Innenhandels gelingen würde, die Waren rechtzeitig und ohne allzu große Verteuerung bis an den letzten Verbraucher gelangen zu lassen. Die übergroße Weite und Organisationslosigkeit des russischen und sibirischen Raumes macht dies zweifelhaft; das ganze russische Problem ist zu mehr als 50 Prozent ein reines Verkehrsproblem. Der größte Teil des europäischen Rußland, vor allem aber ganz Sibirien, befindet sich noch heute in der gleichen Situation, in welcher sich Kanada vor etwa dreißig Jahren befand. Hier wie dort unendliche fruchtbare Landgebiete, die jedoch völlig tot und nutzlos bleiben, weil ihnen die Verkehrskanäle fehlen, durch welche ihr natürlicher Reichtum abzuzapfen wäre. Man braucht sich nur vorzustellen, daß Kanada zu Beginn des Jahrhunderts in der Statistik der weizenbauenden Länder überhaupt noch nicht erschien, während es heute (d.h. 1929) an die erste Stelle gerückt ist. Kanada verdankt diese einzigartige Entwicklung, welche es in drei Jahrzehnten aus leerer Wildnis in ein fruchtbares Paradies verwandelte, einzig und allein der weit ausschauenden und großzügigen Politik seiner Eisenbahngesellschaften. Klima, Fruchtbarkeit des Bodens, Umfang des entwicklungsfähigen Raumes sind in Rußland und Sibirien nicht minder

vorhanden als in Kanada. Es läßt sich kein wesentlicher Grund anführen, der die Entwicklung Sibiriens zu einem neuen Kanada unmöglich machen sollte, wenn man nur auf die von Natur gegebenen Voraussetzungen blickt.
Die russisch-sibirische Situation malt sich indessen sehr anders, wenn man dasjenige bedenkt, was von menschlicher Seite zu der Entwicklung eines Landes zu leisten ist. An nichts fehlt es dem russischen Staate mehr als an Geld. Hinter der kanadischen Entwicklung stand die unerschöpfliche Finanzkraft des britischen und amerikanischen Kapitals. Rußland indessen will es immer noch nicht ganz gelingen, das fehlende Vertrauen der großen Geldgeber wiederzugewinnen. Weiterhin arbeiteten an der Entwicklung Kanadas geschulte und besonders tatkräftige Männer Westeuropas und Nordamerikas. Das Bildungsniveau, die Energie und die Elastizität des russischen Menschen sind mit dem der kanadischen Pioniere und großen Kaufleute und Verkehrsschöpfer nicht entfernt zu vergleichen. Die Masse der russischen Bauern lebt noch heute im Mittelalter, ihr Horizont endet an der Grenze ihrer jeweiligen Dorfgemarkung.
Das niedrige Niveau des russichen Durchschnitts macht Rußland zur Sozialisierung ungeeigneter, als es alle anderen Länder Europas wären. Sozialisierung hat nur da Sinn, wo jeder einzelne sich für die Gesamtheit und den Staat mitverantwortlich fühlt. Dieses Gefühl ist dem Russen grundsätzlich fremd, man hat es nie von ihm verlangt, es ist nie in ihm erzogen worden. Rußland war und ist groß. Der weiße und der rote Zar war und ist weit. Die starre Zentralisierung, welche von dem gegenwärtigen Regime zum Grundsatz erhoben wurde, entspricht dieser Geistesverfassung ebensowenig wie die künstlich angespornte Industrialisierung dem Mangel an individueller Initiative in kaufmännischen und organisatorischen Dingen.

Vorausgesetzt, daß die Überspannung des politischen Dogmas und des Kampfes um die Macht die ganze rote Herrlichkeit nicht vorzeitig explodieren läßt, in einem neuen Chaos alles, was bisher erreicht wurde, versinkt, wird sich die herrschende

Schicht vermutlich zur Abkehr von der grauen Theorie entschließen müssen.
Da es am naheliegendsten und leichtesten ist, Geldüberschüsse dadurch zu erzielen, daß die Getreideausfuhr gehoben wird, wird sich die Fürsorge des russischen Staates vor allem demjenigen Teile der russischen Bauernschaft zuwenden müssen, welcher Getreideüberschüsse erzielt: den bisher so grimmig verfolgten Großbauern. Man kann nicht gleichzeitig eine Kuh melken und schlachten. Weiterhin wird man sich wohl oder übel entschließen müssen, den Kleinhandel wieder zu entstaatlichen und zu entbürokratisieren und ihn dem privaten Unternehmertum zurückzugeben; denn es besteht kein Zweifel mehr darüber, daß die Organisation der Warenverteilung durch den Staat im inneren Rußland viel zu schleppend und zu lustlos funktioniert, einem beamteten Warenverteiler fehlt das Stimulans der Konkurrenz, welche ihn zwingt, die nach Qualität und Quantität beste Ware herbeizuschaffen.
Abgesehen von der Entlastung des Großbauerntums wird man zur Erzielung von Getreideüberschüssen die alte Latifundienwirtschaft in veränderter Form wiederaufnehmen müssen, landwirtschaftliche Großbetriebe versprechen allein eine geregelte Versorgung der Städte und sichere Exportüberschüsse. (Die Einrichtung von landwirtschaftlichen staatlichen Großbetrieben wird schon jetzt mit aller Macht durchgeführt, doch fehlt es auch hier, wie überall, an dem nötigen Geld.)
Wenn das russische Problem zur einen Hälfte ein solches des Verkehrs ist, so ist es zur anderen Hälfte ein solches der Finanzen. Um also wirklich etwas zustande zu bringen, wird man wohl weitherziger als bisher mit dem kapitalistischen Auslande paktieren, insbesondere sich zu einer großzügigen Konzessionspolitik entschließen müssen; denn wenn schon der ausländische Kapitalist zu Investitionen verlockt werden soll, muß ihm wenigstens die Sicherheit dafür geboten werden, daß er in dem Bereich, in welchem er sein Geld arbeiten lassen will, nicht durch irgendwelche Zugriffe des Staates gehemmt wird. Rußland/Sibirien wird zu dem großen Wirtschaftsfaktor werden,

den es nach seinen natürlichen Reichtümern bilden kann, wenn es genau wie Kanada sich mit einem dichten Verkehrsnetz überzieht. In Kanada machte man das so, daß man den Bahnbaugesellschaften riesige Streifen Landes längs der von ihnen gelegten Linien zur Verwertung und Entwicklung zur Verfügung stellte. Es ist nicht einzusehen, warum nicht europäisches oder amerikanisches Kapital durch solche Landzusicherungen an noch nicht gelegten Bahnstrecken zu gewinnen wäre, genau wie in Kanada. Eines allerdings fehlte in Rußland, was in Kanada die Entwicklung erst ermöglichte: ein tatkräftiger und hellköpfiger Schlag von Pionieren, die dem durch die Bahnbauten großzügig geöffneten Lande Leben einhauchen könnten. Aus der Forderung nach bedeutender Erweiterung der Konzessionen also, vor allem Bahnbaukonzessionen, ergibt sich die weitere, die Grenzen für Einwanderer aus dem überfüllten Westeuropa weitherziger als bisher zu öffnen. An diesen Einwanderern könnte sich der noch im Mittelalter befangene Bauer schulen, denn nach den amerikanischen und kanadischen Erfahrungen bestimmt immer der höchstbefähigte Einwanderer letztlich das Gesamtbild. Zu diesen Hauptforderungen tritt als weniger wichtige, die Einfuhr von Fertigwaren zuzulassen, solange die innerrussische Produktion noch nicht ausreicht.

Ein geschichtliches Ereignis wie die russische Revolution, das so viel Opfer an Menschen und Dingen gekostet hat, kann nicht ohne Sinn bleiben. Selbst wenn Rußland in tastendem Suchen langsam wieder den Anschluß an die mit der Novemberrevolution jäh abgebrochene Entwicklung sucht und findet, wird diese Revolution doch zum mindesten den Zweck erfüllt haben, die Verkrustung eines überalterten und nichtswürdigen Systems vulkanisch gesprengt und den Weg für etwas Neues freigemacht zu haben. Daß man überhaupt einmal versucht hat, Wirtschaft und Politik eines Volkes nicht kapitalistisch, sondern sozialistisch zu betreiben, wird letztlich auch auf die Gestaltung der kapitalistischen Staaten nicht ohne Einfluß bleiben; denn es wird sich im weiteren Verlauf der Entwicklung herausstellen,

wie weit der Sozialismus bei der Probe aufs Exempel stichgehalten hat. Drängt von Westeuropa her die Überkapitalisierung von selbst der Sozialisierung entgegen (Kartellwesen, Preiskonventionen, Tarifverhandlungen, unbedingte Rationalisierung der Industrie, als deren Folge der Zwang zur Produktion über den Willen zum Profit triumphiert), so kommt die russische Entwicklung der westeuropäischen von der anderen Seite entgegen, indem sie langsam aus dem sozialistischen Gedanken, gezwungen von der Wirklichkeit, alles Utopische ausscheidet.
Auf einer mittleren Linie werden beide Entwicklungen zusammenlaufen, um schließlich in eine gerechtere Form des Wirtschaftens und der Verteilung der Güter dieser Erde unter alle auszumünden.
Aber das ist vielleicht auch nur wieder eine neue Utopie, denn vermutlich ist der Geschichte nichts gleichgültiger, als das größtmögliche Wohlergehen möglichst vieler. – – –

Ich habe den Text dieses Kapitels so wiedergegeben, wie ich ihn damals (1929) aufgeschrieben habe, lange vor dem Tode Stalins, vor den Schauprozessen der dreißiger Jahre, vor der großen Weltwirtschaftskrise, vor dem »Tausendjährigen Reich« Hitlers, vor dem Zweiten Weltkrieg und den ungeheuren Veränderungen, die er weltweit zur Folge hatte.
Trotzdem waren vor einem halben Jahrhundert und mehr bereits Entwicklungen voraussehbar, die inzwischen Wirklichkeit geworden sind.
Sibirien ist ja in der Tat heute (1982) im Vergleich zu damals weitgehend erschlossen. Vom Gold, das im Osten und Nordosten des gewaltigen Gebiets am Aldan und Witim aus der Erde und dem Fels geholt wird, bestreitet die Sowjetunion die Ausfälle an Leistung und Produktion, die wesentlich zu jeder marxistisch bestimmten Wirtschaftsweise zu gehören scheinen. Die gewaltige Kraft und der Wasserreichtum der sibirischen Ströme wurden eingespannt, um unerhört große Mengen elektrischer Energie zu produzieren, ohne daß allerdings bisher schon die Industrie-Anlagen geschaffen werden konnten, diesen Überfluß

an Energie in vollem Umfang zu nutzen. Der Bahnbau wurde vorangetrieben. Die neue Nordroute der Transsibirischen Bahn im russischen Fernen Osten wurde bereits erwähnt. Bis hoch in den sibirischen Norden hinauf entstanden erstaunliche neue Industriestädte, Bratsk etwa oder, nahe der Jenisseï-Mündung in die Kara-See, also ins Eismeer, die in ihrer Art bewundernswerte Stadt Norilsk. Ströme wurden umgeleitet und Binnenseen geschaffen, wo es vorher nur leere, unwegsame Taiga gegeben hat. Erdöl und Erdgas wurden erschlossen in solchen Mengen, daß es sich lohnt, eine kostspielige Rohrleitung nach Mittel- und Westeuropa zu bauen, um dort den Überfluß des Gases aus der Tiefe Sibiriens gegen westliches Wissen und westliche Güter einzutauschen.

Trotzdem gilt auch heute noch, während sich das Jahrhundert seinem Ende nähert, daß die natürlichen Reichtümer und die unabsehbaren Möglichkeiten Sibiriens erst am Beginn ihrer Entwicklung stehen, daß Sibirien immer noch einen der großartigsten Reserveräume der Menschheit darstellt.

Die Hoffnungen allerdings, Südwest-Sibirien, vor allem die Steppengebiete der Sowjetrepublik Kasachstan, zur großen neuen Weizenkammer der Sowjetunion zu machen, haben sich bisher nur unvollkommen erfüllt. Dabei kann kaum ein Zweifel daran bestehen, daß diese mächtigen Flachländer den Prärie-Gebieten im nordamerikanischen Westen ähneln beinahe wie ein Ei dem andern.

Es liegt ganz offenbar nur an den Mängeln des wirtschaftlichen Systems und der Organisation der Verwaltung, daß die Sowjetmenschen sich von den Überschüssen der amerikanischen Steppen ernähren lassen müssen und nicht von denen der eigenen. Ich werde nie den schrecklichen Anblick vergessen, der sich mir bot, als ich in den sechziger und dann in den siebziger Jahren die kasachischen Steppen wiedersah: Unter den schweren Regen des Herbstes verdarben ungezählte Hektar ungemähten, ungedroschenen reifen Weizens auf dem Halm, weil eine nachlässige oder unfähige zentrale Agrar-Verwaltung nicht für die rechtzeitige Lieferung der für die Ernte notwendigen Mähdrescher gesorgt hatte. Die Bürokratien der landwirtschaftlichen und industriellen Produktion hatten es nicht verstanden, sich aufeinander abzustimmen.

Die Tatsache, daß es dem sowjetischen System seit damals, 1929, nicht gelungen ist – obgleich die Natur alle Möglichkeiten dafür bereitgestellt hat –, die simpelste und wichtigste Pflicht jeder Wirtschaftsordnung zu erfüllen, nämlich die auf sie angewiesenen Menschen ausreichend zu ernähren, scheint mir mehr als alles andere zu beweisen, daß eine wirtschaftliche Ordnung, die den offenbar falschen Vorstellungen des Marxismus anhängt, ganz einfach auf die Dauer »nicht geht«. Wie wäre es sonst zu erklären, daß praktisch in allen Ländern, die sich mehr oder weniger konsequent dem marxistisch gefärbten Sozialismus, gleich welcher Spielart, verschrieben haben, der Hunger umgeht und ein jämmerlicher Mangel an allen Gütern herrscht, die im freiwirtschaftlichen Westen in reicher Auswahl gerade auch für den Bauern und Arbeiter zur Verfügung stehen, daß praktisch alle Länder des so »fortschrittlichen«, in Wahrheit rückschrittlichen Sozialismus auf die Nahrungs-Überschüsse der westlichen Länder angewiesen sind und ohne sie hungern, zumindest darben müßten! Wenn eine Wirtschaftsordnung sich nicht einmal fähig erweist, für das tägliche Brot ihrer Menschen zu sorgen und auch alle anderen Bedürfnisse nur sehr unvollkommen befriedigt, dann spricht sie sich selbst das Urteil. Wo die Freiheit des Denkens, des Wirtschaftens und sogar des Fühlens eingeschränkt wird oder gar abhanden gerät, da ist es mit dem leiblichen und seelischen Wohlergehen der Menschen aus.

Gewiß wird auch im Westen immer wieder versucht, die Freiheit und Unabhängigkeit des einzelnen zu untergraben, sie ihm politisch oder ökonomisch einzuengen. Aber im Westen kann man sich wenigstens dagegen wehren, hat juristische oder auch politische Mittel, dagegen anzugehen und braucht nicht damit zu rechnen, in die Verbannung geschickt, in ein Straflager eingewiesen oder ins Irrenhaus gesteckt zu werden.

Was nun die Voraussagen anbetrifft, die ich dreiundfünfzig Jahre vor dem gegenwärtigen Zeitpunkt über die zu erwartende Entwicklung des »großen sowjetischen Experiments« glaube wagen zu dürfen, so muß ich heute erkennen, daß ich damals noch viel zu sehr von westeuropäischen Vorstellungen ausging und nicht damit rechnete, daß in Rußland – ob zaristisch oder sowjetisch – die Uhren anders laufen als bei uns. In Rußland hat es keine Renaissance und keine Reformation, keine Aufklärung und keine Französische Revolution gegeben und eine Demokratie nur in ersten schwächlichen Anfängen. Also kannte und kennt man in Rußland Verpflichtung und Verantwortung zwar von unten nach oben, aber nicht von oben nach unten. So konnte und kann man dem Volk zwar eine nur sehr zögernd sich verbessernde Versorgung mit den Annehmlichkeiten des Daseins zumuten, während ein übergroßer Anteil der wirtschaftlichen Leistung in eine schier phantastisch anmutende Ausweitung der militärischen Rüstung gesteckt wird, ohne daß das Volk jemals gefragt würde, ob es diese Super-Rüstung für nötig hält oder nicht. Aber man weiß natürlich innerhalb der sowjetischen Oligarchie, des vergleichsweise winzig kleinen Kreises der heute längst überalterten Mitglieder des Zentralkomitees der Partei, daß man eine furchtgebietende Militärmaschine braucht, um sich nach außen, notfalls aber auch nach innen abzusichern. Alte Männer neigen dazu, auf »Nummer Sicher zu gehen« und nichts zu riskieren. Und das russische Volk ist von jeher gewohnt, regiert zu werden, nach oben aufzublicken und zu gehorchen. Unter Iwan dem Schrecklichen oder Peter dem Großen ist Ungehorsam oder das Wagnis einer eigenen, von der »General-Linie« abweichenden Meinung ebenso hart bestraft worden wie unter den Männern, die heutigentags in schwarzen kugelsicheren Limousinen zwischen ihren Amtssitzen im Moskauer Kreml jeden Morgen und jeden Abend und ihren großzügigen, sorgfältig abgeschirmten Privatsitzen in der schönen Umgebung Moskaus hin- und herfahren.
Ich rechnete vor einem halben Jahrhundert damit, daß die wirtschaftliche Vernunft und ihre Zwänge sich schließlich

durchsetzen würden. Die Ideologie und der Machtwille der zur Macht gelangten und auf dieser Macht beharrenden Partei-Elite haben sich als stärker erwiesen.
Ja, in Rußland gingen und gehen die Uhren anders.

Zweiter Teil

Eines nicht ganz sorglosen Mitteleuropäers Erlebnisse im Lande der aufgehenden Sonne

Siebzehntes Kapitel

Bezauberung

Wenige Meter unter mir rollte in einem warmen Südoststurm der Pazifik seine gewaltige grünsilbrige Brandung ans Ufer, ließ sie an braunen, tiefzerklüfteten Felsen in tausend Funken zersprühen, saugte das Wasser wieder in sich zurück, hob es von neuem und donnerte abermals in wildem Schwall die Fluten ans Gestade. Mein japanisches Häuschen, wie alle anderen des kleinen Fischerdorfes den Berg hinan in einen Felsenwinkel gebaut, bebte und klapperte im Anprall des Sturmes. Aber es hatte schon ärgeres Wehen erlebt und hielt stand. All die kleinen Laute des japanischen Dorfes, die an stilleren Tagen zu mir heraufklangen in mein niedriges Mattenzimmer mit den Ölpapierwänden, wurden an jenem Tage vom Sausen des Windes, vom Brüllen der Brandung übertönt.

Am Abend zuvor, spät, war ich auf den Berg hinter dem Dörfchen gestiegen, wo ich viel Volk versammelt gefunden hatte; leise schwatzend saß man auf den Felstrümmern und Rasenbänken, trank hier und da ein wenig Sake (Reisschnaps) aus den Fläschchen, genoß die Vollmondnacht, hörte auf die Brandung fern unten und zeigte sich einen besonders schönen Ausblick, wenn der Mond in ein noch dunkles Seitental hineinzuleuchten begann. Kleine Mädchen tanzten auf einem Wiesenfleck, schritten anmutig in einer Reihe auf und ab zu den Klängen einer winzigen Pauke und einer Shamisen (einem der Gitarre ähnlichen Instrument); ihre bunten Kimonos leuchteten im Mondlicht, und wenn die weißen Tabis, die japanischen Strümpfe, unter den langen Gewändern hervorleuchteten, schien es, als wenn zierliche, weiße Kätzchen durchs Gras schlüpften. Die Frauen klatschten leise in die Hände, damit die Mädchen richtigen Takt hielten; die Alten lobten den Mond und boten mir, dem Fremden, ihre Sakefläschchen an, erzählten sich flüsternd zweideutige Geschichten, von denen die Frauen nichts hören durften; dann wieder saßen sie still, tranken ihren Reisschnaps und freuten sich an der stillen kühlen Mondnacht, die tiefer unten im Dorf die schweren Strohdächer in sanften Funken aufblinken ließ.

Um Mitternacht, als schon der Mond sich zu neigen begann, wurden die Mädchen des Tanzens müde. Sie zogen die drolligen, kleinen Klappersandalen aus Kirschbaumholz an, die manche zum Tanzen abseits niedergestellt hatten; leise verklang das Klipp-Klapp ihrer Holzschuhe auf den Felsenstufen den Berg abwärts in der Dunkelheit.

Nur ein paar Männer, Fischer aus dem Dorfe, blieben außer mir zuletzt noch zurück. Durch lustige Gebärden deuteten sie mir an, daß erst jetzt, nachdem die Frauen und das Jungvolk verschwunden wären, die Vollmondnacht ihren wahren Zauber ganz enthüllte. Verträumt blickten sie in den Silberglanz hinaus, und das Sakefläschchen kam öfter an mir vorbei, als mir lieb war. Diesen seegewohnten Leuten schien der Schnaps indessen wenig auszumachen; gegen Morgen zwar wurden auch sie lustig und begannen Lieder zu singen; aber mit leisen Stimmen, um das sanfte Weben der stillen Mondnacht nicht zu zerstören.

Es war so klar, daß man den nahen Fuji-Berg der mitternächtigen Stunde mußte sehen können; ich sprach seinen Namen aus, anders konnte ich mich damals noch nicht verständlich machen; doch sie begriffen sofort. Einer nahm mich bei der Hand; wir gingen ein paar Schritte, bogen um eine Ecke des Kieferngehölzes, welches das kleine Hochplateau bedeckte, auf dem wir die Nacht verbrachten – und ich sah den Kegel des Fuji vor mir liegen – als einen zarten, doch ganz klaren Schattenriß gegen den schwarzblauen Nachthimmel; der Schnee auf seinem abgestumpften Gipfel leuchtete silbern und makellos im vollen Strahl des Mondes. Ich wurde randvoll und schwer von Glück: dies war Japan, wie ich es mir geträumt hatte! Ich tief innen von ihm gefangen!

Inzwischen war den andern der Sake ausgegangen. Gemächlich trollten wir uns den Berg hinab; ich suchte mein Häuschen, meinen Rausch auszuschlafen; die Fischer gingen zum Strand hinunter, machten ihre Netze und Segel fertig und schwangen sich auf sich bäumenden Booten durch die Brandung, um ihr Tagewerk im kaum grauenden Morgen weit draußen auf offener See zu beginnen. –

Spät, gegen Mittag erst, erwachte ich auf den Strohmatten meines Zimmers. Ich hörte Kinder unter dem Hause singend einen Reigen schlingen; mit Hölzchen, die sie aneinanderschlugen, und einer Trommel vollführten sie eine lustige Musik dazu. Kaum ein Geräusch sonst als der Wind in den hohen Gartengebüschen, ganz fern die Brandung, das Hämmern eines Kupferschmieds manchmal, die Klapper eines wandernden Händlers, zumeist aber Stille. Lange lag ich so, blinzelte in den Sonnenschein, sah einem unermüdlichen kreisenden Raubvogel nach, glücklich und faul wie kaum je.

Endlich erschien die japanische Amah, die Bedienerin, lächelte, verbeugte sich viele Male, brachte mir Tee, Orangen, Gebäck, japanische Früchte, die ich nicht einmal dem Namen nach kannte. Ich dankte ihr, so freundlich und liebenswürdig ich nur irgend vermochte mit meinen geringen, inzwischen aufgeschnappten japanischen Brocken, aß dann von den guten Sachen, zog mir schließlich einen Kimono über, verschränkte die Beine unter mir auf höchst kunstvolle Weise, indem ich mich auf der schmalen Veranda niederließ, sah ins Weite und meditierte wie ein weiser und abgeklärter Buddhajünger angesichts der leuchtenden, bunten Herbstherrlichkeit über die Eitelkeit und Vergänglichkeit alles Irdischen, ganz ohne Reue darüber, daß ich schon seit Tagen weder an Arbeit noch Verdienen, Geld oder Pflicht auch nur eine Minute gedacht hatte. Ich war nur glücklich, mitten im Land der aufgehenden Sonne, der

Kirschen- und Pflaumenblüten und Chrysanthemen, der leuchtend bunten Kimonos und der drolligen Klappersandalen, der liebenswürdigsten und freundlichsten Menschen zu sein, die ich jemals irgendwo getroffen zu haben meinte.

Aus Rußland kommend, hatte ich den japanischen Dampfer, der mich über die Japan-See getragen hatte, in Tsuruga verlassen. Als die Sonne am Morgen aufging, die blauen Berge sich entschleierten, reinliche Dörfer und Bauerngehöfte vorüberflogen, Männer in breiten Strohmänteln – es hatte in der Frühe geregnet – und großkrempigen Hüten vor ihren Ochsengespannen zum Zuge herübergrüßten, ich auf den Reisfeldern Bauern und Frauen bis über die Knöchel in Wasser und fruchtbarem Schlamm stehend mit hochgeschürzten Kleidern ihre Arbeit verrichten sah, alles sich voll Farbe und Form, Sauberkeit und Anmut zeigte, war es mir, als ob sich der Druck, der während der ganzen Zeit meines Streifzuges durch Rußland atembeklemmend auf mir gelastet hatte, mit einem Schlage davonhöbe. Plötzlich bekam ich wieder Luft und Lust, und mehr als das: Ich wußte mich vor Freude darüber, daß ein wohlwollendes Geschick mich in dieses offenbar paradiesische Land versetzt hatte, nicht zu fassen.
Als mich der Zug quer durch Japan von der West- zur Ostküste führte, immer neue Fernsichten sich öffneten, immer blauer eine Bergkette sich in die andere hineinschwang, das Land sich als ein einziger schöner Garten offenbarte, kam ich mir nach all der Last und dem grauen Elend der russischen Tage wie in eine Märchenwelt versetzt vor.
Ich vergaß vollkommen, daß ich mit einem Kapital in dies blendende Land hineinfuhr, das nach normalen Ostasienbegriffen nicht länger als ein paar Wochen reichen konnte. Der Gedanke, daß man sich auch in diesem Lande des Geldverdienens wegen den Kopf zerbrechen müßte, erschien mir so unsinnig, daß ich ihn mir lachend aus dem Sinn schlug. Da ich mir in Rußland, wenn auch nicht immer auf ganz glatten Wegen, stets das Kapitel zur Weiterfahrt hatte zusammenscharren kön-

nen, zweifelte ich keinen Augenblick daran, daß die ewigen Mächte mich auch in Japan nicht im Stiche lassen würden, was sie denn auch zur guter Letzt nicht taten, nachdem sie mich lange Zeit über ihre Bereitwilligkeit im Zweifel gelassen hatten. Zunächst aber ahnte ich noch nichts von all den Bedrängnissen, die mir bevorstanden, und fuhr schwer von Glück ins Land der Kimonos hinein.
Die Bahnstrecke von Kobe nach Tokio führt auf ihrem größeren, nördlichen Abschnitt unmittelbar am Ufer des Pazifischen Ozeans entlang. Wenn der Wind auf die Küste zu steht, spritzt der Schaum der an den Felsen zersprühenden Wellen in die Fenster. Zur Rechten die weite, blaue See, zur Linken das Land, die Berge und schließlich für viele Stunden der gewaltige Fuji, dessen Fuß die Bahn im weiten Dreiviertelkreis umzirkelt, eine Strecke voller Wunder und Entzückungen!
Als ich spätabends in Yokohama den Zug verließ, hatte ich Rußland, meine ärmlichen Vermögensverhältnisse, die Tatsache, daß mir die russischen Grenzbestimmungen nur einen einzigen – hellen – europäischen Anzug gestattet hatten, nebst einem einzigen Paar normaler Stiefel, so vollständig vergessen, daß ich mich von dem nächsten Gepäckträger in ein feudales Auto verfrachten und von diesem in ein noch feudaleres Hotel fahren ließ, dessen marmorüberladene Pracht auf dollarstrotzende Amerikaner zugeschnitten schien, aber nicht auf mich schäbigen Gentleman-Vagabunden. Doch das Bewußtsein, daß mir bisher nichts passiert war, mir also auch weiter nichts passieren würde, ließ mich sorglos in die weichen Kissen sinken.

Achtzehntes Kapitel

Teemädchen bringen mich um meinen Ruf

Ich war so bezaubert von Japan, so restlos glücklich, die leichte, milde Luft atmen zu dürfen, die Tokio-Bucht jeden Tag blauer vor meinem Fenster aufblitzen zu sehen, daß mir der Gedanke, dieses Leben bestände noch aus etwas anderem als Faulenzen und mit Gott und der Welt sich heiter eins zu fühlen, in diesen ersten Tagen meines Aufenthalts in Japan überhaupt gar nicht kam. Im vornehmen Hotel »New Grand« am Bund in Yokohama wie ein Fürst oder vielmehr wie ein dollargesegneter USA-Petroleummagnat zu leben und zu dinieren, zu baden und mich in strotzenden Hotel-Klubsesseln mit langgestreckten Beinen auszuruhen, erschien mir, nach all den russischen Leiden, gerade recht. Sorgenlos und glücklich wie selten schlenderte ich vom frühen Morgen bis zum späten Abend durch die abgelegensten Winkel und Gäßchen Tokios, fuhr nach Kamakura und Enoshima, brachte dem dicken Daibutsu meine Reverenz dar, wunderte mich, daß es so viele Tempel auf einem Haufen geben könnte wie in Nikko, trieb mich aber am liebsten in namenlosen Sträßchen der Städte umher, in die sonst nie ein Europäer hineinschaut, konnte mich nicht satt sehen an dem bunten Leben und Treiben in den engen Gassen. Alle Hauswände sind zurückgeschoben, solange es die Witterung irgend erlaubt, und jeder Vorübergehende kann dem innersten japanischen Leben mitten ins Herz sehen.

Hier saßen drei niedliche Schulmädchen auf den Matten mit

untergeschlagenen Beinen um ein niedriges, zierliches Tischchen, tauchten ihre Pinsel in die Tusche und übten sich darin, verzwickte Schriftzeichen für die Schulaufgabe aufs Papier zu malen. Papa und Mama hockten um den Hibachi, den großen, glasierten Steintopf, in welchem die herbstliche Abendkühle zu bekämpfen, die Holzkohlen rot und warm verglühten. –
Dort wurde gerade der Abendtisch bereitet. Der Rikscha-Mann – draußen unter einem Vordach stand sein sauberes, zweiräderiges Gefährt – hatte sich mit seiner Familie um den Tisch niedergelassen. In dem schwarzen Lackkästchen schimmerte der gedämpfte Reis; sie schlürften ihre Suppe aus weißen Porzellanschüsselchen, die Stäbchen führten geschickt bald den weißen Reis, bald aus einem der vielen anderen Näpfchen die Zuspeisen zum Mund; zum Nachtisch dampfte das Pfeifchen mit dem endlos langen, zerbrechlich-dünnen Stiel; feierlich las der Alte den andern aus der Zeitung vor, welchen heiligen Schrein der Kaiser bei den Krönungszeremonien besucht und geehrt hätte und daß wieder drei oder vier hochmögende Herren aus der Tokioer Stadtverwaltung den vielen anderen, die wegen der letzthin entdeckten großen Unterschleife schon im Loch saßen, hinzugesellt worden wären. –
Und immer wieder begegnete mir das bezaubernde Bild, wie eine kindhafte, mädchenzierliche Mutter weit ihren bunten Kimono geöffnet hatte und verträumt, ohne Scheu ihrem kleinen Kinde die Brust reichte, der vielen Leute nicht achtend, die draußen vorübergingen. Lächelnd blickte sie auf das kleine Wesen hinab, das mit geschlossenen Augen das süße Leben einsog – aus Brüsten, die so rund und zart von blasser goldgelber Farbe waren wie kaum gereifte, saftschwere Mikans, die japanischen Orangen.

So verbrachte ich die Tage, froher und beglückender denn seit langer Zeit, ohne Sorgen, ohne Gedanken, nur darauf bedacht, all das bezaubernde Neue in mich aufzunehmen, alles Häßliche und Traurige der vergangenen Monate zu vergessen und Japan zu lieben und immer mehr zu lieben.

Eine Woche dauerte diese schöne Zeit; dann fand sie ein Ende mit Schrecken: am Sonnabend, als ich gerade von einem bezaubernden Tag auf Enoshima zurückkehrte, sah ich auf meinem Zimmer die Wochenrechnung des Hotels liegen. Ohne auch nur im geringsten vorbereitet zu sein, warf ich einen Blick darauf; im nächsten Moment lag ich mit einem leichten Schlaganfall auf meinem Bett. Ich war natürlich, als ich bei meiner Ankunft das Zimmer mietete, viel zu vornehm gewesen, um nach den Preisen zu fragen. Jetzt hatte ich die Bescherung: das Zimmer kostete das Vielfache von dem, was ich erwartet hatte. Ein beträchtlicher Teil meines ärmlichen Vermögens war mit einem Schlage dahin. Es war ein furchtbares Erwachen. Auch in diesem paradiesischen Lande also lebte man nicht von Luft und Liebe. Ich packte bedrückt mein Zeug zusammen, bezahlte schweren Herzens die elende Rechnung, kündigte gleichzeitig meine Abreise an und begab mich auf den Weg, ein bescheideneres Quartier ausfindig zu machen.

Lange suchte ich vergeblich. Schließlich fand ich, nachdem ich lange die Strandstraße entlanggewandert war, ein Stadtviertel, in dem sich kleine, bescheidene, aber anscheinend saubere Hotels aneinanderdrängten; sie schienen, ihrem Namen nach wenigstens, europäisch eingerichtet zu sein, was mich beruhigte, denn damals traute ich mich noch nicht, völlig japanisch zu leben. Da gab es ein Hotel »San Francisco«, ein »Paris-Hotel«, »Chicago« usw. Ich versuchte es mit dem ersten besten, trat ein und stand in einer leeren Halle. Ich wartete eine Weile, ohne daß sich jemand zeigte. »Komisches Hotel!« dachte ich mir. Endlich rief ich laut: »Hallo!« Ein winziges Persönchen in einem rotbunten Kimono kam erstaunt lächelnd herbeigetrippelt, als wäre es das Sonderbarste von der Welt, daß jemand in einem Hotel ein Zimmer verlangte. Ich redete sie englisch an: nachdem wir uns lächelnd und freundlich viele Male tief voreinander verbeugt hatten. Sie antwortete japanisch. Da jeder von uns bei seiner Sprache verblieb, konnte ich trotz weiterer zahlreicher Verbeugungen und liebenswürdigsten Lächelns meine Wünsche nicht erklären. Schließlich kam die kleine Madame Butterfly auf eine

gute Idee, schlürfte eilig davon und kam nach ein paar Minuten mit einem verschlafenen Japaner zurück, der sich mir in gebrochenem Englisch als Manager des Hotels vorstellte. Ich bedeutete ihm, daß ich gern für einige Zeit ein Zimmer mieten wollte. Darauf antwortete er, was mir völlig unverständlich war, daß es »erst am Abend bei ihm losginge«. In der Annahme, daß er mich falsch verstanden hätte, setzte ich ihm noch einmal ausführlich meinen doch gar nicht komplizierten Wunsch auseinander. Jetzt schien er begriffen zu haben, wandte sich zu dem Mädchen und übersetzte ihr anscheinend mein Begehr. Darauf brachen beide in ein fröhliches Gelächter aus; die Kleine konnte sich nicht genug tun, mich wie ein Wunder zu betrachten. Endlich versprach mir der Mann ein Zimmer zu einem sehr mäßigen Preis, der mich hoch entzückte; dort könne ich wohnen, solange es mir beliebte.
Froh, das schwierige Problem letztlich gelöst zu haben, begab ich mich in mein früheres Hotel zurück, lud mein Gepäck auf eine Rikscha, bestieg selbst eine zweite und fuhr stolz meinem neuen Heim entgegen. Warum man sich in dem guten »California-Hotel« so über mich amüsiert hatte, bereitete mir vorläufig kein Kopfzerbrechen.
Ich ging zum Essen, richtete mich ein, packte meine Sachen aus; allmählich kam der Abend. Bis dahin war es still im Hause gewesen, so daß ich mich mit Recht für den einzigen Gast halten konnte. Jetzt wurde es lebendig. Türen knarrten, Stimmen wurden laut, es schien tatsächlich hier »erst am Abend loszugehen«, wie der Manager mir gesagt hatte, doch dachte ich mir noch immer nichts Arges. Als ich vom Abendbrot zurückkam, schien sich das über Tag so stille Haus in einen wahren Bienenstock verwandelt zu haben. Aus allen Zimmern fast klang Lachen, anscheinend wurde auch getrunken; ich hörte Geishas singen; überall wurde geschwatzt und gekichert; ich kam mir etwas deplaciert vor, schien ich doch der einzige Junggeselle in diesem Familienhotel zu sein. In mancherlei mit dieser betrüblichen Tatsache zusammenhängende Gedanken verstrickt, fing ich an, mich auszuziehen, als es auf japanische Art an die Tür

klopfte, das heißt, es wurde in die Hände geklatscht; bevor ich noch »herein!« rufen konnte, wurde die unverschließbare Tür geöffnet, eine kleine Japanerin sah lächelnd durch die Spalte und fragte mich etwas. Etwas geniert ob meines schon ziemlich weit fortgeschrittenen Negligés schüttelte ich den Kopf: »Nein, ich wünschte nichts mehr!« Sie lächelte, zog sich zurück, ich löschte das Licht und legte mich schlafen. Nach zehn Minuten klopfte es wieder, wieder öffnete sich die Tür, bevor ich noch etwas gesagt hatte. Ein anderes, nicht minder zierliches Kimonofräulein huschte ins Zimmer, drehte mir nichts, dir nichts das Licht wieder an, verbeugte sich lächelnd und stammelte mit einer drolligen Aussprache: »Do you like anything, Sir?« Nein, ich war wunschlos glücklich, wünschte nur zu schlafen, dankte dem blumigen Mädchen etwas gezwungen lächelnd, denn ich lag immerhin im Bett, in einem japanischen natürlich, das heißt auf dem Fußboden. –

Kichernd verschwand sie.

Noch immer dachte ich in meiner Unschuld, diese abendlichen Besuche gehörten zur Etikette in einem höflichen japanischen Hotel. Ich fand das schließlich doch sehr nett, drehte mich zur Wand und war schon am Einschlafen, als es wieder klopfte; das gleiche Spiel wie vorhin: ein freundliches, schlitzäugiges Kind fragte mich nach meinen Wünschen. Das schien mir die Höflichkeit etwas zu weit zu treiben. Ich verlangte energisch, endlich in Ruhe gelassen zu werden, vorläufig mit Erfolg.

Nach Mitternacht aber wachte ich von lautem Gesang auf, der aus dem Nebenzimmer drang. Vor meiner Tür kicherten ein paar Mädchen. »Fideles Gefängnis!« dachte ich. Plötzlich sprang die Tür auf, drei lachende Kimonos schlüpften herein, setzten sich auf meinen Bettrand und hielten mir durcheinanderplappernd eine lange Ansprache. Nun endlich dämmerte es mir: ich war in ein Haus der Sünde geraten, wenn diese auch hier denkbar vergnüglich genommen wurde; meine Tugend und Unschuld waren in schwerer Gefahr. Deshalb also hatten die beiden am Vormittag so schrecklich gelacht, deshalb »ging es erst abends los«, und der Raum war nur deshalb so billig, weil

man noch andere Einnahmen von den Gästen erwartete. All das wurde mir furchtbar klar.
Doch war ich keineswegs gesonnen, meine Unbescholtenheit so leichten Kaufs preiszugeben. Es gab ein langes Palaver, und als sie nicht freiwillig weichen wollten, setzte ich sie mit sanfter Gewalt vor die Tür.
Um weiteren Versuchungen ein für allemal aus dem Weg zu gehen, nahm ich mir am nächsten Tage ein Zimmer im Hause der Y.M.C.A., des »Christlichen Vereins junger Männer«, wo ich vor allen Fallstricken des Satans sicher war.

NEUNZEHNTES KAPITEL

»Wer den Schaden hat ---«

Warum ich gerade nach Tatebayashi gefahren war, konnte ich mir selber nicht recht erklären. Wahrscheinlich lag im Klang des Wortes etwas, was mich für das Städtchen begeisterte. Bei meiner grundsätzlichen Abneigung gegen Reiseführer, Baedeker und andere Sehenswürdigkeiten-Lexika bleibt mir meistens weiter nichts übrig, als meine Wahl nach dem Klang von Namen zu treffen und mich blindlings der Laune des Geschicks zu überlassen; warum also schließlich nicht Tatebayashi.
Mein in Rußland durch kühne Spekulationen erworbenes Vermögen war bereits stark zusammengeschrumpft. Aber noch hatte ich weder Zeit noch Lust gehabt, mich nach einem neuen Verdienst umzusehen; es war mir auch vollkommen schleierhaft, wie ich in dem noch immer an den Folgen des großen Erdbebens krankenden Lande als krasser Außenseiter mich irgendwo einfügen sollte. Überdies war meine Phantasie so vollkommen von all dem Neuen ringsumher in Anspruch genommen, daß sie nicht mehr Atem genug behielt, um sich irgendwelche pfiffigen Pläne zum Geldmachen auszudenken. So lebte ich vorläufig noch recht fröhlich in den Tag hinein und ließ die guten japanischen Silberstücke rollen.
Ich war schon eine gute Weile im Lande, hatte aber immer noch nicht den Mut aufgebracht, mich ganz auf eigene Faust ins echteste Japan zu stürzen. Nun also hatte mich das Wort Tatebayashi begeistert. Zudem wies mein Sprachschatz an japani-

schen Worten, wie ich bei einer gründlichen Bestandaufnahme feststellte, schon vierunddreißig verschiedene Ausdrücke auf; ich wußte mich so echt und tief zu verbeugen und dabei so trefflich und naturgetreu japanisch durch die Zähne zu schlürfen, kannte die chinesischen Schriftzeichen für – Respekt! – sechzehn verschiedene Bahnstationen in und um Tokio, daß ich es endlich wagen durfte, mich auf eigene Faust und gut Glück in die unverblümte japanische Welt hinauszuwagen.
Tatebayashi zeigte sich größer als ich gedacht, außerdem sah ich zwei Europäer auf dem Bahnhof, was mir sehr wider den Strich ging. Ich marschierte also, von Gepäck unbeschwert, eine Straße zum Städtchen hinaus, um irgendwohin zu gelangen, wo mir nichts Weißes mehr in die Quere geriet. Es war noch früh am Morgen, die Sonne gerade erst aufgegangen, kein Mensch unterwegs. Der ganze Zauber der japanischen Landschaft tat sich vor mir auf. Knorrige alte Koniferen begleiteten die vielgewundene Straße; an den Berghängen glühte das herbstliche Laub in allen Farben, und in den hohen Gräsern am Wegrain blitzte der Tau. Neben der schmalen Straße brauste ein Gebirgsbach über braune, rundgewaschene Felsen. Der Morgenwind rauschte in den Kiefernbüschen, die an steilen Lehnen aufwärts kletterten; jedes Seitental offenbarte neue, leuchtende Wunder; blau und blauer schoben sich weit hinaus die Bergketten in- und übereinander, und in der Ferne, wie eine blasse Silberkrone über allem, schwebte der makellose Gipfel des Fuji.
Rechts und links vom Wege bauten sich in kunstvoll angelegten Terrassen die schlammigen Reisfelder übereinander auf, überall trocknete das braune Reisstroh an hohen Gestellen in der Sonne, und immer wieder zeichneten sich an den Hügeln, auf den Felsenecken die niedrigen, breit ausladenden, phantastisch verzerrten und verknorrten Kiefern mit den grau-roten Stämmen scharf und klar gegen den glasklaren Himmel ab und gaben der Landschaft jenes typisch japanische Gepräge, von dem ich geträumt hatte. Und als sollte dem Bild auch die letzte Vollendung nicht fehlen, flogen die fünf oder sieben wilden Gänse über die Kiefernhänge oder kreiste der Bussard über

dem Tal, genau wie es die alten japanischen Seidenmalereien zeigen. Ein Bauer in blauleinenem, kurzem Kittel wanderte mir entgegen; hinter ihm schritten geruhsam zwei hellgelbe Ochsen vor einem hoch mit Gemüse beladenen zweirädrigen Karren. Wir grüßten uns freundlich.

Schon fing die Sonne an, unangenehm heiß herabzubrennen, als in einem tiefen Tal die grauen, an den Enden leicht aufgeschwungenen Schieferdächer eines japanischen Dorfes auftauchten. Froh, am Ziel meiner Wünsche eingetroffen zu sein, beschleunigte ich meine Schritte und marschierte kurz darauf, unter dem Ehrengeleit eines Haufens neugieriger, lachender Kinder, die wohl nur selten einen »weißen Teufel« zu sehen bekamen, die Dorfstraße entlang. Da ich von dem Marsch ein gesundes Rühren im Magen verspürte, trat ich in das Dorfwirtshaus.

Sich die Hände reibend, breit und freundlich lächelnd, kam mir der Wirt in Gestalt eines kleinen, quittengelben Männleins entgegen. Er überschüttete mich mit vielen Worten, aus denen ich wohl entnehmen sollte, wie geehrt er sich fühle, einen Weißen unter seinem Dach beherbergen zu dürfen. Er verbeugte sich, ich verbeugte mich, jeder tief einknickend, keiner wollte aufhören, denn wer zuerst aufhört, zeigt dadurch, daß er sich für den Vornehmeren hält. Schließlich schlug ich ihn doch, indem ich nach zwei Minuten »Rumpf vorwärts beugt« unten bleib, ohne mich wieder aufzurichten damit begann, mir die Schnürsenkel aufzuknüpfen; gleichzeitig sah ich ihn listig von unten her an. Er verstand meinen Scherz sofort, lachte, rief seine Mädchen herbei, um mir zu helfen, es mir bequem zu machen, lachte von neuem, daß ich sofort mir die Stiefel auszog und schloß mich offensichtlich endgültig in sein Herz, weil ich mich, wie er mir später klarmachte, genauso höflich wie ein Japaner benommen hätte. Als ich ihm, wie es die Sitte erforderte, auch noch gleich ein reichliches Teegeld in den Ärmel steckte, kannte seine Freude keine Grenzen mehr; wieder vergingen viele Sekunden mit Verbeugungen, er hatte Tee bestellt; wir hockten barfuß auf den glatten, federnden Matten in der Vorhalle um ein niedriges Tischchen. Vor der Veranda hatte sich die Dorfjugend aufgebaut und diskutierte aufgeregt jede meiner Bewegungen. Die Unterhaltung zwischen mir und dem gelben Wirtsmännlein blieb reichlich rudimentär. Immerhin ergaben seine 30 englischen und meine 30 japanischen zusammen 60 Worte, mit denen wir jeder am anderen vorbei uns gegenseitig Freundlichkeiten sagten.

Inzwischen war in kleinen, henkellosen Schälchen der Tee serviert worden. Und damit begann die Kette von Blamagen, die mir diesen Tag unvergeßlich gemacht haben. Mein Gegenüber führte sein Täßchen zum Mund und begann das blaßgrüne Wasser zu schlürfen. Ich wollte es ihm gleichtun, faßte wohl die Tasse zu tief unten an und verbrannte mir kräftig die Finger. Ich probierte es noch einmal geschickter; diesmal ging es besser; dafür verbrannte ich mir jetzt den Mund; außerdem schmeckte mir der ungesüßte, grüne Tee entsetzlich schlecht; Spülwasser schien mir eine Delikatesse dagegen zu bedeuten. Doch mit Todesverachtung, gequält lächelnd, schlürfte ich das ungenießbare Zeug hinunter, ließ mir sogar eine zweite Tasse einschenken.

Etwas deprimiert suchte ich nach dieser Zeremonie mein niedliches Zimmerchen mit den Ölpapierwänden auf. Es war vollkommen leer wie alle japanischen Räume, wirkte indessen nicht so, da seine wohlabgemessene Enge, die geschickte und schöne Aufteilung der Wände in kleinere und größere Vierecke, zwei lange bis zum Boden hinabreichende, zart bemalte Seidenstreifen, die festen, sauberen Bodenmatten und vor allem, wenn man die Außenwand zurückschob, der Ausblick in den kleinen, aber kunstvoll angelegten Garten den Raum in einen ebenso entzükkenden wie friedlichen Käfig verwandelten.

Gerade fing ich an, mich wohl zu fühlen, als die Tür zurückgeschoben wurde, ein anmutiges, schlitzäugiges Geschöpfchen knicksend und lächelnd eintrat und ein großes Tablett mit zahllosen Schüsselchen und Väschen vor mich und einen ziemlich großen gelackten Holzkasten neben mich hinstellte: mein Mittagsmahl; ein zweites Mädchen brachte ein Tischchen; darauf wurden all die Schüsselchen aufgebaut. Dann überließen sie mich mitsamt der Herrlichkeit meinem grausamen Schicksal. Vergeblich suchte ich unter dem anderthalb Dutzend von Gefäßen irgendeines, welches eine Speise enthielt, an welcher man sich hätte satt essen können. In einem Schälchen schwamm eine klare Brühe; doch fand ich keinen Löffel. Ich trank sie also direkt aus dem Porzellangefäß; erst später merkte ich, daß es die Japaner nicht anders machen. Ich untersuchte, was die Schüsselchen sonst noch enthielten; in jedem lag ein verlorenes Klecks-lein von irgend etwas ganz Undefinierbarem, gedämpfter Seetang, Bambusschößlinge, Fleischstückchen in einer scharfen Soße, roher, zu dünnen Scheiben zerschnittener Fisch. Natürlich gab es keine Gabel, sondern nur Stäbchen. Selbst die längsten und bestgemeinten Flüche und Beteuerungen bewirkten nicht, daß mir irgend etwas zwischen den Stäbchen verblieb. Da saß ich vor all den Köstlichkeiten und konnte nichts davon zu mir nehmen. Die Finger zu benutzen, konnte ich mich nicht entschließen. Doch gewohnt, mich in verzweifelten Situationen aus der Affäre zu ziehen, zog ich mein Taschenmesser, spitzte die Eßstäbchen zu und spießte nun alles auf, was sich aufspießen ließ.

Gerade hatte ich, stolz auf meine Erfindung, zu essen angefangen, als hinter der Schiebetür ein offenbar schon lange mühsam zurückgehaltenes Gelächter losplatzte. Entsetzt blickte ich mich um; durch einen schmalen Spalt blitzte mich ein halbes Dutzend brauner und schwarzer Augenpaare an. Ich stand auf; lachend und kichernd flüchtete im Gang draußen die wilde Jagd die Treppe hinunter, und als ich die Tür zurückschob, sah ich auch den eingetrockneten Wirt eilig um den Treppenpfosten verschwinden; selbst er also hatte es nicht verschmäht, seinen Mädchen Gesellschaft zu leisten, als sie sich nach oben an meine Tür geschlichen hatten, um sich darüber zu amüsieren, wie dumm ich blöder Europäer mich beim Essen anstellen würde. Kaum hatte ich mich wieder gesetzt, als ich die Schiebetür wieder knarren hörte; die Mädchen wollten sich ihren Spaß nicht nehmen lassen. Ich ließ sie kichern und spießte mir weiter

die Klößchen aus den zierlichen Schüsseln; die Hälfte war für mich ungenießbar; schließlich war alles Aufspießbare verschwunden. Es war kaum ein Horsd'oeuvre gewesen. Stumm und mit knurrendem Magen blickte ich in den Garten hinaus. Da tippte mich ein Fingerlein auf die Schulter; unhörbar war eins der kleinen, leuchtend bunten Kimonomädchen ins Zimmer geschlüpft, um mir in meinem Elend beizustehen. Sie deutete auf den Holzkasten, welchen man anfangs mit hereingebracht hatte; ich hatte mich nämlich auf ihn gehockt, weil das Sitzen mit untergeschlagenen Beinen über meine Kräfte gegangen war. Sie holte das Kästchen hervor, öffnete es und zeigte mir den Inhalt: weißen, dampfenden Reis. Ach, ich Esel, mit Recht hatten sie mich ausgelacht! Der Inhalt der Schüsselchen war nur als Zuspeise zum Reis gedacht gewesen. Ich hatte mit Überwindung das scharfgewürzte Zeug allein hinuntergewürgt und den Reis, die Hauptspeise, als Sitzgelegenheit benutzt. Den Reis konnte ich leider nicht aufspießen. Wir hatten ein langes, für sie sehr lustiges, für mich etwas genierliches Palaver; schließlich suchte ich mir ein Brettchen, welches ich mir zurechtschnitzte. Unter dem Kichern des spottlustigen Publikums scheffelte ich mir damit den Reis ein.
Als alles abgetragen war, versank ich in tiefe Meditation über meine Unbegabtheit in japanischen Dingen; worüber ich einschlief. Nach zwei Stunden ging ich im Garten und im Dorf spazieren. Die Leute, denen ich begegnete, lachten mich belustigt an oder vielmehr aus. Die Kunde von meinem Ungeschick mußte sich bereits weit verbreitet haben. Ich bekam es schließlich mit der Wut, schnürte mein sehr leichtes Bündel und machte mich noch am Abend auf den Weg ins nächste Dorf, wo niemand von meiner Schande etwas wissen konnte. Doch blamierte ich mich dort noch mehr.
Aber das ist eine andere Geschichte!

Zwanzigstes Kapitel

Zwischen Sake und Whisky

Schon lief ich mir seit zwei Wochen die Hacken wund, um irgendeinen Job, irgendeinen Verdienst ausfindig zu machen. Fast am Verzweifeln mußte ich feststellen, daß die Jobs in Japan nicht so auf der Straße liegen wie in Amerika. Was mir Kenner der Verhältnisse schon vorher geweissagt hatten und ich nicht hatte glauben wollen, bewahrheitete sich nun: Keine der europäischen Firmen mochte mir hergelaufenem unbekanntem Europäer Arbeit geben, und als richtig bewies sich, so paradox es klingen mag, die Regel, daß Europäer eine Anstellung in Japan leichter von Deutschland aus als in Japan selbst erhalten, weil alle Firmen sich ihre Leute aus der Heimat kommen lassen. Wohl hatte ich mir viele listige Pläne zurechtgelegt, und zweimal war ich dicht daran gewesen, Bankkassierer bzw. Revisor zu werden, als im letzten Augenblick dem Chef Zweifel an meinem aufrichtigen Willen, wirklich für längere Zeit in Japan zu bleiben, aufstiegen – womit er einen guten Instinkt bewies. Eines Tages hatte ich alle Möglichkeiten, soweit ich sie übersah, auf gut bürgerlichem Wege Geld zu verdienen, erschöpft; ich stand vor der Frage, um Hilfe zu telegraphieren oder, weniger gentleman-like, vielmehr nach alter Weise hochstaplerisch die Ebbe in meinem Beutel wieder aufzufüllen. Das letztere lag mir mehr, wenn es mir auch in diesem wunderschönen Lande nach wie vor nicht recht in den Sinn wollte, daß man auch dort ganz simpel Geld zu verdienen hatte, um existieren zu können. Es ging alles schrecklich anders zu als in Amerika, wo ich mir nichts daraus gemacht hatte, heute in Smoking und Lackschuhen den feinen Max zu markieren und morgen das Geld zu neuen Extravaganzen als Tomatenpflücker oder Holzarbeiter zu verdienen. Solche Stillosigkeiten gelangen in Japan nicht recht; jedes Ding, jeder Mensch hatte zu viel festgelegte, streng geregelte Form und Gebundenheit. Es wehte nicht die geeignete Luft, um darin gewinnbringende Schelmenstreiche zu verüben.

Niedergeschlagen und traurig über die Einheitlichkeit des Stils der Kulturen philosophierend, wanderte ich also eines Tages in Gedanken versunken die Ginza – die Hauptstraße Tokios – hinab, nachdem mir gerade vorher die letzten Felle weggeschwommen waren.

Ohne aufgepaßt zu haben, wohin ich eigentlich ging, fand ich mich nach anderthalb Stunden Weges in Asakusa-Ku, dem großen Vergnügungs-, Theater- und Rummelviertel Tokios, und zwar in einer Straße, in welcher sich ein Teehaus ans andere drängte. Langsam holte ich meinen Geist wieder auf diese Erde zurück, als mich plötzlich von irgendwo über mir eine mir verdächtig bekannt vorkommende Stimme anrief: »Hey, Ally, what the hell, where do you come from?« (»He, Ally, was die Hölle, wo kommst du denn her?«) und das mit untrüglich amerikanischem Akzent. »Ally«, das war mein Spitzname in der kanadischen Prärie und im Camp gewesen. Verdutzt blickte ich mich um: grinste mir da aus dem Fenster eines gegenüberliegenden Teehauses das magere, verwegene Gesicht des vorzüglichen und ehrenwerten Allan Southerford entgegen, mit dem ich Jahre zuvor im Wilden Westen gemeinsam viel erlebt hatte. Der Teufel mochte wissen, wie Allan hierher verschlagen worden war, aber bei ihm war alles möglich, wie ich schon von früher wußte. Mit einem Schlage verflog meine jämmerliche Stimmung; mit diesem tiefgekerbten Gesicht des alten, guten Kameraden tauchte eine andere, glücklichere Zeit aus der Versenkung auf. »By God, Lanny!«, schrie ich zurück, »how, the devil, did you get here?« (»Bei Gott, Lanny, was, zum Teufel, willst du denn hier?«) – »Well, don't bother with that, boy! Come on, have a drink!« (»Ha, das braucht dich nicht aufzuregen! Komm rauf! Wir wollen einen heben!«) Daran erkannte ich endgültig meinen guten Southerford; »have a drink!«, so fing bei ihm alles an und hörte alles auf. Im Sturmschritt sauste ich die Treppe des kleinen Restaurants hinauf; gerührt lagen wir uns beide in den Armen. Fünf kleine Mädchen waren um den guten Allan bemüht gewesen, doch hatte er sie als Kinder genommen, denn er überragte sie alle um das Doppelte. Der heiße Sake schien ihm ausgezeichnet zu munden; er befand sich schon in recht vorgeschrittener Stimmung. Natürlich trank er den heißen Sake nicht aus den vasenähnlichen Gefäßen, wie es die Japaner tun, sondern er hatte ein gewöhnliches Wasserglas vor sich stehen, in das er sich munter von dem heißen Trank einschenkte. Eine herrische Armbewegung, weit ausholend, genügte, um die zierlichen Teemädchen wie Spreu vor dem Winde davonzufegen; bald stand auch vor mir der dampfende »drink«, und dann ging es ans Erzählen.

Er hatte irgend etwas ausgefressen – natürlich, das konnte ich mir denken –, sollte etwa ein Jahr zuvor einen großen Viehtransport aus der Prärie nach Vancouver begleiten; war unterwegs bei einem Aufenthalt in den Rockies ausgestiegen, »to have a little drink!« hatte zufällig einen alten Gefährten getroffen; aus dem einen Drink waren dreie und fünfe und zehn geworden, und schließlich, als Allan dann wieder aufwachte, war der Zug mit seinen Kühen längst über alle Berge. Die bedauernswerten Rinder trafen ohne ihren Versorger in Vancouver ein, leider nur noch zur Hälfte am Leben; die andere Hälfte war unterwegs eines erbärmlichen Durst- und Hungertodes gestorben. Allan hielt es für ratsamer, über die Grenze südwärts nach Seattle zu verduften. Dort nahm er Heuer auf einem Südsee-Tramp-Dampfer und schaukelte nun schon seit einem Jahr unter mancherlei Abenteuern zwischen Shanghai und Australien umher. Nach langer Fahrt hatte sein Dampfer vor zwei Tagen Yokohama angelaufen; mit seinem Haufen schwer verdienten Geldes in der Tasche benutzte er nun seinen Landurlaub, um Japan auf seine Weise zu erobern.

Ihm nun auch von meinen Erlebnissen zu erzählen, dazu kamen wir nicht, denn inzwischen war uns beiden der Sake in den Kopf gestiegen, daß wir die lausige Gegenwart vergaßen und mit schallenden Stimmen und männlich tönendem Gelächter uns von gemeinsam verlebten Wochen im Urwald und auf Halbpart unternommenen Geniestreichen erzählten. Allan schlug dabei manchmal vor Freude mit der geballten Faust auf den Tisch, daß das ganze, auf so ungeschlachte Riesen nicht berechnete Teehäuschen in seinen Grundfesten erbebte und der Wirt mit seinen Mädchen sich ängstlich hinter den Schanktisch verkroch. Inzwischen war es Abend geworden. Allan kam auf die Kateridee, an Ort und Stelle japanisch zu essen. Vergeblich warnte ich ihn und prophezeite ihm eine wochenlange Magenverstimmung; seine Laune hatte sich aber bereits so weit gehoben, daß er gewillt schien, es mit sämtlichen Verstopfungen der Welt aufzunehmen. Also bestellten wir.
Es erschien das übliche große Tablett mit den Eßstäbchen, den zahllosen Näpfchen und Schüsselchen und dem Lackkasten voll Reis, das ich selbst schon aus trüben Erfahrungen kannte. Allan sah sich die bunte Vielfalt eine Weile tiefsinnig an: er probierte die Eßstäbchen; sie zerbrachen sofort unter den rauhen Seemannshänden; er wollte die Suppe essen, fand keinen Löffel. Er zog sein Messer aus der Hosentasche und spießte sich aus einem Schälchen eine kleine, rote Scheibe auf, um zu probieren. Sein Gesicht verzog sich zu einer angstvollen Grimasse; er getraute sich nicht, das Zeug hinunterzuschlucken und fragte weinerlich: »Was ist das?« – »Roher Fisch!« antwortete ich lakonisch. Allan spuckte, spie, fluchte, schrie, und der rohe Fisch spritzte auf den Fußboden; erst ein gehöriger Schluck Sake brachte den Entsetzten wieder zu sich. »Was ist das?« fragte er weiter. »Seetang!« Er sah mich an, als ob ich plötzlich wahnsinnig geworden wäre, und schüttelte den Kopf. Er wagte es nicht mehr, weiterzuforschen und propagierte schließlich als einzig mögliches Rettungsmittel: »Well, Ally, only sheer whisky will save us!« (»Na, Ally, uns wird allein ein klarer Whisky retten!«) Ich hatte nichts gegen klaren Whisky, durchaus nichts. Allan

bezahlte, ohne mit der Wimper zu zucken, die unverschämt hohe Zeche. Meinen Einspruch, sich nicht übers Ohr hauen zu lassen, tat er mit einer großartigen Handbewegung ab, die eines Rockefeller würdig gewesen wäre.

Die frischere Luft auf der Straße, ein kräftiges Abendessen in einem europäischen Restaurant taten Wunder. Annähernd nüchtern traten wir die Heimfahrt mit der Vorortbahn nach Yokohama an, denn dort erst wollten wir uns über den Whisky machen.

Wir ließen uns dicht am Hafen in einer kleinen Spelunke nieder, die folgende verlockende Aufschrift über der Tür trug: »California Frank's Place. Come in! We got the right drink for you!« (»California-Frank's Platz. Komm rein! Wir haben das richtige Gesöff für dich!«) Was uns angeht, so bewies sich diese Zusage als hundertprozentig richtig. Der »Black and White« war vorzüglich. Allan trank Whiskysoda, ich Sodawhisky. Inzwischen war unversehens ein Kamerad von Allans Schiff aufgetaucht, der, noch ganz frisch, uns zu neuen Leistungen anspornte. Allmählich gerieten wir in Fahrt, selig luden wir die andern Gäste ein, mitzuhalten. Allan erklärte in einer langen, etwas dispositionslosen Ansprache, daß ich der einzige anständige Mensch unter der Sonne wäre, schränkte das dann aber dahin ein, daß auch die andern verehrten Anwesenden »quite allright« (»ganz in Ordnung«) wären. Die Schankmädchen konnten Gott danken, daß sie so wenig Englisch verstanden und mitlachen konnten, ohne etwas von den wenig zartfühlenden Witzen zu begreifen. Manches Glas ging in Scherben.

Als uns endlich die Polizeistunde zwang, die schwere Sitzung zu beschließen, lag für uns die rauhe Wirklichkeit hinter rosigen Nebeln. Allan bezahlte alles. Was weiter wurde, ist mir nicht mehr ganz klar. Wenigstens wollte ich Allan aufs Schiff und er mich in meine Unterkunft begleiten, was sich gleichzeitig schwer ausführen ließ. So strandeten wir denn in einer Stadtgegend, die weder er noch ich je gesehen zu haben uns erinnern konnten. Wir machten uns nichts daraus, sondern zogen singend weiter. Ich sang die »Wacht am Rhein«, was ich sonst nur

im äußersten Notfalle tue, während er in strahlender Laune immer wieder von neuem einen Song wiederholte, der mit den verdächtigen Worten begann: »Can she bake an apple-pie, charming Billy–?« (»Kann sie Apfelkuchen backen, süßer Billy?«), und das um drei Uhr morgens!
Schließlich fielen wir einem überaus höflichen und ernsthaften Polizisten in die Hände, der sich unser annahm. Er fragte uns nach unseren Adressen, rief zwei Autos herbei und schärfte den Chauffeuren ein, uns ja richtig abzuliefern. Dabei muß nun irgendwie eine bedauerliche Verwechslung passiert sein, denn als ich am nächsten Morgen erwachte, fand ich mich in der Wartehalle auf der Pier, von der die Hafenboote zu den Dampfern verkehrten. Mit schwerem Kopf, nicht begreifend, wie ich dort hingekommen war, fuhr ich nach Hause und entdeckte in meinem Bett Allan, der dort an meiner Stelle den Schlaf des Gerechten schlief. Als er erwachte, war er nicht minder erstaunt, als ich es eine halbe Stunde zuvor gewesen war, sich in einem fremden Bett zu finden.
Mit schweren Köpfen trösteten wir uns über unseren Kater. Jetzt erst kam auch ich dazu, ihm meine Lage zu schildern, die bedrängt genug war. Großzügig bot er mir von seinem schon stark zusammengeschmolzenen Vermögen einen Pump von 50 Dollar an, den ich schwer abschlagen konnte. Wir verabredeten, daß die Rückzahlung des Geldes fällig sein sollte, wenn wir uns mal in Amerika oder auf sonst einem beliebigen Kontinent wiederträfen.
Wir trennten uns unter bitteren Tränen: zwei Waisen im Sturm der Zeit, die ein grausames Geschick auseinanderriß.

Einundzwanzigstes Kapitel

Yoshiwara

Fünfzig gute, waschechte USA-Dollar hatte mir der Engel des Himmels in Gestalt des im übrigen verzweifelt wenig engelhaften Allan Southerford beschert. 20 Yen besaß ich noch, zusammen also 120 Yen; mit einem Schlage war ich wieder ein reicher Mann. Meine Sorgen um Stellung und Geldverdienst versanken von neuem hinter einem fernen Horizont. Die 50 Dollar brauchte ich erst zurückzugeben, wenn ich Allan irgendwann einmal auf irgendeinem anderen Kontinent wiederträfe; ich war indessen fest entschlossen, mir immer denjenigen Kontinent zum Schauplatz meiner Tätigkeit im Dienste der Menschheit auszuwählen, auf welchem sich Allan, der vorschnelle Darlehnsgeber, nicht aufhielt; ich pries in meinem Herzen die Weisheit der Vorsehung, daß sie fünf verschiedene Erdteile eingerichtet hat.

Zunächst einmal aß ich in einem feudalen Restaurant, von dem ich mich schweren Herzens schon lange zuvor hatte abwenden müssen, ein Diner von 15 Gängen herunter, ohne mit der Wimper zu zucken, denn ich hatte in letzter Zeit schon anfangen müssen, mir den Bauchgurt enger zu schnallen; hatte morgens Reis, mittags Reis und abends Reis gegessen und mich schon verschworen, nie mehr in meinem künftigen Leben noch einmal Reis zu essen.

Lässig lehnte ich mich in den wunderbaren Ledersessel zurück, wieder Gentleman vom Scheitel bis zur Sohle, stolz auf meine frisch gefüllte Brieftasche, meinen angenehm befriedigten Magen und die strahlend schöne Bügelfalte an meinem hoch über das andere geschlagene Hosenbein, die ich mir in der letzten Nacht unter meiner Matratze eingeplättet hatte. Aber ebensowenig wie man meinem Gelde anroch, daß es gepumpt war, konnte man meiner Bügelfalte ansehen, daß sie nicht unter der Hand eines erstklassigen Schneiders, sondern auf höchst primitive Weise zwischen Matratze und Bettlaken entstanden war.

In aller Ruhe überlegte ich mir nun, wie ich mein Vermögen am fruchtbringendsten ausgeben könnte; über die Zukunft machte ich mir wieder einmal kaum irgendeine Sorge, denn die vom Himmel gefallenen 50 Dollar lieferten mir den Beweis dafür, daß mir Fortuna nicht mehr zürnte, mir vielmehr abermals ihre volle Gunst zugewandt hatte, also mich auch weiterhin nicht im Stich lassen würde.

Hatte ich nicht die letzten Wochen gelebt wie ein Säulenheiliger? Bürgerlicher und braver denn je? Mein Gewissen seufzte schwer unter dieser erzwungenen Wohlanständigkeit, und gemächlich ließ ich alle Möglichkeiten, die Tokio mir bot, an meinem inneren Auge vorüberziehen, um diejenige Stelle ausfindig zu machen, an welcher ich, ohne meinen Geldbeutel allzusehr anzuzapfen, am kräftigsten über die Stränge schlagen konnte. Und plötzlich hatte ich es: Yoshiwara hieß die Losung für diesen Abend, diese Nacht und unter Umständen auch noch weiter.

Ich schämte mich ordentlich, daß ich nicht längst darauf gekommen war, denn gemeinhin wissen doch die Europäer von Japan nur drei Dinge: Geishas, Kirschbaumblüte und Yoshiwara. Nummer eins war zu teuer, zwei konnte man für Geld nicht haben, also blieb bloß noch Nummer drei.

Gegen sechs Uhr abends, nachdem ich mich in einem ausgiebigen Mittagsschlaf für alle kommenden Strapazen gekräftigt hatte, band ich mir also einen sauberen Kragen um, strich liebkosend die Bügelfalte entlang, wickelte auch, um auf alle Eventualitäten vorbereitet zu sein, meine Zahnbürste ein und steckte sie mir

statt des Füllfederhalters in die Tasche. Sodann bestieg ich die Bahn und fuhr den dunklen Abenteuern entgegen, die im Schoße der anbrechenden Nacht auf mich harrten.
Trotzdem es ein gewöhnlicher Wochentag war, schienen mir wohltemperiertem Europäer die Männlein und Weiblein, die in hellen Scharen, die ganze Breite der Straße füllend, auf und ab durch Asakusa-Ku, das große Tokioer Vergnügungs- und Theaterviertel, zogen, sich in einem wahren Festestaumel zu befinden, so lachten sie alle, sprachen aufeinander ein, handelten in den Hunderten von bunten, hellerleuchteten Kramläden jeder nur denkbaren Art, sangen auch wohl, strömten in die Theater, die sich in diesem Viertel eines ans andere reihen. Trotzdem auf engstem Raum sich Tausende drängten, sich stießen und sich wohl oder übel zuweilen auch behinderten und belästigten, hörte ich nie jemanden böse werden oder mit dem anderen Streit anfangen: Lächelnd verbeugte man sich, machte einen Scherz und ließ sich die vergnügte Stimmung nicht nehmen, selbst nicht in Fällen, bei denen man sich bei uns längst dreimal in die Haare geraten wäre. Kaum irgendwo mehr als hier konnte ich die erstaunliche Selbstdisziplin und Höflichkeit beobachten, die das japanische Volk auszeichnen; denn schon oft war mir aufgefallen, wie ganz anders als bei uns sich die Leute benahmen, wenn irgend etwas Unangenehmes vorgefallen war. Da hatte ein Auto einen Radfahrer angefahren; in Erwartung des üblichen Geschimpfes blieb ich stehen; der Chauffeur hielt an, stieg aus und ging zurück, der Radfahrer säuberte seine Kleider und sein Rad von dem ziemlich schweren Sturz. Ein Polizist kam dazu; doch machte keiner Anstalten, den anderen zu beschuldigen. Sie lächelten, erklärten sich gegenseitig ihre Hochachtung und fuhren davon. Ebenso freundschaftlich wurde die Sache zwischen zwei Fuhrleuten erledigt, deren Gespanne ineinandergeraten waren. Da fiel kein lautes Wort, keiner fluchte, ruhig brachten sie alles in Ordnung und zogen ihres Weges, ohne sich überflüssig aufgeregt zu haben. Ich stellte mir die gleiche Situation unter Berliner Rollkutschern vor; der Vergleich fiel nicht sehr zu unseren Gunsten aus.

Ich ließ mich gemächlich vom Gedränge treiben. Unerwartet traten die strahlend bunt erleuchteten Teehäuser, die übervollen Magazine, die farbenprunkenden Kinos zurück und gaben einem dunkel, wuchtig und riesenhaft in eine ungewisse Höhe – sein Dachfirst schwang sich in sanfter Kurve in den blauschwarzen Himmel – aufragenden Tempel Raum, dessen strenge, edle Umrisse in der geräuschvollen, leichtlebigen Umgebung doppelt feierlich wirkten: der alte, wunderbar schöne *Kwannon-Tempel* Tokios.

Dies auch war Japan: Vergnügen und tiefer Ernst unmittelbar nebeneinander. Während sich zehn, zwanzig Schritte lachend und scherzend das Volk vor den Läden drängte, knieten vor den hohen Toren des Tempels tief in sich versunken Beter, die alles um sich her vergessen zu haben schienen; niemand störte sie. Wenn sie ihre Andacht verrichtet hatten, mischten sie sich wieder in den bunten Strom und unterschieden sich in nichts mehr von den anderen, die nur eine Stunde Vergnügen und Erholung suchten.

Schon war ich eine ganze Weile unterwegs, als ich am Ende des Parkes, der sich an den Kwannon-Tempel anschließt, in dessen halbdunklen, seltsam verschlungenen Wegen ich mich fast verirrte, auf eine hohe Mauer stieß. Von jenseits der schwarzen Wand drang schwach das Zirpen von Shamisen zu mir in die von schattenhaften, wild verknorrten Kiefernbüschen erfüllte Dunkelheit hierüber. Ich stand und lauschte; hatten mich schon die märchenhaft bunten Kimonos der Frauen und Mädchen, die durch Asakusas Gassen strömten, ihr kinderhelles Lachen, die Fülle von Licht und bunten Lampions, das Klappern der tausend zierlichen Holzsandalen, die dunkle Pracht und Erhabenheit des Kwannon-Tempels verzaubert und mich meiner angeborenen Skepsis und Respektlosigkiet entrückt, so glaubte ich mich nun unter der dunklen Mauer, über die leises Lachen, der Klang fremdartiger Musikinstrumente, zuweilen bald heller, bald tiefer das »Bong« eines Gongs tönte, vollkommen in ein Märchen aus »Tausendundeine Nacht« versetzt. Ich merkte, wie sehr ich in dieser Welt ein völlig Fremder war mit ganz anderen Kleidern, ganz anderen Gedanken, anderen Gefühlen und Vorstellungen. Eigentümlich erregt folgte ich der Mauer; ich mußte die hohe, festungsartige, sich rings um Yoshiwara ziehende Mauer vor mir haben. Lange wanderte ich darunter hin. Schmale, stille Straßen öffneten sich, und plötzlich stand ich vor einem aus schweren, geschwungenen Balken gefügigen Tor, das von riesigen Lampions in buntes Licht getaucht wurde. Es ging auf Mitternacht; alles sonst umher war schon still; nur noch wenige Menschen belebten die Straße, die vor mir in dieses einzigartige Ghetto hineinführte. Mit einer Scheu, die mir den Atem einschnürte, schritt ich in die fremde Welt; bald trennte ich mich vom Hauptwege und verlor mich in einem Gewirr schmaler und schmalster Gassen und Pfade, denen ich mich willig überließ. Niedrige Häuser schwiegen ringsumher, bunte Laternen verstreuten gedämpftes, farbiges Licht über seltsam verschnörkelte Hauswände. Und überall hockte ein vertrocknetes Männlein an einem Hibachi, dem großen, glasierten Topf mit glühenden Holzkohlen, und rief mich leise an; die Männer hüteten die Schwellen dieser Häuser, in denen blumenhafte, kindliche junge Mädchen gefangen sitzen. Denn sie sind gefangen in diesem hoch umfriedeten Yoshiwara; ihre Eltern haben sie für viele Jahre hierher verkauft, oder sie haben sich selbst der notleidenden Familie geopfert. Sie erhalten keine Bezahlung; einmal im Monat dürfen sie unter strenger Bewachung den eingezäumten Bezirk verlassen, um sich in der Stadt einzukaufen, was ihr Herz begehrt; denn was die Gäste ihnen über die an den Wirt zu leistende Bezahlung hinaus in den Ärmel stecken, gehört ihnen. Manche von den Häusern sind mit verschwenderischer Pracht, doch ganz japanisch, eingerichtet. Yoshiwara ist vielleicht der noch am unverfälschtesten japanisch gebliebene Teil Tokios. (Yoshiwara brannte während des großen Erdbebens (1923) vollständig nieder, wurde aber im alten Stil, ganz nach japanischem Geschmack, wiederaufgebaut.) Die Mädchen tragen Kimonos mit breiten Schärpen aus kostbarer Seide; die zierlichen, schmalen Körper können sich nur langsam in den prunkend steifen und schimmernden Gewändern bewegen. Die vornehmen Häuser zeigen ihre Mädchen nicht, sondern stellen Photographien aus oder Bilder, und flüsternd empfahl mir ein zahnloser Alter die Schönste und Jüngste. Aber ich ließ ihn sitzen und tauchte wieder in die Seitenstraßen. Hier fiel ich einem andern in die Hände; unablässig, wohl eine halbe Stunde lang, redete er auf mich ein; ich verstand kein Wort, sagte aber immer, wenn er eine Pause machte und mich fragend ansah, todernst mit einer tiefen Verbeugung: »Hei!«, und das heißt »Ja!«

Er konnte also mit vollem Recht annehmen, mich überredet zu haben; am Ende seiner langatmigen Einflüsterungen öffnete er ein kleines, vergittertes Schiebefensterchen neben seinem Sitz und ließ mich mit verschmitztem Lächeln hindurchblicken. Ich erkannte einen kleinen Raum, in dem sechs zierliche, bunt gekleidete Mädchen um die Holzkohlenglut saßen und leise miteinander schwatzten. Von diesen, verstand ich schnell, sollte ich mir eine Gefährtin für die Nacht aussuchen. Neben mir das vertrocknete, schlitzäugige Männlein, das mir kichernd seine Mädchen empfahl, vor mir sechs still und sanft lächelnde Gesichter auf schmalen Kinderkörpern; gekrönt von kunstvoll verschlungenen, hochgetürmten Frisuren; sechs braune, große Augenpaare aus ebenso vielen goldgelben, unbeweglichen Antlitzen auf mich gerichtet; ich widerstand der Lockung dieser fremdartigen Stunde nicht, fragte den Wirt noch, ob nicht eines der Mädchen Englisch sprechen könnte; ja, eine wäre sogar auf der Hochschule gewesen; die erbat ich mir. Ich zog meine Schuhe aus, bückte mich tief unter den vielfarbigen Lampions hindurch, der bunt bedruckte, schwere Vorhang, welcher den Eingang verschloß, fiel hinter mir nieder. Freundlich und milde lächelnd begrüßte mich mein Mädchen, eine Alte kam dazu; beide führten mich die Treppe hinauf in ein Zimmer, dessen Wände mit schönen, alten Seidenmalereien geschmückt waren. Auf niedrigen Tischchen servierte uns eine stumme, tief sich verbeugende Bedienerin Tee, Nüsse und Gebäck. Wir hockten um das Tischchen; ein Väschen voll dampfend heißen Sakes erschien, und bald wurden wir vergnügt, lachten und schwatzten viel durcheinander; alle anfängliche Befangenheit verflog. Wiederum bewunderte ich die große Kunst dieses Volkes, jedes Ding, was es auch sein mochte, in etwas Schönes zu verwandeln. Fröhlich wandelten wir in dem kleinen, nachtdunklen Park hinter dem Hause auf und ab. Ohne daß ich es gemerkt hatte, war die Alte plötzlich verschwunden; nun wurde die bunte, kleine Blume neben mir, die sich bis dahin streng in den Grenzen der gesellschaftlichen Etikette gehalten hatte, zutraulicher und zärtlicher. Über eine verschwiegene Treppe führte sie mich in ihr Zimmerchen.

Wir saßen auf weichen Bastmatten um die Kohlenglut, sahen in den Garten hinaus, wo die Lampions wie bunte, mattleuchtende Zauberkugeln in den schwarzen Kiefernzweigen hingen, und plauderten bei heißem Tee mit flüsternden Stimmen, als ob wir uns Geheimnisse zu verraten hätten. In diesen stillen Nachtstunden rollte sich der Vorhang vor dem Schicksal wenigstens eines dieser Blumenmädchen für mich hoch; es enthüllte sich mir hinter glänzender Außenseite in Seide und Schmuck viel nur allzu menschlicher Kummer und eine Art von Gehorsam gegenüber den Eltern, der mich fast schaudern ließ.
Noch drei Jahre mußte das arme Kind in seinem vergoldeten Käfig aushalten; dann wurde sie frei und hoffte, von ihrem bis dahin ersparten Geld sich einrichten und ihren Jugendgefährten, der auf sie hatte warten wollen, heiraten zu können. Denn dies versöhnt mit vielen Härten sonst: die Mädchen behalten ihre sogenannte Ehre, und niemand verachtet sie. Ob es so bleiben wird, wenn sich der »veredelnde« europäische und amerikanische Einfluß mehr und mehr verstärkt, erscheint zweifelhaft.
So hockten wir, ohne müde zu werden, leise plaudernd beieinander, lauschten auf die heimlichen Laute, die von überallher durch die Nacht zu kommen schienen, bis im grauenden Morgen sich die Nachbardächer abzeichneten. Dann teilte ich mit ihr mein ganzes, noch vorhandenes Vermögen, um ihr eine Freude zu machen und ihr meinen Dank für diese Märchenstun-

den aus einer anderen Welt zu beweisen, trank meine letzte Tasse Tee aus und rüstete mich zum Heimweg. Vor Freude schluchzend, überströmend vor Dank, liebkoste sie mich, küßte mir die Hände, gab mir tausend zärtliche Namen, die ich nicht verstand, und wollte mich gar nicht fortgehen lassen. Sie ließ sich nicht daran hindern, mir vor der Tür die Schuhe zuzuschnüren und winkte mir noch lange nach, als ich mich traurig, ganz erfüllt von dem Erlebnis dieser Nacht, verabschiedet hatte. Fröstelnd und plötzlich müde wanderte ich in den neblig und grau aufgehenden Tag hinein.

Hinter mir war die Tür zu einem Zaubergarten langsam ins Schloß gefallen und würde sich wohl nie wieder öffnen!

Zweiundzwanzigstes Kapitel

Hungern!

Ich hatte mir nicht träumen lassen, daß richtiger Hunger eine so fabelhaft unromantische Angelegenheit sein könnte; doch stellte sich das sehr schnell heraus, nachdem es erst einmal Ernst geworden war.

Ich konnte nicht Heroisches daran entdecken; es war weiter nichts als banal, unangenehm und widerlich. Selbst der Gedanke, nun das Schicksal vieler berühmter Gestalten der Literatur brüderlich zu teilen, vermochte nicht, mich über das wenig gesellschaftsfähige Bauchgrimmen, die hirnzerstörenden Kopfschmerzen zu trösten; beugte ich den Kopf nach vorn, so übermannte mich die entsetzliche Vorstellung, daß mir im nächsten Moment die Augen aus den Höhlen heraustropfen würden; verzweifelt riß ich dann den Schädel nach hinten über, um meine Augen zu retten; aber trotz dieser unerträglich peinigenden Vorstellung vermochte ich mich immer nur kurze Zeit geradezuhalten, denn irgendwie war mir die Körpergegend um den Magen abhanden geraten, ausgefressen, eingetrocknet, und das Rückgrat allein erwies sich als zu schwach, um Brust und Kopf senkrecht über dem Rumpf zu halten; so kippte der Oberkörper immer wieder vornüber, als wollte ich mich tief verbeugen; oft geriet ich dabei ins Taumeln, und wenn nicht die Furcht um meine geschmolzenen Augen mich stets im letzten Moment hochgerissen hätte, wäre ich mehr als einmal gestürzt. So war es also, wenn man hungern mußte, ganz gewöhnlich und ohne Umschreibung hungern. Ich war reichlich sorglos in die Gefahr hineingetappt, denn ich hatte sie bis dahin nur vom Hörensagen gekannt. Übermütig und verzaubert zugleich hatte ich in Yoshiwara den größten Teil meines sowieso nur gepumpten Kapitals an den Mann oder vielmehr an ein Mädchen gebracht. Ich fing an, mich sparsam einzurichten, als es schon zu spät und mir eigentlich kein »Vermögen« mehr verblieben war, auf das ich das Spar-System hätte anwenden können. Glücklicherweise hatte ich mein Zimmer schon für längere Zeit vorausbezahlt, hatte auch inzwischen so viele Freunde und Bekannte gewonnen, daß ich damit rechnen konnte, ab und zu von dem einen oder anderen zum Essen eingeladen zu werden. Eine Woche lang lebte ich nur von Reis; schon nach drei Tagen konnte ich das Zeug nicht mehr sehen; am vierten Tage aß ich nur noch einmal; am fünften legte ich mich ins Bett und schlief 20 Stunden. Am sechsten streckte ich meine eiserne Ration von restlichen 7,20 Yen zu mir, um mir auf Biegen oder Brechen etwas zu verdienen und zog los. Aber auch an diesem Tage hatte ich kein Glück. Gegen fünf Uhr nachmittags kam ich aus Tokio nach Yokohama zurück mit rasenden Kopfschmerzen und flimmernden Augen; ich wollte eigentlich in mein Logierhaus, aber irgendein Teufel saß mir im Nacken und trieb mich, der ich vor Schwäche eigentlich kaum mehr krauchen konnte, weiter und weiter, Straße auf, Straße ab. Mit einer merkwürdigen, mir bis dahin ganz unbekannten Schärfe sah ich mich selbst entlanglaufen; mit hochgezogenen Schultern, vorgefallenem Oberkörper, aber krampfhaft aufrechtem Kopf, die Hände tief in den Manteltaschen vergraben; die Füße schlurrend bei jedem Schritt, keiner Pfütze mehr ausweichend. Denken konnte ich nicht mehr. Die nach der zwecklosen Herumgondelei des Tages verbliebenen 6,50 Yen brannten mir in der Tasche; ich fühlte sie schwer herabhängen, die leichten Scheine. Ich sah mich da entlanglaufen und, als wäre ich von Röntgenstrahlen durchleuchtet, erkannte ich die Geldtasche als ein schwärzliches, von Strahlen umgebenes Viereck im Rock. »6,50«, davon konnte ich mich noch sechsmal satt essen, hatte dann aber keinen Heller mehr,

um irgendeine Bahnfahrt zu bezahlen; ich durfte sie nicht ausgeben. Klar wußte ich das nicht mehr. Doch bemühten sich die aus dem Magen aufsteigenden Nerven, die sich in offener Rebellion befanden, vergeblich, den Riegel zu sprengen, welchen die Überlegung vor den schmalen Geldbeutel gelegt hatte. Unter der Schwelle des klaren Denkens tobte der Kampf zwischen Hunger und Verstand lange unentschieden hin und her. Immer schwerer zogen mich die Scheine abwärts. – – –
Ich wachte von einer Hand auf, die sich schwer auf meine Schulter legte. Da hatte ich mich plötzlich wieder und fand mich vor einem Restaurant stehen, in dessen Schaufenster groß die Speisekarte ausgestellt war: Soup 0,40, Beefsteak 0,80, Pork Chop 0,70, Roast Leg of veal 0,90 usw. Meine Stirn lehnte an der Fensterscheibe des Ladens, so daß sich die Krempe meines Hutes verbogen hatte. Ich mußte schon lange so dagestanden haben, ein Bild des Jammers, stumpf auf die Speisekarte stierend, ohne ein Wort davon bewußt aufzunehmen, doch instinktmäßig wissend, daß es sich um eßbare Dinge handelte. Als ich mich umblickte, standen etwa zwanzig Japaner um mich her, die mich halb verwundert, halb mißtrauisch ansahen. Ich muß auch einen höchst sonderbaren Anblick geboten haben, wie ich geistesabwesend eine Speisekarte anstarrte, vor allem hier in einem Stadtteil, in den sich selten ein Europäer verirrte. Verwirrt entschuldigte ich mich bei dem Polizisten, der mich aus meinem Dahindämmern geweckt hatte, mit einer unvermuteten Übelkeit, schob meinen Hut gerade, raffte mich von neuem zusammen und machte mich schleunigst davon.
Sonderbar, daß mir der Gedanke nicht kam, es noch einmal mit einer Portion Reis zu versuchen, die ich schon für ein paar Sen hätte haben können. Aber ohne noch einmal zu überlegen, setzte ich mich in das nächste Lokal mit europäischem Essen, das zu finden war, und schlang bis auf den letzten Brocken eine Mahlzeit hinunter. Das wiederholte ich in noch zwei anderen Speisewirtschaften, denn soviel Verstand besaß ich noch, mich nicht damit zu blamieren, in ein und demselben Lokal zweimal das gleiche zu bestellen. Mit überladenem Magen schleppte ich

mich nach Hause, warf mich angezogen aufs Bett und verfiel sofort in einen von wüsten Träumen gepeinigten, unruhigen Schlaf. Ich entsinne mich deutlich, daß immer dasselbe Motiv wiederkehrte; ich saß vor einem Berg von weißem, klebrigem Reis, den ich in zehn Minuten aufzuessen hatte; ich fühle seinen faden, dumpfigen Geschmack noch im Munde; ich fraß und fraß, würgte und schlang, plötzlich fiel ich wie tot hintenüber, und langsam und zähe begann der verschlungene Reis als gelbliche, dicke, flüssige Masse mir aus allen Körperöffnungen auf eine unbeschreibliche ekelhafte Weise wieder herauszuquellen, wuchs über mir, der sich nicht rühren konnte, zu einem scheußlichen Berg, der mich zu ersticken drohte; in Schweiß gebadet erwachte ich, schlief kurz darauf dumpf wieder ein und träumte dieselbe Geschichte noch einmal. Das wiederholte sich wohl fünf-, sechsmal.

Am nächsten Tage erwachte ich mit schwerem Kopf, elend zum Sterben; als ich meine Barschaft überschlug, bestand sie noch aus 2,50 Yen; vier Yen hatte ich also gestern verfressen. Am nächsten Tage war ich zum Abendessen eingeladen; bis dahin mußte ich ohne Essen auskommen. Wieder verschlief ich den Tag. Am folgenden Tage weckten mich jene mir schon allzu gut bekannten, peinigenden Schmerzen im Kopf, die immer wieder die wüste Vorstellung in mir hervorriefen, daß mir das Gehirn durch ein verborgenes Loch ausgelaufen wäre. Draußen in der Luft waren sie weniger quälend; so zog ich mich verschlafen an, um spazierenzugehen.

Dieser Tag wurde der absonderlichste aller Hungertage. Ich überraschte mich immer wieder dabei, daß ich laut vor mich hinsprach, als unterhielte ich mich angeregt mit einem unsichtbaren Jemand, und zwar immer in einer fremden Sprache, bald auf russisch, bald englisch, griechisch, in unbeholfenem Französisch, das mich verzweifelt nach Worten zu suchen zwang. Immer bewegte ich mich in Gedanken, wohl auch in diesen Gesprächen, auf dem Gebiet der Philosophie, und zwar drehte sich alles um die Vaihingersche »Als ob«-Philosophie. Ich hörte mich, wenn ich manchmal wieder ins klare kam, wie einen

Fremden sprechen: »Mir ist, ›als ob‹ ich Hunger habe; ›als ob‹ ich zehn Pfund rohes Fleisch fressen müßte, so ist mir!«

Gegen drei Uhr nachmittags entdeckte ich mich auf einer Bank in einem Park. Während ich mich leise mit mir selbst unterhielt, zeichnete ich mit einem weiß der Himmel wo aufgelesenen Stecken große Kurven in den Sand; wenn jemand vorüberging, murmelte ich blöde: »Störe meine Kreise nicht!« wurde aber nicht böse, wenn es geschah, lächelte dann vielmehr in philosophischer Nachsicht.

Punkt sieben Uhr fand ich mich bei meinen Gastgebern ein; mit schlafwandlerischer Sicherheit hatte ich den Weg zu ihnen gefunden.

Trotzdem ich dem Augenblick entgegenzitterte, in dem ein gefüllter Suppenteller mir zugereicht wurde, wirkten doch die Gewohnheiten und der gesellschaftliche Zwang immer noch so stark, daß ich die halbe Stunde bis zum Essen Kopf- und Leibschmerzen vergaß. Endlich kam die glückselige Stunde; unbesehen aß ich alles, was man mir vorsetzte, und da ich doppelt so schnell wie die andern aß, fiel es nicht auf, daß ich auch die doppelte Portion verschlang.

Der Abend wurde sehr lustig, und mitten in allem Unsinn kam mir plötzlich eine glänzende Idee, die ich sogleich morgen früh, solange das Essen noch vorhielt, ausführen wollte. Scheinbar im Scherz, doch innerlich in vollem Ernst, schloß ich unter allgemeinem Gelächter mit ein paar vorwitzigen Leuten Wetten auf ihr Gelingen ab, denn jetzt *hatte* ich das gefunden, worauf sich meines Vaters Sohn verstand.

Dreiundzwanzigstes Kapitel

Mr. Irishstew besichtigt Tokio

Die Festwochen der Kaiserkrönung waren endgültig vorüber; all die englischen und amerikanischen Globetrotter, die in und um Kioto Prozessionen, Heiligenschreine, Krönungsschmuck photographiert hatten, waren nun beschäftigungslos geworden und hatten sich aufgemacht, um, von Hotel zu Hotel ziehend, die Sternchen in ihrem Reiseführer abzugrasen, Szenen aus dem Volksleben und schöne Aussichten zu knipsen, den Fremdenverkehr zu heben und den lachlustigen Japannerinnen unerschöpflichen Anlaß zu Spott und Lustigkeit zu geben.

In Yokohama zogen dollargespickte Damen und Herren aus »God's own country« mit »very nice!« und »marvellous!« in Rudeln die Bentendori entlang und kauften trotz wütenden Handelns immer noch dreimal zu teuer Curios. In Tokio saß das Imperial-Hotel voll von ihnen, und die Rikscha-Kulis machten gute Geschäfte.

Mit Amerikanern umzugehen, hatte ich gelernt; auf eigene Faust unternehmen sie nicht gern etwas, wenn sie auf Reisen gehen; sie wollen jede Sehenswürdigkeit fertig vorgesetzt bekommen und insbesondere auf jede Frage eine Antwort hören. Das Englisch der Japaner mußte sie unglücklich machen; sie verstanden sicher kein Wort davon und fühlten sich angesichts dieser ewig lächelnden, ewig dienernden Menschen bestimmt höchst unbehaglich.

All diese verschiedenen Umstände hatte ich in meinen Plan

einkalkuliert, an dessen Gelingen ich nicht zweifelte, trotzdem ich nach den Fehlschlägen der letzten Monate eigentlich Grund genug dazu gehabt hätte; doch all das Frühere hatte nicht in meinen Stil gepaßt; jetzt aber hatte ich etwas vor, was gleichzeitig Spaß machte und Geld einbrachte, eine Zusammenstellung, die mir allein des Schweißes der Edlen wert zu sein schien: ich wollte mich nämlich weltbereisenden Amerikanern aus dem nahrhaften Mittelwesten als Führer durch die Sehenswürdigkeiten Tokios und Umgegend anbieten und mich dafür bezahlen lassen. Zwar hatte ich selber Tokio erst ein halb Dutzend Male durchstreift, denn das Land herum hatte mich mehr verlockt; jedoch fühlte ich mich im Besitze eines genauen Stadtplans, dreißig, vierzig japanischer Worte, eines waschechten amerikanischen Akzents im Englischen und vor allem eines ausgiebigen Fonds an blühender Phantasie meiner Aufgabe in vollem Umgange gewachsen. Ich wollte den guten Leuten Wunderdinge erzählen, die sie nie vergessen würden.
So baute ich mich eines schönen Morgens in der Vorhalle des Imperial-Hotels in Tokio auf. Eine ganze Anzahl von zweifellos echten Yankees mit Anhang ließ ich ungeschoren passieren; sie sahen zu intelligent aus. Aber dann, ich fühlte es mit nachtwandlerischer Sicherheit, daß es meine Leute waren, die dann auftauchten. Er dick, groß, schwerfällig, mit hellgelben Schuhen geschmückt, breit und wohlwollend lächelnd, mit einer kostspieligen Kamera unter dem Arm, einer großen Brillantnadel im Schlips, einem dicken Spazierstock aus Bambus; sie spindeldürr, spitz, ein goldenes Kreuz auf nicht vorhandenem Busen, schrecklich teuer und schrecklich ungeschickt angezogen, ängstlich in den Arm ihres dreimal so schweren Herrn und Gebieters eingehängt; beide offensichtlich entschlossen, sich selbst auf Gefahr ihres Lebens hin Tokio anzusehen.
Diese Herrschaften vom Stamme Babitts waren meine Leute. Mit vertraulich respektvoller Miene näherte ich mich ihnen und empfand mich als »well experienced guide« durch Tokios Herrlichkeiten. Zuerst schienen sie etwas verblüfft; da ich aber munter fortplauderte, sie schon durch die Tür gedreht, ein Auto

gewinkt hatte, so waren wir bereits in voller Fahrt, bevor sie noch recht zur Besinnung kamen. Im Sturm eroberte ich mir beider Herzen, als ich dem Manne erklärte, daß ich auch Anti-Prohibitionist wäre und gegen die Frau durchsickern ließ, daß ich selbst, dem Herrn sei Dank, ebenfalls der Baptistenkirche angehörte. Nun wollten sie natürlich wissen, wie ich, ein so gottesfürchtiger Amerikaner, hierher in dieses heidnische Japan verschlagen worden wäre. Nun, das wurde eine recht lange und ziemlich traurige Geschichte, in der ich als das Opfer einer bösartigen, englischen Firma und meiner tiefen und rein wissenschaftlichen Liebe zum Japanertum auftrat. Besonders das letzte imponierte ihnen sehr, weil sie es am wenigsten verstanden.
Inzwischen waren wir am Meiji-Schrein angekommen, dem großartigen Denkmal, das die Dankbarkeit des japanischen Volkes dem Kaiser errichtet hat, der sein Volk vor fünfzig Jahren mit kühnem Gewaltstreich aus dem Mittelalter in die neueste Neuzeit versetzte. Ich muß zu meiner Schande gestehen, daß ich dies damals, als ich mit Mr. und Mrs. Irishstew Tokio besichtigte, noch nicht wußte. Da der Meiji-Tempel in altem, rein japanischem Stil gebaut ist und mit seinen weiten, dämmerigen Hallen, den sanft geschwungenen Firsten wie ein Überrest längst vergangener Zeiten in das Jetzt hineinzuragen scheint, verfiel ich der Täuschung und begann, den guten Irishstews vom fabelhaften Alter des Tempels vorzuschwärmen; eifrig notierte sich Mrs. Irishstew die zahlreichen Jahrhunderte, die mir leicht von den Lippen flossen. Mr. Irishstew äußerte sein Erstaunen darüber, daß alles noch so neu aussähe; mir selbst war das auch nicht entgangen; mir war schon etwas unheimlich bei dieser Beobachtung geworden; ich sah mich gezwungen, mich in eine umständliche Erörterung der geheimnisvollen, altüberlieferten Methoden einzulassen, nach welchen jeder Gegenstand in diesen Tempeln erhalten und gepflegt wird. Mr. Irishstew, der Generalvertreter einer großen Ölgesellschaft für Oklahoma war, wollte mir ollem Japaner weismachen, daß es das einfachste wäre, die ehrwürdigen Balken mit Benzin abzu-

wischen; entsetzt wies ich den Vorschlag als mit der Ehrwürdigkeit eines solchen Bauwerks unvereinbar zurück. Seine Frau, die angesichts all der schönen Dinge die gebildete Flöte spielte, sagte weiter nichts als: »Aber Mike!« Inzwischen hatte ich aus einer Anzahl geringfügiger Anzeichen geschlossen, daß der Tempel in der Tat nicht alt sein konnte; in einer unbewachten Minute schlug ich meinen Führer auf und entdeckte zu meinem Entsetzen, daß der Meiji-Schrein nicht einmal annähernd so viele Jahrzehnte alt war, als ich meinen bedauernswerten Opfern Jahrhunderte vorgeschwindelt hatte. Besorgt und eilig packte ich meine Beute wieder ins Auto und fuhr mit ihnen zum Shiba-Park, in dem ich schon ein paarmal gewesen war und mich besser auskannte.

Nun war ich gerade nach dem anfänglichen Mißgriff erst richtig in Schwung gekommen. Die beiden fragten mir die Seele aus dem Leibe; schwitzend mußte ich in dieser Stunde mehr zusammenphantasieren, als sonst in vielen Jahren, und mir selbst sträubten sich über meine eigenen Angaben die Haare. Irishstew, der Unglückselige, zeigte sich unermüdlich darin, zu fragen, wieviel jede einzelne Sehenswürdigkeit wohl gekostet haben mochte, während seine Frau bei jeder Vergoldung, jedem Stein wissen wollte, ob er echt sei. In guten, runden Summen, die den Mann aus Oklahoma ehrfurchtsvoll die Augenbrauen hochziehen ließen, gab ich den Preis jedes Gongs, jeder Matte, jedes Schmuckstücks an; manchmal sagte ich einem Tempeldiener den Gruß und erklärte dann meinen Schützlingen, ich hätte mich von dem mir persönlich befreundeten Priester mit dem buddhistischen Segen ausrüsten lassen, worauf mich Mrs. Irishstew in ein verzwicktes theologisches Gespräch verwickelte und mir haarscharf bewies, daß darin eine Sünde zu erblicken sei. Ich beugte mich ihrem tieferen Baptismus und versprach, es nicht wieder zu tun. Gerade kamen wir an einem vergoldeten Geländer vorbei: »Ist das echtes Gold?« fragte sie. »Durch und durch getriebenes Gold!« gab ich zur Antwort, woraufhin sie sich über die heidnische Verschwendung entrüstete.

Zu guter Letzt nahm ich all mein mageres Japanisch zusammen

und fing mit einem Tempeldiener ein längeres Gespräch an, machte ihm klar, daß meine Begleiter sehr hochgestellte Amerikaner wären; daraufhin tat er das, was ich gewollt hatte; er richtete ein paar Worte an die beiden und verbeugte sich tief. Eiligst machte ich meinen Leuten klar, daß auch sie eben den höchsten Segen empfangen hätten und sich dreimal tief verbeugen müßten. Stöhnend sank der gute Irishstew dreimal über seinem Buddhabauch zusammen, und seine eingetrocknete Gattin beugte mit süßsaurem Lächeln das Knie. Es war durchaus eindrucksvoll; dann aber flohen sie, zogen sich am Eingang der großen Tempelhalle die Schuhe wieder an, wobei sich herausstellte, daß Mrs. Irishstew sich auf der rechten großen Zehe ein großes Loch in den Strumpf gerissen hatte. Ob dieser unzüchtigen Entblößung, deren ich und einige Japaner ansichtig wurden, errötete sie bis in den Hals abwärts und forderte mich mit hochmütiger Miene auf, die Führung fortzusetzen.
Ich schleppte sie noch eine Weile umher, fuhr mit ihnen um den Kaiserpalast, zeigte ihnen Ueno, die Armenviertel, die vornehmen Stadtteile, mancherlei sonst und kam schließlich mit ihnen nach Asakusa-Ku, dem Vergnügungszentrum, in welchem auch Yoshiwara liegt.
Mit frommer und bekümmerter Miene schilderte ich das sündige Treiben im Stadtteil der Freude. Mrs. Irishstew fiel von einem Schrecken in den andern und meinte schließlich, die Amerikaner müßten das Land erobern, um endlich mit dem heidnischen Treiben Schluß zu machen. Mr. Irishstew aber zeigte hinter schlecht gespielter, sittlicher Entrüstung ein brennendes Interesse an allen Einzelheiten, bis ihn ein strafender Blick seiner besseren Hälfte in die ehelichen Schranken verwies. Nach einer Weile wurde er wieder wild und verlangte glühend, sich Yoshiwara auch von innen anzusehen. Darauf bekam seine Gattin einen Weinkrampf und rief zum Erstaunen aller uns begleitenden Japaner Gott und mich zum Zeugen dafür an, daß ihr Mann ein rohes Tier wäre und sie, die ihm rechtens angetraute Gattin, zeit ihres Lebens nicht verstanden hätte. Ich beruhigte sie mit zarten Worten.

Während sie Andenken einhandelte, nahm mich der alte Sünder von Irishstew heimlich beiseite und erkundigte sich ausführlich nach der geschäftlichen Seite eines Besuchs in Yoshiwara und den dort üblichen Umgangsformen. Sodann bat er mich flüsternd, ob ich ihn nicht an einem der nächsten Abende begleiten könnte. »Warte, mein Junge!« dachte ich bei mir, spielte mich auf den entrüsteten Baptisten hinaus und machte Anstalten, es seiner Frau zu erzählen; erst zehn Dollar beruhigten mein erregtes Gewissen, und dann sagte ich ihm gegen einen weiteren Vorschuß zu, ihn übermorgen zu begleiten (was ich auch getan habe, aber das ist eine andere, höchst erheiternde Geschichte).
Die Besichtigung Tokios war beendet. Sie erklärten mir, schon lange keinen so aufregenden Tag mehr erlebt zu haben. Ich ließ mir die aus meiner Phantasie geborene Aufregung mit fünfzehn Dollar bezahlen und lieferte meine Leute wohlbehalten wieder im Imperial-Hotel ab.
Ich konnte mit dem Ergebnis dieses Tages zufrieden sein: 10 Dollar Schweigegeld, 10 Dollar Sündenvorschuß, 15 Dollar Führerlohn; dazu zweimal 10 Yen, also noch einmal 10 Dollar aus gewonnenen Wetten, die ich darauf abgeschlossen hatte, daß ich ein paar Amerikaner würde »fremdenführen« können, macht zusammen 90 (neunzig) Gold-Yen!!!
Japan mit all seinen Herrlichkeiten lag wieder für eine sorglose Woche offen vor mir.

Vierundzwanzigstes Kapitel

Heiku

Wenn ich besagte Amerikaner durch Yokohama und Tokio laufen, wunderbare Kimonos, alte, feinste Lackarbeiten, durchsichtige Porzellane einkaufen sah, so wollte sich mir das Herz im Leibe umdrehen, denn ich konnte mir nichts von diesen Herrlichkeiten erwerben, mußte froh sein, überhaupt mehr schlecht als recht und auf eine Weise, die nicht sehr gentleman-like war, mein bescheidenes Leben zu fristen. Der Gedanke, daß ich sicher unendlich viel mehr vom japanischen Leben auf meinen abenteuerlichen Streifzügen durch Fischer- und Gebirgsdörfer, durch die dunklen Winkel und Gäßchen der Städte erfaßte als all die Amerikaner aus den Hotelpalästen des New-Grand oder des Imperial, vermochte mich nur schwach darüber hinwegzutrösten, daß all die entzückenden Dinge in den Schaufenstern, vor denen ich stundenlang stehen konnte, um mir auszumalen, wie herrlich wohl dieser blausilberne Kimono gewisse Leute im fernen Europa, spezieller Berlin, kleiden würde, daß jeder dieser Träume aus Seide, Glanz und Farben einen für mich armen Teufel ganz unerschwinglichen Schatz bedeutete.

Aber irgend etwas mußte ich mir mitnehmen, um später etwas zu besitzen, was mir mit einem Schlage den Duft, den Zauber, die Anmut japanischen Lebens und japanischer Landschaft mit ihren lachenden, zierlichen Menschen wieder heraufbeschwören würde.

Lange hatte ich mir vergeblich den Kopf darüber zerbrochen,

wie ich das bewerkstelligen könnte, und kam schließlich auf eine Idee, auf die nur ein Deutscher kommen kann: Ich wollte alte japanische Gedichte sammeln. Ein glücklicher Stern ließ mich einen Menschen finden, der, mehr Japaner als Europäer, ganz in dieser fremden Welt lebte und mich auf die richtigen Fährten setzte.

Noch heute gibt der Kaiser jedes Jahr für das ganze Volk ein Thema zu einem Heiku aus, einem dreizeiligen Gedicht. Jedermann kann sich an dem Wettbewerb beteiligen, vom Kaiser als erstem bis zum letzten Bürger im fernen Hokkaido. Alle Einsendungen werden in Tokio geprüft und die schönste Lösung des gestellten Themas feierlich vom Kaiser preisgekrönt und allem Volke bekanntgegeben. Die Motive, um die es geht, sind seit alten Zeiten wenig verändert, und die Kunst besteht weniger darin, völlig Neues zu gestalten, als vielmehr, den alten Bildern immer neue Nuancen abzugewinnen; da gibt es Motive wie: »Vollmond am alten Teich« oder »Graue Wolken über Bergkiefern« oder »Pflaumenblüte am Felsfluß«. Das ganze Volk spricht über diese Aufgaben, jeder versucht sich daran, und das Interesse ist noch vielmal größer als bei uns die Aufregung über die voraussichtliche Weltmeisterschaft im Fußball.

Erstaunlich ist es überhaupt, zu sehen und zu hören, wie dieses Volk an seinen alten Überlieferungen und Künsten hängt. Zur kaiserlichen Kunstausstellung, die jährlich in Tokio die darstellende Kunst alten und neuesten Stils zeigt, wie sie gleichzeitig von heute lebenden Künstlern geschaffen wird, strömt buchstäblich das ganze Volk, jung und alt, arm und reich. Bäuerlein von weither kommen mit Frau und Kind und Kegel, um einen ganzen Tag oder länger durch die Säle zu wandern und sich das schönste Bild auszusuchen. Das Interesse des Rikscha-Kulis an den ausgestellten Bildern ist ebenso groß wie das des reichen Kaufmanns oder Intellektuellen, und der Schaffner in der Straßenbahn oder der Wirt im Dorfgasthaus wird dich genau darüber informieren, welches Bild er für das schönste hält und warum.

Ich hatte nicht glauben wollen, daß man in den drei oder fünf

Zeilen eines Heiku soviel aussagen kann, als tatsächlich darin gesagt wird. Allerdings bedarf es für uns eines Kommentars, um zu erfassen, was seine Schönheit und Tiefe ausmacht. Zuerst ging mir dies auf, als ich dasjenige Gedicht kennenlernte, welches bis auf den heutigen Tag unbestritten als das schönste Heiku gilt. Es stammt von Matsuo Bashô, dem vielleicht bedeutendsten aller japanischen Dichter, der im 17. Jahrhundert, halb sorgloser Vagabund, halb tiefgründiger Philosoph, das Land durchstreifte, nirgends zu Hause und überall beheimatet war, ohne Familie und doch jedem Ding und jedem Lebewesen verschwistert.
Es ist Herbst, dunkel und grundlos liegt ein stiller Weiher im Wälderschatten, kein Laut regt sich, die Stille der Ewigkeit, die große Ruhe, der wir aus dem Taumel der Verwandlung zustreben, herrscht überall. Ein schmaler Laut nur durchbricht das große Schweigen: Ein Frosch hüpft mit leisem Klatsch ins Wasser; vollkommene Kreise schwingen bis zum Rande des Teiches, verebben am Ufer, und alles ist still wie zuvor. So, spinnt der Buddhist den Gedanken weiter, ist auch dies Leben: ein kleines, sinnloses Geräusch, gleichgültigen Ursprungs, schnell vorüber, so ist auch das Menschsein, nur wert, zu verklingen. All diese Vorstellungen schwingen mit in jenem schönsten japanischen Gedicht:

»Uralter Weiher –
Vom Spring eines Frosches
im Wasser ein Ton.« –

Oder ein noch um viele Jahrhunderte älteres Heiku, in welchem sich auch trotz der gedrängten Kürze das buddhistische Weltgefühl auf ergreifende Weise manifestiert und das auch uns Abkömmlinge einer anderen Welt im tiefsten angeht und berührt:

»Dies Erdenleben,
wem soll ich es vergleichen?

Wie wenn von Booten,
frühe hinausgerudert,
keine Spur zurückbleibt.«

Im folgenden ist der Kontrast das Belebende. Über einen schmutzigen Wasserarm, der irgendeinen versteckten Winkel Tokios durchzieht, hängt ein alter Weidenbaum seine langen, hellgrünen Zweige hernieder, läßt sie wie Perlenschnüre leicht im Winde wehen, und plötzlich ist der Schlamm im Kanal nicht mehr häßlich, sondern goldgrün und schön, ein warmer Hintergrund für die hellen Weidenzweige:

»Grünweidenzweige,
auf Schlamm herniederhängend,
Ebbe im Kanal.«

Ein anderes Heiku von Bashô, das keines Kommentars bedarf, ein Gemälde mit dem Helldunkel eines niederländischen Malers:

»Glut in der Herdstatt –
An der Wand dort des Fremdlings
dunkles Schattenbild« –

Was kann ergreifender sein, als das letzte Heiku Bashôs, das er, gehetzt, müde, todwund, nur noch Dichter, nur noch Vagabund, sich selbst als Grabmal setzte:

»Vom Wandern müde –
Auf verdorrtem Gefilde
jagt mein Traum umher.«

Derselbe Bashô, der so ergreifende Töne zu finden wußte, konnte sich in glücklicheren Tagen vor Vergnügen und Spott überschlagen, konnte allzu rührselige Gefühle, maienselige Sentimentalität folgendermaßen zum Narren halten:

»Die Nachtigall, ei!
macht auf den Reiskuchen dort
auf der Veranda!«

Ja, selbst Nachtigallen sind nicht immer stubenrein.

Alles kommt zu Wort in diesen Heikus, der ganze Übermut dieses lachlustigen Völkchens ebenso wie der tiefe Gedankenreichtum seiner Weisen. – Wer etwa nicht glauben sollte, daß man in drei Zeilen einen ganzen Roman erzählen kann, dem sei als Gegenbeweis dies Heiku vorgesetzt:

»Im ganzen Viertel
weiß nur der Ehegatte
nichts von der Sache –!«

Komödie in elf Worten.

Die Spottlust kennt keine Ehrfurcht; jeder muß herhalten. Da ist der alte, verehrungswürdige Priester stundenlang durch Schnee und Öde gestapft, um einem Sterbenden den letzten Trost zu sprechen. Nun hat er sich auf den weiten, beschwerlichen Heimweg gemacht, selbst dem Tode näher als diesem sinnlosen Leben, und während er sich, schwer in Gedanken versunken, durch den Sturm kämpft, sehnt er die Stunde herbei, in welcher er auch abscheiden wird. Aber das Leben läßt sich nicht spotten; frech faßt es ihn wie ein Gassenbube am Kragen und zwingt ihm das Allermenschlichste ab:

»Der Hochehrwürdige
muß traurig Wasser lassen
auf dürrer Heide.«

Das folgende macht sich über das japanische Neujahr lustig. Nach alter Sitte werden noch am letzten Tage des Jahres mit aller Gewalt Schulden eingetrieben, Rechnungen präsentiert, man hetzt umher und preßt den armen Schuldnern den letzten Blutstropfen aus. Am nächsten Morgen ist plötzlich Feiertag, alles strahlt in neuen Gewändern, lacht und genießt das Fest, aber ganz ist der Ärger von gestern abend noch nicht vergessen:

»Neujahrstagmorgen:
Der Satan von gestern abend
kommt gratulieren!«

Unzählige Heikus verspotten das japanische Badehaus, und manche sind so saftig, daß sie züchtigen europäischen Ohren nicht serviert werden können. Das folgende ist noch recht sanft:

»Ins Männer-Badehaus
späht eine durch die Spalte:
hat was Dringendes!«

oder, schon gewürzter:

»Im Frauenbade
ein männlicher Genosse
ist roter Pfeffer!«

Kommentar überflüssig; dergleichen ist international.
So sammelte ich mir einen ganzen Sack voll von Heikus, ernsten und lustigen, weisen und frechen, sarkastischen und tiefsinnigen Inhalts; und wenn ich sie später einmal bei mir zu Hause ausschütte, werden sie mir Japan wahrscheinlich unmittelbarer heraufzaubern, als es ein Dutzend seidenbunter Kimonos vermöchte.

FÜNFUNDZWANZIGSTES KAPITEL

Mr. Hotdog aus Bowling-Green, Kentucky, USA, entlarvt mich

Die Zeit ging hin, die Hungerkur war längst vergessen. Allmählich setzte ich wieder Fett an, genoß die Freuden Japans in vollen Zügen, sammelte ebenso entzückende wie freche Heikus und würde vielleicht noch heute in Tokio sitzen, wenn nicht eines schönen Tages meine verdienstvolle Tätigkeit als Fremdenführer reicher Amerikaner aus dem Mittelwesten ein vorzeitiges und explosives Ende genommen hätte.
Der Gedanke, Amerikanern Tokio und Umgegend zu zeigen, war ursprünglich weiter nichts als der Strohhalm gewesen, nach welchem ich im Augenblick der knurrendsten Hungersnot gegriffen hatte. Gegen jede Voraussicht war die Fremdenführerei so leicht und glänzend geglückt, daß ich mich schnell entschloß, die Sache systematisch aufzuziehen. Ich hatte mich mit den Angestellten der großen Hotels bekannt gemacht und sie gebeten, mir Amerikaner zuzuweisen. Das taten sie zwar nicht, denn es gibt genug japanische Fremdenführer; immerhin aber konnte ich mich, wenn ich mir meine Leute schnappte, auf die »Bekanntschaft« mit dem Manager ihres Hotels beziehen. Das Geschäft fuhr sich schneller und besser ein, als ich gedacht, denn jeder, den ich einmal durch Tokio geführt, war mit meinen ja in der Tat unübertrefflichen Leistungen und genauen, bis in die kleinste Einzelheit gehenden Kenntnissen von jedem Balkennagel in jedem Tempel so begeistert, daß er mich seinen Reisegefährten und Hotelnachbarn weiterempfahl. In der drit-

ten Woche lief das Geschäft schon fast von allein, ich brauchte mir gar keine Mühe mehr zu geben, mir meine Opfer zu ködern. Sie kamen von selbst. Jeden zweiten oder dritten Tag hatte ich eine Führung, jede Führung brachte mir mit all den Nebenspesen, die dabei abfielen, zwanzig bis dreißig gute amerikanische Dollar ein. In diesen drei Tokioer Wochen verdiente ich rund 250 Dollar. Ich verbrachte ganze Abende damit, mir auf einem Stück Papier auszurechnen, wann ich wohl so weit sein würde, daß ich mir ein Auto würde anschaffen oder ein kleines japanisches Häuschen, den Traum meiner schlaflosen Nächte, würde verwirklichen können. Daß meine ganze Wissenschaft von Japans Altertümern und Sehenswürdigkeiten nur eine recht windige Kulissenschieberei war, hatte ich so gut wie vergessen. Mir ging es, wie es jedem richtigen Hochstapler geht: Ich glaubte selbst Wort für Wort das, was ich den Leuten mit hochgezogenen Augenbrauen und würdevoll wissenschaftlicher Miene vortrug. Eins nur störte mein Glück und meine Selbstzufriedenheit: Viele meiner wissensdurstigen Amerikaner machten sich Notizen in umfangreichen Tagebüchern, verewigten also meine aus der Luft gegriffenen Erklärungen, was mir immer wieder einen Stich ins Herz gab. Erzählen durfte ich vieles ohne Gefahr; wenn es aber aufgeschrieben wurde, konnte mich jeder festnageln, woran mir, wie mir jeder wohlwollende Leser glauben wird, nicht das geringste lag; ich war gegen meine sonstige Gewohnheit in diesem Falle nicht ruhmsüchtig. Und wirklich gerieten mir denn auch eines wenig schönen Tages die Reisenotizbücher der Amerikaner zwischen die Beine, womit meine einträgliche Beschäftigung als internationaler Fremdenführer ein vorzeitiges und beschämendes Ende nahm.
Mr. Hotdog aus Bowling-Green, Kentucky, USA, gefiel mir gleich nicht, als ich ihn am Morgen jenes Unglückstages im Vestibül des Imperial-Hotels begrüßte. Der Mann war unendlich lang, schien ausgetrocknet und zäh wie Sattelleder, nahm die Zähne beim Sprechen grundsätzlich nicht auseinander und handelte außerdem in seiner Heimat mit Drogen und Arzneiwaren im großen, war also das Giftmischen und Schnüffeln gewohnt.

»Well!« begann er, »ich habe fünf Stunden Zeit. Wenn ich nicht alles in diesen fünf Stunden sehen kann, muß ich mir den Rest notieren. Ich habe schon vorgearbeitet!« –

»Vorgearbeitet«, dunkle Sache! Was mochte er damit meinen? Mir schwante nichts Gutes; ich beschloß, vorsichtig zu sein und dem notizsüchtigen Manne möglichst ungefährliche Sachen zu zeigen. Noch während wir uns von dem höflich lächelnden Pagen durch die Drehtür auf die Straße drehen ließen, schwärmte ich meinem Manne von der bezaubernden Chrysanthemen-Ausstellung im Hibiya-Park vor. Der Hibiya-Park liegt dem Imperial-Hotel gegenüber. Wir gingen die wenigen Schritte und wanderten durch die Fülle leuchtender Blumen von einer Vollkommenheit und Größe, die nur in Japan erreicht wird. Es war mir schon zweimal gelungen, andere Klienten mehr als zwei Stunden in der wundervollen Ausstellung festzuhalten. Mr. Hotdog aber reagierte sauer. Als ich ihm wortreich auseinandersetzte, daß es so etwas Schönes nicht zum zweitenmal auf der Welt gäbe, meinte der Kerl trocken, daß er in New York künstliche Chrysanthemen, Stück sechs Dollar, gesehen hätte, die ebenso groß wie die der Ausstellung, dazu noch unverwelklich gewesen wären, womit für ihn der Fall erledigt wäre; in Amerika stellte man so etwas billiger und praktischer her. Was blieb mir weiter übrig, als – wes' Brot ich esse, des' Lied ich singe – ins selbe Horn zu stoßen, in Bewunderung der amerikanischen Leistungsfähigkeit auszubrechen, die knurrige Bohnenstange in ein Auto zu packen, um zu probieren, ob ihr sagenhaft alte Tempel mehr imponierten.

Wir fuhren zum Shiba-Park und bestiegen den Atagohügel, von dem sich eine wunderschöne Fernsicht über die untere Stadt und die Shinagawa-Bucht bietet. Verschleiert von dem silberblauen Duft, der mir für den japanischen Herbst bezeichnend zu sein scheint, dehnten sich vor uns die niedrigen, verwinkelten Dächer der Stadt weit hinaus, in der Ferne begrenzt von dem stumpfen Glanz der Meeresbucht. Dicht unter uns reckte der alte Zojo-Yi-Tempel seine gewaltig geschwungenen Dachfirste zwischen den Baumkronen auf. Mich ergriff dieses Bild immer wieder von neuem, doch mein unbegabter Mr. Hotdog stopfte sich seelenruhig seine Pfeife und faßte seine Rührung in den einen Satz zusammen: »Well, that's a good place for a Radiostation. In America we would have a Radiostation here!« (»Well, das ist ein guter Platz für eine Radiostation. In Amerika würden wir hier eine Radiostation haben.«) Natürlich, seufzte ich innerlich, in Amerika hätte man das längst alles viel besser gemacht als hier; immerhin ärgerte ich mich über die Radiostation und schlug vor, ob er sich nicht einmal das Koyo-Kwan, ein Restaurant innerhalb des Parkes, das für seine gute japanische Küche und besonders schöne Geisha-Tänze berühmt ist, ansehen wolle. Gut, antwortete er, ich möge vorausgehen und »a lot of girls«, zu deutsch: einen Haufen Mädchen! engagieren; er käme langsam nach. Ich war froh, den Stumpfbock für eine Weile los zu sein, und lief in das Restaurant voraus. Meine Versprechungen, daß es dem Manne auf hundert Dollar nicht ankäme, zauberten die Geishas mit einem Schlage aus dem Boden, und als mein Hotdog einlief, war schon alles zu seinem Empfang bereit. Wir bekamen unseren grünen Tee in den henkellosen, entzückenden Schälchen kredenzt von maskenhaft weiß und grell geschminkten jüngsten Geishas. Trotzdem ich den guten Mann aus Bowling-Green auf den Geschmack des grünen Tees vorbereitet hatte, konnte er sich nicht enthalten, auf gut mittelwestliche Weise nach dem ersten Schluck in die Gegend zu spucken, was den an solche Kraftausbrüche nicht gewöhnten liebenswürdigen und wohlerzogenen japanischen Wirt nicht wenig entsetzte. Ich schämte mich gewaltig ob meines guten Amerikaners und wäre ihn gern mit Anstand losgeworden, denn der Mann blamierte mich auf eine für mein zartes Gemüt schwer erträgliche Art und Weise. Langsam wurden die einzelnen Gerichte des japanischen Essens aufgetragen. Nachdem er ein-, zweimal probiert und nichts für seine amerikanische Zungen schmackhaft gefunden hatte, verlangte er kategorisch ein nur halb durchgebratenes Beefsteak, was für das Haus keine schlechte Beleidigung war. Mühsam brachte ich ihn von dem Plan ab und bat die älteste Geisha, welche die anderen mit

leisen Worten dirigierte, mit ein paar Tänzen zu beginnen, um meinen schwerfälligen Mann aus Kentucky abzulenken. Zu den zirpenden Klängen der Shamisen begannen drei der Tanzmädchen einen ihrer alten Tänze, der fast ausschließlich in Bewegungen der Hände und des Oberkörpers bestand; die brokatenen, tief auf den Boden fallenden Kimonos, welche die schmalen Mädchenkörper wie Panzer umhüllten, gestatteten keine raschen und weitausholenden Bewegungen.
Ich selbst war ja dem guten Hotdog dankbar, daß er mir den hohen Genuß verschaffte, die schönen alten Tänze zu sehen, denn ich hätte mir nie Geishas einladen können; ein Nachmittag oder ein Abend mit ihnen ist kaum unter 150–250 Yen zu haben. Verzückt sah ich die schmalen Oberkörper sich wie Blumen, mit denen der Wind spielt, bewegen; wie spielende Vögel umflatterten sich die schlankgliedrigen Hände, welche seltsame, märchenhafte Wesen ganz für sich selbst zu sein schienen. Die unter der dicken Schicht von Schminke und Puder eigentümlich starren Gesichter bogen sich zuweilen nach vorn, als könnten sie die Last der kunstvoll getürmten, blauschwarzen Haare, in die silberne Stäbchen und Korallen verflochten waren, nicht mehr tragen. Die nach alten Gesetzen und Regeln fast marionettenhaft steif ausgeführten Tänze hätten ermüdend gewirkt, wenn nicht das unerhört lebendige Spiel der Hände und die aus den mehlweiß geschminkten Gesichtern groß und warm herausstrahlenden Augen verraten hätten, daß unter den prunkend steifen Gewändern zierlich anmutige Mädchenleiber atmeten.
O Hotdog, du hast mich an diesem Tage Amerika verfluchen lassen, denn immer störtest du mich in meinen Träumen, sei es nun dadurch, daß du dir eine neue Pfeife anstecktest, sei es dadurch, daß du die Chicago Tribune aus der Tasche zogst, um mich auf ein unlängst stattgehabtes Gefecht zwischen Polizisten und Alkoholschmugglern aufmerksam zu machen, sei es, daß du mit einem Zahnstocher dir die Zähne sauber machtest. Dieser Hotdog war wirklich der hoffnungsloseste Fall, der mir, was mittelwestliche Beschränktheit anbetrifft, jemals unter die Finger gekommen war. Als die Geishas, welche wirklich traurig

waren, daß sie den gut bezahlenden Gast gar nicht erheitern und entzücken konnten, gerade einen ihrer schönsten Tänze beendet hatten, klopfte Mr. Hotdog seine Pfeife auf dem schönen Mattenfußboden aus und sagte lakonisch: »Well, those girls should try any modern american dance; they are much better than this old crazy stuff!« (»Well, die Mädchen sollten lieber einmal ein paar moderne, amerikanische Tänze probieren; sie sind viel besser als dieses alte verrückte Zeug!«)

Also, wie gesagt, dieser Hotdog, der seinen Namen nicht mit Unrecht führte, war ein vollkommen hoffnungsloser Fall. Wir schlenderten noch einmal durch den Shiba-Park am Mausoleum der Tokugawa-Shogune vorbei und fuhren zum Sengaku-ji-Tempel.

Während ich selbst mich in einem der Verzweiflung nahen Zustand befand und den elenden Amerikaner aus Kentucky in die unterste Hölle verwünschte, bewahrte dieser gute Mann, welchem auf der ganzen Welt anscheinend nichts weiter imponierte als Wolkenkratzer und Rekord-Produktionen von Ford-Autos, seine unerschütterliche Ruhe und seine übelqualmende Shagpfeife. Auf dem Wege zu dem Sengaku-ji-Tempel erzählte ich dem Manne die Geschichte von den 47 Ronin, die in dem Park des Tempels begraben liegen. In bewegten Worten schilderte ich ihm die heldenhaften Taten dieser treuen Gefolgsleute ihres Lehnsherrn, welche für eine ihrem Gebieter zugefügte Beleidigung ihr Leben ritterlich aufs Spiel setzten. Aber Hotdog war nicht zu rühren. An der Shagpfeife prallte alles wirkungslos ab. Ich gab den Kampf auf, den Mann für irgend etwas zu begeistern, und ging stumm mit ihm in den Tempel hinein. Als er die alten Schnitzereien und Lackarbeiten zur Kenntnis genommen hatte, fing er an zu fragen, wie ich das schon kannte: »Ist das echtes Gold? Wieviel hat dieses gekostet und jenes?« In der Trauer und Wut meines Herzens machte ich mir kein Gewissen daraus, ihm unwahrscheinlich hohe Werte vorzuschwindeln; denn irgendwie wollte ich doch dieser hartgesottenen Dollarseele Respekt abnötigen. Und in der Tat, hier wachte er auf. Die Zahlen imponierten ihm, was mich immer weiter-

reizte, ihm die unglaublichsten Preisangaben vorzuschwatzen. Eine ganze Weile ließ er sich die Sache gefallen, als ich ihm aber den Wert eines kleinen Gongs auf 82370,– Dollar bezifferte, lief ihm die Galle über, und er brach in die historischen Worte aus: »By Joe, I cannot believe it!« (»Zum Teufel, ich kann es nicht glauben!«) Er konnte nicht glauben, daß es Dinge in der Welt geben sollte, die selbst einem amerikanischen Dollarmagnaten imponierten. Er lehnte sich ziemlich geschlagen an einen Pfosten, zückte zu meinem nicht geringen Erstaunen und Entsetzen ein umfangreiches Notizbuch und begann eifrigst, etwas darin zu suchen. Mir ahnte nichts Gutes. Endlich hatte er es, las, sah mich scharf an, las noch einmal, sah mich noch schärfer an, und mit einer Miene, wie sie vielleicht der oberste Beamte von Sing-Sing einem zum Tode verurteilten Verbrecher gegenüber aufsetzt, überfiel er mich mit den Worten: »Meinem Freunde, Mr. Smith aus Oklahoma, haben Sie gesagt, daß dieser Gong nur 12 788,– Dollar wert sei!«
Tableau!
Hatte sich da dieser Bursche die Angaben, welche ich einem früheren Amerikaner gemacht hatte, von diesem ansagen lassen und notiert. Ich hatte selbstverständlich keine Ahnung mehr, was ich dem Mr. Smith vorgegaukelt hatte, denn ich war so unvorsichtig gewesen mir nicht zu notieren, was ich den Leuten erzählte. Einem Schlaganfall ziemlich nahe, stammelte ich eine verwirrte Entschuldigung, daß ich mich geirrt hätte und selbstverständlich der Gong nur 12 788,– Dollar wert wäre. Ich hätte das mit der Opferschale aus dem Kwannon-Tempel verwechselt. Er machte ein bedenkliches Gesicht zu dieser Erklärung und meinte nicht ohne Recht, daß solche Fehler einem »well experienced guide« nicht unterlaufen dürften.
Wir setzten den Rundgang fort. Hotdog war nun auf den Geschmack gekommen und fragte bei jedem Dreck nach dem Preis. Dabei hielt der Unglücksmensch dauernd das fatale Notizbuch in der Hand. Ich versuchte vergeblich, ihn abzulenken. Die schönsten und phantasievollsten Geschichten aus der japanischen Märchen- und Heldensage ließen ihn kalt. Obgleich ich

redete wie ein Wasserfall, blieb er hartnäckig bei seiner Fragerei nach den Preisen. Ich versuchte heimlich, in sein Buch zu schauen; da der gute Mann aber ziemlich doppelt so groß war wie ich selber, konnte ich nichts ermogeln. Das Verhängnis nahm seinen Gang. In einer Pause, die ich zum Atemholen brauchte, unterbrach er mich mit der Frage: »Well, was kostet diese Figur?« Ich nannte einen recht bescheidenen Preis, um ihn nicht allzusehr wegen Übervorteilung zu ärgern; trotzdem war der anscheinend immer noch zu hoch; er blätterte in seinem Notizbuch und knurrte zwischen seinen Zähnen hervor: »Seit der letzten Führung scheint die Figur um 1300,– Dollar teurer geworden zu sein!«
Einmal im Zuge, fragte er mich weiter, was der ganze Tempel gekostet hätte, und meinte nach meiner Antwort mit blutiger Ironie, daß die Preise für Tempel genau solchen Kursschwankungen zu unterliegen schienen wie die Kurse für Petroleum-Aktien an der New Yorker Börse. Als er dann bei der nächsten Gelegenheit feststellen mußte, daß ein ehrwürdiger Tempel auf unerklärliche Weise innerhalb von drei Tagen um 150 Jahre älter geworden war, faßte er mich an meinem obersten Rockknopf und knurrte mich mit zusammengebissenen Zähnen an: »Well, you are a damned brazen liar, that's what you are!« (»Well, du bist ein verdammter unverschämter Lügner, das ist es, was du bist!«) Ich wußte, daß ich ein »verdammter, frecher Lügner« war, daß aber auch er es gemerkt hatte, war mir außerordentlich peinlich.
Nachdem er mich solchermaßen gröblich beleidigt hatte, begann er eine lange Ansprache, von der mich nur das Ende interessierte: Er versprach, mir die japanische Polizei auf den Hals zu hetzen.
Das ging zu weit. Wenn ich auch als berufsmäßiger Fremdenführer auf Betriebsunfälle wie diesen gefaßt sein mußte, so änderte das nichts an der Tatsache, daß mir in dieser bedrängten Situation nichts weiter als schmähliche Flucht übrigblieb. Ich gab das Spiel verloren, riß mich los, wobei mein oberster Rockknopf als Andenken in seinen Händen verblieb und ver-

schwand eilenden Fußes in den Tiefen des Parkes. Mochte der untalentierte Zahlenklauber sehen, wie er allein nach Hause fand. Zwar wußte niemand, wo ich wohnte, Nachforschungen nach mir waren also schwierig; trotzdem hätte der Zufall, dem ich nach dieser Enttäuschung nicht mehr vertraute, mir einen bösen Steich spielen können. Ich beschloß, den Staub Tokios unverzüglich von meinen Füßen zu schütteln und mit meinem auf verbrecherische Weise gewonnenen Vermögen ins Innere Japans zu entweichen. Die schönen Wunschträume der letzten Tage von Autos, kleinen japanischen Häusern und herrlichen Seidenmalereien zerflossen ins Nichts. Immerhin hatte ich genug verdient, um mich sorglos noch für ein paar schöne Wochen durch Japan treiben zu lassen. Traurig ratterte ich in der Straßenbahn davon. Es war das letzte Mal, daß ich durch Tokio fuhr. Ich hätte schlauer getan, wenn ich direkt von der nächsten Hochbahnstation den nächsten Zug nach Yokohama genommen hätte, doch mußte ich noch einmal ins Imperial Hotel, wo ich meine Aufnahmen aus Tokio und Yokohama zum Entwickeln gegeben hatte; die wollte ich nicht schießen lassen. Frisch betrat ich die Vorhalle des Hotels, welches mir die meisten meiner Opfer geliefert, ging die Treppe hinab zu dem Photographen-Laden. Meine Bilder waren noch nicht ganz fertig, ich mußte eine halbe Stunde warten. Der Boden brannte mir unter den Füßen, unruhig rutschte ich auf meinem Stühlchen hin und her, denn jeden Augenblick konnte der gute Hotdog eintreten und Lärm schlagen.

Endlich händigte mir der Photograph meine Aufnahmen aus. Aufatmend verstaute ich sie in meiner Rocktasche, stieg wieder nach oben und betrat das Vestibül, welches ich durchqueren mußte, um zum Ausgang zu gelangen. Im selben Augenblick rutschte mir mein Herz in die Hosen, denn da stand bereits Mr. Hotdog aufgeregt gestikulierend in einer Gruppe von Amerikanern, unter denen ich vier erkannte, die ich früher geführt hatte, und erzählte, anscheinend völlig außer Fassung, was sich ereignet hatte.

Nun, ich mußte durch. In der Hoffnung, daß mir niemand die

Frechheit zutrauen würde, mich noch einmal in des Löwen Höhle zu wagen, ging ich also auf den Ausgang zu. Fünf Schritte von der Tür, als ich mich schon gerettet wähnte, eine Stimme hinter mir: »Da geht er ja!« Ohne daß ich mich umzusehen brauchte, wußte ich, daß die ganze Rotte hinter mir her war. Schon war ich draußen. Ich sauste um die nächste Ecke nach Shimbashi, der nächsten Hochbahnstation, meine Verfolger hatten mich rennen sehen; ich besaß schon eine Fahrkarte, sie mußten sie erst kaufen. Ich wäre ihnen leicht entwischt, wenn sofort ein Zug gekommen wäre; er ließ ein paar Minuten auf sich warten und lief gerade ein, als Hotdog mit ein paar anderen durch die Sperre drängte. Ich sprang in den nächsten Wagen; ob sie mich gesehen hatten, wußte ich nicht. Der Zug fuhr an. Eine ganze Anzahl von Stationen blieb zurück, ohne daß sich jemand zeigte. Schon glaubte ich, den Kerlen entgangen zu sein, als sie auf der Station Omori plötzlich auftauchten. Mit einem Satz war ich draußen, raste die Treppe hinauf dem Ausgang zu, gewann die Sperre, drehte mich um: da sprang auch Hotdog mit seinen langen Beinen die Stufen empor.

Doch in Omori konnte mir nicht viel passieren. In diesem Gewinkel von kleinen und kleinsten Gäßchen war es leicht unterzutauchen. Vor allen Dingen hatte ich in Omori Bekannte genug, die ich aus irgendeinem Grunde aufsuchen konnte. Schon nach wenigen Minuten hatten mich der Abend und ein paar dunkle Seitenstraßen verschluckt.

Ich war gerettet, verfiel aufatmend in gemächlichen Schlenderschritt und überlegte, wen ich heute abend noch, es war inzwischen sieben Uhr geworden, heimsuchen sollte.

Sechsundzwanzigstes Kapitel

Ein armer Teufel und eines gelben Mannes schöne Frau

Oh, dies Gewirre von schmalen Straßen und halbdunklen Wegen in Omori, und um Tokio und Yokohama! Stunde für Stunde ließ ich mich von einer Gasse in die andere treiben; bergauf, bergab liefen die engen Pfade. Papierlaternen verbreiteten ein ungewisses Licht. Die Stoff- oder Seidenpapierstreifen vor den Hauseingängen flatterten und schimmerten leise; sie stellen die Kleider dar, welche die Geister der verstorbenen Vorfahren sich abholen sollen. In alten Zeiten hängte man wirkliche Kleider vor die Tür; jetzt ist man bescheidener geworden, begnügt sich mit Papierstreifen, wobei allerdings zweifelhaft bleibt, ob die bedauernswerten Geister mit den schmalen Fetzen auch nur aufs notdürftigste ihre Blöße decken können. Mit leisem Klapp-Klapp ihrer Holzsandalen huschten Frauen oder Mädchen an mir vorbei. Kulis in weichen, lautlosen Strumpfschuhen, leise keuchend, trugen ihre Lasten, meist zwei an einer langen Stange baumelnde Körbe oder flache Kiepen, wobei sie in den Knien eigentümlich federten. Die grelle Klingel einer Rikscha brach sich Bahn, eilig rollte das hochräderige, wippende Gefährt vorüber, in dem sich vielleicht ein dickbäuchiger, feistgesichtiger Kaufmann oder eine schmalschultrige Frau in blumenbuntem Kimono, wie eine stille, kleine Prinzessin auf die Fußgänger herabsehend, nach Hause fahren ließ.
Ich wußte, daß diese Nacht mit großer Wahrscheinlichkeit die letzte war, die ich in der Hauptstadt verbringen würde. Der

Wunsch, sie so sonderbar und angefüllt wie nur möglich zu begehen, ließ mich zu keinem Entschluß kommen, bei welchem meiner Bekannten ich anklopfen sollte. Da ich gar nicht mit mir einig werden konnte, ging ich ins Kino; es war nicht das erstemal, daß ich mich in einem japanischen Filmtheater langweilte; an diesem Abend wurde es besonders schlimm. Familienweise hockten die Japaner mit Kind und Kegel auf dem mattenbelegten Fußboden, aßen ihr Abendbrot, säugten ihre Babies; halbwüchsige Jungen spielten Fangen und entgingen stets nur knapp der Gefahr, über die kaum zwei Fuß hohe Brüstung des Ranges ins Parkett hinabzustürzen, was meine Nerven auf keine geringe Probe stellte. Während die Einheimischen sich weder durch die randalierenden Kinder noch durch den Film aus der Ruhe bringen ließen, bereiteten mir die Vorgänge auf der Leinwand nicht unbeträchtliche Qualen. Als ich das Kino betrat, lief der Film schon seit zwei Stunden; nach zwei Stunden verließ ich erschöpft das Lokal, und die Schauergeschichte war noch immer nicht zu Ende, trotzdem der unwahrscheinlich tapfere und edelmütige Held, irgendein Ritter der ruhmreichen Vergangenheit, schon ganze Hekatomben von Feinden den Göttern geopfert hatte; eine halbe Stunde wälzte sich der Unglückselige, nachdem alle Widersacher durchbohrt am Boden lagen, in seinem Blute umher, schlitzte sich schließlich den Bauch auf, was alle Zuschauer außer mir höchlichst begeisterte, und verendete schließlich unter schauerlichen Grimassen; damit, so vermutete ich, wäre die Geschichte zu Ende: weit gefehlt, denn nun erschienen die Verwandten auf dem Plan, um Rache zu nehmen, und das Gemetzel begann in verbesserter Auflage von neuem. Ich hatte für diesen Abend genug von zerhackten Knochen und aufgeschlitzten Bäuchen, rettete mich in ein Teehaus und besänftigte meine Erregung durch ein mildwirkendes Glas Tee. Um zehn Uhr etwa waren meine angstschlotternden Glieder so weit wieder beruhigt, daß ich mich von neuem aufmachen konnte.

Es war nun eigentlich schon zu spät, um noch irgend jemand zu besuchen. Was sollte ich meinen vornehmen Freunden vorspiegeln, von denen niemand ahnte, wie mühselig und hochstaplerisch ich mich durchs japanische Leben schlug. Wenn es jemand geahnt hätte, wäre ich sehr schnell gesellschaftsunfähig geworden; denn diese arbeitsamen, wohlsituierten Kaufleute oder etwas oberlehrerhaften Japanliebhaber und -forscher hätten überhaupt nicht verstanden, daß man von der Hand in den Mund lebte, und die Tatsache, daß zu meiner windigen Existenz mehr Courage gehörte als zu ihrem gesetzten Lebenswandel, hätte ihnen nur geringen Respekt abgenötigt. Ich ließ sie im stillen Revue passieren: nicht einer war darunter, dem ich mich leidlich verwandt fühlen konnte. Wenn mich in jener Nacht der unvermeidliche Abschied von Tokio mit Trauer erfüllte, so galt die Trauer keinem von diesen Leuten. Nein, nur um die wenig oder gar nicht prominenten Freunde trauerte ich: um Allan Southerford, den trinkfesten Busch- und Südseebummler aus dem Wilden Westen, um Mizko-San, das schwarzhaarige, kirschenäugige Blumenmädchen aus Yoshiwara, um O-Yuki-San, die immer freundliche und lächelnde Bedienerin in dem einfachen Restaurant, wo ich zu essen mich gewöhnt hatte, und um viele andere noch, bescheidene Existenzen, denen ich mich zugehörig fühlte. – Sollte wirklich niemand sonst... halt, doch, da war noch diese sonderbare Frau Kato, die deutsche Frau eines wohlhabenden Japaners, die ich einmal auf einer größeren Gesellschaft kennengelernt hatte. Die sogenannten »guten Freunde« hatten mir allerlei über sie zugeflüstert, ziemlich anrüchige Geschichten, denen ich keinen rechten Glauben schenken mochte, weil die Frau mir keineswegs danach auszusehen schien und ich längst heraus hatte, daß nirgendwo soviel geklatscht und gezischelt wird wie in den Europäer-Vierteln des Fernen Ostens. Ich war ein paarmal bei ihr gewesen, doch nie allein, obwohl sie mir erlaubt hatte, sie jederzeit zu besuchen; ich war indessen nicht dazu gekommen. Ich sah nach der Uhr: es war elf Uhr geworden; zu spät natürlich; ihr Haus lag auch in Omori; vorbeischlendern konnte ich ja, kam immer noch früh genug auf meine leere Bude.

Bald hatte ich die dunkle, schmale Straße gefunden, an deren

Ende das schöne Besitztum des Kaufmanns Kato hinter braunen Zäunen verborgen lag. Noch war ich 200 Schritt von dem Hause entfernt, als ich vor mir betrunkene Männer johlen hörte. Das war mir weiter nichts Neues mehr, denn es ist kein Wunder, daß man gern eins über den Durst trinkt, wo der heiße Sake, der Reisschnaps, so gut schmeckt. In dieser vornehmen Seitenstraße verwunderte mich der Spektakel aber doch.
Als ich gedeckt durch die Dunkelheit mich der anscheinend sehr vergnügten Gruppe näherte, bot sich mir ein sonderbares Bild. Am Türpfosten des Hauses lehnte eine Frau in europäischen Kleidern. Vor ihr drängten sich drei, vier betrunkene Japaner, welche sie belästigten und verhöhnten; ein für Japan so ungewöhnliches und unglaubliches Bild, daß sofort meine gespannteste Aufmerksamkeit wach wurde. Denn eigentlich nie belästigen selbst betrunkene Japaner andere Leute, schon gar nicht europäische Frauen. Noch hatte mich niemand bemerkt, denn nur über dem Eingangstor des Hauses brannte eine Laterne, während ich im Dunkel stand. Mit blieb kein Zweifel darüber, daß der am wüstesten randalierende Kerl Kato selbst und die Frau am Torpfosten seine Gattin war; sie stand unbeweglich und blickte die Männer mit einem Gemisch von Angst und Verachtung an. Ich beobachtete die Szene eine Zeitlang, unschlüssig, ob es nicht besser wäre, mich aus der peinlichen Situation herauszuhalten. Doch als einer der Betrunkenen die Frau am Arm packte, schien es mir besser, einzugreifen. Ich schritt also auf die Gruppe zu, zog den Hut und begrüßte das Paar. »Guten Abend, gnädige Frau! Wie geht es Ihnen, Herr Kato? Das ist ja lustig, daß ich Sie beide so spät noch treffe!«
Mein unvermutetes Erscheinen unterbrach zunächst den häßlichen Radau. Die Männer schwiegen verlegen; die Frau faßte sich sofort, verstand die rettende Gelegenheit: »Wo kommen Sie so spät noch her? Wollen Sie einen Tee bei uns trinken? Haben Sie Lust dazu?« »Gern, gewiß!« antwortete ich. Kato gab den Weg frei, ließ mich eintreten, entschuldigte sich damit, daß er seine Freunde begleiten müßte und machte sich aus dem Staube. Während wir stumm über den Vorplatz dem Hause zuschritten,

schrie einer der Männer uns von der Straße her etwas Unflätiges nach, was ich nicht verstand; sie aber zuckte zusammen.

Sie war sehr blond, sehr blaß, fast durchsichtig, sehr dunkeläugig. Irgendwo war sie nicht ganz gesund, fehlten ihr ein paar Tropfen rotes Blut.

Wir saßen in ihrem halb europäisch eingerichteten Zimmer auf niedrigen Polstern, tranken Tee und besprachen Alltägliches. Ein stumm lächelnder Diener wartete uns auf. Sie verabschiedete ihn. Wir waren allein.

Ja, da war ich allein mit einer blassen Frau. War es nur der Zufall, der es so gefügt hatte? Nicht nur der Zufall; es gibt irgendeinen Spürsinn, der die richtige Fährte weist; schließlich ist kein einziges Menschenschicksal ganz unwesentlich; jedes besitzt irgendwo seine besondere Falte, seine Einmaligkeit; es kommt nur darauf an, die seltenen Momente nicht zu verpassen, welche einen schnellen Blick hinter die für die Umwelt errichteten Kulissen gestatten.

Ich sagte, nachdem wir lange vor uns hin geschwiegen hatten: »Sie sehen angegriffen aus, gnädige Frau!« Sie, bitter, darauf: »Warum glauben Sie, so tun zu müssen, als erklärte sich die Szene vor der Gartentür nicht von selbst?« Ich: »Ich habe nur das gesehen, was ich gesehen haben darf.« Sie, nach einer Pause mit veränderter Stimme, ohne auf meine Bemerkung einzugehen: »Sie hätten mich besuchen sollen; ich hatte Sie doch eingeladen, jederzeit zu kommen; wir hätten plaudern können!« Ich: »Ich konnte es nicht einrichten. Morgen fahre ich weiter. Schön, daß ich Sie jetzt noch sehen und gleichzeitig aus einer anscheinend peinlichen Situation erlösen konnte.«

Sie schwieg eine Weile und preßte schließlich jede Konvention vergessend die Worte heraus: »Ja, das betrunkene Schwein war mir wieder nachgegangen.«

Ich verstummte betroffen von diesem unerwarteten Ausbruch. Sie fuhr nach einigen unerträglichen leeren Minuten fort: »Warum fordern Sie mich nicht auf, alles zu erzählen?« Ich darauf, ziemlich bedrückt: »Wenn Ihnen daran liegt, erzählen

Sie nur; ich reise ohnehin morgen ab.« Bei dieser letzten Bemerkung sah sie mich mit einem etwas spöttischen Lächeln an und begann.

Wenn ich jetzt die Geschichte dieser verfehlten Ehe zwischen Gelb und Weiß kurz skizziere, so korrigiere ich all die Leidenschaft und den Haß heraus, welche ihr das Urteil über ihr Geschick trübten.

Berlin, Kurfürstendamm, Frühjahr 1924. Während Deutschlands Wirtschaft sich in den Wehen der Deflation windet, kultiviert man in der Welt, in der man sich nicht langweilt, eine müde Ostasiensehnsucht. Perlenbehängte Bankiersgattinnen sprechen mit weltschmerzlichen Gesichtern über das buddhistische Nirwana und die Tiefe des Tao mit derselben Routine wie ihre Gatten über die Schlußkurse von AEG- und Mannesmann-Aktien. Die Weisen aus dem Morgenlande, Rabindranath Tagore und andere Rauschebärte bilden einen hochbezahlten Importartikel, und jeder Chinese oder Japaner auf einem ästhetisch-philosophischen Berlin-WW-Tee durfte sich für einen halben Konfuzius halten.

Unter den philosophierenden Damen von Welt tat sich Ingelore Lukius, einzige Tochter einer alten, schon etwas überfeinerten Kaufmannsfamilie von Bremer Abkunft besonders hervor. Sie war damals 22 Jahre alt, sehr blond, sehr blaß, sehr klug, sehr dunkeläugig und nicht wenig hysterisch. Alles, was an einigermaßen gesellschaftsfähigen Asiaten in Berlin und Umgegend aufzutreiben war, traf sich früher oder später in ihrem Salon, dem sie mit einer kühlen Überlegenheit vorstand, während ihre Mutter etwas dumm und reichlich stolz sich über ihre kluge Tochter Komplimente sagen ließ. Der Vater, ein alter, weißköpfiger Herr, ehrbarer Kaufmann von der besten und vornehmsten Sorte, zeigte sich nur selten; seiner kühlen, klarblickenden Sachlichkeit gefiel das ästhetisierende Schwarmwesen wenig.

Dieser Ingelore ging die Vorliebe für den Osten tiefer als ihren sonstigen mit Laotse kokettierenden Freundinnen. Es bestand irgendwie eine Wahlverwandtschaft zwischen ihrem müden

Blut und der Untergangssehnsucht des Buddhismus. Eines Tages tauchte der Kandidat der Rechte und Nationalökonomie Kato, gebürtig aus Tokio, in ihrem Salon auf. Ein wohlerzogener, stiller Japaner von der eigentümlichen Schönheit, welche die alten, hochgezüchteten Geschlechter des fernen Ostens haben. Kato kam oft, kam häufiger und schließlich jeden zweiten Tag, ganz gleich, ob andere Leute anwesend waren oder nicht. Vier Monate, nachdem Kato das erstemal bei ihr zum Tee erschienen war, eröffnete Ingelore ihrem Vater, daß sie den Japaner heiraten würde. Ihr Vater, der niemals den Versuch gemacht hatte, auf sie einzuwirken, gab seinen Widerstand bald auf. Ihre Freundinnen fanden die Heirat mit dem Japaner besonders schick, ihre Mutter schwankte zwischen Trauer über die bevorstehende Abreise und dem Stolz über die extravagante Wahl ihres vergötterten Töchterchens hin und her. Kato, den der Heiratsantrag Ingelores ziemlich überrumpelt hatte, blieb bis zur Abreise der stille, zurückhaltende Asiate, aus dem niemand recht schlau werden konnte.
Auf der Seereise nach Japan ließ sich alles recht schön an; doch kaum war das Paar einen Monat in Tokio, als Ingelore entdecken mußte, daß sie sich etwas falsche Vorstellungen gemacht hatte. Vor allem verlangte ihr Mann, daß sie nach der Sitte des Ostens mit ihm im Hause seiner Eltern leben sollte. Ihre Schwiegermutter, der sie unbedingten Gehorsam schuldig war, eine reizbare, reichlich eingetrocknete Dame, machte ihr das Leben zur Hölle. Mühselig lernte sie Japanisch. Endlich ließ sich ihr Mann überreden, sich von den Eltern zu trennen und allein ein Haus einzurichten. Für ein halbes Jahr folgte eine Zeit, die ihr fast vollständig das erfüllte, was sie sich versprochen hatte. Schritt für Schritt führte sie ihr Gatte in die Liebeskunst des Ostens ein, und oftmals meinte sie, sich vor Leidenschaft in Rauch auflösen zu müssen; doch blieb der Mann immer gleich zurückhaltend, ja verschlossen, während sie lernte, ihm alles zu sagen. Was hinter diesen dunklen, immer unbewegten Augen vorging, ahnte sie kaum.
Mitten in der Zeit, in der sie sich am glücklichsten wähnte,

wurde ihr Traum mit einem Schlage zerstört. Ein Freund hinterbrachte ihr, daß Kato laufend alle Einzelheiten ihrer Liebesnächte seinen Bekannten erzählte und mit fast medizinischer Kaltschnäuzigkeit jede Faser der erotischen Entwicklung seiner weißen Frau für sich und seine Freunde registrierte.

Von dem Tage ab war die Ehe zerbrochen. Kato machte keinen Hehl daraus, daß er längst mit einer einheimischen Freundin viel glücklicher zusammenlebte; sie selbst versuchte, ganz zurückgezogen zu leben, was ihr nur für kurze Zeit gelang, denn das halbe Jahr Leidenschaft hatte die wenigen Verankerungen in ihr gelöst; so lernte sie bald, sich mit jedem einigermaßen annehmbaren Europäer für die grausame Enttäuschung ihrer Ehe schadlos zu halten. Die Skandalgeschichten, welche über sie im Umlauf waren, gab sie mit einer zynischen, ins Herz schneidenden Offenheit zu. Kato hatte ihre Seitensprünge ruhig mitangesehen, so lange sein Ruf nicht in Gefahr geriet. Dies ließ sich jedoch auf die Dauer nicht vermeiden; er begann, ihr nachzuspüren, und wie diese Nachforschungen zuweilen endeten, hatte ich selbst erlebt. Auch die Sicherheit des Mannes ging langsam zum Teufel, er war nicht gewöhnt, mit Frauen wie dieser, so klug, hochmütig und selbständig fertigzuwerden; außerdem kümmerte sie sich nicht um die verderblichen Rückwirkungen, welche ihre Liebesaffären auf das Geschäft ihres Mannes hatten. Mit seinen Eltern war er zerfallen; sie hatten von ihm verlangt, daß er seine Frau mit Gewalt zur Räson bringe, wozu ihm, einer Sucht wie der ihren gegenüber, die Energie fehlte. Er ergab sich dem Trunk, beide Teile standen vor dem äußeren und inneren Zusammenbruch, dessen Folgen nicht abzusehen waren.

Trotz des ursprünglichen besten Willens von beiden Seiten war die Ehe mißglückt. Die Kluft zwischen den beiden Rassen hatte sich nicht überbrücken lassen.

»Ich bin verhaßt und ausgestoßen von der Verwandtschaft meines Mannes und gelte als deklassiert in der europäischen Gesellschaft. Wenn ich an die Rückkehr zu meinem besorgten Muttchen in Berlin, Fasanenstraße, denke, wird mir schlecht. Ich lasse die Karre laufen.« Damit schloß sie. Ich fühlte mich wenig wohl bei diesen Eröffnungen und verwünschte den Zufall, der mich in diese Situation gebracht hatte. Hoffentlich hielt sie nicht auch mich für ein geeignetes Objekt, sich über ihre zerfahrene Ehe zu trösten. Sie fragte mich von neuem, warum ich denn schon am nächsten Tage fort wollte. Um sie auf andere Gedanken zu bringen, erzählte ich ihr so lustig wie möglich die Geschichte von meinem Reinfall mit dem Mr. Hotdog aus Bowling-Green; doch statt die Sache komisch zu nehmen, nahm sie sie tragisch, jammerte etwas affektiert, wie furchtbar es wäre, daß ich, »ein entzückender, kluger Mensch«, es so schwer hätte und bot mir schließlich ein Darlehen von 500 Yen an, wenn ich noch in Tokio bleiben wollte. Dabei langte sie nach meiner Hand und sah mich mit einem seltsam verschwimmenden Blick an.

Mir wurde flau; ich vergaß meine gute Kinderstube, sagte weiter nichts, als »Nee, danke schön!« erhob mich, machte eine mißglückte Verbeugung und verschwand so schnell ich konnte.

Erst Tage später wurde mir klar, daß ich mich auch weniger ungehobelt hätte aus der Affäre ziehen können. Letzten Endes war sie nur ein bedauernswertes Geschöpf, das an seiner eigenen Phantastik zerbrochen war. Es fehlten ihr nur ein paar Tropfen rotes, starkes Blut, um ganz gesund zu sein. Das aber begriff ich erst Tage später, als ich schon zu weit entfernt war, um noch irgend etwas ausgleichen zu können.

»Es ist schade um die Menschen!«, heißt es bei Strindberg.

Es war schade um sie!

Siebenundzwanzigstes Kapitel

Warum Oharu-San weinte, als ich abfuhr

Wir saßen auf einem Stein, Oharu und ich, einem großen, grauen, moosbewachsenen Fels irgendwo in den weitläufigen grünen Bezirken des Kuon-ji-Tempels. Die turbulente Zeit in Tokio mit all den zwielichtigen Erfahrungen, die ich dort gesammelt hatte, lag zwar nach dem Kalender nur zwei, drei Wochen hinter mir. Doch war mir, als hätte ich Tokio auf einem anderen Erdteil kennengelernt. Ich hatte für einige Zeit mein Standquartier in M. aufgeschlagen, einem ziemlich aus dem Weg liegenden Städtchen nicht weit vom großen Berg Fuji. Sicherlich war ich der einzige Europäer in der Gegend um diese Jahreszeit, im späten Herbst, der uns aber auf unwahrscheinliche Weise durch stilles, warmes Wetter begünstigte. Im uralt-feierlichen Park des Kuon-ji, in dem die mächtige buddhistische Sekte Nichiren ihren Hauptsitz hatte, an den buschgesäumten Ufern des schäumenden Fujikawa – dort schien die Zeit stillzustehen. Es war leicht, die ganze übrige Welt mit ihren echten oder nur eingebildeten Mißhelligkeiten zu vergessen.
Und dann: Oharu war bei mir, das sanfte, zierliche Mädchen, Oharu, zu deutsch »Frühling«, die sich mir angeschlossen hatte für sechzig, für neunzig wunderbare Tage – solange auch immer ich meine Abreise aus Japan hinauszuschieben vermochte, solange mein weniges Geld reichte.
Wenn mir seit jener Zeit Japan in der Erinnerung blieb wie ein sorgenlos heiteres Märchenland, so war es mehr als alles andere

dies schmale Mädchen »Frühling«, dem ich dies Glück zu verdanken hatte. Ihre Haut besaß die Farbe mattschimmernden Bernsteins, ihre Hände bewegten sich flink wie kleine Vögel, aus ihren schräggestellten, dunklen Augen strahlte ihre zärtliche und kluge Seele wie ein ruhiges Leuchtfeuer aus den Nacht. Wie es kam, daß unsere Wege sich kreuzten, geht niemanden etwas an. Ich verrate auch nicht, warum und wie wir zusammen durch das Land nach Süden zogen, bis wir uns traurig in Kobe trennen mußten. Ihre Eltern hatten sie fortgeschickt, weil sie sie nicht mehr erhalten konnten oder wollten. Sie sprach ein sehr drolliges, aber ziemlich richtiges Englisch, war, alles in allem, das entzückendste, zärtlichste und liebenswürdigste Geschöpf, das man sich ausdenken konnte, und hieß wahrlich mit vollem Recht Oharu-San: Fräulein Frühling.

Wir saßen also auf einem Stein, Oharu und ich. Über uns spannte sich ein zartblauer Herbsthimmel, die Luft war kristallen klar. Wir waren beide müde, waren weit in den Bergen umher gewesen den Vormittag über, immer wieder zum makellosen Gipfel des Fuji emporblickend, von dessen zugleich sanften und majestätischen Linien eine tiefe Beruhigung und Stille ausging.

Ich brauche nur die Augen zu schließen, so sehe ich das Bild wieder vor mir. Die Kirschholzbrettchen ihrer Klappersandalen baumelten an zwei purpurroten Halteriemchen von ihren nackten, schmalen Füßen hinunter. Ihr blaugelb gemusterter Kimono, in steifen, glänzenden Falten bis auf die Knöchel fallend, verbarg und offenbarte zugleich, wie schmal ihr Körper sich darin regte; dort, wo der Obi, die breite, kostbare Schärpe, die auf dem Rücken kunstvoll zu einer großen Schleife gebunden wird, den Kimono zusammenhielt, war das Mädchen Oharu so schlank, daß ich ihren Leib beinahe mit zwei Händen umspannen konnte. Ihre Hände, zierlich, aber nicht schwächlich, lagen still in dem bunten Seidenschoß. Aus dem Ausschnitt des Kimonos stieg der Hals, fast zu zerbrechlich – wollte es scheinen – für die Last des blauschwarzen Haares, das sie einfach, nicht wie üblich steif gefettet, zu einem großen Knoten aufgesteckt trug. Die Frisur gab eine gewölbte Stirn frei; sie wurdc von schwarzen, scharf gezeichneten Augenbrauen in vollkommenen Bogen durchschwungen; erst weit unter den Brauen blickten die dunklen Augen leicht schräggestellt, geschlitzt, ins Weite. Dies unvergeßliche Gesicht – man kann es nicht richtig beschreiben; es war ein ganz asiatisches Gesicht, ziemlich breit in den Backenknochen, mit einem Munde gleich einer vor Überreife und Saftfülle aufgespaltenen Frucht.

Oharu erholte sich langsam nach der langen Wanderung an diesem Tag. Sie flüsterte:

»Wie still es hier ist!«

Ja, es war still. Nicht weit von uns schwang sich, halb verdeckt von den Kronen alter Bäume, wuchtig der Dachfirst eines Tempels auf. Und überall, wie mit schwarzer Tusche auf hellblaue Seide gezeichnet, die Konturen der japanischen Kiefern gegen den Himmel, diese schwebenden, filigranhaft durchbrochenen Konturen, ohne die eine japanische Landschaft nicht denkbar ist. Jenseits des Tales, stahlblau hintereinander verdämmernd, die Berge. Behauene Steine vor uns, von langem Gras umweht, hatten irgendeinen kultischen Sinn. Ich wußte nicht, welchen.

Den großen Frieden zu atmen, der von den stummen Dingen ausstrahlte, die tiefe Stille zu verspüren, die das Tal einspann, die die reglosen Bäume zuweilen leise beben ließ, ohne daß ein Wind fühlbar gewesen wäre, der Raubvogel, der auf sichelschmalen Flügeln über das Tal segelte, all das offenbarte mir das Wesen der fremdartigen Welt tiefer und wahrhaftiger, als es wortreiche Erklärungen vermocht hätten.

Einige Tage zuvor hatte ich mich mit einem alten Priester angefreundet. Oharu-San hatte den Dolmetscher und Vermittler gemacht. Ihm gefiel es wohl, daß ich nicht mit Baedeker und Kodak umherzog, wie die meisten Fremden, die im Sommer zuweilen dies abgelegene Tal aufsuchten, um laut redend den Tempelgrund abzugrasen und nie mehr wiederzukommen. Ich war schon tagelang wiedergekommen, konnte Stunden im Gras liegen und mir von der falterbunten Oharu auf einem Halm

etwas vorzirpen, mich dann damit von ihr necken lassen, ohne mehr dagegen zu unternehmen, als ein wenig zu lachen, zu knurren und ein altes, grünes Tempeldach anzustarren.
Jener ehrwürdige Priester im Kuon-ji-Tempel war hochbetagt. Sein Haar sproßte nur noch spärlich schneeweiß auf dem mächtigen Schädel. Er hatte mich weder nach Woher und Wohin, nach Namen und Art gefragt, noch sich mir zum Führer angeboten. Er wäre wohl stets mit einem freundlichen Lächeln an mir vorübergegangen, wenn nicht Oharu mich begleitet hätte; auch ihm hatten es ihre sanften, warmen Augen angetan; vielleicht verwunderte ihn auch unser für Fremde kaum durchschaubares Verhältnis.
Ich muß bekennen, daß ein so unverbesserlicher und unbelehrbarer Westeuropäer wie ich in der Tat wenig Talent fürs Nirwana, für die Tempelkunst verschollener Dynastien, Buddhistenpriester, vorhängebärtige Brahmanen, für Mysterien und Meditationen des Ostens und anderen importierten Zauber aufbringt.
Um so mehr also, hoffe ich, wird man mir glauben, daß jener alte Priester aus dem Kuon-ji-Tempel wirklich eine einmalige Persönlichkeit gewesen ist. Nur selten hat ein Mensch – wo auch immer – durch sein bloßes Dasein, durch die Wärme, die von seinem Wesen, ohne daß er zu sprechen brauchte, ausstrahlte, auf geheimnisvolle Weise so tief und stark auf mich eingewirkt wie dieser alte Mann. Seine Augen lagen hinter grauen, buschigen Brauen, was ihm aus der Ferne gesehen ein beinah finsteres Aussehen verlieh. Stand man ihm jedoch nahe gegenüber, so verrieten die dunklen Augensterne eine so große Gelassenheit, strahlten eine so männliche, ganz unsentimentale Güte aus, daß man plötzlich in leichterer, reinerer Luft zu atmen meinte.
Als Oharu und ich an jenem Tage von unserer Wanderung zurückkehrten, hatten wir ihn eigentlich besuchen wollen, um uns von ihm in seinem winzigen Häuschen bewirten zu lassen. Wir hatten ihn aber nicht angetroffen und nur die Auskunft erhalten, daß er unterwegs sei. Ohne weiter nach ihm zu suchen, schlenderten wir daraufhin in den Tempelgarten und

fanden auf besagtem großen Stein ein stilles Plätzchen zum Ausruhen. Während wir noch saßen und uns der Stille unter den alten Bäumen hingaben, hob Oharu die Hand und zeigte einen Weg entlang: »Dort kommt er!« In sein weites Gewand gehüllt, schritt er langsam auf uns zu; wir hatten uns erhoben. Viele Male verbeugten wir uns stumm voreinander zur Begrüßung; dann setzte er sich zu uns auf den Stein und begann eine kleine Unterhaltung: wo wir gewesen seien, ob wir viel Schönes gesehen hätten, wie lange wir noch zu bleiben gedächten und ähnliches. Ich gab ihm Antwort ebenso leichthin, wie er fragte und meinte, daß die schönen Tage in diesem abgelegenen Tale nun bald für mich vorbei seien und ich weiterziehen müßte.
Ich weiß nicht, wie Oharu ihm die ganz zwanglos gemeinte Bemerkung übersetzte und was sie ihm noch weiterhin dazu sagte, doch übersetzte sie mir seine Antwort ungefähr folgendermaßen: »Ja, so seid ihr Europäer; wenn es euch wirklich mal irgendwo gefällt, könnt ihr es nicht lange aushalten, macht euch schnell auf und davon.«
Ich ging auf diese freundliche Kritik gerne ein. Es entwickelte sich ein ruhiges Gespräch, in dem nur nebenbei einiges von »letzten Dingen« durchklang. »Ist es nicht das Schönste«, meinte ich, »fortzugehen, wenn die höchste Steigerung erreicht ist, oder besser noch, wenn man noch einen Schritt davor steht? Man lebt ja nur von unerfüllten Sehnsüchten; jedes Glück, jeder erfüllte Wunsch stirbt im Augenblick, in dem er sich erfüllt!«
Er darauf: »Gewiß, das ist richtig, solange man überhaupt noch etwas will; erst wenn du verlernt hast, etwas zu wollen, kann dir nichts mehr etwas anhaben!« Ich darauf, etwas hochmütig: »Das mag eine Lehre sein, gut für Asiaten. Wir Europäer haben es nur deswegen zu etwas gebracht, weil wir immer wieder von neuem etwas wollen und kaum, daß es erreicht war, schon wieder etwas Neues vorhatten!«
»Gut, aber was habt ihr davon? Hetzt euch ab, atemlos, gefangen, habt keine Zeit mehr für euch, weil alles für die Dinge der Außenwelt draufgeht. Nicht ihr beherrscht die Dinge, wie ihr ja immer sagt, sondern die Dinge beherrschen euch, peitschen

euch erbarmungslos. Obgleich ihr euch auf einer immerwährenden Jagd nach dem Vergnügen des Erfolges zu befinden scheint, kennt ihr die wahre Freude doch viel weniger als irgend jemand sonst auf der Welt!« »Wo gibt es Freude auf dieser Welt? Auch hier bei euch habe ich sie wenig gefunden!«
»Nein, wir wollen auch über die Freude hinausgelangen, wollen nichs mehr wollen. Und gewinnen dadurch etwas, was ihr nie in solchem Umfang gewinnen könnt: Gelassenheit. Die Dinge berühren uns nicht mehr, sie sind unwesentlich geworden!«
Er nahm die kleine Hand von Oharu, legte sie auf sein Knie und sagte: »Glaubst du mir, daß ich besser als du diesen Falter ›Frühling‹ erfasse und sehe, wie schön er ist, weil ich ihn nur anschaue!«
Ich sagte lange gar nichts und erwiderte dann etwas unangemessen: »Wenn ich mal siebzig Jahre alt bin, habe ich mich vielleicht auch zu dieser Auffassung bekehrt!«
Oharu-San lachte, der Alte lachte, ich lachte, alle drei lachten wir.
Er wurde wieder ernst: »Sage selbst, was ist schon dies Leben: ein Mückentanz um ein offenes Feuer, ein steuerloses Boot auf dem Meer der Zufälle, ein sinnloses Geräusch, das die große Stille durchbricht, ein Funke, den eine springende Kohle versprüht, der schnell verlöscht. Erst wer nichts mehr wünscht und nichts mehr will, wer nur noch in sich hineinschaut und weiß, daß die Welt umher nichts weiter ist als ein Tanz von Schatten, hat Leben und Nichtleben überwunden, erlangt Gelassenheit!«
Ich überlegte mir seine Worte eine Zeitlang, doch so sehr mich ihre stille Weisheit, ihre große Weite auch bewegten, so sehr ich auch theoretisch anerkennen mochte, was er sagte: die Lösung, die er zeigte, war für mich nicht gültig. Um ihm nicht das letzte Wort zu lassen und weil ich letzten Endes mit dem nicht übereinstimmte, was er sagte, beendete ich das Gespräch mit den Worten:
»Nun gut, vielleicht hat dieser ganze Aufwand von Dasein keinen Zweck oder Sinn; doch wir sind nun einmal da und können mit dem Schwindel nur fertig werden, wenn wir ja zu

ihm sagen. Wir packen die Sachen an. Dann machen sie Spaß, und wir werden so auf unsere Weise auch mit den Dingen fertig. Wenn wir nichts mehr vorhätten, nichts mehr tun wollten, so wie du es, ehrwürdiger Vater, als letztes forderst, würde bei uns wahrscheinlich etwas viel Schrecklicheres eintreten: wir würden vor Langeweile sterben!«

Oharu-San lachte, der Alte lachte, ich lachte, alle drei lachten.

Es war inzwischen Abend geworden. Die Silhouetten der Kiefern standen klar gegen den dunkelroten Abendhimmel wie auf einem alten japanischen Holzschnitt. Der Schneegipfel des Fuji war wie von Blut überrieselt. Unten im Tal, wo wir saßen, kam schon die Nacht. Gemächlich schlenderten wir durch das vom Tau sich feuchtende Gras nach Hause.

Zwei Tage danach wurde es wirklich Zeit für uns, weiterzuziehen. Niemand war da, von dem wir Abschied zu nehmen hatten. Doch von dem alten Weisen im Kuon-ji-Kloster wollten wir nicht ohne Gruß scheiden. Wir fanden ihn über eine Schriftenrolle gebückt. Freundlich hörte er uns an, begleitete uns bis zu einem hohen Tor, wünschte uns lächelnd alles Gute und verabschiedete sich. Wir sahen uns ein paarmal um, während wir davongingen. Immer noch stand er unter dem Tor, und jedesmal, wenn wir zurückblickten, verbeugte er sich leicht nach der Sitte des Landes. Schließlich entzog ihn eine Biegung des Weges unseren Blicken. Noch heute könnte ich die Kurve des geschwungenen Torbalkens aufzeichnen, unter dem er stand.

Jene Gelassenheit zu erreichen, ist mir nie gelungen. Was hätte ich schon davon gehabt! Mehr als einmal wäre ich damit untergegangen.

Doch kann ich mich kaum stillerer und friedvollerer Tage entsinnen als jener am Fujiyama, unter den Augen dieses gütigen Greises, der das Leben gemeistert hatte – auf seine Art. – Oharu-San und ich waren auf dem Wege nach Süden. Das war eine schöne Zeit! Niemand hatte eine Ahnung, wo ich abhanden gekommen war. Meine Tokioer Bekannten wähnten mich auf der Heimreise; nach Deutschland schrieb ich keine Briefe mehr; andere Leute erwarteten mich vergeblich in Vancouver. So hatte ich keine Nachrichten zu erhoffen, war vogelfrei; nichts hielt mich, nach dem Nordpol, nichts, nach dem Südpol abzudampfen; das Plänemachen hatte ich längst aufgegeben. Mochte jeder Tag für sich selber sorgen: Heute war heute, und morgen würde es wieder ein anderes Heute werden. Ich lebte so, als ob das Leben einzig aus den rinnenden Tagen bestand. Wobei ich mich außerordentlich wohl fühlte.

Wir wanderten viel, Oharu und ich, meistens an der Küste entlang, blieben wohl auch, wenn es uns paßte, zwei oder drei Tage in einem kleinen Fischer- oder Bergdorf. Viel zu bezahlen brauchten wir nirgendwo, darauf paßte Oharu-San schon auf. Oft lud uns ein Bauer ein, und wir durften ihm überhaupt nichts anbieten, sonst hätten wir ihn beleidigt. Niemals wurden wir belästigt, nirgendwo übervorteilt. Jeden Abend, wo wir gerade waren, badeten wir in kochendheißem Wasser auf japanische Art. Manchmal standen die Badekübel offen auf der Straße, aber ich verlernte, mich zu genieren, denn was alle ohne Unterschied selbstverständlich tun, fällt weiter nicht auf.

Ich hatte kein Gepäck; das wartete in Kobe auf mich; mochte es warten; für gewöhnlich trug ich einen alten, blauen, großartig bedruckten Kulikittel, der mein Europäertum allerdings nur unvollkommen maskierte. Aber das war auch gar nicht nötig.

Um jede größere Stadt, um jeden im Baedeker empfohlenen Ort machte ich einen großen Bogen oder fuhr schnell mit der Eisenbahn hindurch; ich hatte keine Lust, Europäern zu begegnen. Die hätten mich in meinem Kulianzug und mit der Marotte, fast immer zu Fuß zu reisen, das Ansehen der Europäer fahrlässig aufs Spiel setzend, nur bei Bauern oder in abgelegenen Dorfwirtshäusern übernachtend, sicherlich für wahnsinnig gehalten und mich mit Hilfe der Polizei vom nächsten Konsul internieren lassen. Mit Konsulen habe ich wenig im Sinn; die sind meistens so verdammt vornehm und gegenüber jedem, der nicht per Luxuskabine auf der »Empress of Australia« ansegelt, so mißtrauisch. Sie dokumentieren außerdem die Würde ihres Amtes vor allem dadurch, daß man selten weniger als zwei Stunden auf eine Audienz zu warten hat.

In jenen sorglosen Wochen, schließlich Monaten habe ich die Japaner lieben gelernt. Wie höflich, freundlich, gastlich die einfachen Leute waren! Man mochte in ein noch so abgelegenes Dorf geraten, wo die Bevölkerung noch so arm sein mochte, niemals spürte ich Feindseligkeit oder Mißtrauen. Jeder teilte gern, bewirtete uns mit Freude und schien stolz zu sein, einen Gast aus so fernem Land beherbergen zu können. Nun ist es allerdings wahr, daß Oharu sich schwerlich einen willigeren Schüler in japanischen Umgangsformen wünschen konnte, als ich es war. Sie zeigte mir, wie man sich verbeugen mußte, wie man sich hinsetzte, wie die Teetasse zu halten sei, wie die Eßstäbchen. Sagte mir, wann und was ich bei Begrüßungen zu sprechen hätte und schien aus mir einen Japaner ganz nach der alten Schule machen zu wollen, die sie für sich gar nicht mehr voll gelten ließ. Sie war vielmehr in ihrem Umkreis eine ziemlich revolutionäre, selbständige Person und beneidete die europäische Frau glühend um deren vermeintliche Unabhängigkeit. Oftmals schalt sie mich, wenn ich in meiner Begeisterung für irgendeine alte japanische Einrichtung die problematischen Hintergründe übersah.

Ihr kam es nicht in erster Linie auf Form und Haltung an; die wirtschaftlichen und gesellschaftlichen Nöte ihres Volkes, vor allem der Frauen, bewegten sie heftiger. Aber sie konnte sich das leisten; sie besaß den natürlichen Sinn für Anstand, den sicheren Geschmack ihres Volkes.

Aber ich wollte eigentlich eine Geschichte erzählen, die in unseren Tagen passiert ist und doch wie ein Märchen aus alten Zeiten anmutet. Sie verrät, wie stark das alte Japan damals trotz elektrischem Licht und Telefon und Autos noch fortlebte.

In der Gegend von Nagiri erreichten wir eines Abends ein Gebirgsdörfchen, dessen Name mir nicht mehr einfällt.

Vor dem Dorfeingang verlockte uns ein anscheinend hochbetagter Kwannon-Tempel, der sich in einem laubdunklen Park verbarg, ein wenig auszuruhen. Zur Zeit der Dämmerung, als wir lange genug im Gras gelegen hatten, gingen wir zur Straße zurück. Ein schmuckloser Grabstein, der noch nicht sehr alt zu

sein schien, ließ uns anhalten. Oharu entzifferte die wenigen Zeichen, die in ihn eingekerbt waren:
»Hier ruht ein Mönch. Er floh vor dem Leben, ohne es überwunden zu haben.« »Er floh vor dem Leben.« Der Mönch mußte also wohl Selbstmord verübt haben, den der Buddhismus verdammt. Welch sonderbares Schicksal hatte unter diesem Grabstein sein Ende gefunden?
Wir blieben einige Tage in jenem Dörfchen. Oharu und ich versuchten, das Geheimnis des Mönches zu lüften. Wir saßen des Nachts lange auf und unterhielten uns mit den Dorfleuten darüber, und langsam fügten sich die Bruchstücke, die wir erfuhren, zu einer beinahe lückenlosen Geschichte zusammen, die ich nun kurz berichten will. (Sie deckt sich in mancher Einzelheit mit einem Vorfall, den Lafcadio Hearn vor Jahrzehnten berichtet hat; vielleicht handelt es sich um dasselbe Ereignis, das im Laufe der Jahre, zu einer Legende ausgeschmückt, überall im Lande die Runde macht.)
Vor der Jahrhundertwende wurde in jenem Dörfchen einem armen Bauern ein kleines Mädchen geboren. Schon in frühen Jahren eroberte es sich alle Herzen im Fluge, denn niemand konnte sich erinnern, je ein so entzückendes und liebliches Kind gesehen zu haben. Die stolzen Eltern hatten ihm den Namen Satogiku gegeben, was soviel wie »Chrysantheme auf grüner Aue« bedeutet.
Satogiku wurde mit jedem Tag, jedem Jahr schöner; dabei blieb sie sanft, in sich gekehrt und still. Sie war klüger und geschickter als andere Mädchen ihres Alters. Niemand verstand die schwierigsten Schriftzeichen so schön und sicher zu pinseln wie sie; der Meister Hokusei hätte es in alten Zeiten nicht vollendeter ausführen können. Sie konnte Blumen stecken, konnte Vasen mit zwei oder drei Blütenzweigen in zierliche Kunstwerke verwandeln, ganz nach den ältesten Regeln der Zunft, die sie schnell und fast spielend wie alles andere erlernte. Sie verstand, den Goldregen oder die Blumen, von denen sie ihren Namen herleitete, so natürlich mit Nadel und Faden auf steife, schwarze Seide zu zaubern, daß jeder Beschauer sich versucht fühlte, die

Stickerei anzutasten, um sich davon zu überzeugen, daß es nicht echte Blumen waren. Satogiku hätte leicht eine Prinzessin sein können, so schön und klug war sie, hätte im kaiserlichen Palaste zu Tokio wohnen können; aber sie war nur eines armen Bauern einzige Tochter, wuchs auf unter einfachen Menschen.
Als Satogiku fünfzehn Jahre alt war, übertraf ihre Lieblichkeit die aller anderen Mädchen weit und breit. Ohne daß sie etwas dazu getan hätte, gab es bald keinen jungen Mann mehr in der Umgegend, der nicht an Satogiku dachte. Wohin sie auch gehen mochte, immer stellte sich ihr ein Mann in den Weg; man ließ ihr keine Ruhe; oftmals kam sie nach kurzem Gang voller Angst ins elterliche Haus zurückgelaufen, weil jemand sie aufgehalten hatte, um ihr Anträge zu stellen, die sie erröten ließen. Dabei war sie selbst an dieser zauberischen Kraft, der alle Männer unterlagen, unschuldig. Sie war unberührt wie eine Blume, die sich noch nicht geöffnet hat. Ihre Eltern wußten sich keinen Rat, verwünschten schon die Anmut, den verwirrenden Reiz, den Satogiku ausstrahlte; die Tage, in denen die Tochter ihnen Freude bereitet hatte, waren längst vorbei. Es gab nur noch ein Mittel: sie so schnell wir möglich zu verheiraten. Das fiel nicht schwer. Der einzige Sohn eines wohlhabenden Schmiedes war mit Freuden bereit, sich mit ihr zu verbinden. Sie siedelte in das Haus ihrer Schwiegereltern über. Während sonst die Schwiegertöchter nichts weiter sind als Dienstmädchen der Schwiegermutter und gewöhnlich hart herangenommen werden, versagte auch hier der Zauber nicht, der von Satogiku ausstrahlte. Ihr junger Gatte trug sie auf Händen; sie verließ das Haus selten und wäre auf eine bescheidene Art glücklich geworden, wenn nicht schon nach wenigen Wochen etwas ebenso Schreckliches wie Rätselhaftes geschehen wäre.
Der Schwiegervater, ein etwa vierzigjähriger, wegen seiner Geschicklichkeit weit geschätzter Mann, schickte seinen Sohn, der gleich ihm Schmied war, oft über Land. Während der Sohn fort war, beschäftigte der Alte sich nur mit Satogiku, trug ihr das Wasser, ließ sich von ihr auf der Shamisen vorspielen, lobte ihre Stickereien und aß nur, was sie zubereitet hatte. Satogiku

gehorchte ihm ohne Arg, getreu dem Gebot, welches man ihr seit frühester Jugend eingeprägt hatte: Gehorche deinen Eltern, deinen Schwiegereltern und deinem Manne; tue alles, was ihnen Freude bereitet. Ihr Gatte, wenn er nach langer Abwesenheit heimkehrte, bekam oft heftig mit seinem Vater Streit, was sie sehr betrübte, denn sie begriff den Grund nicht. Von ihrer anfänglich liebevollen Schwiegermutter wurde Satogiku, mochte sie sich auch die größte Mühe geben, gescholten und herumgejagt, für nichts bestraft, ohne daß sie wie früher bei ihrem Gatten, der finster zusah, Schutz fand. Sie weinte viel, weil sie nicht begriff, was man von ihr wollte, was sie falsch machte.
Wieder einmal war ihr Gatte auf Reisen, als eines Nachts ein Mann in ihre Kammer drang. Sie schrie, die Schwiegermutter brachte Licht: Ihr Schwiegervater hatte sie sich nehmen wollen. Weinend flüchtete sie, so wie sie war, ins Haus ihrer Eltern.
Am nächsten Tage verbreitete sich mit Windeseile im ganzen Dorfe das Gerücht, die Schwiegermutter habe, als Satogiku floh, einen weißen Fuchs mit ihr um das Haus verschwinden sehen, der sich eng in die Falten ihres Kimonos geschmiegt hätte.
Ein weißer Fuchs – das ist für den Japaner ein böser Dämon, noch heute verrammelt man nachts sein Haus vor ihm; kein Spalt, selbst im heißesten Sommer, darf offenbleiben, damit der geschwänzte Teufel nicht einschlüpft. Überall im Lande, auf einsamen Waldsteigen im abgelegensten Gebirge wie mitten in der Großstadt, wird dem bösen Geiste in unzähligen Fuchstempelchen geopfert, um ihn bei guter Laune zu erhalten, denn niemand mag sich seinen Haß, seine zerstörerische Rachsucht zuziehen. Zuweilen fährt der Dämon des weißen Fuchses in den Körper eines schönen Mädchens, nimmt von ihm Besitz und bewirkt, daß Liebeszauber von ihm ausstrahlt, der Herzen und Sinne verwirrt. Erst wenn einer der Liebhaber die unselige Leidenschaft mit dem Tode gebüßt hat, weicht der Zauber. Nun also war die sanfte, süße Satogiku eine solche Hexe, vom weißen Fuchs besessen.
Die Eltern entsetzten sich maßlos, als sie die Vorfälle erfuhren. Frauen und Männer rotteten sich vor dem Gehöft zusammen

und verlangten, die Eltern sollten die Hexe ausliefern, die das Herz der Männer verderbe. Jammernd flehten die Eltern um das Leben der Tochter. Satogikus Gatte tauchte auf und schrie, er wolle seine Frau nie mehr wiedersehen; sie habe das Glück seines Vaterhauses und damit sein eigenes vernichtet; sie sei verstoßen.

Erst nach Tagen kamen die verängstigten Bauern zur Vernunft. Doch durfte sich Satogiku nie mehr auf der Straße oder auf den Feldern blicken lassen; wie eine Gefangene fristete sie ein trauriges Dasein im Hinterzimmer ihres elterlichen Hauses, hinter den hohen Hecken des Gartens.

Eines Tages trat in den Dienst des dörflichen Kwannon-Tempels ein junger Priester, der aus einer Grafschaft im Süden kam; ihm ging ein seltsamer Ruf voraus.

Er hatte seinen Dienst in einem großen Heiligtum verlassen müssen, weil er die Herzen der Frauen betörte, ohne es zu wollen; sie verfolgten ihn mit leidenschaftlichen Anträgen, die ihn nie zur Ruhe kommen ließen und wilde Wünsche anstachelten.

Hier, in dörflicher Abgeschiedenheit, hoffte er Ruhe zu finden. Bald verehrte ihn jeder, Güte und Ernst umgaben ihn wie eine helle Wolke. Es konnte nicht lange dauern, so hörte er von dem bösen Schicksal Satogikus. Er stand über allem Aberglauben. Er tröstete sie, so gut er konnte, und öffnete ihr schließlich wieder die Pforten ihres Kerkers, unter seinem Schutz konnte sie bald durch das Dorf zum Tempel gehen, um dort zu beten. Da sie in ihrem Kummer zu einem blassen Schatten ihrer selbst geworden war, schien sie jede Gefährlichkeit eingebüßt zu haben. Wohl wichen ihr nach wie vor die Leute aus; aber den Weg zum Tempel verwehrte ihr niemand mehr.

Ob nun Satogiku dem Zauber des jungen Priesters erlag, ob er in ihr ein dem seinen verwandtes Schicksal wirken fühlte, ob es der unglückselige Dämon war, der auch ihn behexte, dies alles läßt sich nicht entscheiden. Sie haben wohl beide geahnt, daß sie aneinander hätten finden können, was sie entbehrten; dann aber hätte der Priester seinem Gelübde untreu werden müssen. Eines Morgens fanden sie ihn tot in seiner Zelle. Er hatte sich nach der furchtbaren Sitte seines Landes den Leib aufgeschnitten. Auf einen Papierstreifen hatte er das Zeichen gepinselt, welches »Satogiku«, »Chrysantheme auf grüner Aue«, bedeutet. Satogiku war verschwunden. Dem Priester setzte man den Grabstein, welchen Oharu und ich gefunden hatten; das Gras war schon fast über ihn gewachsen. »Hier ruht ein Mönch. Er floh vor dem Leben, ohne es überwunden zu haben.« Nach der Überzeugung der Leute würde er in späteren Leben die gleiche Gewissensnot erdulden müssen in immer neuen Verwandlungen, bis er sich endlich so weit geläutert hätte, daß er, vom Taumel der Wiedergeburten erlöst, in der ewigen Stille auslöschen durfte.

Von Satogiku keine Spur. Die Leute verrammelten ihre Türen, wenn die Dunkelheit hereinbrach. Die Weiber wollten einen weißen Fuchs gesehen haben, der nachts am Grabstein des Mönches kauerte. –

Vielleicht ist sie eine Geisha geworden. Vielleicht hat sie ihr liebliches Gesicht zerstört, von dem alles Unheil kam, um niemanden mehr zu verlocken. Vielleicht vegetiert sie als Bettelnonne, gekrümmt, elend, in irgendeinem vergessenen Winkel in Tokio oder Osaka; harrt der Stunde entgegen, wo sie eingehen wird ins unermeßliche Licht.

Oder vielleicht durchwandelt sie schon an der Hand des Geliebten den schönsten aller Gärten, den Garten Amidas im fernen Paradiese des Westens. Dort singen wunderbare Vögel, Amseln und Nachtigallen, deren Gefieder heller leuchtet als alle Sterne einer Sommernacht. Dort sind Götter und Menschen verschwistert. Lotosblumen in schimmernder Pracht schaukeln auf smaragdenen Gewässern. Indessen: Die Herrlichkeit aller Welt bleibt gering, wenn man sie mit dem Lächeln auf Amidas Antlitz vergleicht.

Oharu-San, mein »Fräulein Frühling«, flehte zu Kwannon, der Göttin der Barmherzigkeit, daß es wahr sein möge. Sie weinte manchmal, weinte große Tränen, wenn sie an das Schicksal der schönen Satogiku dachte. Ja, das tat Oharu.

Bei wunderbar klarem, stillem Wetter hatten wir lange Wanderungen an dem von Gedichten und Sagen umwobenen Biwa-See unternommen. Diesmal hatte ich die Ostseite gewählt. Als ich von Tsuruga nach Japan hineinfuhr, viele Monate zuvor, war ich an der Westseite entlanggegondelt. In Kioto schleppte mich Oharu in manchen alten Tempel, den ich unbedingt gesehen haben müßte; mein Sträuben half mir nichts, ich hatte zu gehorchen. Doch zeigte sie mir unvergleichlich eindrucksvolle Bauten, darunter auch die, in welchen vor wenigen Monaten, mit uralten Zeremonien, tagelangen Festlichkeiten die Krönung des Tenno, des Kaisers von Japan, stattgefunden hatte.

Kobe war nicht mehr weit. Von Kobe liefen die Schnelldampfer der Osaka-Shosen-Saisha über Nagasaki nach Shanghai.

Oharu verstand sofort, als ich das nebenbei erwähnte; sie sagte nichts dazu. Es war ja von vornherein abgemacht gewesen, daß irgendwann, sei es in Osaka, sei es in Kobe, sei es in Shimonoseki, geschieden sein müßte. Wir waren seit Monaten beieinander. Schon begann ich, mich in Japan fast wie zu Hause zu fühlen. Alles Besondere wurde allmählich zu etwas zwar gleichermaßen Geliebtem, aber doch Vertrauten. Ich hätte irgendwo im Innern seßhaft werden müssen, um nun, nachdem mein Streifzug ein einziges Fest gewesen war, auch den japanischen Alltag aus nächster Nähe kennenzulernen. Das hätte viel Geduld, viel Zeit und viel Geld erfordert; nichts davon besaß ich. Und von Kobe liefen die Dampfer durch die Inlandsee über Nagasaki nach Shanghai. Wir wohnten in Sannomiya, einem alten, verwinkelten Stadtteil Kobes, dicht am Hafen in einem kleinen japanischen Gasthof. Es blieben uns noch zwei Tage Zeit bis zur Abfahrt der »Hakodate-Maru«.

Wir saßen in unserem kleinen Mattenzimmer, das auf einen schmalen Ziergarten hinausging, wenn man die dünne Wand aus Ölpapier beiseite schob. Wir plauderten miteinander, schwiegen, sahen aneinander vorbei und seufzten, bis Oharu pflichtschuldigst begann, mir den schönen Kakemono, der unser Zimmer schmückte, zu erklären, oder sonst etwas aufs Tapet zu bringen, was sie ebensowenig interessierte wie mich. Wie sollten wir sonst die endlosen letzten Stunden überstehen!

Am letzten Abend gingen wir nach Einbruch der Dunkelheit noch einmal durch die Straßen.
Die bunten Papierlaternen brannten über den Hauseingängen, erleuchteten zierliche Läden mit tausend Dingen, die ich niemals brauchen würde. Ich hörte zum letzten Mal die Schellen des Nachtwächters rasseln, hörte ihn seine melodischen Hölzchen aneinanderschlagen, um die Diebe zu vertreiben; zum letzten Male klapperten neben mir die Kirschholzsandalen Oharus, vermischten ihr helles Geräusch mit dem der Sandalen anderer Leute. Würde ich noch einmal die Handwerker und Kleinkrämer um ihren Habachi, den großen, farbig glasierten Holzkohlentopf, sitzen sehen, die niedrigen Tischchen mit den vielen zierlichen Näpfchen und Schüsselchen und Väschen, um die sie, halb auf der Straße, bei zurückgeschobenen Wänden ihr Abendbrot einnahmen? Würde mich noch einmal das zärtliche Bild entzücken, wie eine kindhafte, selbstvergessene Mutter, ohne auf die vor ihrem offenen Hause vorübergehenden Leute zu achten, ihrem winzigen Kind die pfirsichfarbene kleine Brust reichte, mit einem Lächeln auf dem Gesicht, als sei es der zukünftige Kaiser von Japan, den sie da in ihren Armen hielt? – Wahrscheinlich sah ich das alles zum letzten Mal. Das ging mir schwer in den Sinn, denn ich hatte das alles liebgewonnen; mehr als gut ist, wenn man abreisen muß.
Gegen Mitternacht kamen wir wieder zurück. An Schlafen war nicht zu denken. Oharu bereitete Tee. Wir löschten das Licht, schoben die Wand nach dem Garten zurück, bliesen die Holzkohlen an und hockten uns dicht dazu. Draußen schien der Mond, das gab Helligkeit genug.
Oharu hatte ihren Kopf an meine Schulter gelehnt. Es war ganz still; in der Ferne nur zuweilen die Hölzchen des Nachtwächters, und irgendwo ganz schwach der seltsam gepreßte Gesang einer Geisha, das Zirpen einer Shamisen.
Ich dachte nur das eine: Morgen wird das nicht mehr möglich sein; und übermorgen nicht mehr, niemals wieder.
Oharu, Frühling, liebe, bunte, fremdartige Blume!
Wir flüsterten miteinander.

Ich bat sie, mein bescheidenes Vermögen mit mir zu teilen, denn sie wußte noch nicht, wie sie weiterleben würde, sie wollte sich irgendeine Stellung als Bedienerin in einem Europäer-Haushalt suchen; sie besaß nur noch wenig Geld; aber es reichte für ein paar Wochen, wenn man verstand, nur von Reis zu leben. Doch sie wollte nichts von mir annehmen; meinte mit einer rührenden Fürsorge in der Stimme, ich sollte nur ja mein Geld zusammenhalten; wer wüßte, wann ich wieder etwas würde verdienen können.

Wir legten neue Kohlen auf die Glut, die mit leisem Knistern auflohten.

Und immer unsere leisen Stimmen im schmalen Raum.

Was wir sprachen?

Was sprechen wohl zwei, die für viele Wochen zusammen, die so aufeinander angewiesen waren, als hätte jeder nur den andern auf der weiten Welt? Die gemeinsam durch ein Land voll lauter Wunder gezogen waren und die nun die allerletzte Nacht beisammen waren und sich niemals mehr treffen würden...?

Nun, davon sprachen wir... Oharu und ich...

Am Vormittag ging ich an Bord. Das Laufbrett wurde zurückgeschoben. Der Pier stand voller Menschen, die ihre Freunde aufs Schiff begleitet hatten. Papierschlangen flogen hin und her. In dem Lachen, Rufen, Schreien, Winken, Fangen ging die Trauer des Abschieds, die auf vielen Gesichtern stand, unter. Oharu stand nicht dort unten. Ich war auf dem Achterdeck. Auf dem Kai gegenüber, am Ende eines Lagerschuppens, lehnte sie an einem Eisenpfeiler, in ihrem schönsten blütenbunten Kimono, unter dem die schneeweißen Tabis, die Strümpfe leuchteten. Sie sah zu mir herauf, stumm.

Dreimal heulte die Sirene. Die Seile fielen klatschend ins Wasser. Die Schrauben wirbelten weißen Schaum auf, langsam löste sich der Dampfer von der Mauer.

Ich grüßte Oharu japanisch, verbeugte mich viele Male, viele Male. Auch Oharu tat es, sank unaufhörlich in sich zusammen. Wieviel Schmerz in diesen Verbeugungen war!

Dann konnte sie sich nicht mehr zurückhalten, hob ihren Arm, verdeckte ihr Gesicht mit dem weiten Ärmel ihres Kimonos und lehnte sich schluchzend an den alten Eisenpfeiler. Ich war noch nahe genug, um zu sehen, wie ihre schmalen Schultern bebten. Ich verbeugte mich weiter, tief und ernsthaft, wie es die Sitte erfordert.

Liebes Mädchen Frühling! Oharu!

Wie sehr du weintest!

Mich trug der Dampfer durch die Inlandsee, an tausend Inseln vorbei, dunkel bewaldete Felsküsten entlang nach Nagasaki: zwei Stunden Aufenthalt. Dann Kurs auf die Yangtse-Mündung über das Chinesische Meer. Lange noch passierte der Dampfer japanische Fischerboote mit seltsam geformten Segeln, bis auch diesen letzten Gruß von der japanischen Küste der Horizont verschluckte. –

In Shanghai erhielt ich die Nachricht von ihr, daß es ihr gelungen sei, in einem amerikanischen Haushalt als Amah (»Mädchen für alles«) unterzukommen.

Damals vor mehr als einem halben Jahrhundert, als die Geschichte von Oharu gedruckt wurde, scheint niemand sie für allzu »romantisch« oder »sentimental« oder gar für »kitschig« gehalten zu haben. Heute war mir selber nicht mehr ganz wohl, als ich sie wieder las.

Doch habe ich keine große Angst vor solchen Vorwürfen. Ohne Gefühle ist kein menschliches Leben menschlich. In der japanischen Welt erscheinen Gefühle nur gebändigt, müssen nach Möglichkeit in strenge Formen gezwängt werden. Doch bleiben sie unterschwellig von ungewöhnlicher Stärke, ja Wildheit. Ausbrüche des Gefühls – von überfeinerter Zartheit hier, von vulkanischer, grausamer Bedenkenlosigkeit dort – gehören zur japanischen Szene von jeher bis zum heutigen Tage. Ich meine also, mit dem Bericht von Oharu-San, »Fräulein Frühling«, im Rahmen des Erlaubten und Erträglichen geblieben zu sein.

– Da steht also wieder schwarz auf weiß, was ich vor mehr als einem halben Jahrhundert als noch recht naseweiser junger

Journalist aufgeschrieben habe. Wahrlich, ich glaube es selber kaum – und muß doch erkennen, wie sehr sich die Welt, wie sehr ich mich selber seit den zwanziger Jahren des Jahrhunderts gewandelt habe. Alles fließt, sagen schon die alten Griechen, und daß man niemals in den gleichen Strom steigen kann, ob man es nun will oder nicht. Und man fragt sich nach so langer Zeit natürlich auch, ob sich die Umstände zu ihrem Vorteil oder ihrem Nachteil verändert haben. Die Frage, meine ich, ist zuverlässig überhaupt nicht zu beantworten. Sicherlich war mein Urteil über das damalige Japan viel zu rosig gefärbt. Damals schon wurde mir einigermaßen deutlich, daß die Japaner von einer sonderbar fanatischen Liebe zum Kriegshandwerk erfüllt waren. Mittelalterliche Vorstellungen von Heldentum, Kriegsadel, Vasallentreue und bedingungslosem Kampfesmut waren mit einer in der Geschichte bis dahin wohl nie so vorgekommenen Plötzlichkeit und Selbstverständlichkeit in das Gewand des modernen Militarismus, einer im geheimen schon weit ausgreifenden angreiferischen und eroberungsdurstigen Wehrstrategie geschlüpft. Das kleine, kaum erst dem feudalistischen Mittelalter entronnene Japan hatte im chinesisch-japanischen Krieg (1894/95) dem großen, aber schon sehr morsch gewordenen kaiserlichen China das einstmals portugiesische Formosa, das heutige Taiwan, abgenommen, hatte Korea unter seine Kontrolle gebracht. Dann hatte das mit gespannter Energie aufstrebende Japan das riesige Russenreich unter dem Zaren entscheidend besiegt (1904/05), sich mit der Eroberung von Port Arthur auf der Liaotung-Halbinsel den Zugang zur Mandschurei gesichert und sich den Südteil der großen Insel Sachalin (nördlich der japanischen Halbinsel Hokkaido) einverleibt. Im Ersten Weltkrieg hatte sich Japan auf die »richtige« Seite, d.h. die gegen Deutschland gerichtete, geschlagen und nach dem Krieg die Erbschaft des deutschen Kaiserreichs auf dem chinesischen Festland (Kiautschou) und in der Südsee (Karolinen-, Marianen- und Marschall-Inseln) angetreten. 1921/22 war im Washingtoner Flottenabkommen die Stärke der japanischen Flotte gegenüber England und den USA im Verhältnis 3:5:5 festgelegt, Japan

damit also, wenn auch noch in etwa beschränkt, in den Kreis der Großmächte aufgenommen worden. Nach all diesen frühen und schnellen Erfolgen waren die Japaner überzeugt, daß ihr Aufstieg nicht aufzuhalten sei. Die Erfolge waren ihnen durch das Schwert beschert worden, durch das Schwert, das seit dem frühesten japanischen Mittelalter bei ihnen im höchsten Ansehen gestanden hatte.
Der vom Westen übernommene Militarismus, geprägt von den imperialen Vorstellungen Englands und Deutschlands, schien die urjapanische Verehrung des Schwertes geradlinig fortzusetzen und durchdrang allmählich alle Schichten des japanischen Volkes.
Solches hatte ich zwar schon 1928/29 erkannt, begriff aber nicht, daß sich im japanischen Volk die Überzeugung festgesetzt hatte, der weitere Aufstieg der japanischen Sonne sei nur durch soldatische Opfer, durch Krieg zu erreichen. Auch hatte ich nicht mit genügender Klarheit gesehen, mit welcher Bedenkenlosigkeit und mit wieviel Geschick Japan sich westliche Kenntnisse, westliche Fertigkeiten in Technik, Wissenschaft und Wirtschaft aneignete, ohne die Entwicklungskosten bezahlen zu müssen und zu wollen; ich hätte erkennen müssen, daß Japan schon damals drauf und dran war, auch auf dem Gebiet der Wirtschaft und Industrie dem Westen den Rang abzulaufen, ohne sich dabei um die im Westen gültigen Spiel- und Verhaltensregeln zu kümmern, eine in vieler Hinsicht höchst unerfreuliche Handlungsweise; in geradliniger Fortsetzung der damaligen Situation hat sie heute dazu geführt, Japan als den irritierenden Störenfried der Weltwirtschaft erscheinen zu lassen.
Ich war damals von dem krassen Kontrast überwältigt worden, den ich beim Übertritt aus dem unter den Nachwehen der kommunistischen Revolution mühsam sich einrichtenden Sowjetreich in das hoffnungsvoll und selig aufstrebende, sieggewohnte Japan in meiner Umgebung und an mir selber erlebte. Alles, was ich in Sibirien qualvoll vermißt hatte, Ordnung, Sauberkeit, Sicherheit, Liebenswürdigkeit, Anmut, Noblesse – plötzlich war alles wieder da, wie mit einem Zauberschlag! Kein

Wunder also: Japan, eine Liebe auf den ersten Blick, das war Japan mir gewesen.
Damals lebte noch unter all dem Neuen das unverfälschte alte Japan mit großer Kraft und seiner selbst gewiß. Es bereitete mir fast berauschende Freude, mich mit diesem fremdartigen Land, dem ersten rein asiatischen, das ich kennenlernte, vertraut zu machen.
Fremdartig war es in der Tat. Aber wer sich Mühe gab, seinem Wesen und seinen Eigenheiten nachzuspüren, der fand viele willige und freundliche Lehrer und erlebte eine liebenswürdige, erstaunliche oder nachdenklich machende Überraschung nach der anderen.
Damals war Japan noch mit sich selbst so einig wie kaum eine andere Nation auf dem Erdenrund. Es war seiner Künste und Überzeugungen sicher, glaubte an sich und seine Rolle in der Welt. Es hatte noch keinen Krieg verloren, keine Atombomben über schönen alten Städten erlebt, keine fremde Besatzungsarmee im Lande dulden müssen, hatte sich noch nicht durch bitterste Not, Schmach und Niederlage gezwungen gesehen, alle alten Rücksichten, Werte, Höflichkeiten über Bord zu werfen, um überhaupt erst einmal in einem zerstörten, maßlos überfüllten Lande wieder Ordnung zu schaffen und eine neue Existenz aufzubauen.
Dieser Kampf ums ursprünglich nackte Dasein war so erfolgreich, daß Japan zur industriellen und kommerziellen Großmacht wurde. Es blickte nicht mehr zurück, besaß keine Zeit mehr dazu, wurde zu einem neuen Japan.
Zu diesem neuen Japan habe ich nur einen rein sachlichen Zugang gefunden, als ich es nach dem Zweiten Weltkrieg noch zweimal ausführlich besuchte. Das Land, das ich früher geliebt hatte, war nicht mehr zu finden. Wahrscheinlich wird es nicht gänzlich vergangen sein. Aber der Lärm, die Fülle, die rasende Geschäftigkeit, die ich in dem Japan von heute vorfand, verschlugen mir den Atem. Ich nahm mir nicht die Zeit, nach versteckten Resten meines alten Japan Umschau zu halten. Es zieht mich nichts mehr in das Land der verdreckten Strände, der

nach Abwässern stinkenden Tokio-Bucht, der hektisch irren Betriebsamkeit.

Doch nun wieder zurück in das Ostasien, wie es sich vor fünfzig Jahren einem einigermaßen unkonventionellen Reisenden darbot wie damals mir.*

---

* Dies siebenundzwanzigste Kapitel ist schon einmal (in dem Sammelband »Abenteuer der Ferne«, 1978 bei C. Bertelsmann) nachgedruckt worden. Es mußte hier nochmals in vollem Umfang aufgenommen werden, um das ursprünglich 1929 erstmalig erschienene Buch ohne Lücke wiederzugeben. A. E. J.

DRITTER TEIL

Als Steward von Shanghai nach Singapore

Achtundzwanzigstes Kapitel

Wie ich beinahe Ehrenmitglied der Bettlergilde von Shanghai wurde

Wenn man bei jedem Cocktail, jedem Gin, den man trinkt, Gewissensbisse bis in die tiefste Tiefe seiner bescheidenen Geldbörse empfindet, macht das Hocken an einer Bar, sie mag im übrigen noch so nett sein, verteufelt wenig Spaß. Kenner werden mir darin beipflichten.
Eigentlich – kalkulierte ich weiter – kam es auf einen Cocktail mehr oder weniger nicht an, denn die ganze Reise durch Japan hatte kaum soviel gekostet wie eine Wanderfahrt durch die lieblichen Gefilde der Mark Brandenburg (»auf Fontanes Spuren«, wie man so schön sagt, um zu kaschieren, daß man nicht genug Geld im Beutel hat, um an die Riviera zu fahren). Ja, Japan, das war ein anderes Leben gewesen, an Oharus Seite, hell und spielerisch leicht; Shanghai, dieses babylonische Mixtum compositum aus Europa und Asien, hatte den glücklichen Frieden meiner japanischen Zeit schnell hinabgeschlungen, mich um und um gewirbelt und mich in jener Nacht, in welcher sich dies Kapitel abspielte, an der Bar des – wie hieß doch die Superkneipe? Vergessen! – sagen wir: Piccadilly-Restaurants auf den Strand gesetzt. Teufel, es kam wirklich auf einen Cocktail mehr nicht an: also noch eine »Prairie-Oyster«!
Ich besaß noch Geld genug, um sänftiglich von Shanghai zweiter oder Mittelklasse klein und häßlich heimwärts zu schaukeln. Aber ich fahre entweder 1. Klasse oder gar nicht (es sei denn als Arbeiter oder sonstwas, wobei ich dann den zugehörigen Stil

wahren kann). Angesichts dieser erschrecklich lasterhaft sich gebärdenden Bar, in der es von grell geschminkten Russinnen wimmelte, armseligen, verlorenen Flüchtlingen aus den Zeiten der Revolution, die sich nach kapitalkräftigem Anschluß umsahen, war das gerade die richtige Philosophie: 1. Klasse oder gar nicht! Nobel geht die Welt zugrunde!
Ich sah dem Mixer zu, wie er, in eine tadellos weiße Jacke gehüllt, mit seinen Flaschen, Gläsern, Eiskübeln, Silberbomben, Spritzapparaten, geschickt und geschäftig herumhantierte wie in einer Alchimistenküche. Die weiße Jacke brachte mich auf eine gar nicht üble Idee: Schiffs-Stewards tragen auch so großartig weiße Jacken. Wie wär's mein Lieber, hielt ich mir vor, wenn du dich einmal als Steward auf einem heimwärtsgondelnden Dampfer versuchtest. Mal was anderes! Aber gleich ließ ich den Vorsatz fallen: Ich besaß ja kein Seemannsbuch, und schon in Wladiwostok hatte dieser Mangel mir manchen Seufzer abgepreßt. – Und doch, es wäre eine schöne Sache gewesen, für umsonst so weit mitzureisen, bis mein Vermögen für den Rest der Fahrt zur 1. Klasse langte. Das Aussteigen an der richtigen Stelle machte mir wenig Sorge. Wenn so ein Dampfer abfahren muß, muß er abfahren; auf einen Steward mehr oder weniger kommt es dabei ebensowenig an wie auf einen Gin mehr oder weniger, wenn man noch 212,35 Dollar in der Tasche hat, dazu noch ein wackeres Häuflein guter japanischer Yen! Ein weiterer »Manhattan« erschien also gerechtfertigt: her damit!
Hatte ich nicht vor ein paar Tagen den Großmogul einer Schiffsgesellschaft kennengelernt und ihm so gute amerikanische Witze erzählt, wie er sie seit ewigen Zeiten nicht gehört hatte? Jetzt konnte sich der Mann ein wenig erkenntlich zeigen und mich auf einem Dampfer, die er abzufertigen hatte, unterschieben, es passiert ja häufig genug, daß auf den großen Ostasien-Linien ein Steward krank wird und zurückbleibt oder ausrückt, für den schnell Ersatz geschafft werden muß. Ich wollte gleich mein Glück versuchen; es war 11 Uhr; bis um diese Zeit saß mein Mr. Biggs im Palace-Hotel über seinem Abendwhisky; vielleicht schnappte ich ihn noch. Ich bezahlte schnell:

ich schien doch mehr Drinks hinter der Binde zu haben, als schätzungsweise ein englischer Postdampfer Stewards entbehren kann. Was tat es: Ich schmiedete bereits an einem neuen Plan, bei dem schon mehr als ein paar Schnäpse herausspringen mußten.

Nach ein paar Schritten war ich auf Bubblingwell-Road, der feudalen Hauptstraße des englischen Viertels. Es regnete leicht und sprühend. Ich versuchte, mir den Stadtplan ins Gedächtnis zu rufen. Wie verlief doch die Nanking-Road, an deren Einmündung in den Bund, die breite Uferstraße am Wu-sung, sich das Palace-Hotel erhebt? Dies hier war Bubblingwell-Road, mußte ich nach links oder rechts zur Nanking-Road? – Was so ein paar Gins ausmachen! In der frischen Luft wurde mir etwas unstabil zumute, und meine Beine benahmen sich sonderbar fassungslos. – Rechts oder links? Sein oder Nichtsein? Egal! Gehen wir mal *da* runter!

Es war natürlich die falsche Richtung, die ich nahm; das merkte ich nach einer halben Stunde, als sich noch immer keine Nanking-Road zeigen wollte. Wenn ich bei Verstand gewesen wäre, hätte ich mir eine Rikscha gemietet und mich nach Hause fahren lassen. Aber jene halbe Stunde Dahinschlenderns hatte mich ins Bummeltempo gebracht; außerdem hatte mich eine alkoholbefeuerte Hartnäckigkeit erfaßt, mein Ziel zu Fuß zu erreichen; ich verfiel in den gemächlichen Zockelschritt, den man eine ganze Nacht lang aushalten kann. Ab und zu kam mir der Gedanke, daß Shanghai kein so gefahrloses Pflaster wäre wie Berlin oder Vancouver oder Yokahama, wo man, wenn man nicht gerade in Frack und Lackschuhen aufreizend vornehm daherstolziert, unbedenklich sich jeder Straße anvertrauen kann. Nein, hier war Shanghai, über das mehr Schauergeschichten von Überfällen, Verschleppungen, Mord und Totschlag umlaufen, als selbst bei schlimmster Sittenlosigkeit seiner geschäftigen Bewohner möglich sein sollten. Immerhin hätte ich mich nicht gewundert, wenn plötzlich drei oder vier höhnisch grinsende Teufel mit gezückten Krummdolchen auf mich zugesprungen wären und mich in ein düsteres Verlies ver-

schleppt hätten, um aus dem Verlag in Berlin unvorstellbar hohe Lösegelder herauszupressen, an denen er unfehlbar Pleite gehen würde. Man denke sich, was so ein paar Cocktails alles bewirken können; ich folgte einer dunklen Straße nach der anderen und wiegte mich in den phantastischsten Vorstellungen: wenn ich nun unversehens verschleppt würde und die Zeitungen daheim halbseitige Bilder von mir im Hauptblatt brächten, wenn der Verlag Million auf Million auf den Tisch der chinesischen Menschenräuber legen müßte, Sammlungen veranstaltet würden, um mich zu retten; der Minister für Kunst und Wissenschaft höchstselbst bei der Nankingregierung wegen meiner vorstellig würde, mich zu erlösen, was wahrlich ein Problem werden sollte, dafür würde ich mit meinen Räubern schon sorgen; wenn alles nichts nutzte, die europäischen Staaten sich plötzlich vereinigten, um ein Kreuzergeschwader zu meiner Rettung abzusenden, Pan-Europa so zustande käme, weil ich, einer seiner würdigsten Vertreter, in Gefahr schwebte; wenn Shanghai bombardiert würde, und sich ein neues Ruhmesblatt in den Lorbeerkranz unserer herrlichen Marine fügte – entsetzlich, was so ein paar Cocktails für Folgen haben können!
Ja, wo war ich eigentlich hingeraten? Die Phantasmen von Ruhm und Unsterblichkeit hatten mich in ein Labyrinth von schmutzigen Gassen gelockt, von denen ich nicht ahnte, zu welchem Stadtteil sie gehören mochten. Die Uhr zeigte Mitternacht. Ich machte zum erstenmal an diesem Abend den schüchternen Versuch, mich zu orientieren. Dort, wo der niedrige Himmel rötlich beleuchtet war, mußte die helle Nanking-Road liegen; doch der Schein lag schräg hinter mir: ich mußte also irgendwo stromaufwärts vorgedrungen sein; jetzt erst merkte ich, daß hinter mir auf leisen Sohlen ein Dutzend Rikscha-Kulis mit ihren Wägelchen trotteten, in der Hoffnung, mich zur Heimfahrt zu überreden. »Rikscha, Mister?« bedrängten sie mich leise, um mich einen engen Halbkreis bildend. Die armseligen Teufel hatten wenig Glück bei mir, ich wollte zu Fuß heimwandern. »Go to hell!« empfahl ich ihnen und schlug die Richtung ein, in der ich den Hafen vermutete; hatte ich den erst erreicht, so

brauchte ich nur am Wasser entlang zu wandern, um richtig in meine Pension zu kommen. Auf leisen Sohlen und Rädern folgte mir die Rikscha-Kavalkade. Die Kulis liefen barfuß, meist nur mit einer kurzen Hose und einem zerlumpten Hemd bekleidet; dabei war es eiskalt, regnete noch immer ganz fein.
Was waren dies für Straßen! Noch nie war ich dort gewesen. Hier und da schaukelte an einer Wegkreuzung eine elektrische Birne wild im Winde hin und her; bei jedem dritten Schritt versanken die Füße in irgendeinem schleimigen Morast; die Häuserzeilen zu beiden Seiten schienen merkwürdig tot, obwohl sich noch viele Leute unterwegs zeigten; über ausgestorbenen Vorhallen glänzte matt eine schaukelnde Papierlaterne und entlockte schmierigen, speckigen Stützpfosten schwachen Glanz; Chinesenrestaurants waren noch offen; auf großen Schalen häuften sich da undefinierbare Leckerbissen, feiste Wirte boten sie aufdringlich an. Manchmal blieb ich stehen und sah in ein solches Lokal hinein; dann stoppte mein Rikscha-Gefolge auch, umzingelte mich im Halbkreis, und sämtliche Gäste im Lokal, auf niedrigen Schemeln sitzend, glotzten mich an, fassungslos vor Erstaunen, um diese Nachtzeit, in dieser Gegend plötzlich einen weißen Teufel auftauchen zu sehen. Sonderbares Gemurmel lief dann von einem zum andern, man rief mir auch unverständliche Worte zu; ich machte, daß ich weiter kam.
Wo war ich? Ich wußte es allmählich: auf weiten Umwegen war ich ins alte Chinesenviertel geraten, die Slums von Shanghai. Eingepreßt vom französischen Settlement, lebt es ein verkommenes Dasein; ich strich in jener Nacht am »Weidenpavillon« vorbei, dem einst berühmten, nun verfallenen Heiligtum. Das alte Chinesenviertel: ein gespenstisches Meer von wüsten, schiefen Schauerbaracken, ohne Plan und Richtung.
Ich hatte eine breitere Straße entdeckt, der ich folgte. Je klarer mein Kopf wurde, desto mehr fühlte ich die unheimliche Elendsluft, die hier waltete. Ich schlenderte nicht mehr, berechnete jeden Richtungswechsel und wäre heilfroh gewesen, wenn irgendwo wieder ein uniformierter Schutzmann aufgetaucht

wäre, etwa ein riesiger, schwarzbäriger, finsterblickender Sikh in englischer Montur mit erfreulich blankem Karabiner über der Schulter. Aber es wollte sich kein breitschultriger Sikh, nicht einmal ein niedlicher, französischer, affengesichtiger tonkinesischer Polizist entdecken lassen; dafür saßen mir immer noch die Rikschas auf den Fersen; dummerweise hatte ich ein paar Bettlern etwas geschenkt; die humpelten nun mit weitausholendem Schwung der Krücken hinter mir her, atemlos ihr »talei!« rufend; meine rechte Hand steckte in der Jackentasche am treuen, guten Browning; er fühlte sich beruhigend kühl an.

Plötzlich vertrat mir ein Kerl den Weg; war einen Kopf größer als ich; schoß mit zwei langen Schritten aus einer dunklen Hausnische; stellte mir ein Bein, daß ich stolperte; schon hatte ich den Revolver heraus, »Hund!« schrie ich wütend und fuhr zu meinem Angreifer herum. Eine Laterne gab trübes Licht: was war *das*? Ich wollte meinen Augen nicht trauen: ein fahles, großflächiges Gesicht: ein Weißer? Blondes, wirres Haar, ein zerfetztes Jackett über einer lumpigen Weste auf der bloßen Haut, durchlöcherte Hosen, von einem dicken Bindfaden über der Weste gehalten, an einem Fuß ein fast neuer Militärstiefel, am andern ein ehemals eleganter, jetzt verbeulter Straßenschuh, alles schmutzig, verlumpt, jammervoll.

Wir blickten uns eine Weile starr an; das Chinesenpack war zerstoben, als es meine Waffe blinken sah.

Nach einer endlosen, stummen Minute ging ein breites Grinsen über sein Gesicht; er begann in gebrochenem Deutsch:

»Warrum du saggst ›Gund‹ zu mich?« Ein Russe also. Ich antwortete auf russisch: »Potamu schto...«

»Weil du ein ebenso blödsinniger wie gefährlicher Hammel bist, scheint es!«

Er grinste nicht mehr und fragte hastig: »Wui toje Russki?« »Du bist auch Russe?« – »Nein, aber ich war lange dort und komme gerade von dorther!« – »Wo bist du in Rußland gewesen?« –

»In Moskau natürlich, in Jekaterinburg, Irkutsk, Wladiwostok.« –

»Mein Gott, in Irkutsk, wie sieht es da aus? Wann warst du da? Ist es schon lange her, daß du da warst?« – »In Irkutsk? Nein,

knappe fünf Monate zurück!« – »Fünf Monate nur! Erzähl, erzähl!«
Ich erzählte. Mein Revolver steckte längst wieder in der Tasche. Als die Chinesen uns gar nicht mehr feindselig sprechen hörten, hatte sich die ganze Korona schnell wieder um uns versammelt; ein chinesisches Schimpfwort aus dem Munde meines vom Himmel gefallenen Nachtgefährten verscheuchte sie endgültig.
Ich erzählte, daß in Irkutsk das Haus gegenüber der Telegraphenagentur wiederaufgebaut würde, daß der große Kintopp immer noch spiele, daß der Bahnhof nicht ganz so verdreckt gewesen wäre wie in anderen Städten und daß die große Kathedrale zugeschlossen sei. Er nahm das alles auf, als seien die gleichgültigen Mitteilungen Entscheidungen über Leben und Tod.
»Ja, in Irkutsk war ich nicht Bettler«, sagte er. Ich untersuchte meine sämtlichen Taschen: »Hier sind 5 Mexikodollar, mehr hab' ich nicht bei mir.« Seine Hände griffen gierig danach: »Fünf Dollar! Das ist ein Vermögen für mich!«

Das wurde eine seltsame Nacht; eine Nacht, wie sie ein normaler Europäer kaum je erlebt hat; aber wann waren normale Europäer auch so unverständig, befeuert von ein wenig 50prozentigem Spiritus, sich ins Chinesenviertel zu verirren?
Wie er nach Shanghai gekommen war? Immer dieselbe Geschichte, nur in diesem Falle noch etwas grauenvoller als sonst. Vater in Irkutsk reicher Kaufmann; er einziger, nichtsnutziger Sohn; Flucht vor der Revolution. Im Doppelboden eines chinesischen Küstenfrachters mit ein paar Dutzend Leidensgefährten nach Shanghai, für das letzte Geld, das sie alle noch besaßen. In Shanghai werden sie entdeckt; die Landung wird ihnen verwehrt; sie sitzen eine Woche im Schiffsbauch, zwei, drei, Hunger, Durst, Wahnsinn; schießen sich gegenseitig an, verrecken vor Gestank, Wassermangel, Seuche, Unrat; einige, die sich noch einen Rest von Kraft bewahrt haben, darunter er, rotten sich zusammen, überwältigen die Wachen und springen über Bord, um im Schutze der Nacht schwimmend das Ufer zu

erreichen. Ein paar werden abgeknallt; er selbst hat Glück, kommt an Land. Aber was war damit geholfen? Keine Arbeit, kein Brot, keine Unterstützung gab es für diese heimatlosen Vagabunden. Betteln also! Im europäischen Viertel darf man sich nicht sehen lassen, sonst wird man als Schandfleck der Kultur abgeschoben oder aufgehängt. Bleibt also nur noch das Chinesenviertel. Da muß man dann so lange mit aufgehaltener Mütze oder Hand vor irgendeinem dicken, schmierigen chinesischen Wucherer rückwärts herlaufen, bis das feiste Schwein sich mit einem elenden Kupferstück losgekauft hat. Man kann auch Europäer anfallen wie mich, die sich bei Tage in einer Rikscha durchs Chinesenviertel ziehen lassen, um sich »den Dreck mal anzusehen«; wenn man hartnäckig genug ist, kann man manchmal einen ganzen Dollar ergattern; nur die Engländer gäben nie etwas, die Amerikaner schon eher, am reichlichsten aber die Franzosen und die Deutschen; was man ja auch an mir sehen könnte – dabei stieß er mir freundschaftlich vertraulich die Faust zwischen die Rippen, daß sie krachten. War schon etwas verwildert, der gute Mann aus Irkutsk!
Ja, die ersten Jahre wären furchtbar gewesen. Außer ihm gäbe es noch 32 weiße berufsmäßige Bettler in Shanghai. Aber in dem ehemals russischen Wohnviertel um die orthodoxe Kirche, dort vegetierten in zerfallenen Kabachen noch ein paar hundert allerelendeste Männer und Frauen, Russen alle, zu schwach, zu elend, zu hoffnungslos selbst zum Betteln. Manchmal, wenn er gut verdient hätte, brächte er ein paar Reismahlzeiten hin, er der Bettler, noch immer ein König an Kraft und Besitztum im Vergleich zu jenem ins Leere gsunkenen Menschenabfall, der verblödet wäre vor Hunger und Gram.
Die ersten Jahre – so berichtete er – wären so furchtbar gewesen, weil er noch kein Wort Chinesisch verstand und nur von dem leben mußte, was er selbst sich zusammenbetteln oder stehlen konnte, und das war nicht viel. Aber dann lernte er die Sprache und wurde mit chinesischen Bettlern bekannt. Er merkte, daß er gar nicht so arm war, wie er dachte; was konnte er den gelben Kollegen nicht alles für gute Tips geben: über

christliche Feiertage und die verschiedenen Sorten von Kirchen; über die europäischen Nationen und die richtige Behandlung, um sie zum Geben zu verleiten: über Ehepaare, quasi Ehepaare und Liebespaare, und woran sie zu erkennen wären, und noch manches andere, was ein tüchtiger Bettler wissen muß unter spezieller Berücksichtigung der Shanghaier Verhältnisse. (Als ich ihn so des langen und breiten über die Schliche und Pfiffe beim Betteln dozieren hörte, konnte ich mich des Eindrucks nicht erwehren, daß Betteln genauso erlernt sein will wie jedes andere ehrliche Handwerk, ja, daß es schwerer als jedes Handwerk, daß es eine wahre Kunst wäre.) Und zuletzt hätten die einheimischen Bettler, um sich seine wertvolle Mitarbeit zu sichern, ihn in ihre Bettlergilde aufgenommen, in der er es bald zu einer geachteten Stellung gebracht hätte. »Schließlich verstehen wir Weißen ja doch mehr von der Welt, wie sie ist, als dies schlitzäugige Pack!« meinte er stolz. – –

»Bettlergilde«, ich hatte schon dunkel davon gehört, erinnerte mich auch, darüber irgendwo etwas gelesen zu haben. Schön, daß mir da solch Obermeister der sauberen Genossenschaft in die Falle geraten war!

Immer weiter ging unsere ruhige Wanderung; kaum ein Mensch war noch unterwegs; zerlumpte Gestalten drückten sich manchmal an uns vorüber, ohne mich viel zu schrecken; an der Seite des sonderbaren Heiligen fühlte ich mich sicher. Wir kamen an einen Kanal oder Flußarm oder was es sein mochte und folgten ihm. Sein Wasser war dicht bedeckt mit schattenhaften Dschunken; selten nur brannte unter einem runden Binsendach eine trübe Papierlampe; ihr Schein beleuchtete einen schlafenden Mann, ein Weib mit blauschwarzem Haar, über eine Arbeit gebückt, ein schlummerndes Kind auf dem Rücken gebunden; auf einem anderen Boot aß eine Familie noch ihren dampfenden Reis; aus kleinen Pfeifchen an langen Stielen wurde geraucht; war es Opium? Noch anderes erriet ich, es war Nacht, der Fluß dämmerte dunkel; nur noch Schatten waren unterwegs – der Nachbar schlief oder kümmerte sich um nichts. Scham ist ein relativer Begriff. Ich fragte meinen Begleiter nach

den Dschunken. Arbeitsdschunken wären es oder Schmuggeldschunken, Personenboote für den Hafenverkehr, Gemüsesegler, Räuberfahrzeuge und Hurenboote, und es wäre nicht sehr empfehlenswert, sich auf ihnen zu verirren; Kopf und Kragen wären recht wohlfeil auf dem schmutzigen Lehmwasser. Ich spürte kein Verlangen danach, morgens um drei Uhr mich auf eine Expedition in jene unheimliche Wasserwelt einzulassen.
Aber wohin, zum Teufel, verschleppte er mich eigentlich zu dieser nachtschlafenen, polizeiwidrigen Zeit? Das sollte er mir endlich verraten! Mein Mann fragte etwas spöttisch, ob ich Angst hätte? – Nee, Angst hätte ich keene, denn erstens wüßte er, daß ich kein Geld mehr besäße, zweitens wär' mir noch nie etwas passiert, drittens wären wir längst gute Freunde: wer also sollte wen abmurksen? Wozu auch? Es gäbe dankbarere Objekte; und viertens von wegen des Browning usw. –
»Ich dachte, es würde dir Spaß machen, mit auf unsern Versammlungsort zu kommen; dort tauschen wir aus, was wir den Tag über ergattert haben; ein guter Hanfbindfaden steht dort hoch im Kurse; auch zerlumpte Kleider sind sehr gefragt oder Zeitungspapier; dort werden Darlehen gegeben und Sammlungen veranstaltet für notleidende Bettler; dort wird Gericht gehalten über solche, die gegen die Gildegesetze verstoßen haben, etwa einem anderen einen angestammten Arbeitsplatz streitig gemacht haben, Schulden nicht zurückbezahlen, ihre Angehörigen darben lassen oder die sich einer gemeinsamen Protest- oder Erpressungsaktion nicht angeschlossen haben und vieles andere.« Diesen Hexensabbat durfte ich mir nicht entgehen lassen. Ich sagte also ohne Besinnen zu, ihn zu begleiten.
Während wir, stets dem Wasser folgend, durch endlose Sumpflöcher stapften, Bergen von unbestimmbarem Unrat auswichen, über alles mögliche Lebendige und Tote stolperten, erzählte er mir von der Gilde der Bettler. Ihr Oberster sei ein genialer Kopf, der eine einflußreiche Stellung unter der chinesischen Einwohnerschaft einnähme; er stamme aus einer alten Bettlerfamilie; sein Arbeitswerkzeug bilde eine große, krätzige Wunde am rechten Knie, die er sorgfältig am Eitern erhalte, denn je

schlimmer die Wunde, desto reicher die Almosen. Wenn die Seidenhändler oder die Schuhmacher oder die Bohnenpufferverkäufer über einen aus ihrer Zunft unwillig würden, weil er seine Waren zu Schleuderpreisen abgäbe, um Konkurrenten das Leben schwerzumachen, oder wenn dieser oder jener eine ihm auferlegte Konventionalstrafe nicht bezahlen wolle, so wende sich der Präses der Schuhmacher oder Bohnenpufferverkäufer an den Präses der Bettlergilde. Der beauftragt dann je nach der Schwere des Vergehens zwei oder zehn oder dreißig Aussätzige, Wasserköpfige, Triefäugige, sich vor dem Geschäftslokal des zu bestrafenden Schusters niederzulassen und jeden Vorübergehenden anzubetteln. Natürlich traut sich dann kein einziger Kunde mehr zu dem armen Schuster, und wenn der nicht sein Geschäft zugrunde gehen lassen will, muß er die auferlegte Buße zahlen; dann werden die dreißig Krüppel vor seinem Laden von der Schuhmachergilde gut belohnt und müssen abziehen. – Wenn ein Gasthauswirt nicht seine Abgabe an den Bettlerorden entrichtet, sitzen ihm bald drei Grindköpfe vor der Tür, und er hat es sich selbst und seinem zugeknöpften Beutel zuzuschreiben, wenn seinen Gästen der Appetit bei diesem lieblichen Anblick vergeht; keine Bange, dann bezahlt er alles, was man von ihm an Abgaben fordert!
Die Bettler verfügen aber über noch viel schlimmere Mittel: Sie können kleine Chinesenkinder stehlen und den verzweifelten Eltern durch ein aussätziges Schreckgespenst mitteilen lassen, sie würden ihr Kind mit diesem Aussatz angesteckt zurückerhalten, wenn sie nicht fünfhundert gute Silberdollar zum Besten der Bettlergilde stifteten. Die Eltern zahlen, zahlen, doch erhalten sie ihr Kind unversehrt zurück; die Bettler sind Leute von soliden kaufmännischen Grundsätzen. Mit Europäerkindern darf man solches leider nicht veranstalten; die würden zwar sofort ausgelöst, aber dann erschiene die europäische Polizei und schösse einfach jeden erreich- und sichtbaren Bettler um, wovon doch keiner etwas hätte; nein, Europäerkinder wären tabu! (Mein Mann rechnete sich schon so selbstverständlich zu den Chinesen, daß er es gar nicht mehr merkte.) Ja, die Bettler

besäßen eine gewaltige Macht, und es wäre nicht ratsam, sich ihren Zorn zuzuziehen. Noch viel Schrecklicheres vermöchten sie. Mir grauste vor dem, was er weiter erzählte mit alltäglichen Worten, als handelte es sich um die Erörterung der Geschäftsmethoden von Putzmacherinnen; er schilderte mir entsetzliche Zustände und Machenschaften, welche die Hölle ausgeschwitzt zu haben schien; sie lassen sich nicht wiedergeben. – Er bedeutete mir, wir wären angelangt; ich konnte in der Stockfinsternis nichts ausmachen, was diese Behauptung gerechtfertigt hätte. Wir mußten irgendwo den äußersten Rand der Stadt erreicht haben, befanden uns vielleicht schon im Vorland; weiß der liebe Himmel, es war eine reichlich düstere Gegend; es ging auf vier Uhr morgens. Er nahm mich bei der Hand, faßte irgendwohin ins Dunkel und hob einen dicken Vorhang beiseite; ich blickte in eine Erdhöhle hinein, in der vielleicht zwanzig phantastisch zerlumpte Jammergestalten um ein qualmendes Holzscheit saßen und schwatzten; sie glotzten mich starr vor Erstaunen an. Schon zog mich mein Führer weiter; nach ein paar Schritten wieder ein Eingang: dasselbe Bild. Überall vernahm ich nun mit geschärften Ohren Stimmen aus dem Erdinnern dringen. Das Gelände fiel hier schräg zu dem Wasserlauf ab; die Erdlöcher waren aus der hohen Böschung ausgehoben; sie standen untereinander durch röhrenartige Gänge in Verbindung. Ein Fremder mochte an all den Verstecken dicht vorüberlaufen, ohne etwas zu bemerken, so still war es ringsumher; manchmal nur huschten gestaltlose Schatten an uns vorbei und verschwanden im Dunkel; doch halb im Innern der Erde – ich wußte es nun – atmete ein gespensterhaftes Leben.

Wir traten in einen größeren Raum ein, der zur Hälfte in die Böschung eingegraben war, zur Hälfte aus einem Vorbau von fensterlosen Lehmmauern bestand. Es schien der Versammlungsraum der Prominenten zu sein; noch ein zweiter Weißer musterte mich mißtrauisch; er war nicht so zugänglich wie mein Führer, richtete kein Wort an mich, beobachtete mich nur scharf aus einem Winkel, unausgesetzt. Zuerst schwieg die Unterhaltung mit einem Schlage still, als ich hinter meinem Führer

eintrat. Er wurde chinesisch gefragt; alle Augen ruhten auf mir; ich hatte den Türpfosten als Rückendeckung gewählt; mein Freund erklärte auf chinesisch; machte flüchtig die Gebärde des Zielens; zeigte die fünf mexikanischen Dollar; gab einen davon ab, redete noch eine Weile und trat dann zu mir. Die anderen besprachen sich leise; darauf hinkte ein hagerer Chinese mit einer entsetzlichen, offenschwärenden Wunde am rechten Knie auf mich zu und verbeugte sich unter einem unverständlichen Wortschwall; es war die Begrüßung, vom Vorsitzenden der Gilde selbst ausgesprochen.
Wenn ich auch solchermaßen in aller Form willkommen geheißen wurde, so konnte ich doch nicht recht warm werden bei meinen freundlichen Wirten, was der Himmel mir wohl vergeben wird. Dreißig grauenhafte Kerle; die Luft in dem kaum scheitelhohen Raum verpestet von den Ausdünstungen schmutziger, verseuchter Menschenleiber; Menschenunrat in den dunklen Ecken; Ratten huschten im Hintergrund, oder sah ich Gespenster? Keiner der Menschen oder menschenähnlichen Geschöpfe besaß einen gesunden Körper; nur die beiden Weißen, wenigstens äußerlich. Hätte ich Lust dazu verspürt, hätte ich da die scheußlichsten Krankheiten studieren können, d. h. wenn ich die Nerven dazu gehabt hätte; aber Lepra, Elephantiasis, Syphilis, Lupus und ein Haufen anderer Dinge, die ich auf lateinisch nicht weiß und auf deutsch auch nicht, weil sie zu ekelerregend sind, die mag studieren, wer Spaß daran hat, und jede einzeln! Aber gleich alle auf einmal, nein!!!
Ach, ich glaube, man erspart es mir, die Gespenster jener Nacht noch einmal in allen Einzelheiten lebendig werden zu lassen. Es ist nicht gut, Dinge solcher Art allzu energisch wissen zu wollen, wenn man sich den Mut, weiterzuleben, erhalten will. Seit jener Nacht weiß ich, wie glücklich wir uns schätzen müssen, daß wir in Europa jene schrecklichen Geißeln und Plagen nur noch dem Namen nach kennen.
Ich stand stumm und starr am Türpfosten. Wie zerlumpt sie waren! Es ließ sich nicht mehr erkennen, was die Lumpen, mit denen sie angetan waren, früher einmal vorgestellt hatten.

Bindfaden, rostige Nägel, Draht hielt die Fetzen ungenügend zusammen. Manche trugen Zeitungspapier um den Leib gewikkelt; die meisten waren barfuß; die übrigen hatten die schmutzstarrenden Füße mit Stroh, Sacktuch, Lederfetzen umpackt. Um einen uralten, durchlöcherten Filzhut wurde erbittert gehandelt. Aber alle rauchten. An einer Wand saßen ein paar und würfelten um Coppers, die großen Kupferstücke.
Was mich am meisten erstaunte, war, daß allen Anwesenden vollständig jene sonst typische geduckte Bettlerhaltung fehlte; keiner dachte daran, mich anzubetteln; das hätte auch zu dem sicheren und selbstverständlichen Benehmen, womit sie untereinander verkehrten, kaum gepaßt. Nein, dort waren sie keine Bettler; dort waren sie freie, achtbare Gildenmitglieder, hatten ihre Ehre, ihre Gesetze, ihren Anstand. Hier verlebten sie ihre Freizeit; dies war ihr Klub; die flehende Gebärde, die Duldermiene gehörten nur zum Geschäft; hier aber waren sie unter sich.
So bestand also das niederdrückende Erlebnis jener Nacht darin: sie hatten ihre Ehre; in ihren Augen galten vielleicht unsere Begriffe von Ehre, Anstand, Sittlichkeit noch tausendmal weniger als die ihren in unseren. Wohin verflog da alles, was dem unsicheren Herzen Halt geben soll? War nicht jede Moral ein Selbstbetrug, ringsumher zu dichten Hecken aufgebaut, um der entsetzlichen Wahrheit nicht ins Gesicht sehen zu müssen?
Ich konnte den viehischen Gestank nicht mehr ertragen. Flüsterte zu meinem Manne, der mir die Arbeitsweise jedes einzelnen der Anwesenden genau auseinandersetzte, daß er mich nach Hause bringen sollte. Er gab nach. Ich verbeugte mich tief am Türpfosten, was mir blitzartig Japan ins Gedächtnis zurückrief; es krampfte sich in mir das Herz zusammen vor Sehnsucht nach seinem Glück, seiner Anmut und Reinheit; Oharus Name glimmte auf, verlosch. – Die Tür fiel knarrend hinter uns zu.
Wir wanderten wortlos den weiten Weg zurück. Die Dschunken erwachten schon. Lautlos bewegten sich Boote die schmale Fahrstraße in der Mitte des Wassers hinauf und hinunter; durch die erste, graue Dämmerung glitten sie wie blasse Schemen.

War alles wahr und wirklich? Ja, neben mir knirschte der schwere Soldatenstiefel über Kies und beginnendes Straßenpflaster. Ob ich nicht doch zu helfen hätte versuchen sollen? Schon machte ich den Mund auf, um zu sprechen, er fuhr mich wild an: »Schnauze halten davon!« Meine sogenannte Schnauze klappte wieder zu.

Durch die erwachenden Gassen schleppte sich ein zäher, gelber Morgen-Nebel. Wir fanden in einer Ecke einen Rikscha-Mann, der zwischen seinen Deichselstangen hockend schlief; wir weckten ihn. Mein Gefährte schärfte ihm genau ein, wohin er mich zu fahren hätte, mit drohenden und wilden Gebärden, mich ja richtig heimzubringen. Der Kuli versprach es demütig.

Wir drückten uns die Hände; ich stieg ein; er sagte zum Abschied grinsend, er würde mich zum Ehrenmitglied der Bettlergilde vorschlagen; ich stellte das seinem gütigen Ermessen ergebenst anheim.

Einmal blickte ich mich noch um, als das Wägelchen mit mir hinter dem weichen Trab des Kulis davonrollte.

Dort stand er, wo ich eingestiegen war,
kaum noch zu erkennen im Nebel,
und winkte.

Wenn ich heute – nach genau dreiundfünfzig Jahren – den Bericht, der auf den vorangehenden Seiten erneut abgedruckt ist, abermals durchsehe, dann erscheint er mir selbst sonderbar phantastisch, unwirklich, ja ausgedacht – und doch weiß ich ganz genau, daß sich in jener Nacht die Ereignisse genauso abgespielt haben, wie sie damals von mir aufgeschrieben worden sind; ich habe vielmehr vor einem halben Jahrhundert einige allerscheußlichste Scheußlichkeiten – die auszusprechen heute mit Bravour Mode geworden ist – nicht mitzuteilen gewagt. Solches nachzuholen, fühle ich mich auch jetzt nicht versucht. Gewisse Tabus sollten unverletzt bleiben, damit nicht mit solchen tragenden Säulen einer Zivilisation der ganze Bau ins Wanken gerät.

Wie dem auch sei: Was mir dies Bettler-Kapitel von damals beinahe unglaubwürdig macht, das sind die Eindrücke, die ich inzwischen in dem neuen, dem roten China gewonnen habe – auf insgesamt drei Reisen, einer vor, zwei nach der »Kulturrevolution«, die ich, übrigens nicht als Tourist, unternehmen konnte. Das vorkommunistische China, jenes des »Marschalls« Tschiang Kai-schek, jenes nicht abreißender wüster kriegerischer Wirren, habe ich sechs Jahre nach der in diesem Buche geschilderten Reise noch viel gründlicher und umfassender kennengelernt – bis an die Grenzen von Tibet, bis tief in die Mandschurei, sogar bis nach Sinkiang hinein. Das waren damals weltentlegene Sagenländer, von denen man im allgemeinen nur träumen konnte, soweit sich nicht bei Autoren wie v. Richthofen, Sven Hedin oder Filchner einiges Authentische über sie erfahren ließ. (Heutigentags sind sie bereits für wagemutige – und zahlungskräftige – Touristen ansteuerbar.) Diese fast ein Jahr dauernde zweite Reise vor dem Weltkrieg bestätigte und vertiefte die Eindrücke der hier geschilderten, verhältnismäßig flüchtigen Bekanntschaft mit dem vorkommunistischen China. Der stärkste dieser Eindrücke, der in der Rückerinnerung alle anderen in sich aufsog, war der eines schrecklichen Massenelends, das weite Gebiete des riesigen Landes und einen entsetzlich großen Anteil des chinesischen Volkes befallen hatte wie eine grausige Seuche.

Armut, wenn sie in gewohnten, sozusagen vertrauten Grenzen bleibt, mag in einem ohnehin von sehr alten Traditionen bestimmten Volk erträglich sein. Verworfenheit jedoch, Hunger, vertierender Mangel an allem und jedem, erbarmungslose, auch noch den letzten Rest menschlicher Würde zerstörende Verelendung, für welche der Name »Armut« noch viel zu hoch gegriffen wäre, dies alles war es, was mir den Aufenthalt im »Reich der Mitte« zur ständigen, nie abreißenden Qual gemacht hat – in den Jahren, für die der Marschall Tschiang Kai-schek verantwortlich zeichnet. Was ein kommunistisches China wert sein würde, sollte Mao Tse-tung darin den Sieg erringen, das wußte ich vor dem Weltkrieg nicht. Daß aber das »National-

china« des »Marschalls« wert war, unterzugehen und untergehen würde, das stand für mich schon damals fest. Es ist untergegangen und wird nie wieder auferstehen; es hat seine historische Chance, die ihm immerhin für mehr als ein Menschenalter eingeräumt war, verspielt. Und was von ihm auf Taiwan als krampfhaft aufrecht erhaltene Fiktion noch übrig ist, wird irgendwann und -wie im großen neuen China aufgehen.
Auf Taiwan haben die Chinesen (sozusagen en miniature, verglichen mit den riesigen Ausmaßen und Menschenmassen des Festland-China) bewiesen, was dies älteste und lebenszäheste Kulturvolk der Erde zu leisten imstande ist, wenn es einigermaßen konsequent, ehrlich und freiheitlich geführt wird und sich für den Anfang nicht scheut, fremde Hilfe, in diesem Fall vor allem amerikanische, anzunehmen. –
Als ich in den sechziger und siebziger Jahren Gelegenheit hatte, mich ausführlich in dem maoistischen China umzusehen, glaubte ich, in ein nie zuvor erlebtes Land versetzt zu sein, so außerordentlich unterschied sich das »Neue China« von dem »Nationalchina« des Marschalls vor dem Sieg seines großen Gegners Mao Tse-tung. Mao hat fürchterlich strenge, ja erbarmungslose Methoden anwenden müssen, um die verrotteten Ruinen der Kaiserzeit und die Trümmer aus den Jahrzehnten des Bürgerkriegs und der wirren Kämpfe gegen die Japaner beiseite zu räumen, eine tabula rasa zu schaffen, auf der etwas ganz und gar Neues hervorgebracht werden konnte. – –
Arroganter, nur sich selbst verpflichteter und bedenkenloser Reichtum und Machtwillen auf der einen Seite, davon abhängig eine von oben Befehle empfangende und ausführende Mittelschicht – und darunter auf der anderen Seite, durch einen tiefen Graben von denen getrennt, die genug zu essen und anzuziehen hatte, die unabsehbaren Millionen, die bis ins schier Unmenschliche verelendeten Massen der besitzlosen Kulis, der armseligen bäuerlichen Pächter und Landarbeiter – mit dieser alten, bösen »Ordung« hat Mao Schluß gemacht. Die Bilanz der Vergangenheit hatte ergeben, daß allgemeine Armut das allgemeine Schicksal zu sein hatte, wenn einigermaßen Gerechtigkeit regie-

ren sollte. Aber es stellte sich auch heraus, daß bei bescheidenen Ansprüchen für jeden Chinesen genug an den Notwendigkeiten des Daseins vorhanden war, ihn einigermaßen menschenwürdig am Leben zu erhalten. Und damit, eben jedem Chinesen eine leidlich menschenwürdige Existenz zu garantieren, auch dem Allerelendesten, wurde in solcher Entschiedenheit, Rücksichtslosigkeit ernst gemacht, daß von brutaler Willkür gesprochen werden müßte, wenn nicht in der Tat jeder Chinese davon betroffen worden wäre, ganz gleich, ob er in der alten oder der neuen Ordnung an hoher oder an niedriger Stelle gestanden hatte oder stand.

Sie trugen alle blauen Drillich, Männlein wie Weiblein, waren zu »blauen Ameisen« geworden, wie man im Westen spöttisch bemerkte. Aber sie sahen alle ausreichend ernährt aus. Sie waren alle schrecklich »arm« nach westlichen Vorstellungen, aber sie schienen nicht unzufrieden, sondern durchaus mit ihren Umständen einverstanden zu sein. Was aber vollkommen aus China verschwunden war – und dies vor allem ließ mich glauben, in ein mir bis dahin völlig unbekanntes Land geraten zu sein –, das war jenes tierische Elend, jene grausige, grenzenlose Hoffnungslosigkeit, die das China der zwanziger und dreißiger Jahre für jeden auch nur einigermaßen aufgeschlossenen Mitteleuropäer zu einem kaum erträglichen Alpdruck gemacht hatte.

Erlebnisse wie jenes mit der Bettlergilde von Shanghai waren unvorstellbar geworden. Morgens um drei mochte man die ganze riesige Stadt durchwandern, ohne auch nur von einer Ahnung, daß Gefahr drohte, angewandelt zu werden. Es gab keine Bettler mehr, es schien auch keine Diebe, Straßenräuber, Anreißer und Betrüger mehr zu geben. – Das früher übliche Geschrei und Gezänk um Kunden, das endlose, schmierige Feilschen um Löhne und Preise waren so unmöglich geworden, als hätte es dergleichen nie zuvor gegeben. Preise und Entlohnungen standen überall und bei jeder Gelegenheit »fest« und wurden strikt eingehalten. Überall herrschten trotz des Menschengedränges Ordnung, erstaunliche Sauberkeit, eine bei aller Neugier dem Fremden gegenüber gutmütige Friedfertigkeit, ohne daß sich Polizei viel bemerkbar machte. Dies galt auf dem Lande bei den Bauern ebenso wie in der Großstadt. Und überall wurde mit dem sprichwörtlichen chinesischen Fleiß gearbeitet. Die reichen Faulenzer und Ausbeuter waren ebenso ausgestorben wie die Massen der verelendeten besitzlosen Menschen in Stadt und Land, die früher um Arbeit und Lohn – hündisch fast – gebettelt hatten.

Einige Millionen Tote mochte es gekostet haben, das Steuer der Gesellschaft so radikal herumzuwerfen. Aber wie viele ungezählte Millionen an Opfern hatte die entsetzliche Mißwirtschaft zuvor, der Zusammenbruch der letzten Dynastie, hatten die Wirren des Bürgerkriegs und die Abwehr der Japaner gekostet –! Das ungeheure, uralte China hatte sich aus jahrzehntelangem Unheil von neuem erhoben, hatte im Grunde seine uralten Tugenden wiederentdeckt, wenn auch in ganz neuem Gewande. Dies Gewand, das marxistische, ist durchaus nicht für ein Land wie China geschneidert worden. In unseren Tagen, 1982/83, wird es langsam, aber unaufhaltsam wieder nach chinesischem Bedarf umgemodelt. Sich auf die Dauer einer – obendrein ganz unchinesischen – Ideologie zu verschreiben, ginge gegen die chinesische Natur. Chinesen, wie ich sie hundertfach inner- und außerhalb Chinas kennenlernte, sind immer letzten Endes Pragmatiker, die sich an Tatbeständen und der unverblümten Wirklichkeit orientierten, nicht an noch so glanzvoll und schlüssig auftretenden Theorien. Dies neue China wird noch geraume Zeit brauchen, ehe es sich der aus Europa und Amerika stammenden Moderne angepaßt hat, soweit ihm eine solche Anpassung notwendig erscheint. Es wird sich anpassen, wird die Moderne beherrschen lernen – und wird dabei doch das ewige China bleiben! – –

Wir erleben in der Gegenwart, mit wieviel Geschick und wie unwahrscheinlich schnell sich Japan in die vorderste Front der westlichen Zivilisation vorgeschoben hat, ohne sich indessen als das alte asiatische Japan aufzugeben. Die Chinesen – möchte ich meinen – übertreffen die Japaner an menschlicher Klugheit, an

Geschick, Fleiß, Zähigkeit und Bedürfnislosigkeit, zum Beispiel auch an Sprachbegabung, vor allem an schöpferischer Intelligenz bei weitem. Wenn diesem China, was unvermeidlich scheint, eine Entwicklung vorbestimmt ist, die auch nur halbwegs der japanischen entspricht, dann ist ihm eine Weltmacht-Rolle gesichert, gegenüber welcher die der Sowjetunion letztlich weit abfallen wird. Nur noch eine europäisch/nordamerikanische Union wäre von gleichem Gewicht. Wie auch immer, die politische Vernunft gebietet, daß der Westen die Freundschaft Chinas sucht und pflegt. Wenn China ganz »wieder da sein« wird, wird es drei Weltmächte geben und die gefahrvolle Zweiheit von heute wäre aufgehoben. Es liegt nicht im Wesen des jetzt noch kommunistisch maskierten China, nach Weltherrschaft zu streben. Es ist und bleibt das »Reich der Mitte«, wird sich damit begnügen, in sich selbst zu ruhen. Rußland dagegen folgt seinem Gesetz, seine Grenzen weiter und weiter hinauszuschieben, bis nach Westen, Osten und Süden das Weltmeer erreicht ist. Den abendländischen Völkern, den Westeuropäern und Amerikanern, bietet sich nur an der Seite Chinas auf die Dauer Sicherheit und Frieden an. Bis es soweit ist, durchschreitet die Menschheit ein Niemandsland gefährlich gesteigerter Gefahr.

Doch wieder zurück in die zwanziger Jahre des Jahrhunderts!

NEUNUNDZWANZIGSTES KAPITEL

Goldgrüne Verzauberung

Wenn ich in jenen Tagen durch die lärmenden Straßen Shanghais schlenderte, drängte sich mir immer wieder von neuem der ungeheure Unterschied zwischen Japanern und Chinesen auf. Wie sauber war es in Japan selbst in den engsten Gassen, wie pflegte auch der Ärmste sein Häuschen, wie fleckenlos und adrett waren selbst die Arbeiter und die Frauen aus dem Volke gekleidet; trugen doch beinahe alle japanischen Frauen weiße Seidenstrümpfe in ihren Sandalen, die ja eigentlich nur aus einer Sohle und zwei Riemchen bestehen; ich konnte mich nicht besinnen, jemals bei einer Frau auch nur das kleinste Fleckchen auf den Strümpfen gesehen zu haben. Die Japaner sind vielleicht das sauberste Volk der Erde.

Von dem Gestank, dem Kot und Morast, dem Geheul, Geschreie, Getute, Gequieke in den engen Seitenstraßen der chinesischen Teile des alten Shanghai kann man sich keine Vorstellung machen. Die Straßen sind so schmal, daß kaum zwei Rikschas aneinander vorbei passieren können. Kulis schleppen an den beiden Enden einer über die Schulter gelegten Bambusstange unbegreifliche Lasten. Sie rennen unter den wippenden Hölzern in einem eigentümlichen Laufschritt mit weichen Knien, hastig, als wäre jemand mit der Peitsche hinter ihnen; dabei singen sie – es soll wohl Singen sein; mir kam es immer so vor, als preßten die schweren Lasten bei jedem Schritt ein heiseres, quäkiges Stöhnen aus ihren knochigen Brüsten, an denen jede

Rippe zu zählen war. So arbeiteten sie Tag für Tag, ohne Sonn- und Feiertage, unermüdlich, hastig, sich wüst beschimpfend, unerhört zäh, nur mit schmutzigen Lumpen bekleidet, niemals sich waschend, immer wieder Lasten schleppend, die zu schwer sind für die ausgemergelten Körper, die nur aus Knochen und Sehnen und faltiger Haut zu bestehen scheinen, arbeiten mit gequälten, vor Überanstrengung zitternden Gesichtern für ein paar schlechte Kupferstücke am Tag, bis sie irgendwann, irgendwo in einem schmutzstarrenden Winkel zusammenbrechen, verrecken, verhungern; niemand kümmert sich um sie, keine Fürsorge, keine Hilfe; sie sind das Schmieröl der chinesischen Volkswirtschaft, gering geachtet, kaum den Reis wert, den sie brauchen, um ihr Leben zu erhalten; es gibt ihrer zu viele. Wehe uns, wenn dieser Kuli erwachte; mit seiner Bedürfnislosigkeit und Zähigkeit kann niemand konkurrieren; er hat nichts zu verlieren, kann bei jeder Veränderung nur gewinnen; er wird ausgenutzt bis aufs Blut. Es ist beängstigend und furchtbar, sich vorzustellen, daß es allein in China mehr Kulis gibt, als ganz Westeuropa insgesamt Einwohner zählt. Und auf der ganzen Welt gibt es ein paar hundert Millionen farbiger Kulis, Menschen also, die schlechter und unwürdiger leben, als irgendwo Tiere. – Dieses stöhnende Rufen der Kulis gehört zur chinesischen Straße. Fliegende Garküchen locken mit Pfeifen und Klappern Kunden an; Kinder balgen sich schreiend und kreischend in der Gosse; in einem Hutladen überbrüllen sich Käufer und Verkäufer; in den zur Straße offenen Restaurants schwatzen und schmatzen die Gäste; in einem Geflügelladen krähen Hähne, grunzen Ferkel, schnattern eingepferchte Gänse; die Hühner hängen an zusammengebundenen Füßen lebendig mit dem Kopf nach unten den Tag über von einer Stange; Mitleid mit Tieren ist dem Chinesen eine unvorstellbare Sache; wird ein Hahn gekauft, so klemmt ihn der Händler zwischen die Knie, zieht ihm den Hals lang und schneidet den Kopf ab; alles mitten auf der Straße; das Blut läuft in die Gosse. Wo soll das Mitleid herkommen, wenn die Menschen schlechter leben und behandelt werden als Tiere?

In hochrädrigen Rikschas schweben grellgeschminkte, buntbemalte Chinesinnen über dem lauten, quirlenden Betrieb, schmale, flachbrüstige Frauen mit knabenhaft mageren Körpern, unglaublich hochmütig, den Kuli, der das Wägelchen zieht, zuweilen mit der Fußspitze dirigierend; ihre Gewänder haben alle den gleichen Schnitt: ein niedriger Kragen um den Hals, zwei breite Stoffbahnen fallen vorn und hinten glatt bis zu den Knöcheln herunter, sich eng an die zerbrechlichen Leiber schmiegend; unter der Achsel abwärts wird das Kleid geknöpft. Die Einfachheit dieser Tracht wird mehr als aufgehoben durch die Farben- und Musterpracht, in der die dicken Seidenstoffe prunken. Mit ihren zu einer grellen Maske aufgeschminkten Gesichtern, in denen nur die Augen noch leben, den gleichen, figurenbunten Gewändern, welche die Körperformen ausgleichen, der steifen Haltung, den blauschwarzen, glänzenden Frisuren, die aus Lackholz gedrechselt zu sein scheinen, fahren sie eilig durch die Menge des gewöhnlichen Volkes wie zarte, seltsame, gefährliche Götzen. Es sind die Frauen oder Nebenfrauen reicher Kaufleute oder Tanzmädchen aus der Foochow-Road, in der sich ein Tingeltangel, ein Teehaus, ein Absteigehotel ans andere reiht. – Nirgendwo fand ich im Straßenleben jene Gelassenheit und freundliche Zuvorkommenheit, die jeden Spaziergang in einer japanischen Großstadt zum Vergnügen wandelt. Die Chinesen in Shanghai rannten eilig, schrien aufgeregt, stießen sich, knufften sich Bahn, schimpften; bei allem wird spektakelt, gezankt, gespuckt, ja gespuckt auf eine so vollkommene Art, daß jeder Cowboy aus dem wilden Westen der reinste Waisenknabe neben diesen Meistern im Spucken wäre.
Mag sein, daß Japan in alten Zeiten seine Kunst und Wissenschaft von China übernommen hat. Es hat sie aber verwandelt, eingesogen, lebendig gemacht. Es ist kaum zuviel behauptet mit der Feststellung, daß wohl kein Volk der Erde so bis ins letzte seiner Glieder von seiner alten, ehrwürdigen Kultur durchdrungen ist wie das japanische. Selbst der ärmste japanische Bauer im entferntesten Hinterland lebt, bewegt sich, denkt und handelt nicht wesentlich anders als der Kaiser von Japan. Bis in die

alltägliche Verrichtung dringt der Atem, die Wirkung der japanischen Kultur. Selbst der Rikscha-Kuli in Japan ist immer noch Japaner im vollen Sinne des Wortes; daß es der Chinese in seinem Bereich ebenso wäre, vermögen nur ästhetisierende Schwärmer, die niemals den Gestank und Unrat einer chinesischen Stadt erlebt haben, zu glauben. Japan ist wirklich schön, es bezaubert den Europäer auf eine anmutige, liebenswürdige Weise; China besitzt keine solche Liebenswürdigkeit, doch bannt es den aufgeschlossenen Fremden nicht weniger, es bannt ihn mit kaltglühenden, alten, großen Augen, aus denen geheimes Wissen um namenlose Lust, um Schmerz und Tod, die verwirrende Buntheit des qualvollen, hexenschönen Lebens verführend hervorschimmert. Europäer, die einmal ganz im chinesischen Leben aufgegangen sind, finden nie wieder den Weg zurück; ihr Herz wird aufgezehrt von dieser älteren, stilleren, aber von unüberwindlichen, saugenden Kräften durchpulsten Welt. In Japan heimisch gewordene Europäer kehren leichter wieder heim. Schon deswegen, weil der Japaner uns verwandter ist als der Chinese. Das Ideal des Japaners war in den zwanziger Jahren noch der Samurai, der Ritter, der Edle, der Großmut, Tapferkeit, Treue als seine Tugenden betrachtet; das Ideal der Chinesen ist von jeher der Verwaltungsbeamte, der klug, genau, nüchtern, ordentlich, ehrlich sein muß. Ritter und Beamter, das sind tiefe Gegensätze.

Viele Schicksale liefen mir im Fernen Osten über den Weg, von Europäern, meistens Deutschen, die ihr Volkstum im Wesen der gelben Menschen ganz verloren hatten. Die Deutschen scheinen unter den Europäern am ehesten bereit zu sein, Fremdes in sich aufzunehmen, sich ihm so hinzugeben, daß sie ihre Eigenheit verlieren. Nur selten werden die so Verfremdeten in ihrer neuen Welt glücklich; sie verschwinden um irgendeine namenlose, unbekannte Ecke.

In der Nacht nach jener Nacht bei den Bettlern kam ich einer solchen Geschichte auf die Spur. So geht es manchmal: Wochen vergehen grau und ereignislos, schleppen sich hin, ohne

Schwung und Inhalt, und plötzlich springen dich in wenigen Tagen Dutzende von Erlebnissen an, die sich kaum bewältigen lassen.
Morgens um sechs Uhr hatte mich jener Rikscha-Kuli zum Entsetzen meiner Pensionsmama, die in mir ein fürchterliches Sumpfhuhn witterte, richtig vor meine Haustür abgesetzt. Ich schlief ungewiegt bis zum Mittag, erwachte und erinnerte mich daran, daß das ganze Bettlerabenteuer daraus entstanden war, weil ich besagten Mr. Biggs wegen eines Stewardpostens auf einem heimwärtsgehenden Dampfer hatte aufsuchen wollen. Das mußte ich nachholen. Ich rief jenen Biggs an, setzte ihm kurz meinen Wunsch auseinander; er machte mir Hoffnung und verabredete für den Abend ein Treffen mit mir im Palace-Hotel, wo wir zusammen Abendbrot essen wollten.
Schön, abends zog ich mir mein bestes Oberhemd an, band meine phantastischste Krawatte um und suchte mir einen schönen Platz im Palace-Restaurant. Biggs war noch nicht da. Lausig vornehm ging's da im Palace zu; die Tische prunkten in Silber und Leinen und Porzellan; Dutzende von leisen, gelben Kellnern rannten sich die lautlosen Hacken ab, eine Kapelle spielte natürlich Lohengrin- und Parsifalauszüge, brillantenbehängte Amerikanerinnen zeigten mehr oder weniger schöne Seidenbeine, na, und was sonst noch alles zu so einer Luxusrestaurant-Ausstattung gehört, wie z.B. der einsam in tadellosem Smoking vor seinem Tisch feierlich aufrecht sein Dinner zelebrierende olle Engländer.
All das imponierte mir nicht sehr; das ist in Berlin, London, Shanghai und Montreal immer das gleiche. Mir fiel jedoch ein hochgewachsener, flachsblonder Mann auf, der in einer blauen Uniform als eine Art Platzanweiser fungierte; er schien nicht viel mehr zu bedeuten als die chinesischen Kellner, schien einem gelben Oberkellner im Frack sonderbarerweise untergeben zu sein. Ich zerbrach mir den Kopf über seine Abstammung: Russe lag am nächsten bei seiner Dienerstellung; seine Blondheit war aber nicht slawisch, eher skandinavisch oder norddeutsch; seinem Englisch – er hatte auch mich betreut – war nichts anzu-

merken. Ich mußte immer wieder sein Gesicht anschauen: ein gutes, männliches Gesicht, doch mit einem eigentümlichen Zug von Verschlossenheit und Verträumtheit; so wie schon verwelkend kam es mir vor in einem unbestimmten, schwer faßbaren, verborgenen Kummer. Was mochte hinter ihm stecken? Ich begann seltsame Dinge zu wittern. Tausend Antlitze gehen an dir vorbei, ohne daß du sie gewahr wirst; unerwartet hebt sich plötzlich eines ab, bietet sich dir aufgebrochen, durchzuckt von heißem Leben, entfaltet an; die Funken des Einverständnisses springen aus verwandten Steinen. So war es auch damals.

Biggs erschien; wir stellten ein fabelhaftes Dinner zusammen (er bezahlte ja!) und besprachen meinen Plan. Es würde nicht leicht sein, irgendwo als Steward unterzuschlüpfen; aber in wenigen Tagen hätte er einen großen P. & O.-Steamer abzufertigen, mit dessen Kapitän er gut befreundet wäre; vielleicht böte sich da eine Gelegenheit oder ließe sich eine schaffen. Biggs war Ire; ein richtiger Engländer hätte für einen so wenig gentlemanhaften Plan wie den meinen weniger Verständnis bewiesen. Gut, ich hatte also zunächst noch ein paar Tage zu warten.

Der höfliche, blonde Angstellte kam wieder an unserem Tisch vorbei. Ich fragte Biggs, ob er etwas von ihm wüßte, Biggs war ein wandelndes Lexikon aller Europäer von Shanghai und Umgegend und ihrer sämtlichen Skandalgeschichten.

»Komischer Kauz das, der Bill Hansen«, begann er, »Deutscher wie Sie; kam vor fünf Jahren aus Hamburg nach Tientsin als junger Anfänger zu einer deutschen Im- und Exportfirma, verdreht wie manche Deutsche; hatte schon Chinesisch gelernt, bevor er rauskam – ich verstehe es heute noch nicht nach zwanzig Chinajahren –, war spleenig, trat in keinen Klub ein, vergaffte sich in ein gelbes Mädchen; der Esel, nahm es natürlich ernst, versäumte den Dienst, wurde entlassen, kam mit seinem Sweetheart nach Shanghai und erhielt eine Stelle als zweiter Geiger im Majestic, hatte bald Streit mit dem Manager, weil ihn der von seinem Irrsinn heilen wollte, wurde wieder entlassen, lag lange arbeitslos herum, niemand weiß, wovon er lebte, wurde dann Gepäckmeister beim Norddeutschen Lloyd, flog nach drei Monaten hinaus, weil er jemand verprügelt hatte, der einen Kuli etwas unsanft angefaßt hatte, bekam schließlich wegen seines guten Englisch aus Gnade und Barmherzigkeit diese Lokalmeisterstellung, weil er in der Uniform gut aussieht; benimmt sich bis jetzt nach Wunsch; doch weiß niemand, wo er wohnt; natürlich ist die Chinesin noch bei ihm, sonst wäre er schon längst wieder vernünftig geworden; aber er wird es nicht mehr werden, wird langsam ausgehöhlt, ist verfallen. He is going native. Hoffnungslos!«

Nach diesem Bericht stand es bei mir endgültig fest, daß ich diesen Wilhelm Hansen aus Hamburg kennenlernen würde. Doch mußte ich es vorsichtig anfangen; sicher war er mißtrauisch und schwer zugänglich.

Um elf Uhr machten Biggs und ich uns auf den Heimweg; ich hatte vorher am Zeitungsstand unauffällig erfragt, daß Hansen um zwölf Uhr Dienstschluß hätte. Ich suchte meine Wohnung auf und zog mir einfache Kleider an, blauen Sweater unter der Jacke, Lederrock, Mütze, und ging wieder zum Palace zurück. Um ein Uhr erschein Hansen aus einem Nebeneingang. Ich wußte noch nicht, wie ich mich ihm nähern sollte; wartete, was er tun würde; er stieg in eine Straßenbahn; das war höchst ungewöhnlich, denn es ist nicht üblich, daß sich Europäer zu den Gelben in die Straßenbahn setzen; ich sauste der Bahn voraus und stieg an der nächsten Haltestelle zu ihm ein, fand einen Platz ihm gegenüber; alles musterte mich natürlich; Hansen blickte mich unruhig an, wenn er sich unbeobachtet glaubte; er wußte nicht, was er aus mir machen sollte; er erkannte mich nicht wieder, hatte sich im Restaurant mein Gesicht nicht eingeprägt, das merkte ich sofort. Ich starrte an ihm vorbei zum gegenüberliegenden Fenster hinaus, bemerkte ihn gar nicht. Wir fuhren lange; der Wagen wurde ziemlich leer; schließlich setzte auch er seinen Hut auf; ich ging dicht hinter ihm zum Ausgang, als der Wagen hielt; er bemerkte es, sah sich nervös verwundert um. Der Wagen fuhr ab. Wir standen in einer leeren, stillen Gegend, die ich nicht kannte; er sah sich wieder nach mir um; auch ich sah ihn an, sagte aber nichts; er ging

zögernd davon, ich folgte hörbar; schließlich drehte er sich um und fragte mich englisch: »Wohin wollen Sie denn hier?« – »Nirgendwohin!« antwortete ich. »So –«, sagte er. Wir gingen nebeneinander weiter. »Haben Sie sich verfahren?« fragte er weiter. »Verfahren? Nein, kann mich nicht gut verfahren!« – »Wie das?« Ich erzählte ihm: wäre Steward auf Rickmers-Frachtdampfer, mußte hier zurückbleiben wegen Krankheit; der Dampfer, den man mir zur Rückfahrt angeboten hätte, paßte mir nicht; suchte vergeblich andere Gelegenheit, hätte kein Geld mehr für eine Schlafstelle; in ein paar Tagen käme ein P. & O.; auf dem sollte ich eine Stelle bekommen, versprach mir heute der Agent. »Wie heißt der Agent?« fragte er mißtrauisch. »Biggs!« sagte ich. »Du bist Deutscher?« – Ich bejahte. »Dann können wir deutsch reden!«
Nun waren wir schon befreundet; er hatte wirklich keine Ahnung mehr, daß er mich vor Stunden gesehen hatte. Wir sprachen weiter darüber, wie schrecklich es sei, ohne Arbeit herumliegen zu müssen.
»Du kannst heute bei mir übernachten!« – »Ja!« sagte ich.

Aus der Nacht wurde der nächste Tag, die nächste Nacht, drei Tage, drei Nächte. Wenn er zur Arbeit fortmußte, fuhr ich ebenfalls zur Stadt und erledigte meine Angelegenheiten. Am vierten Tage traf der Dampfer ein, mit dem ich gerechnet hatte; Biggs sprach mit dem Kapitän, der konnte mich unterbringen; ich ging an Bord; am fünften Tage steckte ich schon in meiner weißen Jacke. Hansen kam noch einmal aufs Schiff; am sechsten Tage fuhr ich ab. Ich habe ihm nicht erzählt, daß die Sache mit meiner Stellungsuche nur die halbe Wahrheit gewesen war.

Da lebte dieser Mann am Rande der Stadt unter Chinesen in einem kleinen, einstöckigen Ziegelhaus, das nur eine Küche und einen Wohn- und Schlafraum enthielt; die Einrichtung war zur Hälfte europäisch, zur Hälfte chinesisch. Ich schlief neben dem Herd auf ein paar Decken unter meiner Jacke.
Im Wohnraum standen ein paar Stühle, ein niedriges, breites

Bett, ein alter, chinesischer Tisch, eine große, schöne chinesische Vase in einer Ecke; in einer anderen thronte ein bronzener Buddha auf einem Altar; ein in sanften Farben gemusterter Wandschirm verbarg den Kleiderständer.

»Pfauenauge« lebte in diesen ärmlichen Räumen, ein sehr stilles undurchschaubares Geschöpf; sie diente dem Weißen in einer leisen, aber niemals unterwürfigen Demut; er hatte sie aus einem niederen Hause in Tientsin losgekauft; nun gehörte sie ihm; aber mehr noch gehörte er ihr. Wie wenig sie miteinander sprachen; sie schienen sich mit ein paar Blicken zu verständigen! Nie waren sie zärtlich zueinander im meiner Gegenwart. Wenn er und ich bei Tisch saßen, stand sie aufmerksam in der Tür und paßte auf, uns gut zu bedienen; ihre schwarzen, großen, schräggestellten Augen brannten dann wie zwei stille Flammen zu uns herüber. Die Augenbrauen schwebten hoch in der leicht gewölbten Stirn wie die ausgespannten Flügel eines kreischenden Vogels. Die Form ihres Gesichts bildete ein vollkommenes Oval; die Ohren wie aus gedrechseltem Elfenbein, klein, zierlich, schmiegten sich dicht an ihren Kopf; in ihrer einfachen Scheitelfrisur mit schwerem Knoten im Nacken steckte ein silberner Pfeil.

In der letzten Nacht, als ich schon auf meinen Decken in der Küche lag, saß er noch lange neben mir auf einem Schemel und versuchte, nach Worten tastend, über sich selbst Rechenschaft abzulegen. Aber es gelang ihm nicht; er war nicht gewohnt, verschwebende und dunkle Empfindungen zu formulieren; er brachte nur zuweilen einen halben Satz heraus und überließ es mir, das Fehlende zu erraten:

»Ihre Haut ist goldgrün an ihren Schultern und zu fühlen wie Seide. –

Goldgrün, das ist ihre Farbe; manchmal in der Morgendämmerung gleicht ihr schlafendes Gesicht einer Maske aus vor Alter grünlichem Kupfer; kein Rot lebt dann unter ihrer Haut, selbst die Lippen sind blaß. –

Ihr Körper verfügt über eine seltsame, nachlässige, müde, verspielte Geschmeidigkeit; man denkt immerfort an ihn. –

Wie plump und grob und ungeschickt weiße Leiber sind; bei ihr entstammt jede Liebkosung einer lang gelernten Kunst, und jeder Stelle des Körpers weiß sie den süßesten Reiz zu entlocken. –
Ihre Hände können sanft wie welke Mohnblumenblätter tun und bitter sein wie geschärfte Messer. –
Seele ist Unsinn; die Körper bilden ein viel feineres, empfindlicheres Instrument; Liebe brennt aus ihnen auf, verlischt an ihnen; Liebe ist erlernbar, erweckbar; aber es gehört unendliche Geduld und Vorsicht dazu, sie am Glühen zu erhalten. –
Hörst du, wie ruhig sie atmet hinter der Tür? Sie weiß, daß ich da bin; sie versteht zu warten und immer bereit zu sein; ich verstehe es auch schon. –
Unsere Hirne könnten nie eine Brücke des Verständnisses bauen, aber die Leiber sind älter als die Hirne, sie begreifen einander in einer leisen Berührung. –
Unsere Glieder sind aufeinander abgestimmt; es sind keine Irrtümer oder Mißklänge mehr zwischen uns möglich. –
Ich habe keine Bedürfnisse; aber ich will alles wissen, testen; das Mädchen kennt die Lösungen der verstecktesten Rätsel.« –

Ich hatte ihn weder unterbrochen noch versuchte ich, ihm etwas auf seine Worte zu erwidern. Er saß in Hemd und Hose und stocherte gedankenverloren in der Glut auf der offenen Herdstatt; das blonde Haar hing ihm in einem großen Büschel in die Stirn; aus seinen blauen Augen schlug der Feuerschein rote Funken. Seltsamer, entwurzelter Geselle! Auch er auf der Suche nach dem Irgendwas.
Es gibt solche Menschen, denen so wie ihm die gesamte Umwelt völlig abhanden geraten ist, die nur noch um sich selber kreisen, versponnen in eine müde, ziellose Sehnsucht.
Ihn verstand ich noch; was sich aber hinter der Sanftmut und Regungslosigkeit dieses gelben Frauengesichts verbarg, dazu fehlte mir jeder Zugang. Dort, auf den Steinfliesen einer primitiven Küche am Rande Shanghais, blickte ich zum ersten Male aus nächster Nähe dem Gotte des Ostens ins geheimnisvolle, unheimlich unbewegte Antlitz.

Während wir noch wortlos ins Feuer starrten, öffnete sich die Tür mit einem leisen Knirschen. Das Mädchen kam herein auf bloßen Füßen, in eine alte Decke gehüllt, die es von den Schultern bis zu den Knöcheln bedeckte.
Ohne mich auch nur eine Sekunde zu beachten, schritt sie auf ihn zu, legte mit einem halben Laut ihre schmale Hand auf die seine und sah ihn an; mir schien, als saugten sich ihre Augen ineinander.
Er erhob sich langsam, nickte mir zu, nahm sie wie ein Kind hoch und trug sie ins Zimmer; ihr Kopf lag an seiner Schulter wie eine fremdartige Blume. Die Tür fiel mit leisem Schnappen ins Schloß.
Ich war allein; aber ich schlief nicht viel in jener Nacht, das Blut war sonderbar aufgestört.

Dreissigstes Kapitel

Keilerei in Hongkong, Waden aus Gummi und Erpressungen eines Aufwärters

Niemand ist groß vor seinem Kammerdiener! Besonders nicht weltreisende, angejahrte Amerikanerinnen von dienstwillig grinsenden Kabinenstewards. Das merkte ich schon nach zwei Tagen glorreicher Tätigkeit als wohlbestallter Kajütenaufwärter des 14000 Tonnen P.&O.-Steamers »Semiramis«, homeward bound.

Es wußte keiner, daß ich noch andere Sachen verstünde, als Betten zu machen, Kabinen auszufegen und Nachtgeschirre zu schwenken; ich war für einen Aufwärter eingesprungen, der sich mit dem Obersteward verkracht, die Arbeit verweigert hatte und in Shanghai an die Luft gesetzt worden war. Meine neuen Kollegen sahen mich gern, denn durch meinen Eintritt waren sie der Verpflichtung enthoben, eines anderen Arbeit mitzuübernehmen. Mein Arbeitsrevier lag in der ersten Klasse, in welche ich wegen meines angenehmen Äußeren kommandiert worden war. Ich hatte fünf große Kabinen zu betreuen; viel für einen blutigen Anfänger wie mich; ich hatte von früh bis spät zu wischen, zu scheuern, zu putzen, zu rennen, zu dienern, daß ich abends wie ein Stein in die Koje fiel. Das Logis für die Stewards lag im Heck des Schiffes über den Schrauben. Ihr gleichmäßiges Stoßen und Rauschen sang mich jeden Abend in den Schlaf. Nichts ist schöner auf einem schlafenden Schiff, als auf die Schraube zu lauschen, die unbeirrt, in unzerstörbarem, mächtigem Gleichtakt durchs Wasser wirbelt; es hat etwas Beruhigendes, aus ihrem guten, festen Gang zu wissen, wie sicher die Kraft durch die Schiffsmaschinen pulst, wie mit großem Schwung die riesigen Kolben die Schraubenwellen in ihren ölglänzenden Lagern spielend umdrehen. Ein Schiff lebt, lebt ein starkes, gewaltiges, treues Dasein: das Stampfen der mächtigen Maschinen, das Sprudeln und Saugen im Schraubenschlag, das Mitschwingen des Stahls verraten es dir deutlich, wenn du des Nachts in der Dunkelheit darauf horchst.

Ich rechnete so: von Singapore bis Genua reichte mein Geld für das Dampferbillett erster Klasse. Bis Singapore mußte ich mir so viel zusammenverdient haben, daß ich für den Rest der Reise genügend Taschengeld besaß. In Singapore würde ich wahrscheinlich türmen, wie, war mir noch unklar; Lohn erhielt ich dann natürlich nicht, aber der Fahrpreis von Shanghai bis Singapore wäre mehrmals höher gewesen, als meine ganze Heuer betrug; es würden für mich schon ein paar Dollar oder Pfunde abfallen; wo und wie war mir noch unklar.

Zunächst einmal mußte ich Stuben kehren und Stiefel putzen, anderer Leute Anzüge ausklopfen und schmutzige Wäsche nachzählen. Das war der Ernst des Lebens, der da an mich herantrat. Morgens um sechs fing er an und abends um neun war er gewöhnlich zu Ende. Dann verfluchte ich den Dreck, den andere Leute mir zum Aufräumen hinterließen, machte noch einen Rundgang ums Achterdeck, sah auf die dunkle, unruhige See hinaus und ging schlafen. Imponierte mir nicht sehr, der Ernst des Lebens! Faulenzen ist menschenwürdiger. Aber daß ich immer leise die großen Maschinen wie treue, kraftvolle, gutmütige Tiere atmen hörte, tröstete mich stets von neuem; jede Umdrehung des Propellers brachte mich ein paar Meter der Heimat näher.

Mein Obersteward war ein entsetzlich dicker Irländer; ein ganz umgänglicher Mann, wenn man auf seinen Cäsarenwahnsinn die gebührende Rücksicht nahm und sich ihm stets ergeben und gehorsam zeigte wie einem dickbäuchigen Götzen. Er kommandierte viel und gern; dann hatte man die Hacken zusammenzuschlagen, »Jawohl!« zu brüllen und loszuspritzen; in Wirklich-

keit machte man doch, was man wollte, drückte sich nach Strich und Faden, und alles war zu bester Zufriedenheit geordnet.
»Heute müssen die Läufer geklopft werden, Johann!« – »Allright!« sagt man, schleppt die Dinger aufs Bootsdeck, schlägt jeden einmal um einen dicken Ventilator, bringt sie, nachdem man sich ausgiebig gesonnt hat, wieder nach unten und breitet sie mit der Unterseite nach oben wieder aus. Wunderbar! Nach uns die Sintflut! Der Dicke spendet ein Lob!
»Heute müssen die Schmutzwasserkästen aus den Waschtischen gescheuert werden, Johann!« – »Allright!« sagt man und tauscht die Dreckdinger mit sauberen aus unbewohnten Kajüten aus, wenn der Dicke nachmittags Siesta hält und die lieben Kollegen Karten spielen und im Schatten liegen.
Ebenso einfach wie empfehlenswert! Der Dicke freut sich! Charmant!
»Heute müssen die Fenster geputzt werden, Johann!« – »Allright!« sagt man, besticht den Heilgehilfen mit einer Schachtel Zigaretten, erhält ein Fläschchen Salzsäure; nach fünf Minuten strahlen die Scheiben in nie gesehenem Glanz. Wir leben im Zeitalter der Naturwissenschaften! Entzückend! Der Dicke staunt! Wie heißt doch das elfte Gebot? Du sollst nicht schuften, wenn du dich drücken kannst!
Und das zwölfte? Du sollst dich nicht kriegen lassen!

Nach fünftägiger Fahrt liefen wir Hongkong an, die englische Hochburg vor der Mündung des Hsi-kiang, vor Kanton, vor dem Süden Chinas. Bezaubernd schön war die Einfahrt. Blau die silberübersprühte See, blauer der tiefe, blendende Tropenhimmel; braune, steile, blaugrün bewaldete Felsinseln schieben sich ineinander. In der Ferne brütet der Dunst der nahenden Stadt. Aus einem pfeilschnell heransausenden chinesischen Segler steigt der Lotse an Bord. Das neue Luxushotel grüßt von Norden, der Festlandseite, herüber. Der Dampfer wendet sich der bergigen Insel zu, auf der Hongkong steile Abhänge hochklettert, stoppt, die riesigen Anker klatschen ins Wasser. Schon liegt der Tender qualmend längsseits, und die Herren Passagiere fahren an Land, um sich den Aufenthalt zu versüßen und Andenken einzukaufen.

Der »dicke« Obersteward, auch »chief« – »Häuptling« – geheißen, hatte mich für die Zeit von sieben Uhr abends bis sechs Uhr morgens in Anbetracht meiner vorzüglichen Leistungen beurlaubt. Alle Passagiere aus meinem Revier waren an Land gegangen mit Ausnahme von zwei englischen Kaufmannsgattinnen, die seekrank gewesen waren und sich nun in der Stille des Hafens erholen wollten.

Ich hatte die Putzerei und Scheuerei schon ziemlich satt und war entschlossen, den Abend in Hongkong, als Gentleman verkleidet, fröhlich zu genießen; ich zog also meine weiße Uniform aus und meine besten Zivilkleider an und fuhr, aussehend wie ein waschechter Passagier, um sieben Uhr abends zum Landungssteg hinüber.

Vom Wasser her wirkt Hongkong ganz wie eine amerikanische Hafenstadt mit seinen hohen, pompösen Geschäftshäusern, Banken, Hotels und Regierungsgebäuden, sauberen, asphaltierten Autostraßen und breiten Bürgersteigen, und selbst die Chinesenviertel sind wahre Paradiese an Sauberkeit und Ordnung im Vergleich zu dem normalen chinesischen Dreck in Shanghai.

Ich nahm mir ein Auto und fuhr ganz langsam in eineinhalb Stunden um die ganze, bezaubernde Insel Hongkong. Bald läuft die prachtvolle, glatte Straße dicht am Wasser entlang, schwingt sich auf kühnen Serpentinen turmhoch in die Uferfelsen, biegt in scharfen Kurven, tief eingesprengt in steile Wände, um schroffe Vorgebirge, umzirkelt in weitem Bogen blaue, ruhig atmende Buchten, biegt versteckten Befestigungsanlagen aus, die mit unsichtbaren Riesengeschützen unter Panzertürmen das Fahrwasser bewachen, legt sich schnurgerade über die himmelhohe Sperrmauer vor dem künstlichen See, der das Regenwasser für die Trockenzeit aufspeichert, und es lohnt sich, beinahe, allein wegen dieser Autofahrt um die Insel nach Ostasien und Hongkong zu reisen.

Es war längst Nacht, als ich wieder ins Stadtzentrum zurückkehrte. Was nun? Wieder mal gut zu essen und zu tanzen, lockte mich nicht wenig. Im Hongkong-Hotel, dem vornehmsten, war Tanz zur Nacht. Auf ins Hongkong! Ich hatte schnell die Kleider, die ich am nächsten Tage früh würde ausbürsten müssen, vergessen, versenkte mich in die Speisekarte, die mir ein vor Demut ersterbender Boy überreichte, nachdem ich mir im kristall- und brokatfunkelnden Speisesaal einen Tisch gewählt hatte. Eine Jazzband von wildgelockten, breitnasigen Philippinos vollführte einen geradezu berückenden Lärm; der Mann am Schlagzeug trommelte, paukte, klapperte, klingelte wie ein junger Gott. Die Creme der Stadt war auf dem großen Tanzparkett des Saales angestrengt damit beschäftigt, sich die Glieder auszurenken.

Mit geringem Erfolge, muß ich gestehen, sie tanzten recht schlecht, die guten Hongkonger. Der Damenflor stimmte mich noch trauriger: nicht eine einzige auch nur hübsche Frau war da, alles großgesichtige, magere, knochige Engländerinnen, die höchstens mit ihren Pariser Modellkleidern Staat machen konnten; mit denen zu tanzen, schien mir wenig Genuß zu versprechen. Ich war recht enttäuscht, hatte mir die ganze Geschichte etwas südchinesischer vorgestellt. Das da war genauso wenig aufregend, wie die Dancingparty eines Londoner Klubs; schon bereute ich das Geld, das ich fürs Essen würde bezahlen müssen.

Während ich noch traurig überlegte, wie ich sonst meinen Landurlaub produktiv verwenden könnte, führte der Empfangsherr zwei elegante Damen jüngeren Alters zu einem freien Tisch. Die beiden waren von anderem Schlag als die staksigen, englischen Kaufmannstöchter; die Männer machten Stielaugen, die Frauen blickten abfällig und kritisch; ich hätte darauf schwören mögen, daß jetzt jeder zweite Mann im Saal zugeflüstert bekam: »Was wollen die denn hier; das sind doch keine ›anständigen‹ Frauen!« Das waren sie auch bestimmt nicht; ich kannte den Typ; es waren abenteuernde Russinnen, Halb- oder Viertelwelt. Na, ich bin kein Tugendwächter. Sie würden gut tanzen können. Alles andere machte mich nicht heiß. Ich sah mich flüchtig um: kaum Konkurrenz zu befürchten; die übrigen Herren waren alle streng beweibt erschienen.

Freudig löffelte ich den Nachtisch. Halt, was war das? Verbeugte sich da ein Mann im Smoking vor einer der beiden, kurz danach ein zweiter vor dem anderen Mädchen und walzte mit ihr los; ich hatte mich also nicht gründlich genug umgesehen. Und wer waren die beiden Tanzwütigen? Die sonst äußerst braven Ehegatten der unter den Nachwehen der Seekrankheit leidenden, auf dem Schiff im Bett zurückgebliebenen Damen aus meinem Revier. Wartet, Freundchen, euch will ich es eintränken, daß ihr hier brechen wollt, was ihr vor Altar und Standesamt gelobt habt! Beim nächsten Tanz kam ich den beiden zuvor und entführte die Hübschere. Das Mädchen tanzte vorzüglich. Ich foxtrottete aufreizend nahe am Tische der beiden fremdgehenden Herren vorbei. Der Gute, dem ich den Braten wegzuschnappen fest entschlossen war, fixierte mich wütend; plötzlich wurde sein Gesicht vor erstaunter Entrüstung ganz breit und bleich. Jawohl, ich bin's, lächelte ich ganz schamlos hinüber, ich, dein verachteter Kabinensteward!
Nun saßen die beiden Ertappten brummig auf ihren Stühlchen und verschluckten sich vor Grimm an ihren Austern. Den beiden Damen war ich offenbar sympathischer als die zwei Pfeffersäcke. Ich tanzte mich ordentlich satt.
Nach einer Stunde etwa sah ich einen der beiden in der Vorhalle des Saales verschwinden; ich ging ebenfalls hinaus. Schon hatte er mich in eine Ecke gezogen und redete zornig auf mich ein:
»Sie sind der Steward auf der Semiramis, Sie!« –
»Yes, Sir, ich habe die Ehre!« –
»Wie kommen Sie dazu, dies Lokal zu betreten?« –
»Stopp, Sir! Das geht Sie sozusagen einen Dreck an!« –
»Ich werde Sie dem Obersteward melden!« –
»No Sir! In diesem Falle würde ich lieber vorausfahren und den armen seekranken Ladies was erzählen!« –
Ha, ich hatte seine verwundbarste Stelle getroffen; er lief rot an, mäßigte seine Stimme und sagte im Tone eines, der einen anderen auffordert, mit ihm Pferde stehlen zu gehen:
»Mann, machen Sie keinen Unsinn! Es soll Ihr Schade nicht sein!«

»Schade nicht sein? Allright, Sir! Vertragen wir uns wieder und tanzen wir weiter!«
Jetzt wurde er noch sanfter, faßte meinen obersten Rockknopf und flüsterte augenzwinkernd:
»Die beiden Damen da drinnen, Steward – – Machen Sie sich nicht unglücklich!« –
»Unglücklich? Ich? Never, Sir!« –
»Steward, verstehen Sie mich recht! Es gibt ja noch andere Tanzlokale in Hongkong!« –
»Certainly, Sir!« –
»Wie gefallen Ihnen zwei gute, englische Pfund, Steward?« –
»Pretty, pretty, Sir!« –
»Hier stecken Sie ein und verduften Sie! Ihr Essen bezahle ich!« –
»Thank you, Sir!« –
2 Pfund = 10 Dollar = 20 Yen = 40 Mark, rechnete ich, als ich im Fahrstuhl abwärts fuhr, umsonst gespeist, feines Geschäft! Ich klopfte mir auf die Schulter: gut, mein Junge!

Es war vielleicht zehn Uhr, als ich wieder auf der Straße stand. Wohin sollte ich nun, ich armseliges, rausgewimmeltes, käufliches Subjekt von einem Kabinensteward?
Ich machte mich die Uferstraße entlang in bedrückter Stimmung auf Abenteuer aus, gelangte so allmählich aus dem europäischen Viertel hinaus und ins Chinesenviertel hinein, strolchte um einen Dschunkenhafen her, der mir zum letztenmal China vorzauberte.
In einer runden Meeresbucht lagen Hunderte von kleinen und großen chinesischen Seglern. Ein voller weißer Mond glitzerte auf dem leicht gekräuselten Wasser. Zweimal zog eine Fischerdschunke unter allem Zeug, das sie tragen konnte, langsam ins offene Wasser hinaus wie ein schattenhaftes Gespensterschiff. Der Wald von leeren Masten der angetäuten Boote wogte ständig leise hin und her, wie trockene Schilfstengel am Rande eines herbstlichen Flusses sich im Wellenschlag bewegen. Ein paar Lampions brannten wie kleine, bunte Funken in irgendeinem

Heck, überwölbt von dem dunklen Halbkreis der Binsenmatte über dem Bootsdeck. Die schroffen Berge standen tiefschwarz gegen den mattblauen Nachthimmel; eine Chinesengeige quäkte irgendwo, drei bezopfte Dunkelmänner hockten auf einem Uferfelsen und flüsterten aufgeregt. Der Drachenbug einer auffliegenden ausgedienten Dschunke erschreckte mich, und über allem jener unverwischbare Geruch von faulendem Tang, toten Fischen und hölzernen, alten Booten.

Ich wanderte weiter und landete schließlich in einer Matrosenkneipe, wo es hoch herging. Bezechte Seeleute von den Frachtdampfern im Hafen riefen ihr Jahrhundert in die Schranken; der dicke, chinesische Wirt schenkte unentwegt Bier und Whisky aus, schrie dabei, fuchtelte in der Luft und spuckte durch ein Fenster hinter dem Schanktisch. Malaiische Matrosen, anscheinend von einem holländischen Südseedampfer, versoffen ihre Löhnung in unzähligen Brandies und Gins. Es war ein großartiger Betrieb. Geschminkte Chinesenmädels ermunterten die Gäste zu handgreiflichen Vertraulichkeiten. Jedermann trampelte und grölte vor Vergnügen; ich hockte selig an der Bar, lächelte in mich hinein und dachte: wenn meine gute Tante Leonore mich hier mang dem Abschaum der Menschheit mang sähe, würden sie sämtliche Riechfläschchen der Welt nicht vor einem Nervenschock bewahren.

Ein untersetzter Kerl mit blauangelaufenem Whiskygesicht wankte auf mich zu:

»Prost, my boy, bist du ein Lord?« –

»Bedaure, nur Steward!« –

»Fein, old chap, kannst einen ausgeben!«

»Gemacht, mein Schatz!«

Wir tranken auf das Wohl des kranken Königs von England, dann auf das des lustigen Prince of Wales.

Soweit war alles in bester Ordnung. Ein Malaie, randvoll, mochte bemerkt haben, wie ich die Teerjacke traktierte, kam auch herzu und bettelte:

»Drink, Mista, drink, Mista!«

Von mir aus hätte er ruhig mithalten können, aber mein frisch-

gewonnener Kumpan fühlte seine alkoholgeladene Europäerehre durch das Ansinnen des beschwipsten Kannibalen im tiefsten beleidigt. Er sagte gar nichts, holte nur, ehe ich's verhindern konnte, mit seiner Pranke (Größe Kohlenschippe) aus und ballerte dem bedauernswerten Braunen eine in die Zähne, die nicht von schlechten Eltern war.
»Halt's Maul, oller Nigger!« schrie er.
Im Nu war die herrlichste Keilerei, Weiß kontra Farbig, im Gange; Schemel flogen durch die Luft, Bier spritzte, Gläser klirrten, und die Braunen, die in der Minderzahl waren, bezogen fürchterliche Dresche. Der Wirt, dem seine ganze Einrichtung in die Brüche ging, schrie Zeter und Mordio, was nicht viel half; als er die ersten krummen Messer in ein paar braunen Händen blitzen sah, sprang er mit komischen Sätzen über die sich Balgenden zur Tür und schrie zappelnd, schwitzend und kreischend wie ein Hampelmann nach der Polizei. Ich benutzte die gute Gelegenheit, einen unrühmlichen Rückzug anzutreten, denn mein einziges Prachtstück, mein schöner Abendanzug, hätte den Stürmen dieser barbarischen Schlacht nicht standgehalten. Ich gewann das Fenster, durch welches der Wirt so erfreulich gespuckt hatte, und brachte mich mit einem Satz aus dem Bereich der Streithähne. Es war nun blutiger Ernst geworden, wie gewöhnlich in solchen Fällen; ein chinesischer Heizer lag wie ein schlaffer Sack über einem Tisch, als ob ihm das Lebenslicht ausgeblasen worden wäre, und der breitschultrige Engländer, der die Schlacht vom Zaun gebrochen hatte, wischte sich dickes Blut aus den Augen.
Nach wenigen Minuten erschienen ein paar riesige Polizisten, deren Auftreten den sofortigen Abbruch aller Kampfhandlungen bewirkte. Jetzt wollte es natürlich keiner gewesen sein! Aber die Augen des Gesetzes führten einfach die ganze Korona einschließlich des jammernden Wirtes ab.
Ich hatte den Schlußakt des Dramas nicht abgewartet, mich über den Hof gedrückt und nur noch von der nächsten Ecke her den Abtransport der geknickten Raufbolde beobachtet.
Auch ich war geknickt, denn meine beiden Versuche, mich in

Hongkong zu amüsieren, hatten ein vorzeitiges und gewaltsames Ende gefunden. Ich ließ es damit bewenden und machte mich langsam auf den Rückweg zum Schiff. Am nächsten Morgen verließ die »Semiramis« den Hafen.

Nach etwa viereinhalbtägiger Fahrt legte der Dampfer in Manila auf den Philippinen an. (Ich ging des Nachts an Land; aber man kann nicht alles erzählen.) Am nächsten Tage nahm er Kurs auf Singapore, und wir bekamen furchtbar schlechtes Wetter.

Nun will ich endlich erklären, warum ich eingangs behauptete, daß niemand groß vor seinem Kammerdiener ist.

Zu meinen Passagieren gehörte auch eine die Welt bereisende reiche Amerikanerin, die eine große Kabine ganz für sich allein bewohnte. Sie gefiel mir nicht schlecht, obwohl sie mich wie Luft behandelte; sie machte sich sehr geschickt zurecht und verfügte über eine Unmenge kostbarster, geschmackvollster Toiletten. Meine Dienerstellung hinderte mich nicht, mir über meine Damen männliche Gedanken zu machen, und so konstatierte ich denn schon in Shanghai, als ich ihre Koffer in der Kabine verstaute, daß Miss Coldham sich geradezu klassisch geformter Beine rühmen konnte.

Wie schnell Träume von Schönheit und Glück zerstieben! Am zweiten Abend auf See klingelte sie nach mir, übergab mir mit unbewegter Miene zwei gleich geformte, längliche, flach gewölbte Gegenstände aus Gummi mit dem Auftrage, sie mit lauwarmem Wasser abzuseifen und wiederzubringen; gleichzeitig händigte sie mir ein Stück duftender Houbigant-Seife aus Paris aus, mit welchem ich fortab regelmäßig die Säuberung vornehmen sollte. Während ich die weichen, elastischen Gummiplatten wusch, zerbrach ich mir vergeblich den Kopf darüber, was sie wohl zu bedeuten hätten, ohne daß mir etwas einfallen wollte.

Ich brachte sie ihr abgetrocknet wieder zurück; klopfte, sie öffnete, hieß mich eintreten, um ein paar Koffer umzupacken; von ungefähr fiel mein Blick auf ihre Beine, Himmel, da bekam ich beinahe einen Schlaganfall vor Schreck: jetzt hatte sie ganz

traurige, wadenlose Storchbeine. Blitzartig wurde mir Erleuchtung: meine Schöne trug künstliche Waden; sie wurden angelegt, ein Gummistrumpf, ein Seidenstrumpf darüber gezogen und die klassischen Beine waren fertig. Ob dieser Entdeckung, noch immer fasziniert ihre entadelten Beine anstarrend, konnte ich mich eines mephistophelischen Grinsens nicht enthalten.
Sie merkte etwas. Ob sie wirklich geglaubt hatte, daß ich nicht dahinterkommen würde? Mein Gesicht muß wirklich auf manche Leute einen entsetzlich dämlichen Eindruck machen.
Sie tobte eine Weile ziemlich wütend und fassungslos in einem Necessaire-Koffer umher und fuhr mich schließlich spitz an:
»Ich brauche Sie heute nicht mehr! Ich werde Ihnen für jede Waschung zwei Dollar geben. Haben Sie begriffen?«
Ich hatte längst meine Fassung wiedergewonnen, verbeugte mich mit der ernsten Miene eines Premierministers, den sein König eben in ein tiefes Staatsgeheimnis eingeweiht hat, und murmelte nur ein vollendet diskretes: »Sehr wohl!«
Fortab entwickelte sich zwischen Miss Coldham und mir ein fast vertrauliches Verhältnis; ich bewahrte das Geheimnis der Kunstwaden wie ein Grab, was sie dankbar anerkannte; und als es mir eines Morgens unter Aufbietung all meiner Geistesgegenwart und diplomatischen Begabung gelang, ihr ein Paar unklugerweise mit ihrem Namen gezeichneter seidener Schlüpfer aus der Kabine eines bis dahin unbescholtenen, alleinreisenden englischen Herrn wiederzubeschaffen, wohin es sich auf rätselhaftem Wege verirrt hatte, erhielt ich ein Trinkgeld von so phantasistischer Höhe, daß sie meinethalben ihre Schlüpfer jeden Tag hätte irgendwo vergessen können.
Ja, ja, die Stewards, diese letzten, wahren Ritter und Beschirmer unschuldiger Jungfrauen! Ich habe ihrem Stande keine Schande gemacht.

Hinter Manila aber, als das schlechte Wetter losging, wurde mir die letzte Freude an meinem neuen Beruf verleidet.
Meine ganze Belegschaft war seekrank!!!
Den lieben, langen Tag mußte ich mit dem Wischlappen hantie-

ren, und wenn ich in einer Kabine die Bescherung beseitigt und ein grünangelaufenes Opfer der Wellen ins Bett gepackt hatte, dann klingelte es schon wieder aus einer anderen Kabine nach dem Spülnapf Sturm. Der saure Duft – geradezu paradiesisch! – Dabei kann man Gott erkennen lernen!
Scheuern, putzen, fegen: Gut!
Waden waschen: Gut!
Schweigegelder liebender Ladies und Gentlemen kassieren: Gut! Aber von morgens bis abends die Endergebnisse von Magenrevolutionen fortschaffen zu müssen, überstieg meine Kraft.
Nein, in Singapore würde ich den Kammerdiener an den Nagel hängen und mich bescheiden und unauffällig verflüchtigen.

Einunddreissigstes Kapitel

Meuterei in Singapore

Die größte Sorge war, meine Koffer an Land zu schaffen, ohne daß der Obersteward oder ein Kollege Lunte rochen, die zweitgrößte, möglichst schnell nach dem Festmachen des Schiffes Landurlaub zu erhalten.
Es traf sich gut, daß die beiden Ehepaare, deren männliche Hälften in Hongkong zwei Pfund an mich gewendet hatten, in Singapore ausstiegen. Ich erbot mich, ihr Gepäck an Land zu schaffen. Im Mannschaftsraum hatte ich nur einen kleinen Koffer; das übrige befand sich im Gepäckraum, in welchem auch das Passagiergepäck aufgestapelt war.
Ich schrieb mir ein paar Gepäckfahnen auf den Namen einer der aussteigenden Familien aus, ging zum Gepäckmeister, zeigte ihm die Fahnen und erklärte ihm, ich wäre beauftragt, sie an den Koffern der Leute anzubringen oder auszuwechseln. Gut, er ließ mich hinein; ich befestigte die Fahne an *meinem* Koffer und stellte ihn zu den anderen.
Am Abend darauf liefen wir in Singapore ein. Mein Koffer kam mit nach oben und ging in dem großen Haufen der übrigen von Bord; ich hinterher. Auf der Pier nahm ich mir einen Gepäckträger und bedeutete ihm, mit meinem Koffer am Schuppen I auf mich zu warten; gab ihm ein tüchtiges Trinkgeld und notierte seine Nummer. Die falsche Fahne riß ich ab und band eine neue mit meinem Namen an.
Der Dicke gewährte mir Landurlaub; ich klemmte meinen klei-

nen Koffer unter den Arm – Andenken einzuhandeln – und entsprang.
Der Gepäckträger saß schlafend am Schuppen I auf meinem großen Koffer. Er hatte in zehn Schritten Abstand mir zu folgen. Ins Eingeborenenviertel! Fand einen Gasthof mit dem Schild: Rooms for sailors. Der Inhaber und Wirt war ein Japaner. Er freute sich unmenschlich, als ich ihn japanisch begrüßte. Ich verlangte ein stilles, bescheidenes Zimmer, wo ich mich und meine Koffer unterbringen konnte und auch unverzüglich unterbrachte.
Ich verschwand sofort, verrammelte die Tür und legte mich ins Bett. Gesehen hatte mich niemand, verfolgt auch nicht, sollten sie mich fahnenflüchtigen Steward da im Bett beim Japaner suchen. Immer wenn einer die Treppe hochstapfte, hielt ich den Atem an. Doch niemand fragte nach mir.
Am nächsten Morgen blieb ich ruhig unter meinem Moskitonetz liegen. Der Obersteward würde schön toben, daß ich abhanden geraten war; der Kapitän würde toben und die Stunde verfluchen, in der er sich von Mr. Biggs in Shanghai überreden ließ, mich anwerben zu lassen; und meine arme Miß Coldham! Wer würde ihr nun die Waden scheuern! Wie lang so Viertelstunden werden können! Um 9 Uhr morgens hatte die »Semiramis« auslaufen sollen; es wurde Viertel, wurde halb, wurde drei Viertel zehn Uhr, und immer noch nicht hörte ich sie ihre drei wohlvertrauten Abschiedspfiffe heulen. Die würden doch nicht etwa die ganze Stadt nach mir abgrasen? Schließlich kann doch solch ein Riesenschiff wegen eines lumpigen Stewards nicht die Abfahrtszeit versäumen!
Ich weiß es noch genau: meine Uhr zeigte sieben Minuten und fünfunddreißig Sekunden vor zehn Uhr, als die »Semiramis« anfing zu brüllen. Äolsharfen hätten mir nicht lieblicher in die Ohren tönen können als diese dreimaligen Sirenentöne. Jetzt werfen sie die Seile los, die Gangway rollt ab, die Passagiere winken und rufen, die Schrauben schlagen grünen Schaum auf, der Tender legt sich in die Trosse und zieht den großen Kasten langsam von der Mauer ab. Jetzt bekommt er Fahrt. – Nochmals

die drei Brülltöne. Der Tender hakt ab. Langsam und majestätisch zieht die schöne »Semiramis« zum Hafen hinaus. Ich war so glücklich und so befreit, daß ich wieder einschlief und erst am Nachmittag erwachte. –
So lächerlich einfach ist es für die Stewards in Singapore zu meutern, wenn sie sich nichts daraus machen, ihre Löhnung schießen zu lassen. Ich machte mir nichts daraus; hatte mehr an Trinkgeldern verdient, als die ganze Löhnung betragen hätte.
Ich warf mich in Zivil, verstaute meine Steward-Kluft, die unterschlagene, in der tiefsten Tiefe meines Koffers und siedelte strahlend ins Raffle's über, eins der ältesten und schönsten Hotels im ganzen Fernen Osten. Wenn mich wirklich die Polizei suchen sollte, in Raffle's Hotel würde sie einen entsprungenen Steward bestimmt nicht vermuten. Aber es passierte gar nichts. Vielleicht sucht die löbliche Polizei von Singapore heute noch nach mir und zerbricht sich den Kopf darüber, wo ich verschwunden sein könnte. Ich hätte ein Freiexemplar dieses Buches zur Aufklärung des geheimnisvollen Falles zu den Polizeiakten von Singapore einreichen sollen –!
Ich stellte fest, daß ich das erstemal in meinem Leben unter dem Äquator saß und daß es gar nicht so unverschämt heiß war, wie ich mir gedacht hatte.
O Singapore, schöne, schwüle Tropenstadt! Trotz deiner langweiligen Sandsteinpaläste und deiner Asphaltstraßen habe ich doch in dir den Reiz der Südsee geschmeckt und bin dir für immer dankbar dafür!

Zweiunddreissigstes Kapitel

Ein Südsee-Mädchen richtet Unheil an

Man kann nicht alle Geschichten selbst erleben, man muß sich auch zuweilen ein paar erzählen lassen. Ja, es hat einen eigenen Reiz, gerade einmal solche wiederzugeben, deren Einzelheiten nicht völlig nachzukontrollieren sind; man spürt, durch wieviele Hände sie schon gingen; der Geruch von mancher alten, qualmigen Kneipe hängt an ihnen, in welcher sie abgesponnen wurden; jeder, der sie weitererzählte, tat etwas dazu, nahm anderes fort, bis sie buntscheckig, farbenklecksig, geschmückt mit mancher fremden Feder auftreten. – Drei oder fünf verschiedene Begebnisse fließen zu einer neuen Geschichte zusammen, die nun auf eigene Faust ein Dasein beginnt und mehr oder weniger vertrackt weiterfließt, ohne daß ein Mensch voraussieht, was alles aus ihr werden kann.

Ja, damals in Singapore, auf der morschen Holzveranda des vorzüglichen Hotels »Coriolan« war der rechte Ort, um olle Kamellen aufzutischen. Die Veranda öffnete sich in einen verwilderten Garten, um den sich nie ein Mensch kümmerte. Fünf, sechs Palmen schossen aus dem wirren, üppigen Gesträuch empor, schlank, biegsam, und ließen ihre federbuschigen Blattflaggen im Winde – wenn welcher ging – wehen und flattern. Lianen kletterten an ihnen hoch; knorrige Bäumchen, Pflanzen mit riesengroßen Blättern, die dick wie Leder waren, Stachelgewächse, von denen große Blüten nickten, schossen in einem undurchdringlichen Dickicht aus dem feuchten, schwärzlichgrünen Erdreich; Lazerten und kurze, unschuldige Schlänglein amüsierten sich in dem schmalen Paradies; des Abends saßen unzählige Glühwürmchen darin und funkten ihre winzigen Liebesblitze; Moskitos schwirrten; kleines Nachtvolk raschelte mit den verfaulenden Blättern am Boden, und zuweilen erschreckte uns ein riesiger Nachtfalter, der aus der Dunkelheit in den Lichtkreis der elektrischen Birne geschossen kam. Am samtviolettenen Himmel funkelten die Sterne groß und wild wie Leuchtkugeln. Irgendwo fern lärmte eine wichtigtuerische Straßenbahn; die Luft war weich und warm und angefüllt von schweren, unbestimmbaren Gerüchen, der Whiskysoda aber herrlich kühl und wohltuend. Der Rauch der Zigaretten und Pfeifen verscheuchte die Moskitos. Wu, der gelbe Boy, stand stumm und aufmerksam an einem Pfosten und brauchte niemals aufgefordert zu werden, für neuen Stoff zu sorgen; sein Herr, ein dicker, fettiger Grieche, der Besitzer des guten Hotels »Coriolan«, hatte ihn gut gedrillt; außerdem war es gefährlich, die alten rauhbeinigen Stammgäste, die des Abends die Veranda besetzt hielten, unaufmerksam zu bedienen; die waren nicht fein, und wenn Wu nicht schnell genug parierte, durfte er sich nicht wundern, wenn ihm plötzlich irgend etwas dazu durchaus nicht Bestimmtes an den runden Schädel flog. – So ungefähr sah es auf der »Gartenterrasse« des »Coriolan« aus. Warum übrigens dieses Seemannshotel nicht weit vom Frachthafen, ein zweistöckiger, unansehnlicher Fachwerkbau, ausgerechnet »Coriolan« hieß, blieb mir ein unlösbares, verdächtiges Geheimnis; nicht einmal Epaminondas, der feiste, ölhaarige Wirt, konnte mir darüber Auskunft erteilen.

Es war ein besonderer Schlag von Leuten, die im »Coriolan« wohnten: alte, grauhaarige Südseepiraten, abgetakelte Steuerleute, ausgediente Segelschiffskapitäne, Pflanzer, Plantagenaufseher, Storekeeper von irgendeinem gottverlassenen Südseeatoll, die in Singapore Geschäfte hatten, Offiziere und Maschinisten von obskuren Frachtreedereien, die auf weiß der Himmel was warteten, aufgeschwemmte, trunksüchtige, malariaverseuchte Ehrenmänner dunkler Herkunft, die mit allem unter der

Hand zu handeln schienen, was nicht niet- und nagelfest war; Frauen gab's da nicht; als Ersatz und Sorgenbrecher fungierten der Whisky und der Gin; wenn jemand auf den Boden spuckte, so genierte das niemand; ein anständiger, saftiger Fluch gehörte zum guten Ton, und wer es im »Coriolan« unternommen hätte, Limonade zu trinken, dem hätte vor Ekel und Abscheu niemand mehr auch nur die Hand gereicht. Wenn es nicht so schmierig und schmuddlig im »Coriolan« gewesen wäre, hätte ich nicht lange gezögert, dorthin umzuziehen; aber ich hatte während meiner kurzen Stewardlaufbahn mit so viel Dreck umgehen müssen, daß mein Bedarf daran vorläufig gedeckt war.
Ich war nicht ganz zufällig in den »Coriolan« geraten; schon Mr. Biggs, der Mann, welcher mir in Shanghai meinen Stewardposten verschaffte, hatte mir gelegentlich davon erzählt. Ich hatte einen mehrstündigen Streifzug durch die Eingeborenenviertel Singapores hinter mir, war durstig und verschwitzt, sah mich nach einem Ort um, wo ich die erhitzte Seele mit einem kühlen Trunke würde begießen können und entdeckte nicht weit vom Frachthafen ein verblaßtes, zerbeultes Wirtshausschild mit der pompösen Aufschrift:

»Hotel Coriolan«
The finest house in the Straits!
The pearl of Singapore!
Good rooms!
Better food!
Best drinks!

Das war es also! Ich trat ein, stellte mich an die Theke und erfrischte mich an einem Whiskysoda. Neben mir unterhielten sich zwei untersetzte Männer über Frachtraten. Daß es Seeleute waren, ließ sich nicht verkennen; die kupferbraunen, von Wind, Wetter und Whisky gegerbten Gesichter verrieten es; außerdem lagen ihre Schiffermützen auf der Bar.
Ich beachtete sie zunächst nicht, sah mich erst einmal in dem beschatteten Schankraum um; es war nicht viel darin zu entdek-

ken. Die breiten, offenen Fenster boten der Luft von allen Seiten freie Bahn; vor Zug schien sich da keiner zu fürchten. In einem Seitenraum standen drei große Billards; einfache, braune, abgebrauchte Stühle und Tische; stille Männer hier und da, die ihr Fleisch mit der scharfen, grünlichen Curry-Sauce aßen; nichts ließ sich ausmachen, was den Ruf des »Coriolan« gerechtfertigt hätte; es war eine verräucherte, gemütliche, alte Kneipe, weiter nichts.
Neben mir fiel im Gespräch das Wort »Vancouver«. Mein Interesse wurde sofort wach. Es gibt für mich keine liebenswertere Stadt als Vancouver, die große Hafenstadt in der äußersten Südwestecke Kanadas an der pazifischen Küste, in der ich die schwersten und buntesten Wochen meines bisherigen Daseins verbracht habe. »Vancouver«, das ging mich an; ich merkte auf, was die beiden sich erzählten.
»Die Holzraten für Decklast Vancouver–Yokohama sind verdammt abgesackt.« –
»Ja, nichts mehr zu verdienen, seit die Japaner selbst so viel verfrachten auf eigenen Dampfern.« –
»Nimmst du noch einen Whisky?« –
»Ja, mach ihn nicht so stark, so –« –
»In Vancouver, habe ich dir schon einmal erzählt, glaube ich, liegt mein alter Freund Billy begraben, die ehrlichste Haut, die je gelebt hat.« –
»So –?« –
»Da gibt es einen Kirchhof in Vancouver, hoch auf einem Berge, von dem man weit auf die See hinaussieht, ein wunderschöner Platz für einen guten Seemann wie Billy. Warte mal, wie heißt der Friedhof gleich?« –
Er dachte nach mit gekrauster Stirn, der Name schien ihm nicht einfallen zu wollen. Mir schwebte das Wort auf der Zunge; ich wußte genau, was er meinte; dort hatte auch ich einen Menschen begraben helfen, der mir sehr nahe gestanden hatte; schließlich platzte ich halblaut heraus:
»Ocean-View heißt der Kirchhof.«
Die beiden drehten sich zu mir um. (Bekanntschaften schließen sich in solcher Umgebung leicht und schnell; und ich sah

nicht aus wie ein Tourist oder wie einem Modemagazin entsprungen.)
»Ocean-View, stimmt, so heißt er. Ihr kennt Vancouver?«
»Vancouver? Das will ich meinen!«
Wir begannen das Lob der großen, guten Stadt an der Mündung des wilden Fraser-River zu singen.
Wir stellten uns vor: Capitain S. F. Chapman von der »Blue Bird«, die mit Schraubenschaden im Dock lag; 3500 Tonnen; Indien-Südafrika-Frachter. Nigel Buxton, ehemals Hafenmeister von Sandakan in Britisch-Nord-Borneo, jetzt pensioniert und im »Coriolan« die alten Tage verbringend. A. E. Johann, Travelling Correspondent, Vossische Zeitung, Berlin.
»Very glad to meet you, Mr. Johann!«

Schön, so fingen die Nächte im »Coriolan« an. Am Tage darauf kam noch Austen Aslaggson dazu, Supercargo auf einem Koprafrachter; ließ sich einen doppelten gebrochenen Arm in Singapore auskurieren.
Keiner von uns hatte viel zu tun, wir saßen alle auf Sand und vertrieben uns die Zeit mit Whiskytrinken, Billardspielen und Geschichten vertellen. Billard zu spielen ist eine schwere Kunst; ich hatte es mal in Amerika gelernt; mit Nigel Buxtons riesigen, schwerfälligen, behaarten Fäusten nahm ich es gerade noch auf; er ärgerte sich, wenn ich gewann und stieß noch ein neues Loch in den abgeschabten, grünen Filz des Spieltisches. Ob ich pokern könnte? Schlecht, noch schlechter als Billardspielen! Aber ob er Rommé verstünde? (Das einzige Kartenspiel, das ich kenne.) Rommé? Hätte er nie gehört. Wie wäre es denn? Ach, leicht zu lernen! – Ich überredete die drei andern zu Rommé, und wir spielten Abend für Abend fanatisch Rommé. Aber wir hatten ausgemacht, aufzuhören, sobald einer mehr als zwei Dollar verloren hatte; ja, wir waren solide Coriolaner! Wenn wir mit den Karten am Ende waren, bestellten wir noch einen Whisky, konstatierten, daß es sich auf der Gartenveranda im »Coriolan« wundervoll leben ließe, und kamen langsam ins Geschichtenerzählen.

»Ja, damals, als noch ...« so fingen die Geschichten an.
Und manchmal hörten wir erst auf, wenn Wu, der chinesische Boy, uns laut dazwischenschnarchte; das tat er nie vor drei Uhr morgens; stand dann aufrecht am Türpfosten, steif, mit geschlossenen Augen und schlief im Stehen, der Lümmel!
Wahrlich, wenn ich einmal vor langer Weile absolut nicht mehr weiß, was ich tun soll, schreibe ich ein Buch mit dem Titel: »Wunderbare und seltsame Geschichten aus dem ›Coriolan‹.« Jetzt aber erzähle ich nur eine, die Austen Aslaggson eines Abends zum besten gab.
»Ja, damals,« begann er, »als ich noch Supercargo auf der ›City of Auckland‹ war, passierte auch ein tolles Ding. Der Dampfer gehörte einem Reeder in Wellington, Neuseeland, war ein schmuckes Schiffchen von 1600 Tonnen und machte die Route von den Fidschi-Inseln über die Tonga-, Samoa-, Takelau-, Ellice-, Santa-Cruz-, Neue Hebridengruppe wieder zu den Fidschi-Inseln zurück, wo er entlud und überholt wurde, um wieder auf die Koprafahrt zu gehen. Das Schiff war seit fünf Jahren im Dienst und hatte in dieser Zeit seine ersten Offiziere nicht gewechselt. Kapitän war ein gewisser George Hiller, ein Engländer, erster Offizier Bernard O'Neill, ein Ire, und Chefingenieur Bill Fisher, ein Deutschamerikaner; der Zufall hatte die drei zusammengeführt; sie waren ungefähr von gleichem Alter, zwischen 35 und 40 etwa, und ergänzten sich gegenseitig ganz vorzüglich. Der Kapitän Hiller, ein großer, magerer Mann, sprach wenig, trank wenig, ging bei schlechtem Wetter nicht eine Minute von der Brücke und war bei der Mannschaft wegen seiner unbestechlichen Gerechtigkeit wohlgelitten. O'Neill dagegen, quicklebendig, fuhrwerkte mit den Leuten herum, schimpfte viel und mit Inbrunst, aber nahm es auch nicht krumm, wenn mal einer aufbegehrte; wo er wirtschaftete, herrschte ewig Spektakel und Aufregung; wenn man ihn auch nicht immer sah, er war rot und dick und lustig, hören tat man ihn sicher; hörte man ihn *nicht*, so schlief er bestimmt. Fisher liebte und hegte seine Maschine wie eine Mutter ihr Kind; kein Reeder konnte sich einen tüchtigeren und zuverlässigeren Inge-

nieur wünschen, als es Fisher war; aber er konnte noch mehr, las Longfellow und Byron und andere lyrische Schmöker; der liebe, gute Kerl wurde mir der beste Freund von den dreien, und wenn es nur nach ihm gegangen wäre, hätte ich leicht der vierte im Bunde werden können; doch schwatzte mir O'Neill zu viel und Hiller war mir zu nüchtern; ich hielt mich an Fisher, den Maschinisten; wir könnten heute noch zusammen befreundet sein, wenn sich der gefühlvolle Dummkopf nicht so verplempert hätte. Manchen Abend saßen wir beide im Vorschiff, wenn gutes Wetter war, und erzählten uns was. Fisher hatte viel erlebt, hatte Walfischfänger in der Bering-See gefahren, Yangtse-Dampfer in den schlimmsten chinesischen Revolutionszeiten und kannte die Südsee von Tasmanien bis Hawaii.
Übrigens war Hiller, der Kapitän, nur scheinbar so nüchtern und trocken, wie man auf den ersten Blick denken mochte. Ich hatte bald heraus, daß auf jeder dritten Insel, die wir anliefen, ein braunes Mädchen auf ihn wartete oder auch zwei; er war weder wählerisch noch bescheiden. Wir hatten kaum Anker geworfen, so saß er schon im Beiboot, übergab das Kommando O'Neill und verschwand ins Dorf, um erst eine halbe Stunde vor Abgang des Dampfers wieder aufzutauchen, meistenteils begleitet von einer flennenden Kannibalin, die sich in seinen Arm eingehängt hatte und ihn vergeblich zurückzuhalten versuchte. O'Neill tobte und fluchte, und jedesmal vor der Abfahrt gerieten sich die beiden in die Haare, weil Hiller die ganze Verladearbeit dem ersten Offizier und mir überließ, was O'Neill nicht mit Begeisterung zu erfüllen pflegte; wenn wir ins freie Wasser kamen, vertrugen sie sich gewöhnlich; denn Hiller verstand es, mit überzeugend echtem und zärtlichem Ton zu sagen: »Ja, wenn ich so eine blonde Braut wie du in Cork, Irland, sitzen hätte, Bernard, dann würde ich auf die Kanakenmädchen pfeifen; aber so...; jeder hat es nicht so gut wie du!« Die blonde Braut in Cork – sie wird wohl fuchsrot gewesen sein – war O'Neills schwache Seite; sie wartete schon seit zehn Jahren auf ihn; in der Zwischenzeit war O'Neill nicht zu Hause gewesen, schwor aber auf ihre Treue; er dachte indessen gar nicht daran, wieder

heimzufahren; fragte man ihn danach, so meinte er bedenklich, daß die Gute nicht liebe, wenn er Whisky trinke; er hätte sich noch nicht entscheiden können; Whisky sei auch keine üble Sache, und man brauchte ja nichts zu überstürzen; er bliebe ihr unwandelbar treu, und mehr könne sie als Braut doch nicht verlangen; O'Neill war ein Gemütsmensch. Fisher tauchte aus seiner Maschinenhöhle auf, hörte sich die Diskussion der beiden eine Zeitlang an und gab schließlich jedem Recht, was indessen nur zur Folge hatte, daß sie vereint über ihn herfielen und ihn einen erbärmlichen Ignoranten in Liebesdingen nannten, was nicht stimmte, denn Fisher wußte sehr wohl, wo Bartel den Most zu holen pflegt, und war alles andere als ein Kostverächter, wickelte seine Abenteuer nur mehr im Verborgenen ab. Auf See aber waren die drei die besten Freunde, unzertrennlich; wußten sie doch, daß sie sich aufeinander verlassen konnten. Fünf Jahre auf demselben Schiff, dieselben Stürme, dieselbe Hitze, denselben Ärger, das will schon was heißen. Niemals zankten sich alle drei, immer nur zwei, und der dritte beschwichtigte; dabei kann so eine Freundschaft hundert Jahre alt werden.

Doch auf der dritten Rundreise, die ich mit den dreien machte, flog die schöne Freundschaft in die Luft. In Saluafata auf Upolu, Samoagruppe, geschah es. Hiller fabelte schon auf der ganzen Reise zuvor von einer Samoanerin, die er das letztemal in Saluafata kennengelernt hatte; wenn er auf sie zu sprechen kam, vergaß er plötzlich seine gewöhnliche Schweigsamkeit und fing an, von der Samoanerin zu schwärmen wie ein Schuljunge; es war uns peinlich; so genau wollten wir seine billigen Eroberungen gar nicht erklärt und in allen Details geschildert haben. O'Neill erboste sich schrecklich dabei und schrie: ›Was gehn uns deine Niggerweiber an. Schäm' dich was: ein Engländer und immer mit Farbigen rumzutoben! Wir wollen nichts mehr hören davon, ob ihr Buckel fett war oder nicht, verstehst du!‹ Fisher mischte sich ins Gespräch und sagte sanft: ›Brüll nicht so, Bernard! George hat Geschmack! Vielleicht war sie wirklich schön!‹ Aber O'Neill geriet bei dem Beschwichtigungsversuch des Kameraden nur noch mehr in Wut, riß sich das Hemd über der schwitzenden Brust auf, schüttelte den beiden andern die Faust vor der Nase und sprudelte heraus: ›Fängt der auch noch an, der elendige Maschinenschmierer! Wißt ihr, was ihr seid, ihr? Ferkel seid ihr, einfach Ferkel!‹ Und damit drehte er sich um und sprach einen Tag lang kein Wort mehr mit uns. Wehe dem armen braunen Matrosen, der dann in seine Nähe kam!

Vor Saluafata war Hiller nicht mehr zu bändigen. Wir hatten kaum, nicht weit vom Albatros-Eiland, Anker geworfen, so stieß das Boot mit Hiller ab und sauste der Küste zu; es war, sehr erheiternd, wie eilig es unser Captain hatte, an Land zu kommen; wir standen an der Reling und schrien ihm nach: ›He, George, grüß sie schön von uns; laß noch was übrig von ihr; laß dich nicht von ihren lieben Verwandten auffressen!‹ George drehte sich nicht einmal um.

Zwei Tage, während wir luden, war nichts von ihm zu sehen und zu hören; am dritten vormittags wollten wir Anker auf und seewärts wenden; kein George erschien; wir ließen die Dampfpfeife blasen. Nach einer Stunde sahen wir ihn auf das Beiboot, das ihn am Strande erwartete, zuschreiten, wie gewöhnlich in Begleitung. Programmgemäß hätte er jetzt der Dorfschönen den Laufpaß geben müssen. Aber diesmal kam es anders. Er hob das braune Mädchen mit ins Boot, stieg nach und ließ rudern. Wir standen starr vor Erstaunen. George mußte verrückt geworden sein –!

Natürlich platzte Bernard prompt, als die Samoanerin das Deck betrat; er stürzte auf sie zu, packte sie am nackten Arm und tobte los: ›Sofort an Land mit dem widerlichen Frauenzimmer! Dies Schiff ist kein Harem! Weg mit ihr! Ich kann nackte Beine nicht vertragen!‹ Das braune Kind, das freundlich lächelnd seine weißen Zähne gezeigt hatte, erschrak mächtig und fing an zu weinen. Das kehrte O'Neill wenig; er schimpfte weiter. Jetzt nahm sich Hiller seines Schützlings an; sie käme mit, erklärte er; und als Bernard wie ein Tollhäusler dagegen protestierte, geriet George Hiller zum ersten Male, solange ich ihn kannte, aus der Fassung und brüllte Bernard an: ›Wer ist hier Kapitän auf diesem

Kahn, O'Neill oder Hiller? O'Neill, ich gebe dir den dienstlichen Befehl, das Maul zu halten und dich in deine Kajüte zu verfügen, verstanden?‹

O'Neill blieb die Sprache weg; *den* Ton hatte es bisher unter den dreien nicht gegeben; er machte stumm kehrt und verriegelte sich in seiner Kabine.

Das Mädchen kam also mit; sie schlief in der Kapitänskabine; in der ersten Zeit sahen wir sie überhaupt nicht. Allmählich aber faßte sie Mut; sie merkte, daß keiner ihr an den Kragen wollte; langsam wurde es uns ein gewohntes Bild, das Mädchen auf weichen Sohlen, oben bis zu den Hüften nackt übers Deck schreiten zu sehen.

George Hiller vernachlässigte seine Kapitänspflichten. Teufel, uns allen ging es langsam ins Blut, das junge Weib jeden Tag so nahe zu haben, und mit dem Frieden und der guten Kameradschaft der früheren Zeit hatte es bald ein Ende. Es machte jeden von uns einfach verrückt, wenn Hiller mit ihr in der Kajüte verschwand, und O'Neill schwor mehr als einmal voller Wut, er würde das Satansweib nächstens erwürgen; mit Hiller sprach er kein Wort mehr, seit der den Vorgesetzten herausgekehrt hatte; dabei war O'Neill derjenige, der die heißesten Augen bekam, wenn das Mädchen an ihm vorbeistrich. Manchmal überraschten ihn Fisher oder ich auf dem Achterdeck, wo das Mädchen zuweilen schlafend lag, wie er sie mit den Augen verschlang; die blonde Braut aus Cork schien ihren guten Einfluß verloren zu haben. Es ließ sich bald nicht mehr verkennen, daß er von dem Mädchen behexter war als Hiller. Fisher und ich nahmen uns Bernard oft beiseite und versuchten ihm klarzumachen, daß es nicht glatt abgehen könne, wenn er Hiller in die Quere käme; aber er war nicht zu bekehren. Er haßte den Kapitän jetzt und schien sich nichts mehr zu wünschen, als ihn zu kränken. Hiller merkte das natürlich auf die Dauer, und manchmal hörte ich die beiden im Kartenhaus aufeinander einbrüllen, daß mir angst und bange dabei wurde.

Eines Abends, als Hiller Wache hatte, sah ich das Mädchen aus O'Neills Kabine schlüpfen, sich noch einmal im Türspalt umdrehen, kichern und davonhuschen. So weit war es also schon; ich erzählte es Fisher. Aber anstatt mich zu unterstützen, O'Neill mit Gewalt zur Vernunft zu bringen, meinte er nur: »Dann kommt sie vielleicht auch in meine Kajüte!« So verrückt waren alle mit der Zeit geworden.

Das Schlimme war nämlich, daß das Mädchen schnell heraushatte, womit sie die vier Weißen des Schiffes (die Mannschaft bestand nur aus Farbigen) ködern konnte. Wenn O'Neill daherkam, machte sie ihm große, blinzelnde Augen und drehte sich rückwärts über die Reling; schrie dann Hiller wütend von der Brücke, sie solle sich in die Kammer scheren, so lachte sie und verschwand. Manchmal lachte sie auch nicht; wenn Hiller sie dabei ertappte, wie sie neben dem steifen Fischer saß und ihm das Knie strich, dann trieb er sie in seine Kabine, und bald hörten wir klatschende Schläge und lautes Heulen. Mich mochte der braune Satan nicht, weil ich nicht recht anbeißen wollte; ich sah zu gut, wohin die Dinge trieben. Seit ich sie einmal aus meiner Kabine hinausgeworfen hatte, schwärzte sie mich bei den andern an, wo sie konnte; wenn es nach mir gegangen wäre, so hätte man ihr einen Stein um den Hals gebunden und sie ins Wasser geschmissen; denn es war wirklich schade um die drei guten Jungens, die sie aufeinanderhetzte.

Wieder einmal hatte sie von ihrem obersten Herrn und Gebieter Schläge bezogen, weil sie um Fisher herumscharwenzelte. Diesmal aber wollte sie nicht parieren; die Tür zu Hillers Kammer knallte auf, sie stürzte heraus und flüchtete sich zu O'Neill, der Wache hatte. Hiller raste mit geschwungenem Riemen hinter ihr her; die Kanaken der Besatzung sahen grinsend zu, wie er die Treppe zur Kommandobrücke hinauf hinter ihr hersetzte. Er kam nicht nach oben, denn O'Neill stellte sich ihm fluchend entgegen und versuchte, ihn hinunterzustoßen, um das Mädchen vor neuen Schlägen zu schützen. Sinnlos vor Wut, weil er auf der steilen Treppe gegenüber O'Neill im Nachteil war und nicht weiter konnte, holte Hiller mit dem Riemen aus und schlug ihn O'Neill klatschend ins Gesicht.

Sure as hell, das war zuviel! O'Neill sprang wie ein Tiger auf

Hiller hinunter, riß ihn die Treppe hinab; schwer schlug Hiller auf, blieb blutend liegen. O'Neill hatte keinen Funken von Verstand mehr übrig, setzte zu seiner Kabine, die sechs Schritt entfernt war, bekam seinen Revolver zu fassen, drei, vier, fünf Schüsse auf den wehrlos Daliegenden, und Hiller war tot, wie man nur irgend tot sein konnte. Alles das ging so schnell vor sich, daß ich vom Vordeck, wo ich gegessen hatte, erst auf dem Schauplatz erschien, als der letzte Schuß schon gefallen war und O'Neill wieder die Treppe zur Brücke nach oben raste.

Ich ließ ihn rasen. Aber Hiller war nicht mehr zu retten. Inzwischen hatte sich O'Neill mit dem Mädchen in seiner Kabine verbarrikadiert und drohte, jeden über den Haufen zu schießen, der sich ihm nähern wollte. Wir legten keinen Wert darauf, Hiller Gesellschaft zu leisten und ließen O'Neill in seiner Kabine ungestört sein zweifelhaftes Glück genießen. Fisher war wie vor den Kopf geschlagen und jammerte mir langatmig die Ohren voll, daß *sie* keine Schuld daran haben könnte; dazu wäre sie viel zu unschuldig; ich konnte ihn mir kaum vom Halse halten. Meine größte Sorge war, das Schiff unversehrt nach Viti-Levu zu bringen, von wo wir glücklicherweise nur noch einen Tag entfernt waren. Wir fuhren vorsichtig, und es gelang dem braunen Rudergast, der den Hafen schon einige fünfzigmal angesteuert hatte, das Schiff richtig hineinzubringen. Schnell rief ich die Polizei an Bord, aber der Dummkopf von Irländer wollte sich nicht ergeben. Wir mochten kein weiteres Menschenleben riskieren und beschlossen, ihn auszuhungern; einen Tag lang hatten die beiden in der Kabine schon nichts mehr gegessen; ließen sie uns nicht hinein, ließen wir sie nicht heraus. Nach zwei weiteren Tagen Belagerung, in denen wir das Mädchen ständig wimmern hörten, gab er klein bei und ließ sich abführen; er konnte sich nicht mehr aufrecht halten vor Schwäche. Auch die Samoanerin wurde gefesselt und sollte ein wenig ins Loch gesteckt werden. Sie mochte annehmen, daß ihr letztes Stündlein geschlagen hätte, und warf sich in einem unbeachteten Moment blitzschnell, ohne einen Laut von sich zu geben, über die Reling. Da sie ziemlich fest gebunden war, ging sie unter wie ein Stein. Und nun kommt noch das Tollste an der ganzen Geschichte. Fisher, dieser verdrehte Hammel, sprang ihr nach. Der Dampfer war gerade im Wenden. Die Schrauben arbeiteten, der Sog trieb ihn in die Propeller, und als wir ihn mit vieler Mühe und Not schließlich wieder auffischten, hatten ihm die Schrauben beide Beine zu Brei zerschlagen; wie durch ein Wunder war er mit dem Leben davongekommen. Er lag ein halbes Jahr im Hospital; dann ließen ihn seine alten Eltern nach Hause zu sich kommen, nach Seattle; da wird er jetzt umherhumpeln und nicht wissen, wozu er da ist; und O'Neill sitzt heute noch im Loch. Yes, Fellows, that's the damned bloody way!«

Aslaggson hatte seine Geschichte beendet. Jetzt erst, als er schwieg, merkten wir, daß Wu schon im Stehen schlief und geruhsam schnarchte; es mußte also drei Uhr vorbei sein.

»Well«, meinte Buxton, »war gar keine üble Geschichte. Aber ich glaube, es ist Zeit zum Schlafengehen!«

Wir tranken unsere Gläser aus und gingen schlafen.

VIERTER TEIL

Feudal von Singapore nach Genua

Dreiunddreissigstes Kapitel

Warum ich aus Sumatras Dschungeln nichts weiter als einen malaiischen Frauenrock mitbrachte

Erzählte mir Captain S. F. Chapman im »Coriolan«, daß sein Schiff, die »Blue Bird«, aus dem Dock gekommen sei, am Ladekai läge und in zwei Tagen nach Sumatra hinübergehen würde.

»Nach Sumatra?« fragte ich, »Ihr müßt mich mitnehmen, Kapitän!« Das stand schnell bei mir fest. In Singapore saß ich nun lange genug, und Buxton, der ehrsame, grauhaarige Hafenmeister aus Sandakan, Britisch-Nord-Borneo, hatte am Abend zuvor schon zum drittenmal dieselbe Geschichte erzählt, wie er, ohne es zu wollen, auf einer chinesischen Räuberdschunke nach Saigon gesegelt war, durchaus nicht freiwillig. Wenn Leute anfangen, dieselben Geschichten noch einmal zu erzählen, ohne es zu merken, wird es Zeit, sich von ihnen zu trennen.

Die »Blue Bird« sollte zunächst nach Belawan fahren, um dort Tabak zu laden; der kleine Hafen im Nordosten Sumatras wird manchmal auch von deutschen Passagierdampfern angelaufen; bekam ich keinen deutschen, so würde mich irgendein holländischer Dampfer nach Europa zurückbringen; denn mit der »Blue Bird« wollte ich mich nicht verheiraten; von Belawan gondelte sie erst nach Sabang, von da wahrscheinlich nach Rangoon; darüber würde viel Zeit vergehen, und ich verspürte zuweilen schon Sehnsucht nach kühler, grüner See, nach blaßblauem Himmel und gelinderer Sonne. Der »Zauber der Tropen« war offenbar nichts für mich: zu heiß da, zu stickig, zu

schwitzig, zu stinkig. Singapore in Ehren, aber allzuviel Whisky geht mir auf die Nerven. Aslaggson trank trotz seines gebrochenen Armes jeden Tag, den Gott werden ließ, eine ganze Flasche »Black and White«; auf die Dauer wird einem vom bloßen Zusehen schlecht davon; und jeden Tag zwei oder drei Kragen durchzuschwitzen, wer kann das bezahlen!
Captain Chapman nahm mich mit. Eines Morgens dampften wir langsam an den Inseln vorbei, die dem Hafen von Singapore vorgelagert sind, hinaus in die von einer schwachen Brise mit kleinen Wellchen überglitzerte, tiefblau unter der heißen Sonne leuchtende Malakka-Straße; Kurs nach Nordwesten. Des Nachts schlief ich an Deck auf dem Vorschiff in einem Feldbett. Diese beiden Nächte nach Belawan hinüber waren fast die schönsten, die ich überhaupt jemals auf See erlebt habe. Auf einem Passagierdampfer herrscht immer Lärm; die Decks sind auch des Nachts erleuchtet, und man vergißt nie, daß man sich in einem schwimmenden Hotel befindet. Die »Blue Bird« aber, dieser kleine, anspruchslose Frachtkahn, war dunkel des Nachts und still. Sah ich von meinem primitiven Lager nach hinten, so leuchteten nur die Positionslichter rot und grün die Toplaterne still und sanft aus der Dunkelheit zu mir hernieder; die Lademasten standen schwarz und phantastisch vorgezeichnet mit ihren Seilen, Verspannungen und Rollen gegen den sternfunkelnden Nachthimmel. Ringsumher unendlich weit, friedlich, ein stumpfer Spiegel aus schwarzem Kristall, dunkel, überzittert von länglichen Silberstreifen, dem Widerschein der Sterne, die See; schräg zur Seite zogen ins Grenzenlose die beiden Kielwellen, die der Dampfer mit gleichmäßigem, schwachem Rauschen aufwühlte. Und über mir ein tropischer Nachthimmel von einer glühenden, unausmeßbaren Tiefe, aus der die Gestirne groß, wild, unbändig herniederleuchteten wie sprühende Fackeln, brennend hell, wie sie nie bei uns leuchten.
Wenn die Sonne nahte und Fluten von Licht mit unausdenklichen Farben die See, den Himmel, ein paar Morgenwolken überströmten, so lag ich stumm und still, bezaubert von dem unerhörten Schauspiel, das nicht seinesgleichen kennt, und

wußte, daß es nichts Schöneres gibt, war glücklich, in diese strahlende Morgenferne aus Feuer und Farben hineinzusegeln, geraden Wegs hinein, als würde das ganze schimmernde Wunder nur für mich allein aufgeführt.
Es war um die Mittagszeit, als wir die Flußmündung hinaufdampften, die den Hafen von Belawan bildet. Über dem grünen, verfilzten Dickicht, welches die Ufer verbarg, lag in der Ferne brütend und fahl ein Tropengewitter; es war unerträglich heiß und schwül; der Schweiß rann in Strömen, selbst wenn man regungslos im Schatten saß.
Die »Blue Bird« machte an einem großen, neuen Lagerschuppen fest. Ich fragte den Kapitän, wie lange er in Belawan bliebe.
»Ein paar Tage werden es wohl werden; wenn Regen kommt, können wir keinen Tabak laden und müssen unter Umständen ein paar Wochen liegen bleiben.«
Mir war noch unklar, was sich in Sumatra würde erleben lassen; immerhin wollte ich mich einmal seitwärts in die Büsche schlagen, die Geheimnisse des Dschungels auf meine Weise zu lüften. Ich verabredete mit Chapman, wo er mein Gepäck zur Aufbewahrung abstellen sollte, falls er vor meiner Rückkehr abdampfte. Wir drückten uns die Hände; ich lief die Laufplanke hinunter und betrat sieghaft den Boden Sumatras.
Als wir in den Fluß hineinfuhren, hatte ich in der Ferne ein malaiisches Pfahldorf an der Küste seine braunen Hütten in die Sonne aufrecken sehen. Vielleicht gab es einen Weg dorthin. Langsam, ganz langsam, um mich nicht ganz in Wasser aufzulösen, folgte ich einer breiten Straße, die mitten in die Wildnis hineinzuführen schien. Hochbeinige Fordautos rasselten, gepackt voll von braunen Eingeborenen, in lebensgefährlichem Tempo mit irrsinnigem Hupen um die Kurven, daß mir angst und bange dabei wurde. Ich besaß kein Auto, war ein armseliger, vagabundierender Europäer ohne Einreisevisum für Holländisch-Indien und ging auf meine Dschungel-Expedition, ausgerüstet, wie gewöhnlich solche Expeditionen nicht ausziehen: Captain Chapman hatte mir einen alten Tropenhut gepumpt, der mir zu klein war und ziemlich unsachlich über meinem Haupte

schwebte. Im übrigen bestand meine gesamte Ausrüstung in einem weißen Sporthemd, einer weißen Leinenhose, ein Paar Tennisschuhen und einer Brieftasche. Das war schlechterdings alles, womit ich auf Abenteuer auszog.

Die Autos ärgerten mich. Ich holte einen Büffelkarren ein, ein schwerfälliges Ding mit riesigen Rädern, auf dem ein braunes Bäuerlein seine Papayas, Gemüse und Melonen nach Medan gefahren hatte; ich hockte mich hinten auf seinen Karren, ohne mich an seine Verwunderung zu kehren; im Schneckentempo knarrten wir weiter, es war nicht sehr vornehm; die Sumatraner legten sich laut lachend aus ihren klapprigen Autos und winzigen Omnibüslein und schrien mir Spottreden nach. Der Büffel vor meiner Karre kümmerte sich nicht darum; ich auch nicht. Als aber ein großes, stolzes Auto eines Europäers vorbeifegte, anhielt, weil mich die Insassen auf meiner traurigen Kutsche erkannt hatten, die Leute ausstiegen, in fabelhafte, blütenweiße Anzüge gekleidet, und mir fassungslos nachsahen und sich anscheinend nicht erklären konnten, wie ein Europäer auf einen schmutzigen Büffelkarren käme, wurde mir doch etwas unbehaglich zumute. Ich hielt Ausschau nach einem Pfad, der mich von der verteufelten Autostraße fortführen konnte. Ich fand auch einen, der sogar in die gewünschte Richtung zu zielen schien. Ohne Abschied sprang ich von meinem Karren und tauchte in das grüne Dickicht.

Die schwüle, stickige Luft im Unterholz benahm mir den Atem; ich hetzte voran, um irgendwo ins Freie zu gelangen; der Boden schwappte manchmal eigentümlich und verdächtig unter meinen Füßen; ich übersprang ein paar schmale Wasserläufe, die von Lurchen und Fröschen wimmelten; rechts und links von mir stand das Blattwerk dicht, dunkelgrün, ineinander verflochten wie Mattenwände; ein Palmenwald nahm mich auf, in dem es ein wenig lichter war; flinke, braune Äffchen beschimpften mich schnatternd aus den Zweigen; ein riesiger, violetter Schmetterling flatterte taumelnd auf mich zu, als wollte er mich anrempeln; ich schien in dem Dschungel keinen guten Eindruck zu machen. Ein gelbes Hündlein trottete mir auf dem schmalen

Fußweg entgegen, blieb stehen, sah mich mißtrauisch an; ich versuchte, es freundlich anzulocken, hatte aber kein Glück damit; es tanzte kläffend eine Weile vor mir hin und her wie ein kleiner Teufel, was ich auf den Tod nicht leiden kann; und als ich ihm schließlich mit einem Knüppel auf den Leib rückte, raste es vor mir davon, als sei der Blitz in die magere, kleine Kreatur gefahren. Ich war schon zwei Stunden unterwegs und überlegte, ob ich nicht umkehren sollte.

Aber ich mußte bald das Meeresufer erreicht haben, wie ich mir ausrechnete. Meine weißen Tennisschuhe waren längst nicht mehr weiß und auch meine frischgewaschenen Buxen schon braun und grau und grün gesprenkelt. Meinen wunderbaren Tropenhut trug ich unter dem Arm.

Der Wald um mich lichtete sich; ein Wind trug mir salzige Luft zu; die See war nicht mehr weit; und als der Weg um einen großen Busch bog, bot sich mir ein wunderschönes Bild, daß alle Gedanken an Umkehr schnell verfliegen ließ. Zwischen zwei schlanken, hohen Palmen, wie eingerahmt von den rauhen runden Stämmen, den Liananeschnüren, die sich durchs grüne Blattgewirr des Unterholzes schlangen, stand ein braunes Mädchen und sah mich aus großen, dunklen Augen, in denen das Weiße erschrocken blitzte, ängstlich und erstaunt an. Wir standen uns eine ganze Weile stumm gegenüber, während das gelbe Hündchen, von welchem das Mädchen wohl auf den Weg gelockt worden war, mich feindlich und knurrend von ihren nackten Füßen her aus seinen Augenwinkeln musterte. Das Bild dieses Mädchens steht ganz klar in meinem Gedächtnis: aus ihrem schwarzen, glatten Haar prahlte eine große, rotgelbe Blüte. Ihr einziges Kleidungsstück, ein bunt leuchtendes Tuch, umhüllte sie fest von den Hüften bis zu den Fußknöcheln; ihr Oberkörper, von vollkommenem Ebenmaß, braun wie gebeiztes Nußbaumholz, mit einer Haut, die weich und schimmernd wie Seide schien, wiegte sich leise hin und her; und während sie in den Händen verlegen die Zweiglein zerpflückte, lugten aus ihren Armwinkeln die sanft gewölbten festen Brüste hervor wie zärtlich gedrechselte und geschliffene Kunstwerke oder Spielzeuge.

Ich konnte sie nicht länger über meine guten Absichten im Zweifel lassen, kreuzte die Arme über meinen eleganten Tropenhelm auf der Brust und verbeugte mich lächelnden Angesichts vor der braunen Urwaldgöttin. Sie verstand es, zeigte lachend zwei Reihen schneeweißer Zähne und versuchte entzückend linkisch die Verbeugung nachzuahmen.

Lachen ist nach meinen Erfahrungen das beste Esperanto; wir waren schon gut Freund, bevor wir noch ein einziges Wort gesprochen hatten.

Das Hündchen gab seine Feindseligkeit auf. Ich machte ihr Zeichen, daß ich hungrig und durstig wäre und gerne irgendwo sitzen würde, was neuen Anlaß zu unerschöpflichem Gelächter hergab. Sie winkte mir zu folgen; bald neben-, bald hintereinander schritten wir den schmalen Pfad weiter; sie schwatzte wie ein Wasserfall auf mich ein, seitdem sie erst einmal gemerkt hatte, daß ich ein umgänglicher junger Mann wäre. Ich machte ihr rasende Komplimente auf deutsch, auf russisch, auf englisch, auf plattdeutsch, auf französisch; wenn sie leider auch keine dieser Sprachen beherrschte, begriff sie doch leicht, um was es sich handelte, und strahlte mich lachend, entzückt, dankbar an; Frauen Komplimente zu machen, ist ebenfalls ein unbedingt zuverlässiges Esperanto.

Der Weg mündete wirklich am Meerufer in ein Malaiendorf. Ob es dasselbe war, das ich vom Dampfer aus gesehen hatte, und welchen Namen es trug, weiß ich heute noch nicht; mit Namen, Jahreszahlen, Bevölkerungsdichten, Entfernungsmaßen und eifrig zu benutzenden Notizbüchern stehe ich seit meiner Geburt auf unversöhnlichem Kriegsfuß. Aber wie es da aussah in dem malaiischen Fischerdörfchen, das werde ich noch nach Jahren wissen. Die braunen Hütten aus Reisig und Binsen schwebten auf hohen Pfählen über dem ruhigen Wasser einer kleinen Bucht, alle untereinander durch Laufstege und breitere Plattformen verbunden. Eine Anzahl von Hütten stand auch am Ufer. Die Nähe der Zivilisation hatte die Einheitlichkeit der Bauweise auf Pfählen schon durchbrochen; die Hütte des Dorfobersten war sogar nicht wie die übrigen mit Binsen, sondern rostigen

Wellblechplatten gedeckt, worauf der magere Häuptling nicht wenig stolz war; der Gute war überhaupt schon hoffnungslos von der Kultur beleckt: als ich ihm zehn Gulden in Silber in die Hand gedrückt hatte, wurde er mein bester Freund; zehn Gulden hatte er anscheinend noch nie auf einmal besessen. Das Ufer wurde von einem hohen Palmwald eingehegt, der dem Dorfe gehörte; die Fischerei machte den Männern mehr Vergnügen als die Arbeit auf dem Lande; die überließen sie den Frauen. Es gab Konservendosen, die zu hundert verschiedenen Zwecken verwendet wurden; es gab zwei heilig gehaltene Taschenmesser aus Solingen und viele schöne, alte malaiische Krummdolche, Speere, Angeln, Kämme, Töpfe, Matten, Kanus unter den Pfahlhäusern mit weiten Auslegern und phantastischen Schnitzereien am Bug; es gab splitternackte Babies und Kinder, keifende, alte Weiber, die wie verrostete Rumpelstilzchen aussahen, hinfällige Tapergreise, ehrwürdige, ernste, muskulöse Männer, hellbraune, schlanke geschickte Burschen, lustige, geschwätzige Mädchen, Hühner, Hunde, sogar einige Wasserbüffel und was das Herz sonst noch begehren mochte.

Als ich ankam mit meiner freundlichen Begleiterin, umringte mich sofort das ganze Dorf. Lachend und gestikulierend redeten wir aufeinander ein. Es fand sich ein Mann, der als Matrose auf einem Südseedamper gefahren war und ein wundervolles Gemisch aus holländischen, englischen und malaiischen Worten radebrechte. Nachdem wir uns eine halbe Stunde im Schweiße unseres Angesichts unterhalten hatten, begriff er, daß ich gern etwas gegessen und getrunken hätte.
Unter allgemeinem Hallo wurde ich zum Gast des ganzen Dorfes erklärt; solchen netten und gemütlichen, umgänglichen und vergnügten Weißen wie mich hatten die guten Leute anscheinend noch nicht erlebt; Koprahändler, Polizisten und Arbeitsaufseher schienen sie nicht mit Liebenswürdigkeit verwöhnt zu haben. Feierlich wurde ich zu einem Feuerplatz am Strand geführt; zu sechsen hockten wir um einen flachen Stein; auf breiten Blättern wurden geröstete Bananen, Kokosmilch und

handfeste Stücke eines großen Seefisches serviert; es wurde ein Mahl für Götter, und zu den grünen und braunen Flecken auf meinen Hosen kamen noch ein paar Fischflecke, was mich indessen wenig genierte.
Während wir noch saßen und schmatzten, brach plötzlich das Gewitter los, das den ganzen Tag in der Luft gehangen.
Gleiches hatte ich noch nicht erlebt; solch ein Tropengewitter war mir noch nicht vorgekommen; wir flüchteten Hals über Kopf in die Hütten, doch hatte ich schon keinen trockenen Faden mehr am Leibe, als wir sie erreichten. Das war kein Regen, der fiel, es war eine undurchschaubare, senkrecht niederbrechende, kompakte Wasserwand, die im Augenblick alles überschwemmte und fortspülte, was nicht niet- und nagelfest war. Dazu brüllte der Donner, ohne eine Sekunde innezuhalten; durch die grauen Wassermassen lohten gespenstisch und ungewiß die Blitze, ein gefährliches, prachtvolles Feuerwerk.
Nach einer halben Stunde ließ die Gewalt des Unwetters langsam nach; der Donner vergrollte in der Ferne; nur Sprühregen noch kräuselte die Bucht; bald versiegte auch der; groß, blutig, strahlend versank die Sonne hinter den Uferbäumen.
Jetzt noch zum Dampfer zurückzuwandern durch den stockdunklen Wald war unmöglich; der Pfad stand sicher knietief unter Wasser. Aber ich dachte gar nicht daran, zum Dampfer zu marschieren. Die Nächte waren warm; warum sollte ich nicht bleiben, wo ich war; es schickte mich auch niemand fort. Miloa – so ähnlich klang der Name des Mädchens, das mir zuerst begegnet war – wich nicht von meiner Seite; sie betrachtete mich als ihren Schützling, was ich mir gern gefallen ließ.
Als es stiller und kühler wurde, die Kinder zu Bett gegangen waren, entzündeten die jungen Leute Fackeln unter den Uferpalmen. Miloa plapperte vertraulich auf mich ein und zog mich zu dem beleuchteten Platz. Dort hatte sich eine seltsame Kapelle aufgebaut: zwei, drei junge Männer bliesen auf einfachen, dünn klingenden Flöten eigentümlich ziehend und schleppend, eine dumpfe, kleine Pauke schlug den Takt, eine Rassel klirrte leise und blechern dazwischen, ein Saiteninstrument zirpte eintönig;

das Sonderbarste aber machte ein Mann, der mehr als ein Dutzend verschieden große, runde, umgestülpte Metallbecken vor sich aufgebaut hatte, die er mit einem Schlegel zum Klingen brachte. Jeder schien meinen Ohren auf seinem Instrument eine Privatmusik für sich aufzuführen; die Pauke nur hielt locker die einzelnen Stimmen zusammen; auch der Rhythmus erschien mir eigentümlich unbestimmt. Die Musik war nicht laut, schläferte fast ein und erregte doch gleichzeitig auf eigentümliche Weise.
Sechs junge Mädchen mit Blumen im Haar standen ebenso vielen Burschen gegenüber; einige von den Männern hielten kleine Fackeln in den Händen; die Reihen ließen sich von der sonderbaren Musik wie Wellen aufeinander zu- und in gleicher Linie wieder zurückschwingen, sie bewegten sich langsam, fast zögernd, und sangen mit hohen Kopfstimmen ein leises Lied. Die Fackeln entlockten den nackten Körpern goldgelbe Glanzlichter; die Augen leuchteten in der Tanzfreude; je länger der Tanz andauerte, desto bewegter wurden die Mädchen; ihre zierlichen Leiber bogen sich vor und zurück; ihre Hände hoben sich, flogen spielend, sich windend, flatternd auf die jungen Männer zu, flohen wieder wie verscheuchte Falter, umspielten sich von neuem in schlangenhaft runden und zuckenden Bewegungen und verrieten das heiße Blut, das unter der samtbraunen Haut dieser sanft sich wiegenden Körper pulste. Es war eine verzauberte Nacht. Ich saß mit dem Rücken an einer Palme im Uferkies, hörte der verhaltenen Musik zu, sah die Fackeln die leise Singenden mit dunkelgoldenen Lichtern übersprühen; am Himmel funkelten abertausend Sterne; das leise Atmen der See rollte eine milde Welle in den Sand; die Luft war wunderbar weich und warm. Neben mir lag Miloa im Sand, zusammengekauert wie eine ruhende Katze, hatte den Kopf auf die verschränkten Arme gelegt und verfolgte leise mitsummend den Tanz.
Als die Fackeln niedergebrannt waren, gaben die Alten das Zeichen zum Schlafengehen. Schon vorher war ausgemacht worden, daß ich im Hause von Miloas Eltern schlafen sollte. Ohne viele Zeremonien legte ich mich auf die Matte, die man mir gegeben; bald schnarchten Miloas Eltern um die Wette. Das

sowohl wie die dumpfe Luft im Raum ließen mich keinen Schlaf finden; ich erhob mich leise, rollte meine Matte zusammen und schlug mir im Freien auf einer Plattform ein Lager auf. Es war unendlich still ringsumher; selten nur ein leises Geräusch aus einer der Hütten; ein Hündchen kam, beschnupperte mich friedfertig und legte sich wieder hin.

Noch lag ich wach und blickte zu den Sternen – Moskitos belästigten mich nicht –, als ein lautloser Schatten heranhuschte, mit ein paar verhaltenen Lachtönen eine Matte ausbreitete, sich neben mir niederließ und mir den Arm streichelte; es war Miloa, das braune Kind, die mein Verschwinden bemerkt hatte und mich, ihren Schützling, nicht allein lassen wollte.

Die Tage, die folgten, waren so faul, glücklich, friedlich und warm, daß ich heute noch nicht ahne, womit ich sie verdient habe. Ich finde überhaupt, daß unverdiente Sachen viel schöner sind als verdiente.

Ich lag den Tag über im Schatten, badete, aß geröstete Bananen, Papayas und andere Herrlichkeiten, schwamm mit den jungen Burschen weit in die Bucht hinaus, wobei sie merkten, daß sie es viel besser konnten als ich, begleitete Miloa, wenn sie irgend etwas Eßbares aus dem Walde holen mußte, sah zu, wie sie mein Hemd und meine Hosen wusch, während ich, ein weißer Wilder, mit einer malaiischen Badehose bekleidet, bis zur Brust im Wasser lag, hörte des Nachts der Musik zu und konnte mich nicht satt daran sehen, wie die braunen Menschen mit Fackeln in den Händen tanzten.

Gewiß, es war vielleicht alles nicht mehr so ganz echt dort; ein anderer hätte sich an den Konservendosen, den Baumwollhosen einiger Dorfelegants, den bedruckten Kattuntüchern, die viele Frauen trugen, gestoßen; mich störte das nicht; bedruckten Kattun finde ich nicht besonders begeisternd; aber früher hätten mich vielleicht die gleichen Leute, die mich jetzt so gastlich beherbergten, mit Haut und Haaren aufgefressen, was noch unangenehmer sein soll als bedruckter Kattun.

Eines Morgens war ich mit zum Fischen hinausgefahren. Die schmalen, langen Boote, welche durch die Ausleger außerordentlich stabil gemacht werden, lagen wunderbar in der ruhigen, langschwingenden Dünung; ich faulenzte auf dem kleinen Verdeck, welches zwischen dem Boot und dem Ausleger ausgebreitet war, und ließ mir die Sonne auf den Buckel brennen. Jedesmal, wenn uns eine neue Woge auf ihre Kimmung hob, blinzelte ich in den glitzernden Tag hinaus; dann sog uns das nächste Tal hinunter und wir schienen unaufhaltsam in einen blausilbernen Abgrund hinabzusausen, aber schon hob sich leicht und sicher das Boot wieder und glitt den nächsten runden Berg spielend und schwerelos hinauf.

Miloas Vater, dem das Boot gehörte und der am Ruder saß, rief mich an. Gar nicht weit hinter uns zog ein Frachtdampfer gemächlich seine Bahn; ich richtete mich auf; der Bauart nach konnte es die »Blue Bird« sein. Sie wird doch nicht schon abgefahren sein! Immerhin, der Dampfer rief mich in die rauhe Wirklichkeit zurück; ich beschloß, nach meinem Gepäck zu sehen.

Am späten Nachmittag gab mir das halbe Dorf unter großem Spektakel das Abschiedsgeleit. Einer nach dem anderen blieb zurück; zuletzt waren nur noch Miloa und das gelbe, magere Hündchen bei mir. Wir erreichten den Busch, an welchem wir uns das erste Mal begegnet waren. Wir standen dort an dem dunkelgrünen Stachelbusch – es war ein dunkelgrüner Stachelbusch – und waren ein wenig traurig, Sie bückte sich und faßte meine ehemals weißen Tennisschuhe an, streichelte sie liebevoll, sah hoch, lächelnd, mit einem Wunsch in den Augen, den ich nicht gleich verstand. Die Tennisschuhe hatten zu meiner Steward-Uniform gehört; sie stachen Miloa in die Augen, das wußte ich schon lange, denn niemand besaß solche Schuhe im Dorf. Ach, endlich begriff ich: die kleine, braune Eitelkeit wollte zum Abschied und als Andenken meine Strandschuhe geschenkt haben und mutete mir zu, barfuß nach Belawan zurückzulaufen. Ich lachte sehr, es kostete mich keinen langen Kampf; sie umhalste mich stürmisch vor überströmender Freude, als ich sie ihr gab. Aber nun wollte ich auch ein Gegengeschenk haben; sie hatte nichts weiter bei sich als ihr buntes Hüfttuch mit schöner Eingeborenenmalerei darauf. Ich machte ihr klar, was ich wollte. Sie überlegte nicht lange, huschte um die Buschecke, und nach einer halben Minute flog mir als ein weicher Knäuel ihr Rock zu; im Stoff war noch die Wärme ihres frischen Leibes. Durch die Zweige sah ich, wie eine braune, zierliche Sylphide, mit Tennisschuhen an den Füßen, im übrigen so, wie sie gelungen aus der Hand eines guten Gottes kam, den Weg davonjagte, umhüpft von einem bellenden Hündchen. Hinter einem dicken Baum machte sie halt und rief mir aus sicherer Ferne die zärtlichsten Abschiedsworte zu; leider verstand ich sie nicht.

Ich winkte und machte mich davon.

Diese drei Stunden barfuß zum Dampfer waren bitter, bitter; es war längst dunkel, als ich mit schlechtem Gewissen die Laufplanke zur »Blue Bird« hochstieg, die noch an derselben Stelle lag, an der ich sie verlassen hatte.

Ungesehen erreichte ich die Kapitänskajüte, in der Licht war. Captain Chapman war also daheim.

Ich stieß die Tür auf und sagte: »Guten Abend!«

Er sah mich sprachlos an, musterte mich scheu von oben bis unten ein paarmal und schüttelte den Kopf, als zweifle er an meinem Verstande.

Nun sah ich selbst an mir herunter: meine nackten Füße waren Dreckklumpen, meine »weißen« Hosen, mein »weißes« Hemd – – – schweigen wir, Worte vermögen es nicht auszudrükken. Vier Tage hatte ich mich nicht rasieren können; ein üppiger Vollbart umwucherte mein Kinn. Mein Haupthaar, von Salzwasser, Sonne und Sand völlig außer Rand und Band, starrte senkrecht in die Gegend. Und mein Tropenhelm? Himmel, wo war der von Chapman gepumpte Tropenhelm geblieben? Brieftasche? Ja, die lebte noch, Gott sei Dank! Das Lendentuch? Auch noch da? Aber der Tropenhelm?

Chapman und ich gingen, nachdem wir so viele Whiskies gemeinsam getrunken und so gute Kameradschaft gehalten hatten, zu guter Letzt in Ärger, Zank und Feindschaft auseinander. Denn sein Tropenhelm – wenn man mich totschlägt, ich weiß es heute noch nicht, wo ich *den* verbummelt habe.

Vierunddreissigstes Kapitel

Verwirrung im Farbenkasten

Ich entwickelte mein gewöhnliches Glück, konnte Belawan früher verlassen als Captain Chapman auf seiner »Blue Bird«. Zwei Tage, nachdem ich von meinem malaiischen Abenteuer zurückgekehrt war, lief ein deutscher Postdampfer ein, der von Shanghai kommend über Colombo, Suez, Genua nach Hamburg bestimmt war. Für den entschloß ich mich sofort; von Belawan nach Genua reichte mein Vermögen für die erste Klasse gut. Stolz und vornehm rauschte das große, gute Schiff eines Abends spät in die offene See hinaus; die Blinktonnen, die roten und grünen Lichter, die die Einfahrt nach Belawan bezeichnen, blieben zurück. Ich stand auf dem Promenadendeck, ganz wieder ein sauber gewaschener Europäer, und sah den dunklen Saum der Küste in die tiefblaue Nacht versinken. Von jenem Dorf, wo ich vier glückliche Tage in Sonne und See verlebt hatte, war nichts mehr zu erkennen. Aus dem funkelnden Rauchsalon des Schiffes klang gedämpfte Orchestermusik, hinter mir lustwandelten ansehnlich aufgetakelte Leute; ein weißgekleideter Steward bot mir Tee und fabelhafte Butterbrote an. Alles in allem: ich atmete seit langer Zeit wieder einmal normale europäische Luft.

Die Geschichte, die ich jetzt erzählen will, fällt mir zu erzählen schwer; sie klingt jetzt noch schmerzhaft in mir nach. Doch gehört diese Geschichte viel zu sehr in den Rahmen der anderen, als daß ich sie unterschlagen könnte; denn ohne es gewollt zu haben, spielte sich fast alles, was mir im fernen Osten begegnete, auf der Grenze zwischen Weiß und Farbig ab; immer handelte es sich um das Problem, ob Menschen verschiedener Rasse ein gemeinsames Leben miteinander führen können, ohne ihrem innersten Sinn untreu zu werden. Erst viel später begriff ich, wie selten glücklich Oharu und ich in Japan gewesen waren; sonst gelingt solch leichtes, nahes Sichverstehen kaum; und vielleicht waren die Tage mit Oharu nur deshalb so beschwingt und hell und ohne jeden Mißklang, weil wir beide wußten: in ein paar Wochen geht der Traum zu Ende; man darf keine Zeit damit verlieren, sich zu zanken; es war nur ein vereinbartes Spiel. Wo aber im Ernst der Versuch gemacht wurde, europäisches und asiatisches Blut zu mischen, erlebte ich nur allzuoft, wie das Unternehmen trotz besten Willens von beiden Seiten für den einen oder den anderen oder meist für alle zwei ins Unglück lief.

Dabei glaube ich gern, daß Europäer, die lange im Osten leben, in dieser Hinsicht den sicheren Instinkt verlieren. Die alten Kulturen der gelben und braunen Völker verzaubern auf die Dauer empfindsame Leute aus dem Abendland und saugen das europäische Blut langsam auf. Es scheint nur eine Methode zu geben, sich gegen die allmähliche Lähmung des Instinktes zu sichern: die Farbigen als schlechthin zweitrangig und unterlegen anzusehen. In der Tat ist der Durchschnitt des Ostasien-Europäers von einem ziemlich widerlichen Dünkel gegenüber den Farbigen besessen, der sich in vielen Fällen durch nichts weiter rechtfertigen läßt als durch die Tatsache, daß der Weiße mehr Geld hat und mehr Whisky verträgt als der Farbige. Aber ich verurteile diesen Überlegenheitswahn nicht mehr so entschieden wie früher; er immunisiert die von ihm Besessenen gegen das gefährliche Versinken im artfremden Volkstum; in Berlin W., aus sicherer Entfernung, kann man es sich eher leisten, für Buddha, Kung Fu-Tse, Li Tai-Pe und die Upanishaden zu schwärmen, als wenn man in der lähmenden Nähe dieser Gewalten sein mehr oder weniger großartiges Europäertum

behaupten muß. Und wenn die weiße Rasse weiterhin die führende bleiben will, wird sie schon etwas bewußter und geschickter ihre Macht verteidigen müssen, nachdem sie den anderen selbst die Waffen in die Hand drückte, mit denen sie allein geschlagen werden kann: Zivilisation, Technik, Naturwissenschaften, Idee von Demokratie und Selbstbestimmung; sie waren reichlich unvorsichtig, die Weißen, und werden nun die Geister, die sie selber riefen, nicht mehr los. Wenn die Herrschaft Europas über die farbige Welt langsam zu zerbröckeln scheint, so liegt dies weniger am »Erwachen des Ostens«, als vielmehr am »Einschlafen des Westens«. Aber noch ist nicht aller Tage Abend; vielleicht kommt Europa noch einmal zur Besinnung, vergißt seine relativ lächerlichen Lokalstreitigkeiten und merkt, daß es eine Schicksalsgemeinschaft gegenüber der gewaltig anschwellenden farbigen Flut darstellt, die nur abgewehrt werden kann, wenn die weißen Völker sich gegenseitig den Rücken decken, anstatt sich in den Haaren zu liegen. Nicht mehr in Europa sind wahrhaft weltpolitische Kräfte am Werke; Europa treibt Kirchturmpolitik; es handelt sich längst um weitaus gewaltigere Räume, Weltmeere, Menschenmassen. Im Pazifik kreuzen sich die Linien der weltpolitischen Entwicklungen; dort wird auf lange Sicht das Schicksal von Kontinenten entschieden werden. Der Atlantik wurde zu einem Binnenmeer. Es ist unendlich verhängnisvoll, daß unsere europäische Lokalpolitik uns den Blick in die Welt vermauert. Mit Scheuklappen vor den Augen starren wir auf die Wasserglas-Stürme unseres allzu engen europäischen Raumes und merken nichts davon, daß die große Welt draußen über unsere Zänkereien längst zu einer sehr anderen und wichtigeren Tagesordnung übergegangen ist. Die Europäer des Fernen Ostens merken es jeden Tag, denn jeden Tag wird ihre Stellung schwieriger.
(Solches schrieb ich damals als noch nicht ganz ausgebackener Zeitungs-Berichterstatter. Man konnte also schon vor mehr als einem halben Jahrhundert merken, wohin der Hase lief. Die Katastrophen der dreißiger und vierziger Jahre ahnte noch niemand. In den fünfziger Jahren wurden dann die Vorstellun-

gen von der Führungsrolle Europas gegenüber der restlichen Welt endgültig zu Grabe getragen. Die überseeischen Besitzungen und Einflußgebiete der Europäer mußten in schneller Folge in die politische Unabhängigkeit entlassen werden – nicht immer, wie inzwischen deutlich geworden ist, zum Wohl der einzelnen Völker; aber offenbar ist es leichter erträglich, zum mindesten verständlich, von den eigenen Leuten schlecht, als von fremden, etwa belgischen oder englischen, verhältnismäßig gut regiert zu werden. Im alten Holländisch-Indien zum Beispiel, dem heutigen Indonesien, herrschten musterhafte Ordnung, Sauberkeit, Sicherheit und auch Unbestechlichkeit, ein Zustand, der nicht nur den Kolonialherren, sondern auch den Beherrschten zugute kam. Die Holländer waren sicherlich nicht sehr sanfte Herren, aber ich bezweifle keinen Augenblick, daß das Volk von seinen früheren Sultanen und Fürsten ebenso streng oder strenger regiert worden ist. An krasse Beispiele für die Segnungen der politischen Unabhängigkeit wie etwa Uganda braucht man dabei gar nicht zu denken. Dies wunderbar schöne Land im Herzen Afrikas hat vor der Zeit, in der es kolonial beherrscht wurde, grausige, blutige Gewaltherrscher ertragen müssen, wie sie ihm danach wiederum auferlegt waren, wofür der Name Idi Amin eine traurige Weltberühmtheit erlangt hat.

Als ich die Reise unternahm, die in diesem Buch beschrieben wird, knisterte es zwar schon für jeden, der Ohren hatte zu hören, recht deutlich im Gebälk des »Britischen Weltreichs«; die »Vorherrschaft der weißen Rasse«, der »Weltmachtanspruch« der Europäer war schon unverkennbar angeschlagen, aber im ganzen war die von Europa aus gelenkte oder gegängelte Welt noch einigermaßen in Ordnung – und befand sich sicherlich nicht in schlechtem, wahrscheinlich sogar in wesentlich besserem Zustand als unter den so »fortschrittlichen« Verhältnissen der jetzigen achtiger Jahre. Ich schätze mich sogar glücklich, daß ich noch die Zeit erlebt habe, in welcher unter anderem z.B. im Britischen Weltreich »die Sonne nicht unterging«. Das klingt sehr reaktionär. Nun, wenn schon! Ich habe mit eigenen Augen gesehen, daß die außereuropäische Welt unter europäischer Vorherrschaft einen sehr viel erfreulicheren Eindruck machte, als es heute der Fall ist. Und was ich gesehen habe, das kann ich nicht verleugnen.)

Doch ein Schuster soll bei seinen Leisten bleiben und ein ausgerissener Steward wie ich sich nicht gleich jenem berühmten Esel aufs Glatteis der großen Politik wagen.
Ich fuhr durch die Weiten des Indischen Ozeans. Jeden Tag glühte die Sonne vom wolkenlosen Himmel. Scharen von fliegenden Fischen begleiteten das Schiff, Delphine bogen spielend die glänzenden Rücken durch die blausilberne Flut. Zuweilen zogen fern im Sonnenglast Inseln vorbei; ein heller Streifen Sand, Palmen darüber, die ihre leichten Kronen vom warmen Wind wiegen ließen, selige verträumte Eilande.
Colombo auf Ceylon lagen schon hinter uns; wir hatten einen Tag und eine Nacht dort gelegen; es war allerlei Alkoholisches um mich her passiert; ich war unbeschädigt aus dem Freudenfest hervorgegangen; mir schmeckte das scharfe Zeug nicht mehr; war froh, als der Dampfer wieder in See ging.
Am Abend jenes Tages lernte ich Claar de Jong kennen, Tochter eines holländischen Vaters und einer balinesischen Mutter. Sie stammte aus Soerakarta auf Java, wo sie im Hause ihrer Eltern – ihr Vater besaß wertvolle Pflanzungen und Fabriken – aufs beste europäisch und gut javanisch erzogen worden war; sie sprach vorzügliches Französisch und brauchbares Deutsch und Englisch; nun befand sie sich allein auf der Reise nach Brüssel, wo sie sich mit einem holländischen Kaufmann – Vertreter großer holländisch-indischer Firmen für Belgien – verheiraten wollte, nach dreijährigem Verlöbnis. Aber das war nicht der einzige Grund, aus dem sie ihre tropische Heimat verlassen hatte. Das erfuhr ich erst nach und nach, je mehr wir uns miteinander befreundeten.
Ja, wir befreundeten uns sehr miteinander, denn wir waren fast allein aufeinander angewiesen; unter den übrigen Passagieren schien mir niemand recht reizvoll; an gleichgültigen Reisebekanntschaften liegt mir nicht das geringste; bleibe dann lieber

für mich; ihr ging es genauso. So verstand es sich ganz von selbst, daß wir uns in den langen, beschäftigungslosen Tagen der Seefahrt oft und ausführlich unterhielten.
Jene Nacht damals, als wir uns Aden näherten ...: Im Rauchsalon herrschte irgendeine Feierlichkeit, Konzert, Tanzerei, Ulkerei, vor allem Spektakel ziemlich Betrunkener dazu. Die Europäer, die nach Hause auf Urlaub fahren, werden zuweilen auf der Heimreise vor Hitze, Alkohol, Geldüberfluß halb verrückt. Jahrelang haben sie vielleicht in irgendeinem abgelegenen chinesischen oder indischen Nest tief im Innern gelebt. Nun schmekken sie auf dem Dampfer zum erstenmal wieder europäische Luft: kein Wunder, daß sie dabei leicht außer Rand und Band geraten.
Claar, deren Kabine in der Nähe des Rauchsalons lag, konnte in ihrem Zimmer vor dem Lärm keine Ruhe finden und bat mich, mit ihr einen Gang um das Schiff zu machen. Wir wanderten eine Weile auf dem dunklen Vorschiff um die Ladeluken und Aufbauten und stiegen schließlich ganz nach vorn zum Bug des Schiffes, wo sich auf dem Vorderdeck das Ankerspill befand, Ketten, Taue und Seile zum Festmachen des Schiffes aufgestapelt lagen. Wir standen auf dem hohen äußersten Vorschiff und blickten in die windstille, mondklare Nacht hinaus. Unter uns warf der Bug des Dampfers geistergrün durchfunkten Schaum auf; zahllose leuchtende Phosphortierchen vollbrachten dies Wunder. Zur Rechten blieb das Leuchtfeuer von Aden mit seinen grellweißen, lautlosen Blitzen liegen.
Hier vorn sah und hörte man nichts mehr vom übrigen Schiff; kein anderer Laut als das Rauschen der durchpflügten See. Wir erörterten zum soundsovielten Male Claars voraussichtliches Schicksal in Brüssel, das Leben dort, von dem sie sich noch keine Vorstellung machen konnte, und die Hintergründe ihrer Abreise.
Sonderbar, daß bei solchen Erörterungen immer nur vom Geschick des anderen Teils, nie von meinem eigenen gesprochen wurde.
Dort, um die stille Mitternacht auf See, während der Mond

silberne Glitzerbahnen aufs Wasser warf, durchmaßen wir den ganzen Umkreis ihres Daseins zwischen den Rassen.
Sonderbar, daß es immer um die Mitternacht geht, wenn die letzten Verborgenheiten sich dem Wort gewähren.
Ich erzähle der Reihe nach...

1898 mag es gewesen sein, als Dorian de Jong in Batavia (heute Djakarta) auf Java als junger Beamter einer großen Gesellschaft, die Kaffee- und Tabak-Plantagen verwaltete, seinen Dienst antrat. Seine Wiege hatte in Haarlem in der Provinz Nordholland gestanden. Als Sohn wohlhabender Bürgersleute war er aufgewachsen; hatte, von unbändiger und aufsässiger Natur, auf der Schule nicht gutgetan; zur Zucht und Pflege von Tulpenzwiebeln eignete er sich offenbar nicht, und selbst seine Eltern waren im Grunde froh, als er endlich seinem brennendsten Wunsche folgen und in die Kolonien abdampfen konnte.
In den Büros der steifen und ehrbaren holländischen Tropenstadt Batavia behagte es ihm auf die Dauer ebenfalls nicht. Er ließ sich als Oberaufseher einer Tabakplantage ins Innere Javas schicken. Auf Meilen im Umkreis war er der einzige Weiße, seine Unterbeamten waren Mischlinge, die er nicht recht für voll nehmen wollte.
Hier endlich waren die Tropen so, wie er sie sich gewünscht hatte. Er war fast unumschränkter Herr über ein weites Gebiet, über eine große Zahl von Menschen. Nichts und niemand hemmte ihn mehr, sein Wesen so zu entfalten, wie es seiner Uranlage entsprach: gutmütig und wild, tyrannisch und kindlich weich, ausgelassen bis zur Tobsucht, verträumt bis zur Willenlosigkeit, ein Bündel seltsamster, unberechenbarer Gegensätze. Die Arbeiter zitterten vor seinem Stock (damals durfte man die braunen Arbeiter noch schlagen; später hatte das schon seine Schwierigkeiten). Andererseits aber verehrten sie ihn mit fast abergläubischer Scheu, denn er machte sich nichts daraus, einem ertrinkenden Eingeborenen in die reißenden Fluten des Flusses nachzuspringen oder einem anderen, den eine Giftschlange gebissen, die Wunde auszusaugen und so einen Unter-

gebenen, den er vielleicht am Tage zuvor noch gezüchtigt hatte, unter bedenkenloser Drangabe des eigenen Lebens vor einem fast sicheren Tode zu bewahren. Nie passierte ihm etwas; einmal warf ein hart Gestrafter ihm im Fortgehen von hinten das Messer nach; ein anderer, der dabeistand, schrie auf; de Jong bückte sich im letzten Augenblick, das heransausende Messer riß ihm nur das linke Ohrläppchen fort. Der heimtückische Angreifer war eine Minute später schon in jenes Land des ewigen Schweigens befördert, in dem man nicht mehr mit Messern schmeißt.

Zwei Jahre verwaltete de Jong seine Plantage zur vollen Zufriedenheit seiner Vorgesetzten. Von seinen Gewalttaten sowohl wie von seinen Heldentaten erzählten sich die Eingeborenen weit im Umkreis, und auch in Batavia begann man davon zu flüstern.

Er war noch zu jung, als daß ihm die Hitze allzu früh den Mut gebrochen hätte.

Das Plantagenleben war ihm auf die Dauer nicht abenteuerlich genug. Er trat in die Kolonialarmee ein, zeichnete sich bei vielen Streifzügen unter den wilden Kopfjägern Neu-Guineas und Borneos aus und avancierte schnell. Mit offenen Augen durchmaß er das weite Gebiet des Archipels nach allen Richtungen; begann, während er noch die Uniform trug, mit kleineren kaufmännischen Unternehmungen, die ihn bald stärker fesselten als der Militärdienst. Schon gehörten ihm zwei kleine Inseln in der Sundasee, auf welchen er mit bestem Erfolge Kopra machte. Um seine sich ausbreitenden Geschäfte straffer leiten zu können, hängte er den bunten Rock an den Nagel und ließ sich in Singa Radja auf Bali nieder. Dort heiratete er die Tochter eines balinesischen Edlen, die Mutter Claars; der blonde, große, breitschultrige Holländer Dorian de Jong die zarte, schmale, blaßbraune, müd-anmutige Blüte einer sterbenden, überfeinerten Kultur.

Nicht, daß er vorher wie ein Heiliger gelebt hätte; die braunen Mädchen waren ihm, dem geborenen Herrn, von jeher willig gewesen; er hätte auch nicht viel danach gefragt, ob sie willig waren oder nicht; er war aus jenem harten, unbiegsamen Holz geschnitzt, aus dem damals Kolonialherren geschnitzt sein mußten. Aber all die erotischen und sexuellen Erlebnisse seiner ersten Tropenjahre waren stets kurz und heftig vorübergerauscht wie ein Tropengewitter; sie löschten seinen Durst und verflogen schnell, nach zwei Tagen schon vergessen.

Zehn Jahre lebte er bereits in den Tropen, als er sich auf Bali niederließ. Während dieser langen Zeit war er fast ausschließlich mit Farbigen umgegangen; unmerklich hatten die heiße Sonne, die wilde, verwirrende Natur, vor allem die unmerklich ihn verzaubernde, bunte Umwelt völlig andersartiger Menschen, einer grazilen, müden Kultur, ihre Saugarbeit getan; das Europäische in ihm war langsam verdorrt.

So überfiel ihn denn auf Bali, jener Insel, die ein besonders ausgeklügeltes Kunstwerk des lieben Gottes zu sein scheint, plötzlich die Liebe zu dem fremdartigen Geschöpf wie eine heiße Krankheit; es war ihm Ernst; auch hätte er eine Tochter aus vornehmer Familie nicht einfach in sein Haus nehmen können, wie es sonst üblich war; er heiratete sie, kaum, daß er sie kennengelernt hatte.

Kinder kamen eins nach dem andern, als drittes Claar; der empfindsame Leib der jungen Mutter war den sich jagenden Geburten nicht gewachsen; die verletzliche Schönheit der Frau verblühte rasend schnell. Mit 28 Jahren, nach ihrem sechsten Kinde, war ihre einst wie mattes Gold schimmernde Haut welk, ihre Arme und Schultern mager, ihre ehemals zierlichen runden Brüste schlaff, und der feuchte Glanz ihrer dunklen Augen wurde matt und stumpf wie ein erblindeter Spiegel. Den hemmungslosen, bärenstarken Nordländer Dorian de Jong mit diesem empfindlichen Kunstwerk von Frau zu verbinden, hatte ans Verbrechen gegrenzt.

De Jong, von Jahr zu Jahr reicher werdend, wandte sich von der verwelkenden Frau ab und hielt sich an anderen Stellen schadlos. Seine Frau, nach der Sitte ihres Landes zur Demut und zu unbedingtem Gehorsam unter den Willen des Mannes erzogen, revoltierte nicht, blieb still, traurig und sanft, jedem Wunsche des Gatten folgsam. Mit rührender Liebe zog sie ihre Kinder groß, dankbar schon dafür, daß ihr Mann, der die Kinder auf

seine Art ebenfalls liebte, sie nach wie vor seinem Haushalt vorstehen ließ und seine braunen Favoritinnen von der Wohnung der Kinder fernhielt.
Als die Erziehung der Kinder dies erforderlich machte, siedelten sie nach Soerabaja auf Java über, wo die Kinder den bestmöglichen europäischen Unterricht erhielten. Das hatte zur Folge, daß sich in den Söhnen – Claar war die einzige Tochter – jener Mulattenhochmut entwickelte, der unerträglicher und dümmer ist als der von reinrassigen Europäern. Es wurde ihnen bald bewußt, daß ihre Mutter eine Farbige war; sie lernten mit Verachtung auf sie herabzusehen. Es dauerte nicht lange, so versuchten sie, es ihrem Vater in allen Stücken gleichzutun. Ihre Mutter zog sich immer mehr in sich selbst zurück, wurde immer stiller, immer welker, immer schattenhafter. Am Leben erhielt sie nur die Liebe zu Claar, die als einzige mit schwärmerischer Zuneigung der unendlich sanften Frau ergeben war. Trotzdem auch Claar eine europäische Erziehung genoß, war sie in ihrem Wesen der Mutter so verwandt, daß sie unter deren milden Händen in tieferer Weise zur Balinesin als zur Europäerin wurde. Sie erfuhr nichts von dem Treiben der Brüder, ihr Vater blieb ihr eine ferne, unbekannte, wenn auch irgendwie gefährliche Macht; die Mutter hielt sie hinter dichten Hecken verborgen, wie man ein einzigartiges Kleinod behütet. Mit 16 Jahren war Claar zu einem leise schwermütigen, liebevollen Geschöpf von verhaltener, scheuer Anmut herangeblüht.
Inzwischen hatte ihr Vater ein gewaltiges Vermögen angehäuft; war er in seiner Jugend bei aller Wildheit noch irgendwie liebenswert gewesen, so hatte sich alles Ungestüm mit vorschreitendem Alter in rücksichtslose Härte, aller Überschwang, die freiheitsdurstige Abenteuerlust in Maßlosigkeit und Gier verwandelt. Claar ahnte nichts von dem wüsten Ruf, der ihrem Vater voranging; aber der Mutter hinterbrachten treue Diener alles, was sich zutrug; sie wurde immer schwächer, durchsichtiger; sie sagte sich wohl, daß sie auf die Dauer ihren einzigen Liebling nicht vor all den bösen Dingen »draußen« würde bewahren können; vielleicht liebte sie in irgendeinem versteck-

ten Winkel ihres Herzens auch den Mann immer noch und verelendete in dem Gedanken, daß ihr nicht mehr der geringste Einfluß auf sein verhärtetes Herz verblieben war; ja, dies ist sogar sicher; ihr Sterben sollte es beweisen.

Der älteste Bruder Claars, ein wüster Geselle, gab das Geld, das ihm sein Vater anwies, in maßlosen Vergnügungen aus; er galt als der skrupelloseste Schürzenjäger der Stadt. Von einer Inspektionsreise zu Besitzungen seines Vaters brachte er sich eine faszinierend schöne Javanerin mit und begann mit ihr ein gemeinsames Leben zu führen. Der Vater erfuhr dies; wütend erschien er in der Wohnung der beiden, um das Mädchen zum Teufel zu jagen, denn sein Sprößling schien ihm mit 21 Jahren noch etwas zu jung für solche Eskapaden zu sein. Die Sache endete anders als er gedacht. Das Mädchen bezauberte den Alten derart, daß er nach wenigen Wochen den Sohn bestach, sie ihm abzutreten.

Der längst ergraute, stark alternde Mann versank in einen letzten, heftigen Strudel der Leidenschaft, als wollte er noch einmal mit gespanntester, wildester Anstrengung die gestorbene Jugend zurückzwingen. Er kümmerte sich kaum noch um sein Haus, wenn er auch die Söhne eisern in den Dienst spannte und die Geschäfte nach zäher Gewohnheit fortsetzte. Claar sah ihn fast nie mehr; sie erfuhr nichts. Ihre Mutter aber siechte unaufhaltsam dahin; daß ihr Gatte sich an der Geliebten der Söhne für ihre welke Häßlichkeit schadlos hielt, gab ihr den Rest. Als sie hörte, daß jenes Mädchen einer Niederkunft entgegensähe, legte sie sich zu Bett, todeswillig.

Claar war bei ihr, pflegte sie mit rührender Fürsorge. Dann kam eine Nacht, in der die Mutter starb. Mit letzter Kraft flehte sie und bat, den Gatten noch einmal sehen zu dürfen; er war nirgends zu finden; vielmehr, die Diener verschwiegen nur, daß sie ihn im Hause seines Mädchens gefunden, er sich aber geweigert hatte, mitzukommen. Die Mutter nahm die weinende Claar nicht wahr in den letzten Stunden, flüsterte nur in endlosen, flehenden Gesprächen mit ihrem Mann, die Claar nicht verstand; sie starb.

In derselben Nacht, in derselben Stunde brachte jenes Mädchen einen Knaben zur Welt, Claars Halbbruder.
War es Zufall, daß Tod und Geburt zusammenfielen? Ich glaube es nicht. Noch in den letzten Stunden kämpfte Claars Mutter um den Mann; sie wird gewußt oder geahnt haben, wo ihr Gatte sich aufhielt und was in dem Hause am Rande der Stadt vorging. Als sie fühlte, daß nichts, selbst nicht ihr drohender Tod ihn zurückzwingen konnte, daß sie nicht einmal mehr das einzige vor den andern Frauen ihres Mannes voraushatte, was ihr noch verblieben war: Kinder, ließ sie sich fallen, verlöschte, starb.
Claar sah sich ganz allein einem Leben gegenüber, auf das sie niemals vorbereitet worden war. Ihrem Vater hatte sie nie etwas bedeutet; er wußte nichts mit ihr anzufangen; die Brüder nannten sie verächtlich: »Die Farbige«, obwohl sie nicht weniger farbig waren als die Schwester; aber es war schon etwas daran, wie an jedem echten Beinamen: sie war ganz die Tochter ihrer braunen Mutter, die Söhne dem weißen Vater nachgeartet.
Nun war niemand mehr da, der das Häßliche von ihr abhielt. Die Brüder und andere, die auf das reiche Mädchen Jagd zu machen begannen, enthüllten ihr schonungslos das Wesen und Treiben des Vaters. Bald wußte sie um die tieferen Gründe des Todes ihrer Mutter, verstand den Gram, unter dem sie zusammengebrochen war. Tausend häßliche, beängstigende Erkenntnisse stürzten auf sie ein; die Brüder hielten sie mit ihrer Unberührtheit zum Narren. Niemand, der es gut mir ihr meinte.
Es war nicht zu verwundern, daß sie dem ersten Menschen, der ihr mit echter Wärme mitleidig begegnete, verfiel, sich ihm blindlings an den Hals warf, weil sie sonst unter ihrer Not und Verlassenheit erstickt wäre. Es war ein junger Holländer, nur für kurze Zeit in den Tropen, noch erfüllt von der Südsee-Romantik der Jugend, begeisterungsfähig, ehrlich mitfühlend. Sie hielt ihre Liebe völlig geheim. Kurz vor seiner Rückreise hielt der junge Holländer auf ihr Drängen bei ihrem Vater um sie an; der war so überrascht, daß er ohne Überlegung in das Verlöbnis willigte.
Claar blieb in Soerabaja zurück; drei Jahre vergingen. Das Leben

im elterlichen Haus wurde immer unerträglicher; nach dem Tode der Mutter scheute sich der alte de Jong nicht mehr, sein Haus zum Schauplatz seiner Trink- und Liebesfreuden zu machen; die Brüder, die noch zu Hause waren, trieben es nicht viel anders.
Claars Verlobter in Brüssel würde in den drei Jahren seinen Tropentraum wohl längst vergessen haben, wenn nicht das Mädchen ihn mit Hunderten von sehnsüchtigen Briefen lebendig erhalten hätte. Sie zehrte ja von der Hoffnung, zu ihm zu fahren und die Wüstheit daheim weit hinter sich lassen zu können. Da die bessere Gesellschaft sich von ihrem Vater zurückhielt und nur geschäftlich mit ihm verkehrte, hatte sie keine Gelegenheit, andere Menschen kennenzulernen, außerdem war sie mit solcher Ausschließlichkeit in den Gedanken an ihren fernen Verlobten verstrickt, daß ihr nichts an neuen Bekanntschaften lag. Nun hatte ihr Verlobter endlich ihrem Drängen nachgegeben; seine Stellung war inzwischen auch so einträglich geworden, daß er sie nach Europa kommen lassen konnte.
Die Entfernung von den quälenden Verhältnissen im väterlichen Hause, die Berührung mit fremden, gleichmäßig höflichen Leuten auf dem Dampfer, die bunten Bilder der fremden Hafenstädte hatten sie aufgelockert und befreit. So kam es, daß ich eigentlich der erste seit der Abreise ihres Verlobten wurde, der einfach und gern auf das liebenswürdige Mädchen einging, ohne etwas dafür zu wollen, daß ich der erste wurde, dem sie sich ohne Scheu aufschloß.

Mir wurde klar, daß sie mit großer Wahrscheinlichkeit am Anfang eines Schicksals stand, ähnlich dem, welches ihre Mutter erlitten hatte. Sie selbst konnte nicht leugnen, daß ihr Verlobter nur nach langem Drängen darin eingewilligt hatte, sie nachkommen zu lassen, daß sie ihn erst an sein Wort hatte erinnern müssen, um seine Zustimmung zu erpressen. Was sollte er auch in Europa mit einer halbfarbigen Frau, die doch niemals ganz für voll genommen werden würde, die in den Tropen groß

geworden war und niemals in eine Fünfzimmer-Etagenwohnung hineinpassen würde; es bestand, selbst wenn er, was nicht mehr der Fall zu sein schien, sie noch wie früher lieben sollte, nur sehr geringe Aussicht, daß die Ehe zwischen dem großen, blonden Holländer und der nervösen, sensiblen Claar gut ausgehen würde.
Aber vielleicht würde es gar nicht zur Heirat kommen; was würde Claar dann in einer völlig fremden, feindlichen Umwelt beginnen? Sie würde nicht den Mut haben, nach Hause zurückzukehren.
Alle diese Möglichkeiten und Zusammenhänge versuchte ich auf der Reise von Colombo nach Genua ihr so schonend wie möglich klar zu machen. Wir sprachen viel darüber in langen, stillen Stunden, wenn wir das Schiff wieder und wieder abschritten oder auf dem Vorschiff saßen und über die See hinsahen. Ich tat mein Bestes, sie auf ihre ungewisse Zukunft vorzubereiten. Aber vielleicht haben sie diese Gespräche nur noch mehr verwirrt. –

Wir sahen nicht viel von Port Said, wo wir einen Nachmittag und eine Nacht lagen; ohne uns um die widerlich aufdringlichen Händler und Fremdenführer zu kümmern, folgten wir einer Straße, die am Strande des Meeres entlang aus der Stadt in die Wüste führte. Wir konnten nicht sprechen; der brüllende Seewind rollte große Wogen ans Ufer; ihr weißer Schaum leuchtete gespenstisch aus der Dunkelheit; der Strum riß uns die Worte vom Munde fort. Auf der anderen Seite des Weges dehnte sich tot die Wüste. Erst gegen Mitternacht fanden wir von dieser Wanderung zwischen Wüste und See wieder zum Dampfer zurück. Es hatte etwas Tröstliches, allein und gemeinsam durch die wilde Nacht zu laufen.

Weiter ging die Fahrt übers Mittelländische Meer. Die Straße von Messina passierten wir nachts. Am übernächsten Morgen zogen im Westen die braunen Berge Korsikas, im Osten die italienische Küste vorüber; am späten Nachmittag tauchten die hohen, wildgezackten Berge Liguriens vor uns auf, und mit sinkender Sonne machten wir an der Genueser Zollpier fest. Zusammen mit fast allen Passagieren verließen auch Claar und ich das Schiff. Ich hatte nichts zu verzollen; mein Gepäck ging weiter nach Hamburg; nur meinen Seesack, der meinen Arbeitsanzug enthielt, nahm ich in weiser Voraussicht mit an Land. Claars Zug fuhr erst am nächsten Morgen ab. Der nächste Morgen kam; ich durfte ihr noch einen Platz belegen; die Wagentüren klappten zu; sie stand am Fenster, winkte, weinte. Der Zug ruckte an und trug sie fort.

Ich ging langsam dem Ausgang des Bahnhofs zu und sagte leise zu mir selbst nur ein Wort:
»Vorbei –!«

FÜNFTER TEIL

Arbeitsame und bescheidene Heimfahrt

Fünfunddreissigstes Kapitel

Die schmutzige Göttin am Kap Finisterre

Was ist das beste Mittel gegen Traurigkeit und Lebensüberdruß? Schlafen! Ich verfügte mich also auf mein Hotelzimmer in Genua und verschlief den Tag. Gegen fünf Uhr nachmittags erwachte ich. Ich stierte die Zimmerdecke an und überlegte mir, was zu tun sei. Von Genua nach Berlin ist nur noch ein Katzensprung; sollte ich ihn machen? Wenn ich mir ausmalte, in gut 24 Stunden auf dem Anhalter Bahnhof anzukommen, schien mir das so unmöglich, daß ich mich in Gedanken schleunigst wieder nach Singapore oder sonstwohin weit fort versetzte. Nein, einfach so ohne jeden Übergang vom innersten Java auf dem Potsdamer Platz ausgebootet zu werden, das hätte selbst meine sonst ziemlich robuste Konstitution nicht überstanden. Ich war schon in Genua, also dreiviertel zu Hause; aber es kam mir alles noch nicht recht fertig vor; ich mußte noch einmal abfahren. Zudem war ich bei dem guten Leben als Erstklasse-Passagier so faul und dick geworden, daß ich für meine weltmännische Schlankheit fürchtete. Das Fett mußte herunter! Ich kann Fett nicht leiden, nicht einmal an mir selbst!
Gut, beschloß ich dumpf, siehst dir mal heute abend ein bißchen was von Genua an; vielleicht bekommst du es endlich heraus, ob Columbus wirklich hier geboren ist, und hältst gleichzeitig Umschau, ob nicht irgendwo eine gute Gelegenheit aufzutreiben ist, dich auf irgendeinem Frachtkahn, der um Gibraltar nordwärts geht, anzuhängen.

Ich zog mir also mein altes, reichlich abgeschabtes und vom Seewasser gebleichtes Seemannszeug an, in dem ich von einer richtigen Teerjacke auf Landurlaub nicht zu unterscheiden war, und machte mich auf den Weg in die Stadt.

Weiß Gott, ich bin zu so was nicht geeignet. Ich sah an pompösen Marmor- und Sandsteinpalästen hoch, betrachtete ehrfürchtig sicherlich sehr alte und kunstvolle Kirchen, bewunderte die malerischen, hohen Häuser, die engen verwinkelten, hügligen Straßen und hatte schon nach zwei Stunden von dem anspruchsvollen Zauber die Nase voll. Mit meinen Zivilkleidern hatte ich auch meine gebildete Seele ausgezogen, und ehrbare Seeleute haben für alte Kunstschätze nur ein sehr bedingtes Interesse.

Doch mein guter Instinkt führte mich in die richtige Gegend. Ich kam zum Hafen. *Das* Gebiet war schon eher etwas für mich! Systematisch klapperte ich eine Kneipe nach der andern ab, wobei ich nicht nur Apfelsinen essen konnte, und fand schließlich das, was ich gesucht hatte; ein Lokal, in dem Seeleute von den Schiffen, die luden, verkehrten. In dieser Spelunke ließ ich mich häuslich nieder und machte mich gemächlich, aber mit Ausdauer, über den Chianti her, froh, einmal wieder etwas Wohlschmeckenderes als Whisky trinken zu können. Außerdem ist Chianti *auch* ein sehr empfehlenswertes Mittel gegen Lebensüberdruß und Traurigkeit.

Das Lokal füllte sich; an meinen Tisch setzten sich fünf mit Salzwasser gewaschene Rauhbeine; ich war schon ziemlich aufgemöbelt, und es dauerte nicht lange, so sprachen wir alle durcheinander und erzählten uns Witze, bei denen der Saft nur so spritzte. Ich hatte aber noch so viel Verstand, sie nach und nach über die Schiffe im Hafen auszuholen; ein paar andere Engländer schlossen sich unserer lustigen Saufkumpanei an, zwei Deutsche, ein Holländer kamen dazu; bald wußten alle, daß ich Arbeit suchte, und verrieten mir, der eine dies, der andere das. Am meisten Aussichten schien mir ein englischer Frachtdampfer zu bieten, ein alter, schmutziger, kleiner Kasten, von dem alle mit Verachtung sprachen. Der Kapitän sei schon seit zwei Tagen mit dem Laden fertig und könne nicht auslaufen,

weil ihm ein paar von der Besatzung ausgerückt, ein paar andere »krank« geworden wären, um auf diese Weise vom Schiff zu kommen. Das schien ja eine höchst zweifelhafte und verdächtige Kiste zu sein, und »Aphrodite« hieß der Schlorren auch noch! Auf einem guten, anständigen Dampfer würde ich doch nie ankommen, besaß ja kein Seemannsbuch; aber so ein Klepper von Trampdampfer konnte sich seine Leute nicht aussuchen, und wenn ich Glück hatte, schrammte ich mit ihm ab, als blinder Passagier, mit Notheuer, als Kartoffelschäler oder sonst auf irgendeine unwahrscheinliche Weise. Vorläufig aber schimpfte ich auf den elenden Rattensarg weidlich mit. Einer kam auf die gloriose Idee, besagter »Aphrodite« eine Katzenmusik zu bringen; ich fiel begeistert in die brüllende Zustimmung ein, konnte ich doch so auf die bequemste Weise erfahen, wo die »Aphrodite« lag. Zehn Mann hoch zogen wir los; faßten uns in einer Reihe unter – sicher ist sicher – und marschierten zum Hafeneingang. Mir ist heute noch nicht recht klar, warum uns der Posten passieren ließ; aber vielleicht glaubte er uns, daß wir auf unsern Kahn zurückkehren mußten, und außerdem sind zehn angesäuselte Seeleute eine ziemlich bedenkliche und feuergefährliche Angelegenheit.
Wir überfielen die »Aphrodite«; aber als die anderen zu randalieren und mit Steinen zu schmeißen anfingen, um das armselige Dampferlein zu verhöhnen, verdrückte ich mich unauffällig; mir lag wenig daran, das faschistische Gefängniswesen in praxi zu studieren. Ich fand den Weg zum Chianti allein zurück.
Von da ab verwirrt sich meine Erinnerung; ich trinke Chianti für mein Leben gern, und in Genua ist er lächerlich billig; man trinkt und trinkt, und es kostet immer noch nichts.
Was weiter wurde, wie gesagt, weiß ich nicht mehr; ich erfuhr den Schlußakt nur noch von zwei Indern, die mit mir zusammen in der Ersten Klasse auf dem Dampfer gefahren waren, von denen der eine ein vorzügliches Deutsch sprach. Sie erkannten mich morgens um halb drei vor dem Denkmal des Columbus wieder, zu dem ich fromm aufblickte und den ich mit sanfter Stimme im Tempo eines Trauermarsches mit der folgenden

Hymne ansang: »Heil dir im Siegerkranz, Herrscher des Vaterlands...«
Es ist wirklich peinlich, daß mir bei alkoholischen Geistesverwirrungen immer wieder die längst totgesagte altpreußische Monarchistenseele aufstößt. Ich muß da wirklich im dunklen Unterbewußtsein irgendwo so einen Kaiserkomplex haben.
Die guten Inder fühlten Mitleid mit mir; sie hatten ihre Zimmer in demselben Hotel, in dem auch ich wohnte; faßten mich unter und führten mich davon; ich begleitete meinen Heimgang – alles nach dem Bericht der freundlichen Asiaten – mit klagenden Gesängen, vielmehr nur mit einem, den ich, ohne laut dabei zu werden, ständig wiederholte:

»– – drei einsame Kiefern stehen am Waldessaum,
ja Waldessaum;
das ganze Leben ist ja nur ein Traum!
– ja, Traum!
– ja, Traum!«

Ich schlief von morgens drei Uhr bis nachmittags drei Uhr und erwachte völlig nüchtern, frisch gestärkt zu neuen Taten. Ich hielt den Kopf eine Weile unter die Wasserleitung, um einen Brummer, der sich weiß der Himmel wie in meinem Schädel verfangen hatte, zu besänftigen, und machte mich auf den Weg, um mein Heil auf der »Aphrodite« zu versuchen. Ich hatte sie bald wiedergefunden; sie lag nicht weit von der Pier in einem toten Teil des Hafens; ich ließ mich hinüberrudern, kletterte an Bord und fragte einen zerlumpten Heizer, der in der Sonne herumlungerte, nach dem Kapitän. Der war leicht zu finden; abschätzend betrachtete mich der in eine befleckte Uniform gekleidete, aufgeschwemmte Mann aus seinen Schweinsäuglein. Ich erwähnte bescheiden, daß ich gehört hätte, er sei kurz an Leuten; ob er mich nicht als deckhand gebrauchen könne? Kurz an Leuten sei er, bekäme jedoch noch heute genug, um morgen früh abzufahren. Ob ich Papiere hätte? Nein, hätte ich nicht! Er pfiff durch die Zähne, nickte verständnisinnig und meinte:

»Well, my boy, du weißt, daß ich Leute ohne Papiere nicht nehmen darf! Also, wie gesagt, morgen früh um sieben Uhr legen wir ab! Jetzt scher dich zum Teufel!«
Ich verstand und verschwand! Ohne Papiere durfte er nicht anheuern. Aber morgen früh, eine halbe Stunde vor Abfahrt, konnte er mich, da seine Mannschaft noch nicht vollzählig war, unter Notheuer mitnehmen. Ich hätte ja mit seinem Anwerbezettel in der Tasche zum deutschen Konsul gehen können und der hätte mir das Seemannsbuch nicht verweigern dürfen; aber an jenem Nachmittag war es schon zu spät; Konsulate machen prinzipiell keine Überstunden, und außerdem zählen Bekanntschaften mit Auslandsbehörden nicht zu meinen Leidenschaften; der gute Mann hätte schon Schliche ausfindig gemacht, mir windigem Patron seine respektablen Stempel zu verweigern.
Am nächsten Morgen verlief alles programmgemäß. Eine halbe Stunde vor Abfahrt, als sie schon die Seile von der Ankertonne losmachten, ließ ich mich mit meinem mageren Seesack hinüberrudern und schrie hinauf, ob sie noch jemand gebrauchen könnten. Der dicke Kapitän grinste über die niedrige Reling, erkannte mich und schrie: »Come one, you son of a gun!« Ich kletterte hinauf, und damit begann meine vierwöchige Laufbahn als deckhand auf der »Aphrodite«, einem verschlampten Lastkahn, wie ihn sich selbst eine verrottete Phantasie kaum erträumen kann.
In der Tat, vier Wochen noch bin ich auf der schmutzigen Göttin »Aphrodite« umhergeschaukelt; wir liefen Gibraltar an, Lissabon, Cherbourg, Amsterdam, gondelten noch, ausgerechnet, nach Grimsby hinüber, erreichten schließlich Hamburg, wo ich mich mit dem Vorschuß auf die Löhnung, den ich mir noch vorher hatte geben lassen, unter Verzicht auf meinen Seesack und den größten Teil seines Inhalts auf französisch empfahl.

Diese vier Wochen an Bord der schmutzigen »Aphrodite« würden ein zweites Buch füllen, wenn man sie richtig beschreiben wollte.
Als ich da mit drei anderen Kulis, deckhands gleich mir, in Gibraltar auf Landurlaub ging, wurde das ein reichlich bewegter

Ausflug. Ich werde nie vergessen, wie Jack Pigbone, der dreckigste und gutmütigste aller Frachtdampfer-Matrosen, nachts um zwölf auf den unbezahlbaren Gedanken kam, den Felsen von Gibraltar zu besteigen und mit den riesigen Schiffsgeschützen, welche die Engländer dort oben in schwindelnder Höhe eingebaut haben, Walfische zu schießen, welche seine alkoholbeschwingte Phantasie im Gibraltaer Hafen herumwimmeln ließ. Wir andern konnten natürlich nicht zulassen, daß Jack durch solche gewaltsamen Fischerkunststückchen einen zweiten Weltkrieg heraufbeschwor. Wir stürzten hinter dem höhendurstigen Pigbone her, erwischten ihn auch nach einem langen Rennen um viele Straßenecken. Aber Pigbone, zweiundeinhalbmal größer als ich, entwickelte Riesenkräfte, und wir drei Mann hatten uns erst auf eine wilde Schlacht mit ihm einzulassen, bei der die Fetzen flogen, bevor wir ihn kleinkriegten und zum Schiff zurückschleifen konnten.

Von Genua bis Lissabon hatten wir deckhands ein feines Leben; es war schönes Wetter, wunderbar ruhige See und infolgedessen nichts Aufregendes zu tun. Der Erste Offizier zerbrach sich jeden Morgen den Kopf, wie er uns den Tag über beschäftigen sollte. Wenn der Esel doch mal auf die Idee gekommen wäre, von der Deckwache die Mannschaftslogis sauber machen zu lassen; aber das gab es einfach nicht, und wir waren viel zu faul, um unsere Freizeit mit Saubermachen zu vertrödeln. Bestenfalls wuschen wir unsere Lumpen; ich tat nicht einmal das; denn ich sah immer noch viel zu fein aus im Vergleich zu meinen Kollegen und setzte meine Ehre darein, genau solche Löcher und Ölflecke in mein Hemd zu zaubern und meine Hosen so mit Ölfarbe und Schmierfett zu verkleistern wie Jack und Jonny, Pate und Rammy. Die Hosen mußten so sein, daß sie stehenblieben, wenn man aus ihnen herausstieg; dann waren sie richtig; hinter Gibraltar standen die meinen schon, was mich mit großer und aufrichtiger Befriedigung erfüllte.

Bis Lissabon ging alles wunderschön, und ich begriff nicht, warum es immer noch hieß, daß wir nicht mit voller Mannschaft führen. Aber wenn wir in der Freiwache mit den Maschinisten oder den Heizern uns faul auf dem Poopdeck herumlümmelten, wurde des langen und breiten darüber debattiert, daß wir knapp an Leuten wären, und beim ersten besten Sturm alle in die Hölle fahren würden. Die Heizer und der Zimmermann erzählten, daß der olle Kasten unten undicht sei wie eine betagte Regentonne und in allen Fugen krache, sowie er ein wenig ins Rollen und Stampfen käme; der Maschinist fügte ein, daß die Dampfzuleitung zu den Pumpen leck wäre und die Pumpen nur mit halber Leistung arbeiten könnten. Aber der erste Ingenieur, »the drunk, lazy son of a whore«, zeigte sich nie unten, um die Sache zu untersuchen; arbeiten täten nur die Maschinisten, dafür bekämen sie bloß ein lumpiges Drittel von dem, was der Chief einsackte alle Monat; wenn aber was passierte unten, schmisse er den ersten Ingenieur eigenhändig über Bord, »damned bloody right, boys!« Und dabei spritzte er durch eine Zahnlücke in den oberen Schneidezähnen braunen Kautabaksaft in elegantem Bogen über die Reling. Ja, fing der Zimmermann wieder an, die goddamned Bohlen auf den Ladeluken wären so goddamned verrottet, daß der erste Brecher, der beim nächsten goddamned Sturm überkommen würde, die ganze Bedeckung zu einem einzigen goddamned Brei zusammenschlagen würde, und wir alle mit dem goddamned Fischfuttermacher von Schiff absaufen würden. Jack sagte darauf: »Do'nt care!«, Rammy: »Nonsens!« (Rammy drückte sich immer so gewählt aus), und ich, der sich mit Jack und Rammy in die gleiche Wache teilte, war zu faul, um überhaupt etwas zu sagen, schielte schläfrig in die Nachmittagssonne: kostet ja nicht mein Geld, wenn der Kasten absäuft! Der Zimmermann, der auf einer Drahtrolle saß, mit Spitznamen »Cancy« geheißen, weil er immer von allem möglichen klebte wie ein Lutschbonbon, stieß mir seine Latschen in die Seite: »Hey, du deutscher Faulsack und Drecklappen, kannst du nicht die Schnauze aufmachen, wenn ein englischer Zimmermann dich mit seiner Unterhaltung beehrt!« Ich zitierte als einzige Antwort Götz von Berlichingen in englischer Übersetzung und kullerte mich einen Meter weiter, womit der Fall zu allseitiger Zufriedenheit erledigt war.

Wenn wir unter uns waren, dann beschimpften wir unsere schmutzige Göttin in der offenherzigsten Weise. Wir konnten uns das leisten: es war *unsere* Aphrodite. Wehe aber, wenn im Hafen oder sonstwo ein Fremder der Gottheit zu nahe trat! Wir gaben kein Pardon! Jeder, der unser Schiff beleidigte, beleidigte jeden einzelnen von uns; und da hieben wir mang! Dabei war wirklich nicht viel Staat zu machen mit der guten Aprodite; sie hätte besser »Venus von Milo« geheißen, der ja auch die Nasenspitze, anderthalb Arme, wenn ich nicht irre, und ein Stück vom Hinternviertel fehlen; unsere Aphrodite war ein ebensolcher Torso von Dampfer. Entgegen der Sitte und Gewohnheit aller guten Meere und Zonen war ihr rußiger Schornstein ganz leicht nach vorn, dem Bug zu, geneigt, anstatt, wie es auf soliden Dampfern Gesetz ist, senkrecht zu stehen, oder sich schnittig nach hinten zu legen, was die Gentlemänner unter den Dampfern für besonders fesch halten. Aphrodites Schornstein zeigte, wie gesagt, nach vorn; nicht eben viel, aber doch zweifelsohne; wer sie dann aus der Ferne fahren sah, meinte, sie führe rückwärts; nicht sehr ehrenvoll für einen anständigen Frachtschlorren! Aphrodites Kommandobrücke war so steil und hoch aufgebaut, daß wir selbst sie nicht mit Unrecht »Wolkenkratzer« nannten. Dort oben wohnte der »Alte«; er zeigte sich eigentlich nie unter uns gewöhnlichem Volk, brüllte nur manchmal aus seiner luftigen Höhe herunter wie der donnerrollende Zeus. Wir merkten nicht viel vom »Alten«; er blieb zumeist auf seinem Wolkensitz verborgen; der Mann am Ruder erzählte uns manchmal von ihm, wenn er bei guter Laune war, was selten vorkam, und er uns Dreckhammel von deckhands überhaupt eines Gespräches für wert hielt: das Besteck nähme der Kapitän in drei Minuten mittags, die Chronometer zöge er stets selber auf, rauchen täte er nie, nur kauen. Wenn diese Besonderheiten weder Jack noch Rammy, noch mir imponierten, wandte sich Jim, der grauhaarige, 55jährige Vollmatrose, gekränkt von uns ab. Jim war ein Orginal, fuhr seit seinem 15. Lebensjahr zur See und hatte nie etwas anderes gemacht, als zur See zu fahren. Er war von der ganzen Besatzung am längsten auf der »Aphrodite«, länger als der Erste Offizier, vom Chefingenieur gar nicht zu reden; dies, sein Alter und seine Befahrenheit räumten ihm eine Sonderstellung ein, die er eifersüchtig behauptete; vom Zweiten Offizier, einem bläßlichen, unangenehmen Burschen aus Norfolk, ließ er sich überhaupt nichts sagen; wenn der Norfolkmann es versuchte, wurde er angeknurrt, daß Jim mit grünen Jungens nicht umzugehen wünsche und jedes Salzwasserbaby an den Schornstein klatsche, wenn es frech würde. Wenn Jim Freizeit hatte, saß er im Windschutz hinter dem Aufbau für die Rudermaschine und las eine alte Ausgabe vom Manchester Guardian oder stopfte an seinen Sachen herum; er sah immer wunderbar ordentlich und sauber aus und schrie uns manchmal an, wir sollten uns wenigstens einmal die Woche den Hals waschen; dann trollten wir uns beklommen und suchten uns eine friedlichere, gefahrlosere Ecke. In jedem Hafen kaufte er sich die letzte erhältliche Sonntagsausgabe vom Manchester Guardian; die mußte dann bis zum nächsten Hafen reichen. Niemand durfte außer ihm die Zeitung lesen; die war für uns Dummköpfe viel zu schade; einmal klaute ich sie mir aus seiner Koje, als er Wache hatte, um festzustellen, was die Leute an Land inzwischen für Dummheiten gemacht hätten. Er überraschte mich mit seiner Zeitung in der Hand.

Böse riß er sie mir fort und fluchte, was ein Säugling wie ich schon von der großen Politik verstünde; das wäre noch schöner, wenn jetzt schon die kleinen Kinder ihre Nase in lauter Sachen stecken wollten, die sie nichts angingen; wenn ich das noch einmal täte, dann könnte ich mir meine Zähne aus allen Ecken des Logis zusammensuchen. Wir waren alle Kinder für ihn, den Alten. Ich habe mich nie mehr getraut, seine Zeitung auch nur anzurühren. Seit der Zeitungsgeschichte war er mir gram. Das schmerzt mich noch heute; denn sicher steckte er voll von Geschichten aus seinen vier Jahrzehnten Seefahrt; aber bei dieser griesgrämigen, verknurrten, eingetrockneten Teerjacke versagten all meine Verführungskünste und liebenswürdigsten Schmeicheleien vollkommen; er wollte einfach mit niemandem etwas zu tun haben.

Doch es steckte schon etwas in ihm; als wir den schweren Sturm im Südteil der Biskaya hatten und wir uns mühselig ums Kap Finisterre herumkämpften, kam ich nachts das einzige Mal, solange ich überhaupt auf der Aphrodite diente, nach oben auf die Brücke, um dem Kapitän etwas zu bestellen. Uns anderen allen ging der Hosenboden ziemlich mit Grundeis in dem verdammten Wetter; er stand in seinem Ölzeug am Rad, starrte auf das Kompaßblatt, wiegte sich in den Knien bei dem schweren Überholen des Schiffes, ließ das Rad leicht durch die Hände wirbeln und hielt den Dampfer unerbittlich am Kurs. Sicher war er naß bis auf die Haut von Salzwasser und Regenböen wie wir alle; sein Hut war ihm fortgeweht; das graue Haar klebte ihm wüst in der Stirn; aber seine Augen sahen ruhig voraus, sein tiefgekerbtes, rotbraunes Gesicht schien so unbewegt, als hätten wir nicht Windstärke 10 in der Biskaya, sondern führen in einem Sonntagsnachmittags-Ausflugdampfer auf der geruhsamen Spree spazieren. Er geriet leicht in Wut, aber niemals mehr, als wenn jemand die Aphrodite schmähte. Sieben oder acht Jahre fuhr er jetzt auf ihr und war völlig mit ihr verwachsen. In Amsterdam lagen wir längsseits von einem eleganten, dreimal größeren amerikanischen Prachtdampfer, dem man es schon der Mastsptize ansah, daß er mit allen Errungenschaften der Neuzeit ausgerüstet war. Die Matrosen des Amerikaners machten sich einen Spaß daraus, uns faule Bemerkungen über unsern schiefen Schornstein, die verrußte, ausgebleichte Kompanieflagge, die übersteilen Treppen herunterzuschreien. Jim geriet darüber allmählich in solche Wut, daß er sich schließlich nicht anders zu helfen wußte, als einen alten, zwei Pfund schweren Kettenschäkel unter die amerikanische Bande zu feuern. Vor so viel Temperament rissen sie aus und probierten es nicht noch einmal, uns zu hänseln.
Das war also Jim; nicht viel mit ihm anzufangen. Aber Jack und Rammy, die mit mir in derselben Wache waren, wurden meine besten Freunde; wir hielten zusammen wie die Kletten, drückten uns mit wahrhaft genialem Geschick und ärgerten vereint den Ersten Offizier, einen nervösen, dauernd aufgeregten

Herrn, oftmals bis zur Weißglut. Mr. Brooks, so hieß er, konnte platzen, wenn ihm jemand widersprach, und Rammy, ein fanatischer Besserwisser, widersprach immer. Rammy hatte für jede Sache seine private Methode; wenn er Farbe mischte, tat er das mit einem extra zu diesem Zweck aus der Küche gestohlenen Quirl. Brooks stürzte herzu und forderte, weiß im Gesicht vor Zorn, Rammy auf, das Umrühren mit einem Stück Holz zu tun. Rammy ließ sich gar nicht stören, quirlte ruhig weiter und begann einen langen Vortrag, inwiefern ein Quirl bessere Dienste beim Umrühren verrichte. Brooks ließ ihn nicht ausreden, sondern forderte ihn unter wenig salonfähigen Injurien auf, dem Befehl Folge zu leisten. Das war das Stichwort für Rammy. Er stellte sich in Positur und verbat sich mit der Miene eines gekränkten Granden Verbalbeleidigungen; er sei zwar nur deckhand und der andere Erster Offizier, aber deswegen brauche er sich noch lange nicht einen »son of a bitch« schimpfen zu lassen; seine, Rammys, Eltern wären genauso honorige Leute gewesen wie die des Ersten Offiziers; er könne es beweisen; er hätte seine Bildung genossen; aber nicht ewig würde sich das Proletariat die fortgesetzten Demütigungen durch die herrschende Klasse gefallen lassen; einst wird kommen der Tag! Und dann würde er, Rammy, höchsteigenhändig dafür sorgen, daß Mr. Brooks über die Reling flöge, jawohl, das würde er, und das sage er ganz frei und offen; er wäre ein klassenbewußter Proletarier und wüßte, was er sage! usw. usw. wie ein Wasserfall. Brooks schrie mit sich überschlagender Stimme dagegen: das grenze an Meuterei; er werde Rammy in Ketten legen lassen! Höhnisches Lachen auf der Gegenseite, drohendes Gemurmel von mir und Jack. Denn wir arbeiteten bei diesem Hauptspaß längst nicht mehr, standen daneben und machten Chor mit finster gerunzelten Stirnen. Wenn der Spektakel im schönsten Gange war, legte sich oben plötzlich der dicke Kapitän über das Brückengeländer und brüllte mit ungeheuer Stimme dazwischen, wir sollten uns an die Arbeit scheren oder er käme mal aufräumen da unten. Obwohl er niemals kam, versetzte uns diese Drohung stets in panischen Schrecken, wir stoben ausein-

ander wie Spreu vor dem Winde und ließen uns nicht mehr blicken. Brooks blieb dann in einsamer Größe auf dem Kampfplatz zurück und konfiszierte den Quirl. Aber beim nächsten Mal hatte sich Rammy wieder einen »beschafft«, und der Tanz ging von neuem los.
Jack war ein gutmütiger, langsamer Riese, der, wenn er nicht arbeitete – was er so arbeiten nannte – entweder schlief, aß oder rauchte. Er tat keiner Fliege was zuleide; nur wenn er eins über den Durst getrunken hatte, wurde er gefährlich und wollte Walfische mit Langrohrgeschützen totschießen; er bemutterte mich rührend, meinte nur manchmal protzig, wenn ich ihn ein wenig aufzog, wenn er einmal bei mir zuschlüge, wäre danach von mir nur noch ein Fettfleck auf Deck übrig. »Geschenkt, Jacky, geschenkt«, schrie ich.
Rammys Steckenpferd war seine Bildung; er hatte tausend Sachen durcheinander gelesen, nichts richtig verdaut und in seinem Hirn ein solches Tohuwabohu von Wissenskram angerichtet, daß einen das Grausen ankommen konnte. Selten in meinem Leben habe ich so reine Freudenstunden erlebt, als wenn Rammy mir ein Wissenschaftsgebiet erläuterte. In der Freiwache saßen wir im Logis. Jack schlief; dann brachte ich Rammy auf die Astronomie, legte mich in meine Falle, Rammy setzte sich auf den Bettrand und legte los, daß alle Kometen, Planeten und Milchstraßen ins Wackeln kamen. Ja, und auf der Sonne wäre es so heiß, gar nicht auszudenken, wie heiß es da wäre, an die 70000 Grad oder so! Und das Licht von den fernsten Sternen käme erst nach hunderttausend Millionen von Jahren zu uns, und wenn es dann ankäme, wären wir allerdings längst tot; aber die Professoren hätten es ganz sicher ausgerechnet. Er war erklärter Atheist und bewies seine Überzeugung mit den komischsten Gründen, z.B. so: Wenn es einen Gott gäbe, müßte er, Rammy, mit seiner profunden Bildung längst Kapitän oder mindestens Erster Offizier geworden sein; er sei immer noch deckhand, folglich gäbe es keinen Gott. Bescheiden war Rammy nicht; das konnte der stärkste Mann nicht behaupten. Ach, man könnte noch stundenlang von dem guten Kerl erzählen.

Von Lissabon und den anderen Häfen, die wir anliefen, bekam ich wenig zu sehen, wir luden und entluden und mußten manchmal die ganze Nacht durch schuften. Aber das machte richtig Spaß, denn auf See bei dem schönen Wetter taten wir weiter nichts als anstreichen und Messing putzen, unausgesetzt; das kann auch geduldigere Leute als mich auf die Dauer zur Verzweiflung bringen. Als wir den Hafen von Lissabon verließen, empfing uns eine kurze, unberechenbare See, die ohne Sinn und Verstand von allen Seiten anzurollen schien. An Anstreichen war nicht zu denken. Wenn die Querseen unserer armseligen Aphrodite in die Flanke donnerten, gingen die Spritzer haushoch über das ganze Schiff. Jetzt zeigte es sich, daß wir wirklich zu wenig Mannschaft an Bord hatten. In den vier Stunden, die wir Wache hatten, wurden wir umher gehetzt, daß der Atem ausging. Nach einer halben Stunde fragte keiner mehr danach, ob er naß würde oder nicht; wir waren es längst, rackerten uns ab, alles, was nicht festgeschraubt war, anzuzurren und wurden doch nicht schnell genug damit fertig, um verhindern zu können, daß der Koch seine Küche fußhoch voll Wasser bekam und ein Haufen Kartoffelsäcke, Proviant für die Mannschaft, über Bord ging, weil wir ihn bei dem wüsten Stampfen des Schiffes nicht schnell genug nach unten bringen konnten.
Das Wetter wurde schlimmer. Der Sturm wehte geradewegs aus Norden und wuchs bis zum Abend auf Windstärke 10. Um Mitternacht sollten wir Kap Finisterre passieren; kein leichtes Stück für unsern alten Rumpelkasten, gegen die unbarmherzige See anzukämpfen. Als Brooks gegen elf Uhr die Freiwache weckte, um uns beizustehen, wußten wir, daß es Ernst wurde; jetzt gab es also für den Rest der Nacht keine Ablösung mehr. Es war stockfinster. Der Sturm raste in den Verseilungen der Lademasten wie wahnsinnig, heulte, schrie, kreischte; die See brüllte, donnerte, tobte. Jetzt waren es keine bloßen Spritzer mehr, die überkamen; ungeheure Brecher stürzten sich mit aller Gewalt auf das taumelnde Deck, auf dem wir halb erfrorenen, halb erblindeten, halb zerschlagenen Männer wie Verzweifelnde kämpften, die Folgen des Trommelfeuers, welches die

See gegen uns eröffnet hatte, abzuschwächen. Wir hatten drei große Kisten als Decklast auf dem Vorschiff mitgenommen, die mußten stärker verseilt werden. Eine Stunde fast mühten wir uns bis zum Bauch im Wasser ab; bald flogen wir an unsichtbare Kanten, bald schlug uns ein Brecher glatt zu Boden, und wir schluckten Salzwasser in unvorstellbaren Mengen; da hieß es, sich beim Überlegen des Schiffes wütend festzuklammern; das Wasser an Deck schwappte über die Reling, spülte, sog, riß an uns, um uns hinunterzuziehen. Unsere Hände und Schienbeine bluteten; wir spürten nicht viel davon; schließlich war es uns wirklich gelungen, um jede Kiste noch zwei Seile zu legen und festzuzurren. Jetzt drückte sich keiner mehr. Rammy, der Großschnauz, vollbrachte wahre Heldentaten für die gleichgültigen Kisten. Kaum hatten wir das fertig, so kam Brooks an den übers Deck gespannten Halteseilen angeschliddert und trieb uns nach achtern, wo eine Ladeluke von einem Brecher schon halb und halb eingeschlagen war und die Ladung zu versaufen drohte; neue Planken mußten gelegt, die gerissene Persenning ausgewechselt werden. Teufel, das war ein Stück! Jeden Augenblick drohte man fortgespült zu werden; die Topplaterne sauste über uns in rasenden Kurven durch die Finsternis, beschrieb unwahrscheinlich irrsinnige Schleifen und zeigte uns, wenn wir überhaupt Zeit hatten, uns das klarzumachen, wie ungeheuerlich der Kahn schlingerte, rollte, stampfte. Wir wurden morgens etwa um drei auch mit der zerschlagenen Verladeluke fertig. Kurz darauf kam ein Augenblick, an den ich mich noch in meinem letzten Stündlein erinnern werde. Wir hingen alle sechs am Halteseil; wollten langsam in den Schutz der Brücke krauchen, um etwas zu verschnaufen, als plötzlich drei Meter von uns an der Schiffswand sich eine schwarze Wand aufreckte, wuchs, höher, höher, schwärzer – blitzschnell der Gedanke: komisch, daß du sie sehen kannst, es ist doch ganz dunkel –, dann überrollt sie sich, stürzt, bricht über uns, über das Schiff herein, alles unter sich begrabend. Trotz des ungeheuren Getöses dringt ein Brechen und knallendes Splittern zu uns. Das Schiff, unter dem riesigen Gewicht der Wassermasse, legt sich über, sinkt zur Seite, immer tiefer, entsetzliche Sekunden; das Wasser spült, saugt an mir, meine froststeifen Finger lassen nach; meine Beine rutschen in die Standen der Reling, verklemmen sich; die Hände greifen zu. Aber immer noch sinkt das Schiff zur Seite; jetzt hat es eine solche Neigung, daß es sich nicht mehr aufrichten kann; der Herzschlag setzt aus: da, jetzt hält es, und ganz, ganz langsam richtet es sich wieder auf; ich bekomme wieder Luft; überstanden!

War ein verteufelter Augenblick das! Seitdem tut mir mein rechter Fuß, der sowieso von einem längst verjährten Heldenstück dreifach gebrochen und schief geheilt ist, bei jeder kleinen Anstrengung lausig weh; muß mal zum Onkel Doktor gehen und ihn mir noch einmal brechen lassen. –

Das Krachen und Splittern? Zwei von den drei Kisten hatte die Mordsee auseinandergehauen und auf Nimmerwiedersehen davongespült.

Es passierte noch allerhand in jener lieblichen Nacht, aber die Hauptarbeit war getan. Die Aphrodite sah zwar nicht schön aus, aber sie hatte sich wacker gehalten; davon sprachen wir für den ganzen Rest der Reise. Jim lächelte stolz und befriedigt, wenn er sein Schiff bis über den grünen Klee loben hörte.

Das Wetter blieb schlecht, wenn es auch niemals mehr so toll herging, wie in der Nacht am Kap Finisterre. Ich bekam zu guter Letzt noch eine unerklärliche Gesichtsentzündung; Nase, Bakken, Lippen schwollen auf wie ein Pfannkuchen im Fett, und mit den elenden Schmerzen arbeiten zu müssen, war ein zweifelhaftes Vergnügen; dazu schaukelten wir uns die Seele aus dem Leibe. Ich büßte für alle Sünden meines vergangenen Daseins und mußte mich noch dafür verspotten lassen, daß ich kaum die verschwollenen Lippen auseinander bekam, um einen Topf Kaffee hinunterzugießen.

Nein, als wir die »Alte Liebe« in Cuxhaven passierten, eines regnerischen Morgens, wurde mir doch recht wohl ums Herz, und ich wußte, daß in Hamburg die Sache zu Ende ginge.

Ich bekam Landurlaub; ließ mein dreckiges Zeug – es war nichts daran verloren – für Jack und Rammy zurück, passierte ohne

Bündel leicht die Freihafenkontrolle und war wieder in Deutschland; die »Aphrodite«, die schmutzigste aller Göttinnen, wartet heute noch auf meine Wiederkehr.

Sechsunddreissigstes Kapitel

Die letzte Verwandlung

Ich logierte die Nacht, nachdem ich die »Aphrodite« in Hamburg fluchtartig verlassen hatte, in einem der Seemannshotels am Barkassenhafen. Am nächsten Morgen löste ich mein Gepäck ein, brachte es auf mein Zimmer und ging daran, mich wieder in einen normalen Mitteleuropäer zurückzuverwandeln. Ich schälte mir mein schmutziges Zeug herunter, nahm ein feierliches Bad und begann meine Koffer aus- und umzupacken.
Was mir dabei so alles in die Hände fiel!
Es dauerte lange, das Umpacken, denn es tauchte ein Haufen Sachen aus den Tiefen meines Koffers auf, von denen ich nichts mehr wußte.
Die Sachen von der Aphrodite waren zu dreckig; die aufzuheben, lohnte sich nicht; aber da, das dunkelrote Seidentuch mit balinesischen Batikmustern und diesen kleinen Frauendolch aus Bali, den hatte mir Claar geschenkt. Was mochte Claar jetzt anfangen in Brüssel? Daran hatte ich schon lange nicht mehr gedacht; Jack und Rammy, diesen beiden hatte allein mein Herz gehört in den letzten vier Wochen.
Und der bunte, weiche Frauenrock hier? Weißt du noch, alter Junge, sagte ich zu mir, wie du durch den Stachelbusch lugtest und eine braune, zierliche Venus, mit weißen Tennisschuhen, windeseilig davonspringen sahst? O ja, ich wußte es noch!
Da war sogar noch meine Stewardmütze von der »Semiramis«; ich zerriß sie und warf sie fort, dies letzte Schandmal meiner

Meuterei in Singapore; wie schmählich hatte ich die falschen Waden im Stich gelassen!
Aus China, stellte ich fest, hatte ich nichts mitgebracht, außer ein paar großen, schweren Kupferstücken, wie man sie in Shanghai den Bettlern schenkt. Im Nebel stand er damals, der sonderbare Russe aus Irkutsk, Bettlergilden-Unterhäuptling, im gelbzähen Morgennebel, als der Kuli mit mir in der Rikscha davontrabte, stand da und winkte.
Leuchteten schneeweiß die seidenen Tabis auf, die ich in Japan getragen hatte, und die Bambusbastsandalen. In diesem bunten Kulikittel war ich mit Oharu durchs Kimonoland gezogen und hatte mich manchmal gewundert, warum die Gassenjungen mich so oft ausgelacht hatten; Oharu verriet es mir erst in Kioto, die Schelmin; auf dem Kittel nämlich stand groß und breit geschrieben, daß es der Rock eines Angehörigen der freiwilligen Feuerwehr von Shizuoka wäre, die im Laufe der Jahre längst eingegangen ist. Ich bin als freiwilliger Feuerwehrmann durch Japan gepilgert. So was kann einem Weltreisenden wie mir alles passieren!
Russische Hemden tauchten auf; ein Paar hohe Schaftstiefel. An denen klebte tatsächlich noch der Dreck von der Pjerwaja Retschka bei Wladiwostok. Ich hatte sie zum letztenmal getragen, als ich zu dem verbohrten Philosophen hinausmarschierte, um mir aus seinem weltumwälzenden Werk »Kultur« vorlesen zu lassen. Ja, die Kanonenstiebel!, mit denen war ich auch im Ural umhergestiebelt und hatte die kommunistischen Kohlenbergwerke unsicher gemacht. Die Kanonenstiebel! Sie waren mit in Kanada gewesen, und dann hatten sie in Berlin Schimmel angesetzt! Berlin – das war nun nicht mehr weit! Mensch, philosophierte ich bei mir, 'ne bunte Sache ist das schon, so 'ne Reise! Ich staffierte mich fein heraus, kaufte mir im Hamburger Hauptbahnhof in der Bahnhofsbuchhandlung einen Remarque, »Im Westen nichts Neues«, den ich bis zum Lehrter Bahnhof in Berlin verschlang; denn schon in Japan hatte ich mich entschlossen, mir dieses Buch zu kaufen, sobald ich deutschen Boden beträte. Ich hatte damals ein paar Exemplare der Vossischen

Zeitung aufgetrieben, die zwei oder drei Fortsetzungen des Romans enthielten; diese drei kurzen Bruchstücke ließen mich Großes wittern.
Und als ich nach dieser Lektüre in Berlin ankam, da hatte mich das Buch so vollständig wieder in unser deutsches Hier und Jetzt versetzt, daß meine ganze Reise mit all ihren tausend Gesichtern schon Jahre hinter mir lag.

Und wenn ich mich nun nach mehr als einem halben Jahrhundert frage, was sich seit damals, 1928/29, auf der Welt verändert hat, so muß ich, glaube ich, feststellen: Im Äußeren, das heißt im politischen, wirtschaftlichen, sozialen Bereich ungeheuer viel. Noch nie in der Vergangenheit hat sich so viel so schnell verändert! Aber im Bereich des Menschlichen ist alles so geblieben, wie es von jeher gewesen ist. Die Menschen werden von den gleichen Freuden und Leidenschaften beherrscht wie vor tausend Jahren, verlangen nach Macht, Einfluß, Reichtum, Wohlleben, werden vom Ehrgeiz angetrieben, von der Liebe und vom Haß, suchen Schutz und Sicherheit, auch Geborgenheit und Zärtlichkeit, finden aber beides nicht besonders häufig.
Die Zeiten haben sich wahrhaftig verändert in den letzten fünfzig Jahren. Darüber ist wirklich nicht zu streiten. Die Menschen und die Völker – kaum! Es »menschelt« nach wie vor an allen Ecken und Enden. Wir stammen nach wie vor von Adam und Eva ab und sind aus dem Paradiese vertrieben – ob uns, dies zuzugeben, nun peinlich ist oder nicht.
Mir kam es in diesem Buch nicht in erster Linie darauf an, die politisch/wirtschaftlichen Zustände der Jahre 1928/29 zu schildern, sondern darauf, die sich über lange Zeiten gleichbleibenden Charaktere der Völker wieder zu vergegenwärtigen, die bewundernswerten oder lächerlichen, die tragischen, tragikkomischen oder erheiternden Menschen wieder auferstehen zu lassen, denen ich auf meiner Reise rund um Asien begegnete.

A. E. Johann